U0925169

听张居正讲论语

〔明〕张居正 原著
袁省吾 译

天津出版传媒集团
天津人民出版社

图书在版编目（CIP）数据

听张居正讲论语 / (明) 张居正原著；袁省吾译
. -- 天津：天津人民出版社，2017.4（2024.1 重印）
ISBN 978-7-201-11320-3

Ⅰ. ①听… Ⅱ. ①张… ②袁… Ⅲ. ①儒家②《论语》- 研究 Ⅳ. ① B222.2

中国版本图书馆 CIP 数据核字 (2017) 第 037193 号

听张居正讲论语

TING ZHANG JU ZHENG JIANG LUN YU

张居正 原著　袁省吾 译

出　　版　天津人民出版社
出 版 人　刘　庆
地　　址　天津市和平区西康路 35 号康岳大厦
邮政编码　300051
邮购电话　(022) 23332469
电子信箱　reader@tjrmcbs.com

责任编辑　张作稳
封面设计　郑金将

制版印刷　大厂回族自治县德诚印务有限公司
经　　销　新华书店
开　　本　787 毫米 ×1092 毫米　1/16
印　　张　18
字　　数　265 千字
版次印次　2017 年 4 月第 1 版　2024 年 1 月第 2 次印刷
定　　价　39.80 元

论语卷七

论语卷八

论语卷九

论语卷一

学而第一

原文 子曰："学[1]而时习[2]之，不亦说[3]乎！"

张居正讲评译释 学习丰富的知识，努力去行动、实践，这些效仿圣贤的行为可以让人恢复人性最初的善良。孔子说："人们学习的时候，经常因为学习时的困难而苦恼难过，这是因为他们没有深入地学习，体会不到学习的乐趣。如果学习了之后又能够经常温习，熟悉了学习的内容，融会贯通其中的道理，找到自己的喜好，学习自然就会不断深入，所以说学习知识并按时温习不是很快乐吗？"

原文 "有朋自远方来，不亦乐[4]乎？"

张居正讲评译释 学习有了收获，人就会变得自信。从远方而来的朋友是来听从自己的教诲的。既然自己有高洁的品德，又得到杰出的人才去传播道义，自然心情舒畅，感到快乐，没有比这更让人高兴的事了。所以说有朋友从远方而来，不是很令人愉快吗？

原文 "人不知而不愠[5]，不亦君子[6]乎！"

张居正讲评译释 做了好事，自己当然会感到高兴，假如因为有时做好事没有被别人知道，就感到不高兴，就是受到了名声的劳累，不是君子应有的完美品德。因此没有名气也要感到很自然，毫不恼怒；要用平常心对待自己，不追求名声显著；要诚心地学习，不超出本分。这样就能让自己变得见识宽广，志向远大，成为品德高尚的人。所以说别人不了解我，我能够不怨恨、不恼怒，这样不也是君子吗？从喜欢学习到从学习中获得欢乐，再成为品德高尚、接近圣贤的人，学习能够实现的事就是这些了吧！

原文 有子[7]曰："其为人也孝弟[8]，而好犯上者，鲜[9]矣；不好犯上而好作乱者，未之有也。"

张居正讲评译释 有子说："天下没有无父母兄长的人，也没有不孝顺父母、不尊敬兄长的天性。如果一个人不孝顺父母、不尊敬兄长，他的内心就不会平和顺畅，小到冒犯上级，大到造反作乱，没有他不做的事。如果一个人平时孝顺父母、尊敬兄长，知道做儿子、做弟弟的事理，那么他的内心就会平和顺畅，他的所作所为就自然会遵循礼制，这样的人很少会去冒犯上级。”冒犯上级这种小错都不肯犯，却喜欢犯上作乱，天底下怎么会有这样的事呢！孝顺父母、尊敬兄长的人自然不会做出犯上作乱这种坏事，由此能够看到孝顺父母、尊敬兄长是当前最紧要的事呀。

原文 “君子务[10]本[11]，本立而道[12]生。孝弟也者，其为仁之本与！”

张居正讲评译释 有子又说：“天下间的事有因有果，如果只关注结果，即使学识丰富，也难以得到要领，花费了力气，也难以收到成效。这就是君子只在关键的地方集中力量的原因。树立了根本之后，根据事物各自要求解决问题，自然就会符合事理，这就像树木的生长一样。”树木的根本牢固了之后，枝叶就一定会繁荣茂盛，应该像这样先树立根本。我所说的孝顺父母、尊敬兄长，就是实行仁的根本呀。仁就是恻怛慈爱，具体实施的话就是关爱亲人、尊敬长辈，仁民爱物也是根据这些推广而来的。人都能孝敬父母、尊敬兄长，那么亲近自己的亲人就可以推及亲近别人的亲人，赡养自己的长辈可以推及赡养别人的长辈，甚至推及安定万民万物，这样仁就会无穷无尽了。既然这样，实行仁的根本，怎么会是孝顺父母、尊敬兄长之外的事呢？求学的人致力于孝敬父母、尊敬兄长，仁就能产生了呀！孔子在《孝经》里说：“亲爱恭敬、尽心尽力地侍奉双亲，而将德行教化施之于黎民百姓，使天下百姓遵从刑法，这就是天子的孝道呀！”有子这么说，是从孔子那里得到的教诲吧！

原文 子曰：“巧[13]言令[14]色，鲜矣仁！”

张居正讲评译释 孔子说：“语气容貌神色都是人内心的征兆，最能用来观察一个人。那些有德行的人，说话刚毅正直。如果一个人擅长说赞美的话，总是曲意迎合、巧言善辩、阿谀逢迎，让别人高兴欢喜，这就是虚言假语。如果一个人总是神色谄媚，用不正当的手段讨好别人，使人高兴，这就是虚伪。这样的人一定不仁德。”因为仁是人本性上的美德，心在，仁德就在。如今人们只用外表取悦别人，而缺乏内心的美德，这不就是缺少仁吗？然而孔子所说的缺少仁，特别指那些自己缺乏品德，又会让别人也失去美德的人。因为正常情况下，人都会喜欢顺从自己的人，那些巧言令色的人最会阿谀奉承迎合别人；人在听别人说话、看别人的神态时，都喜欢迎合自己的人。既然喜欢就不会察觉这个人的奸诈，因此就有了很多更改是非、陷害忠良，以至于毁人家国的人。像尧舜这样贤明的人，尚且畏惧巧言令色的孔壬，更何况其他人呢！君主在用人的时候不能不考查清楚呀。

原文 曾子[15]曰："吾日三省[16]吾身，为人谋而不忠[17]乎？与朋友交而不信乎？传[18]不习乎？"

张居正讲评译释 曾子说："我每天都用三件事反省检查自己。哪三件事呢？人只要给自己做事，没有不尽心尽力的，给别人办事，就敷衍了事、马马虎虎，不肯尽心尽力，这就是不尽心。我会反省自己，为别人做事，有时也不尽心尽力吗？交友的方法，可贵的地方在于诚信，如果只是表面结交，没有真情实意，这就是不诚信。我会反省自己，和朋友交往，有时也虚情假意不讲诚信吗？从老师那儿接受教育，就应该熟练学习，如果只是当面听一下，却不踏实学习，这是辜负了老师的教育。我会反省自己，从老师那儿学习，有懒惰怠慢不踏实学习的时候吗？我在这三件事上反省自己，有了改正，没有就提醒自己不要犯这样的错误，一天也不敢松懈。"曾子做学问，对任何事情都是精心考察、尽力而为的，所以他才会如此勤勉用功。古时候的帝王，像尧、舜这样兢兢业业，像成汤这样不断完善自己的品德，改正自己的不足，都是这样的想法，这就是学问。所以《大学》说："上自天子，下至平民，一切都要以修身为做人处事的根本。"想要学习圣人学问的人，能不知道自己应该怎么做吗！

原文 子曰："道[19]千乘[20]之国，敬事而信，节用而爱人，使民以时[21]。"

张居正讲评译释 孔子说："有兵车千乘的国家，人多事杂，不容易治理。"要想治理好，有五条关键的措施：一条是要谨慎处事。一国之君每天有很多事务需要处理，一个想法不慎重，就会给国家带来灾祸，一时的不慎重，就会造成长久的灾祸。所以必须要兢兢业业，不管事情大小，都要十分小心，不能有任何怠慢，这样才算是处置得当，不会产生灾祸。一条是要诚信。诚信是君主宝贵的品质，如果赏罚不讲究信用，就不能让人服从号令、遵守命令。所以一定要诚实守信，一言一行都要前后内外保持一致，这样才能够让人信任，才会使人不欺瞒自己。一条是要节约。天地间产生的财物是有一定的数量的，如果不节约，怎么能够用呢。所以一定要根据收获的多少来使用，要把奢侈的花费、多余过度的俸禄、不急切的工程、没有名目的赏赐都给削减节省了。如果只把财物用在该用的地方，就会经常有剩余，不至于缺乏。一条是要爱护人民。君主是百姓的父母，不爱护百姓，怎么能管理他们呢？一定要把他们当作受伤了一样对待，要像保护子女一样保护他们，凡是鳏寡孤独、穷苦无依的，受水旱灾伤、饥寒失所的百姓，都要留心地周济、抚恤他们，让他们都能够生存下来，这样就能使民众像对待父母一样的爱戴自己。一条是要使百姓要不误农时。国家如果有兴建土木这样劳师动众的事，免不了要役使百姓，如果时机不合适，就会妨碍百姓的生产，让民力枯竭。所以一定要等到农业生产结束了之后，再使用他们，不能耽误他们的耕种，妨碍他们的收成，这样从事本业的百姓，都能够在田地里尽力生产，就能有丰裕的收成了。这五点都是治理国家的关键方法，如果能实行下去，再宽广的国土，再多的百姓，治理起来就都很容易，更何况只有一千辆战车的国家呢！君主应当好好考虑这些呀！

原文　子曰："弟子[22]入则孝，出则弟，谨[23]而信，泛[24]爱众而亲仁。行有余力，则以学文[25]。"

张居正讲评译释　孔子教育别人说："年轻人在家里要好好侍奉父母，尽自己的孝心；在家族里要恭敬地对待兄长；做每一件事都要始终小心，按规矩行动；说每一句话都要发自内心，发自实情；对普通人也要一视同仁地去爱护，不要有嫌弃嫉妒的想法；对那些有品德的人要更加亲切，在同他们交流中获得进步。这六件事是关键的功夫，要努力学习，一点儿也不能松懈。做到这六点之后，还有余力的话，就学学《诗》《书》六艺的知识。"《诗》《书》记载的都是圣贤教人如何做人的道理，其中讲述的礼、乐、射、御、书、数也是日常必不可少的事。没有余力，当然没有时间学习，既然有了空余的工夫，就要多学多看，提高自己的德行。先修习品德再学习文艺，这应该是兄弟、子女应该尽到的本分。孔子的这些话虽然是对做兄弟、做子女的人说的，但是其中的精髓通用的。古时候的帝王，在做儿子的时候，问候尊长起居，检查长辈膳食，学习谦让长者，周围的人都认为他是正直的人。他对礼、乐、诗、书都有正当的学习，也没有超出孝弟、谨信、爱众、亲仁和学习文化的事。当他学问和性情形成，大善至德完备的时候，一个伟大的国家就产生了。孔子的话，难道不是能够流传万世的教诲吗！

原文　子夏曰："贤贤易色[26]，事[27]父母能竭[28]其力，事君能致[29]其身，与朋友交言而有信。虽曰未学，吾必谓之学矣。"

张居正讲评译释　子夏说："人在学习时，只有明白了纲常伦理，才是最根本、最重要的事。人都喜爱贤明的人，但是不能够深入去喜欢。如果一个人通过学习圣贤的贤德，改变自己对美色的偏爱，把最贤德的人当作老师，把贤德的人当作朋友，对正确而深刻的认识坚信不疑，就如同喜好美色一样，那么这个人对善的喜爱就真诚的。人都知道孝敬父母，但是未必能踏实地尽孝心，如果能委屈自己顺从父母，尽到子女的本分，能够做到的事尽力去做，这就是诚心孝顺父母。臣子对待君主不能够不忠心，但是人都爱自己，不能尽心地忠于君主。如果能实心办事，把自己献给国家，即使感到厌烦也不推辞，碰到困难也不躲避，只想着忠君报国，而不为自身寻求方便，那么就是诚心忠于君主。交友一定要诚信，但是轻易许诺的人多，诚实守信的人少，如果能够诚信对待朋友，不自欺欺人，不失信于人，那么就是诚心交友。这四件都是人与人之间的道德关系中很重要的事，都要诚心诚意地去处理，这就是明白事理、踏实行动，做学问的方法就是这些。即使做到这些的人说自己没有学习过，我也认为他一定学习过了。如果没有学习过这些，凭借天资的聪明，只能一时一事碰巧符合事理，怎么会每件事都如此完美，怎么会像这样符合人伦道德呢！从这些可以看出古人做学问，都在关键重要的地方努力，而不只是专注在文字语言这些细枝末节的地方。”

原文　子曰："君子不重[30]则不威，学则不固。主忠信，无友不如己者。过则勿惮[31]改。"

张居正讲评译释　孔子说："君子做学问一定要养成深厚凝重的气质，这样在神态上才能庄重威严，学到的道理自然也会十分牢固。如果言行随便，不能做到温厚稳重，在别人看来就没有值得信服的威严，所学的东西也不能让自己充实，学到的东西一定会再次失去。怎么能认为这样的人知识牢固呢！为人处世固然需要温厚庄重，也更要忠厚诚信。人没有忠信，做事就不实在，拿什么去做学问呢。所以更应当把诚实不欺当作根本，不要有任何的虚伪，这样才能够增进品德。所结交的朋友一定要胜过自己，这样对自己才有所帮助。如果不如自己，或者是心术不正、阿谀奉承的人，和这样的人结交，不但没有益处，反而会损害自己，所以一定不能跟这种人做朋友。人都会犯错误，可贵的地方在于能改正错误。犯了错害怕改正，这些过错就会一天比一天更严重。所以说犯错之后，不管是受到别人劝谏，还是自己发觉，都应当立刻改正，不能因为害怕难以改正而敷衍了事、自谋安乐。把温厚庄重当作自身的品质，把忠厚诚信当作做人的根本，再加上有比自己优秀的人的协助，有改正错误的勇气，由内到外、由己到人相互帮助、相互进步，就是比较完备的自我学习了。求学的人能不以此来勉励自己吗！"

原文　曾子曰："慎终追[32]远，民德归[33]厚矣。"

张居正讲评译释　曾子说："父母是伦理关系中最为重要的部分，父母在世的时候，人们都能够孝敬地侍奉他们，到了给父母送终的时候，就有很多人因为父母已经去世，在丧葬上就没有严格遵循礼数。父母刚去世的时候，或许会有所怀念，过了一段时间后，就把这件事忘了，没有诚心实意地祭奠他们，这样的人也很多。这些都是人心浅薄的表现，都是上位者没有尽力做表率的缘故。如果上位者能够在父母临终的时候恭敬对待，而不只是表面上哀伤，每件事也都严格按照礼数去做，不让自己在日后留下遗憾。在父母去世很久之后还能追思怀念，恭敬地祭奠他们，不敢有一丝玩闹懈怠，这就是品德高深的人。百姓看到之后，自然会有所感触，能够受到感化，兴起仁孝之心。在安葬父母的时候，能完全依照礼数，在祭奠亲人的时候，能诚心实意，百姓们的德行也就变得高深了。从这里可以看出，孝敬父母是人们共同的追求呀。君主，是下层百姓的表率，想要教化百姓，使他们形成良好的风尚，能不知道自己应该如何尽力吗！"

原文　子禽[34]问于子贡[35]曰："夫子至于是[36]邦也，必闻其政，求之与，抑[37]与之与？"

张居正讲评译释　子禽问子贡："老师周游各国，每到一个国家一定要先了解这个国家的政事，那么究竟是老师向别人打听的，还是各国的国君自己把政事告诉老师的呢？"子禽这么问，是没有仔细地观察孔子呀！

原文　子贡曰："夫子温良恭俭让以得之，夫子之求之也，其诸[38]异乎人之求之与！"

张居正讲评译释　子贡回答子禽说："老师之所以知道所在国家的政事，不是特意去问的，也不是国君无缘无故告诉他的。这是因为老师品德高深，这些光辉的品质表现了出来。他的容貌和说话语气之间只有温和厚重，没有一点儿粗俗暴躁；只有善良正直，没有一点虚伪做作；只有端庄恭敬，没有一点儿懈怠不满；只有勤俭节制，没有一点儿纵容松弛；只有谦逊礼让，没有一点儿骄纵自负。有了这五点让人感叹动容的高尚品德，各国国君自然十分敬重他，对他深信不疑，把他们国家需要保持或者需要改革的政事，都拿来向老师请教，所以老师才知道的。如果像你所说的那样是询问而知的话，不就和别人一样了吗。他人一定需要向别人询问才能了解政事，而老师对政事的了解，是凭借着高尚的品德感动别人之后自然得到了，他们之间怎么能够一概而论呢！"子贡的话，不仅仅回答了子禽的疑惑，更是使后人也可以感受到圣人的气度风范，所以说他擅长阐述德行呀！

原文 子曰："父在观其志，父没观其行，三年无改于父之道，可谓孝矣。"

张居正讲评译释 孔子说："做子女的侍奉双亲，需要承担事务但是不能擅自做主。当父亲在世的时候，不敢忤逆违背，所有事都要听从父亲的命令，不能自己做主，倘若想要知道一个人的品德操行，只用观察他的志向就行了，而不能从他的行为处事上看出他的为人。父亲去世之后，儿女就需要独自做决定，这样一个人的为人行事就可以明白地展现出来了，这时就能够观察评价他的行为举止了。父亲刚去世之后，虽然可以自己做决定，但是行为举止还和父亲在世时保持一致，并且长久地保持不变。对父亲的思念，始终没有改变；对父亲的顺从，一点儿没有减少，这样才能称作是孝。否则父亲在世时尊重孝敬，但父亲去世之后就失去孝心，这怎么是终身仰慕呢！"孔子所说的不改变侍奉父亲的方法，是因为这种方法符合正道，所以才不用改变。如果做事方法和正道不符合，那么就可以迅速改正，而不用等到父亲去世很久之后。所以，遵从父亲去世前正确的行为是孝，改正父亲去世前错误的行为也是孝。学习圣人教诲的人，不能在某一方面过于偏执呀。

原文 有子曰："礼之用，和为贵，先王之道斯为美，小大由[39]之。"

张居正讲评译释 有子说："礼对于人来说非常重要，尊卑上下的等级一经制定就不能更改，应该严格遵守。但是在具体使用中，一定要顺从自然，不要有不合情理的地方，这才是最重要的。就像君臣之间，虽然有固定的尊卑关系，但是也要有情意上的交流沟通。虽然有父坐子立这样严厉的礼法规范，但是父子之间的感情交流也要融洽，这才能顺应天理、符合人情，才是礼法关键的地方。古代圣明的君工制定礼，因为它们都符合中和，所以才能够尽善尽美，没有弊端。只要是天下间的事，小到呼吸动静，大至纲常伦理，都遵从礼的规则，才不会受到影响，这就是和对于礼的重要之处。"

原文 "有所不行，知和而和，不以礼节[40]之，亦不可行也。"

张居正讲评译释 接着上文说，礼重要的地方在于和，做到和就应该没有不可行的事了。但还是有行不通的情况，这是为什么？这是因为我们所说的和，是在品级礼节的限制下从容自然，所以说可行。如果只知道和重要而只专注于和，率意任性、娇纵自大，一点儿也不用礼去约束，这就是放纵自己，失去了尊卑上下的秩序，这怎么能行呢？由此可以看出礼的体制虽然严格，但是不能拘泥束缚，礼的实施虽然灵活，但也不能放荡骄纵。古时候圣贤的君王，既能用礼约束自己，又能推广开来去治理天下，用的就是这种方法。

原文　有子曰:“信近于义,言可复[41]也。恭近于礼,远耻辱也。因不失其亲,亦可宗[42]也。”

张居正讲评译释　有子说:“做任何事，一定要在开始时就谨慎小心，之后才能妥善地处理后续问题。”和别人有约定，就要履行诺言，但如果做出的约定不符合道义，而不去履行诺言的话，就一定会爽约失信。所以在和别人做约定的时候，就要思考度量，做出的约定一定要符合天理、道义，这样所做的约定，将来才能够去履行,这样就自然不会失信于人。所以说这种情况下的诺言可以履行。待人的时候，自然应当恭敬，但也要遵守相应的礼节。如果过于恭敬以至于不符合礼节，就成了过度谦敬、取媚于人，反而会让别人轻视。所以在和别人交往时，要斟酌自己的行为，一定要符合礼节，能过于谦敬。做到这两点，就能内不失己，外不失人，不会导致别人看轻自己，也不会自取其辱，所以说这样可以避免招致耻辱。我们和朋友交往时，都希望能长久结交，但如果没有结交好人，即使开始时情投意合，最后也一定会分离。所以在结交之初，就要慎重选择，不可以错失了有道义的人，和有道义的人结交不但能在当前相互依靠，之后也可以相互扶持，这样的人才值得尊敬、交往。由此可以看出人的行为举止由始至终都要谨慎小心，不然就会在敷衍应付之中，产生无尽的悔恨。

原文　子曰:“君子食无求饱，居无求安，敏于事而慎于言，就[43]有道而正焉，可谓好学也已。”

张居正讲评译释　孔子说:“平庸之人求学，厌倦懈怠的人多，勤奋好学的人少，所以难以取得成就。只有君子在求学时，专心致志，没有任何私心杂念。吃东西时也不去追求美味，居住时也不追求安逸，这是因为为了实现远大的志向，没有时间去顾及这些。办事经常忧虑不足的地方，努力让自己变得强大，急切地付诸行动，不敢有一点儿懈怠。说话时经常担心多说，谨慎收敛，就像没有开口说话一样，不敢有一点儿放肆。像这样去用功求学，一定会有所收获。然而君子做到这些也仍然不敢自以为是，一定要亲近那些道德高尚的贤人，来考察订正自己行为的对错，要完全弄明言行之间的道理，使自己不至于出现差错。志向精纯专一，功夫切合实际，为人踏实又谦逊低调，经常思考不足之处，能发现义理的无穷和学问的有趣之处，不能抑制自己内心对学问的爱慕，这才是好学的君子，做到这些就可以说是好学了。”一个人到了好学的境界，智慧就能持续增加，见识也会更加宽广，坚持下去成为圣贤又有什么难的！《商书·说命篇》里说："谦虚好学，要时刻策励自己。"《周颂》里说："不断地学习，就能达到无比光明的境界。"都是这个意思，由此可以看出"好学"二字，不只是求学的人应当知道，做君主的更加需要注意呀。

原文 子贡曰："贫而无谄，富而无骄，何如？"子曰："可也。未若贫而乐，富而好礼者也。"

张居正讲评译释 子贡请教孔子说："贫穷的人，容易变得低声下气、谄媚奉承，富裕的人容易变得骄纵自大，这是很正常的事。如果在贫困的时候不卑屈，富裕的时候不骄纵，这样的人怎么样？"孔子回答说："平常人在贫穷或富贵的时候，大多不能保持自己的操守，所以一定有谄媚骄纵的毛病。如果不谄媚、不骄纵，这就是能保持自己的操守，在于学习上也会有收获，这样的人也还不错，但是不是最好的。贫困而不谄媚，虽然没有受到贫困的困扰，但是仍然知道自己贫困，不如生活贫困却乐于求道的人，这样的人心胸开阔、外貌安详、欣然自乐，能忘记自己的贫困，虽然身在贫困中，而心已经超出贫困之外了。这怎么是不谄媚的人能达到的境界呢？富贵而不骄纵，虽然没有沉溺于富贵，但是仍然在意自己的富贵。不如那些富贵而依然有礼节的人，他们喜欢做善事遵循天理，不知道自己的富贵，这就是虽然身在富贵中，但是心已经超脱出富贵外了。这怎么是不骄纵的人能比得上的呢？"孔子这样回答子贡的问题，是对他的赞扬和勉励。

原文 子贡曰："《诗》云：'如切如磋，如琢如磨。[44]其斯之谓与？"

张居正讲评译释 孔子教导子贡贫穷而不谄媚的人不如贫穷却乐于求道的人，富贵而不骄纵的人不如富贵好礼的人。子贡听了孔子的话后有所领悟，就引用了《诗》来验证，说："《卫风·淇澳》里说，君子做学问，就像治骨角一样，既要用刀锯切，又要用锦钖磋，是精益求精。又像治玉石一样，既用椎凿啄，又用沙石磨，是密更求密。诗人说的话，也就是老师所说要表达的意思吧。"贫穷却不谄媚，自己本来以为这已经是最好的了，谁知道不谄媚之外还有乐道呢。富贵却不骄纵，自己也以为足够了，怎么知道不骄纵之外还有好礼呢！可以看出道理没有穷尽的时候，做学问不可以自我满足，一定要像治骨角玉石一样，到至精至密的地步才可以，《诗经》里的话和圣人的教诲有什么不一样的呢！子贡在谈论学问时像这样体会到了《诗经》里的意思，真是善于领悟呀。

原文 子曰："赐[45]也，始可与言《诗》已矣。告诸往而知来者。"

张居正讲评译释 孔子因为子贡引用《诗》来论证学问，于是赞许他说："《诗经》有三百篇之多，里面的诗词言辞微婉，意味深长，如果不是天资聪颖的人，就不值得和他说这些。像赐这样的才学，可以和他谈《诗》了。”处贫处富的道理是孔子已经讲过的，切磋琢磨的意思是孔子还没有讲到的。现在子贡根据孔子已经说过的道理，就知道了孔子还没有讲到的知识，和子贡这样聪明的人谈论诗，他一定能触类旁通，而不会因为拘泥于辞义而曲解作者的原意。能同他谈论《诗》了呀。但是子贡悟性虽然高，但是学力没有达到，仍然不能知道事物的本性和天道的妙处，由此可以看出人不能只凭借天资的聪慧，而是应该勉励自己追求学问呀。

原文 子曰：“不患[46]人之不己知，患不知人也。”

张居正讲评译释 孔子说：“君子求学时，专心致力于自身的提升，而不求被别人知道。”上没有被君主知道，不能获得显赫的爵位；下没有被朋友了解，不能取得显著的名誉，这些都是务外好名的人担心的事。君子认为学问在于自身，被人知道或者不知道在于别人，没什么好担心的。只是自己不了解别人，就会分不清其是否贤明，容易颠倒是非。用人的时候不能分辨谁忠谁奸；交友时不能分辨谁好谁坏，这就是不明事理，受到了蒙蔽，这难道不应当担心吗？人才本来不容易被人了解，而了解别人又是最困难的事，所以一定要保持谨慎敬重的态度，探究事物的道理，让自己的内心达到至公至明的境界，然后才能像明镜照物一样，使其美丑迅速展现出来，像称重一样，使其轻重明确地确定下来。想要了解别人，尤其应当保持自身的清楚明白啊。

注释：

[1]学，学习，效仿。

[2]习，复习，温习。

[3]说，喜悦，高兴。

[4]乐，欢乐。

[5]愠，生气，发怒。

[6]君子，品德高尚的人。

[7]有子，是孔子的弟子，姓有，名若。

[8]孝弟，亦作“孝悌”。孝顺父母，敬爱兄长。

[9]鲜，少。

[10]务，从事，致力于。

[11]本，根本，根基，基础。

[12]道，道理，事理。

[13]巧，巧诈，虚伪不实。

[14]令，好，善。

[15]曾子，孔子的弟子，名参，字子舆，鲁国南武城人。

[16]省，反省，检查。

[17]忠，尽心竭力做好分内的事。

[18]传，传授，教授。

[19]道，通“导”，引导。

[20]乘，古代一车四马为一乘。

[21]时，季节，时节。

[22]弟子，做兄弟做儿子的。

[23]谨，谨慎，小心。

[24]泛，广泛，普遍。

[25]文，文化，知识。

[26]贤贤易色，第1个贤字为尊重的意思;第2个贤字是贤者的意思。易，更改，变更;色，表情或态度。这句话意思是“尊重贤者，面对他们时，应当改变平常之态度，要对其肃然起敬”。

[27]事，侍奉，服侍。

[28]竭，竭尽，用尽。

[29]致，奉献，献纳。

[30]重，庄重。

[31]惮，忌惮，害怕。

[32]追，追思，追念

[33]归，趋向，去往。

[34]子禽，孔子的弟子，姓陈名亢，字子禽。

[35]子贡，端木赐，复姓端木，字子贡（古同子赣）孔子的得意门生，孔门十哲之一，“受业身通”的弟子之一，孔子曾称其为“瑚琏之器”。

[36]是，凡是，所有的。

[37]抑，表示选择，可译为“或者”、“还是”。

[38]其诸，犹或者，表示测度的语气。

[39]由，顺随，听从。

[40]节，节制，约束。

[41]复，履行，实践。

[42]宗，遵奉，尊崇。

[43]就，接近，靠近。

[44]切磋琢磨，本来指把骨头、象牙、玉石、石头等加工制成器物的动作。形容文采好，有修养。

[45]赐，子贡名端木赐。

[46]患，担心。

为政第二

原文　子曰："为政以德，譬如北辰，居其所而众星共[1]之。"

张居正讲评译释　孔子说："君主居于万民之上，要使那些走上邪路的人都回归到正途，一定要用法制禁令去管理他们，这叫作政治。如果不把提高自身品德当作行政的根本，那么自己不正，如何去端正别人呢？即使发出号令别人也不会遵从。所以君主治理国家，要身体力行，自己先亲身实践。比如纲常伦理，只有自身具备了，然后才能布施教化天下；纲纪法度，先自己保持遵守，然后树立法度使天下有秩序，这才是实施德政。这样，治理国家时就有本可依，感化百姓时就有德政可以依仗。这样君主不必出宫城，天下的百姓自然就能心悦诚服，顺从教化。就好像北极星，在上天的中心，一动也不动，而天上的星宿都四面环绕拱向他。君主在上修行德政，庄严端正地坐在朝廷的王位上，就像北极星一般，万民在下观看感受君主的德政，向往归顺，就像众星拱卫北极星一样。"古时候的帝王之所以纯厚恭敬却能使天下安定，都是这个原因。想要励精图治的君主能不实施德政，能不在根本上治理国家吗？

原文　子曰："《诗》三百，一言以蔽[2]之，曰思无邪。"

张居正讲评译释　孔子说："《诗经》被称为经，一共有三百篇。每一篇自成一件事，每一件事有要阐述的道理，可以说是内容丰富呀。然而其中有一句话可以完全地概括它们的意思。就是《鲁颂·駉》篇里的这句诗：思无邪。"这句诗的意思是说《诗经》里人们纯正的思想都来自天理，没有包含任何欲望，只这一句话就可以把三百篇的意思都概括了。诗人作诗有赞美、有指责，赞美善良，用来感动启发人的善心；指责邪恶，用来惩戒人们的恶念。这么做只是让人远离恶行多做善事，树立好的性情罢了。人如果都心思端正，没有任何私心邪念，那么他的所作所为，自然只有善举没有恶行，值得赞扬不需要指责，诗人对恶人的指责，对坏人的惩戒，都完整地包含在《诗经》里了。既然这样，"思无邪”一句话难道不能完全概括《诗经》三百篇的思想吗？由此可见，做学问的人一定要追求知识的要点，在用功的同时也要谨慎思考呀。

原文　子曰：“道[3]之以政，齐[4]之以刑，民免而无耻。”

张居正讲评译释　孔子说：“人君治理天下，不过就是鼓励人们做善事，禁止人们做坏事罢了。”但是治理需要有根据，并且实施的时机要合适恰当。如果不知道问题的根源在哪儿，只是用禁令去约束百姓。比如禁止百姓不孝敬父母、不尊敬兄长，让他们遵守这些禁令，如果没有遵从，就用刑法去惩治他们。这样治理百姓，虽然能使百姓不敢做坏事，然而只是因为害怕受刑罚而短时间不敢作恶，却不知道应该为作恶而愧疚羞耻，所以作恶的想法就还会存在，这样怎么能长时间坚持不再做坏事呢！所以才说百姓求得的只是免于犯罪受罚，却没有了羞耻之心。

原文　子曰：“道之以德，齐之以礼，有耻且格[5]。”

张居正讲评译释　孔子说，用刑罚治理国家，百姓求得的只是免于犯罪受罚，却没有了羞耻之心。如果让君主想要引导百姓，就不能只依靠法律去治理。君主自己带头做表率，比如想要百姓孝敬父母，必须自己先孝敬地侍奉父母，想要百姓尊敬兄长，必须自己先尊敬地对待兄长，这样百姓就会感受到君主的德行，跟随着孝敬父母、尊敬兄长。在这个过程中不同的人做到的程度不一样，就用礼仪使他们统一。和周围人的亲疏关系，都要依据制定的礼仪；每天的行为用度，都要符合礼仪规则。让贤达的人保持应有的礼仪标准不逾越，品性不好的人也达到基本的道德要求，从而达到和谐。这样治理百姓，就会发现百姓自然有所感动和启发，不但为恶行感到羞耻，绝对不肯做坏事，并且还会明白为什么要做善事，努力达到至善的境地，这样怎么会只希望不受到刑罚呢！所以说，想要百姓有羞耻之心，而且守规矩，德行、礼仪、政令、刑法这些都要根据情况恰当地使用，根据不同的情形选择实施的顺序，这样最后获得的效用也会根据不同的情况有所不同。所以孔子接着说，想要成为贤明的君主，一定要仔细分辨事情的本末轻重。

原文　子曰：“吾十有五而志于学，三十而立，四十而不惑，五十而知天命，六十而耳顺，七十而从[6]心所欲，不逾[7]矩。”

张居正讲评译释　孔子叙述自己从幼到老求学的顺序，说：“我十五岁的时候就立志于学习圣贤高深的学问。努力地学习一切知识，提高自身的学识水平，到了废寝忘食的地步，因为自己的志向是这些，所以不会因此感到厌烦。到三十岁的时候，学习上已经有所收获，能够把持住自己，外部的事物都不能让自己动摇，自己坚定的志向不会受到任何影响。到了四十岁的时候，对事物的原理，内外的精致和粗疏，全都清楚无疑。见识高明，自己的操守就不会受到影响了。到五十岁的时候，能够细致地研究上天赋予的生命之理，探究它的本源，知道它为什么是这个样子。到六十岁的时候，道德修养更加高深，智力也达到了洞察细微事物的境界，听到别人说话，就能明白话中的道理，立刻能领悟其中的意思，没有理解不了的。到了七十岁的时候，学问更加纯熟，达到了神妙的境地。即使所有的行为都随心所欲，没有约束、什么都不遵守也不会违反规矩，完全不会有违反法度的行为。我从幼到老，每时每刻都在学习，所以收获也一直增加。再之后，我就不知道了，也许你们以后会知道。”圣人生来就知道天下通行的大道，能从容安然地实现他们，本不需要慢慢地学习积累，他尚且认为自己应该这样增进道德，那么效法圣人、仰慕上天的人怎么能在每天的学习上有所懈怠呢！

原文 孟懿子[8]问孝，子曰：“无违。”

张居正讲评译释 孟懿子曾经问孔子说：“儿女侍奉父母，怎么才能叫作孝顺呢？”孔子回答说：“孝敬父母，只是在于不违背礼罢了。”孔子说的不违背礼，是说儿女侍奉父母时要遵循道理，不是说顺从了父母的命令就可以称作孝顺。只是因为懿子不再问下去了，所以孔子没有明确地说明具体的意思。

原文 樊迟[9]御[10]，子告之曰：“孟孙问孝于我。我对曰：‘无违。’”

张居正讲评译释 因为孟懿子没有继续问下去，孔子害怕他错误地认为顺从父母的命令就是“无违”。所以趁着樊迟驾车的机会，告诉他说：“孟孙问我什么是孝，我回答说孝在于不违背礼。”这是为了启发樊迟接着问下去，自己来进一步说明这句话的意思。

原文 樊迟曰:“何谓也？”子曰:“生，事之以礼;死，葬之以礼，祭之以礼。”

张居正讲评译释 樊迟听了孔子的话就问什么叫作不违背礼。孔子回答说：“我所说的无违，只是不违背礼仪罢了。”儿女侍奉父母，虽然要无比地孝敬，但是自己的职分是有限界的，尊卑上下不同，需要的礼节也不一样。父母在世的时候，早晚请安、左右侍奉都依据礼。父母去世的时候，殡葬的安排置办都要诚心诚意，也都依据礼。到祭祀的时候，充分地准备祭祀的物品，竭尽自己的心志，这些也都要依据礼。从开始到结束，没有一点儿敷衍违逆的想法，这才叫作不违背礼，才叫作孝敬父母。如果应该遵从礼仪却不肯遵从，这是不孝敬父母。实施的礼仪不恰当，这就是僭越，是把父母置于错误的境地，这怎么能称作孝顺呢？当初鲁国的大夫僭越本分使用了国君的礼仪，所以孔子做出警告。从天子到普通百姓，都应该把孝敬父母当作本分，都应当严格地遵守礼仪，不能有僭越或者达不到礼仪要求的错误行为呀。

原文 孟武伯[11]问孝，子曰："父母唯其疾之忧。"

张居正讲评译释 孟武伯问孔子："儿女侍奉父母，怎么做才是孝顺？"孔子说："想要知道儿女侍奉父母的方法，就应该看一下父母怎么疼爱儿女。没有不疼爱儿女的父母，爱得越深，也就会越关心。父母经常会害怕子女有疾病，或者没有按时作息，或者饮食不规律，或者感染冷风、寒气、中暑、潮湿等疾病，还担心儿女在年轻的时候不能警惕美色，壮年的时候不能远离打斗等。凡是可以导致子女生病的事，父母都会十分担忧。如果儿女能够体会到父母的担心，做到按时起居，饮食规律，远离美色和打斗，小心谨慎地不让自己生病，用这些来回报父母的忧心，那么父母自然就会内心安定、身体健康，这就是儿女对父母的安慰。这怎么不能认为是孝呢！"孔子这么说是因为孟武伯出生在富贵的家庭里，成长在安逸的环境中，容易产生疾病引起父母的担忧，所以这么警告孟武伯。天子作为天下的主人，他在养护百姓，让国运昌隆上的作用应当更加重要。孔子的话，岂止是在告诫孟武伯一个人呢！

原文 子游[12]问孝。子曰："今之孝者，是谓能养，至于犬马，皆能有养。不敬，何以别乎！"

张居正讲评译释 子游问孔子说："儿女侍奉父母，怎么才能叫作孝？"孔子回答说："儿女侍奉父母，固然要在饮食上供养他们，让父母吃饱喝足。但是也要发自内心地尊敬他们，遵守孝道，这样才可以谈论孝。如今被称作孝顺的人，只能说是在饮食上奉养父母罢了，他们不知道，单纯饮食上的侍奉和养牛养马有什么区别呢？即使是卑贱的犬马，只要给它们食物，也都能使它们活下去。如果侍奉父母的人不知道要恭敬地侍奉父母，而只是在饮食上供奉，那么和养犬马有什么分别？"所以说平常认为的孝敬父母，不值得被当作孝。子游是圣人门下优秀的弟子，怎么会像对待犬马一样侍奉父母呢，但是孔子仍然这么告诫他。因为父母都会因为怜爱而宽容子女，所以儿女会因此有所凭借，即使刚开始没有轻视怠慢，之后也会慢慢形成骄傲自满的恶习，变得无所忌惮，就不再顾及父母了。孔子的话，能够深入到人性深处，在苗头处预防人们产生不孝敬父母的想法。孝敬父母的极致，就是像帝舜一样用天下所有的财物去恭敬地供养父母，像文王一样小心翼翼地问候父母的起居、用餐，这样才能叫作孝，这才是最孝敬父母的行为。

原文　子夏[13]问孝。子曰："色[14]难。有事，弟子服其劳；有酒食，先生[15]馔[16]，曾是以为孝乎？"

张居正讲评译释　子夏问孔子说："儿女侍奉父母，怎么才能叫作孝？"孔子回答说："侍奉父母的时候，最难的就是对父母和颜悦色。人的脸色是根据内心产生的，儿女只有发自内心的深爱孝敬父母，才会有愉悦和婉的脸色。所有的事都可以勉强，但是脸色不可以伪装，所以保持愉悦的脸色是最难的事，侍奉父母的人如果能够保持脸色的和婉，就能称作真正的孝顺了。做儿子、做兄弟的要尽力替父母兄长办事，要先给长辈们享用酒饭，能做到这些，并且没有面露难色，这就可以称作孝了。"前面一章里子游向孔子请教孝，孔子教导他要尊敬父母。这一章子夏请教孝，孔子教导他要亲近父母。子游、子夏都是孔子优秀的弟子，孔子不担心他们在供奉父母的礼节上做得不够，只是害怕他们不能够发自内心地敬爱父母，所以这么告诫他们，让他们知道侍奉父母不在于表面的礼节，更在于发自内心的孝敬，不应该向外部探寻，而是要探求自己的内心，反省自己有没有切实做到孝敬父母。作为子女，都应该深刻地思考这些啊！

原文　子曰："吾与回[17]言终日，不违如愚。退而省其私，亦足以发[18]，回也不愚。"

张居正讲评译释　孔子门下的弟子中，只有颜回的悟性最高。所以孔子称赞他说："有的人十分聪明，遇到任何事都没有疑惑，不需要诘问辩驳。也有人非常愚笨，不知道疑惑，不知道诘问辩驳。这两种人虽然心思不同，但是他们的表现是一致的。今天我和颜回交谈了一整天，涉及了很多方面。他都只是默默地听从接受，没有一点儿异议，也没有一点儿诘问辩驳，看起来就像是什么都不知道一样。在他离开之后，我考查他私下里的状况，看见他的言行举止，遵循的都是我讲述的道理，并亲身实行体验，除了我讲的道理外还都有自己的发挥，我这才知道颜回不诘问辩驳是因为他已经心领神会，明白了我所说的道理，没有了疑问自然就不必诘问，而不是不会产生疑问不知道诘问。"这么说颜回怎么是真的愚笨呢！颜回既是十分聪明的人，又能够勤奋好学，所以他能这样领悟到道理的奇妙。如果比不上颜回，就一定要能够产生疑问并且知道询问，然后才能弄明白学问道理，发掘自己的聪明才智，进而达到圣贤的境界。

原文　子曰："视其所以[19]，观其所由[20]，察其所安，人焉廋[21]哉？人焉度哉？”

张居正讲评译释　孔子说:“人不能不去了解别人，虽然了解别人很困难，但是也自然有相应的方法。”人的所作所为非善即恶，主要应该看他的目的是什么，为了善事的是君子，如果是为了作恶，那就是小人，这些大概都能够有所了解，所以说看一个人行为的动机。如果一个人目的不善，那自然就是坏人，即使为了善意的目的，也不知道他的想法是否真实，所以还应当观察他的经历怎么样,看他是真心实意做善事还是掩饰自己欺骗他人。如果是发自内心的真诚,这就是善良，不然就是虚伪，怎么能算是君子呢！之前经常做坏事，自然就是坏人，然而那些做好事的人，也不知道他的行为是否自然，所以还应该观察他喜欢什么，是真的喜爱做好事还是为了图谋私利、获取名誉？如果是真的喜欢做好事，那么就是真的善良，不然就只是暂时喜欢罢了，又怎么能坚持下去呢！从一个人做事的动机到他的经历，再到他的心境，对他人就要从外到内深入观察。反省检查自己时，也要逐渐从简略到详细。虽然说很难揣测别人的心意，但是即使一个人能掩饰自己的目的，掩饰过往的经历，也一定不能掩饰自己的内心。这样，这个人还怎么逃脱观察呢？怎么能隐藏自己呢？可以确切地说，他一定难以掩饰自己呀。这就是孔子观察别人的方法。君主用这个方法观察臣属的行为处事和内心心思，不管他们是正是邪、是忠是奸都难以逃脱这种观测。

原文　子曰："温故而知新，可以为师矣。"

张居正讲评译释　孔子说："天下间的道理无穷无尽，而人的见闻是有限的。如果只是依靠记载询问，那么学到的知识能有多少呢？如果能从之前的所学中不断温习，对读过的《诗》《书》，听过的讲论，都反复地揣摩、体会，不遗忘它们，又能够在掌握了某一知识后进而推知同类事物的规律，从而获得新的知识，这样即使是不知道的知识，也渐渐的都领会了。做到这些后就能看到自己对义理的理解一天比一天透彻，学问也越来越丰富。有人来请教自己时，就能够和他深入讨论而不至于无话可说。如果有人有了疑惑，也可以帮他细致地剖析事理。这不就是可以当老师了吗？”从这些可以看出君子做学问，不能把功夫浪费在记忆背诵上，而在于能够明白事理；不能只追求知识的广博，而在于能在不同的想法之间互相类推，做学问的人不能不这么勉励自己啊。

原文　子曰："君子不器[22]。"

张居正讲评译释　孔子说："只掌握某一种能力的人，不是没有用处，只不过有的人作用小，有的人作用大，在这一点儿有用，在另一个地方就没有用。

就像器皿一样，虽然不同的器皿有不同的用途，但是终究不同通用，不是全能的。只有君子见识高明、涵养深邃，什么能力都具备，所以在什么地方都能起作用。大到可以处理国家大事，小到可以管理钱谷甲兵等小事，固守常法、通达变化都无所不能，怎么会像器皿一样只能适用各自的用途，而不能通用呢？所以说君子不像器皿。这种不像器皿的君子，是天下间的全才。君主得到这种全才后，可以给他们重要的任务，至于那些才能单一的人，也应该根据他们的才能去使用他们，不能够过于求全责备。”

原文 子贡问君子。子曰：“先行其言，而后从之。”

张居正讲评译释 子贡问孔子说：“君子是有高尚品德的人。求学的人怎么才能成为君子呢？”孔子回答说：“人们经常说得多做得少。如果事还没做而先说了出来，万一言行不一致，怎么成为君子呢！君子会亲身实行每一件事，像是做子臣弟友的方法、仁义礼智的品德这些，只要想张口说出来，就会先付诸行动，没有一点儿欠缺的地方，完成之后才会谈论它们，所以他们所发出的言论才会完全符合事实，不会变成空话。说之前就行动，行动之后再谈论，这不就是忠诚老实的君子吗？”因为子贡话多，所以孔子才这么警示他。实际上亲身实践自己语言的君子很少，言行不一致的人很多。做学问的人固然应该在修身时多做事少说话，君主任用臣子时也应该在听了他的话之后，再观察一下他的行动呀。

原文 子曰：“君子周[23]而不比[24]，小人比而不周。”

张居正讲评译释 孔子说：“君子小人都有自己亲近喜爱的人，只是他们的目的不一样，所以他们所亲近的人也不一样。君子的想法公允，因为他们一心为公，所以能够把天下看成一个家庭，一致地对待所有人，对应该怜爱的人，都给他们关爱，而不需要他们归附自己，应当给他们恩泽的，就给他们恩惠，不要求他们乞求自己。心胸宽阔，仁德宽厚，不偏爱自己的朋党，这就是君子的作为。小人就不是这样，他们只追求自己的私利，所以会依附于有势力、有利益可图的人，或者结交一些和自己臭味相投的人，共同作恶。只亲近自己的朋党，而没有关爱所有人的公心，这就是小人呀。”团结和勾结外表看起来相似，但是它们实际上并不一样，不一样的地方就在于内心是公正还是偏私，想要分辨君子和小人，就一定要谨慎仔细地分辨这些呀。

原文 子曰：“学而不思则罔[25]，思而不学则殆[26]。”

张居正讲评译释 孔子教导说：“天下间的道理，分散在很多事情中，最后会汇集在自己的心中。因为这些道理分散在每一件事中，所以一定要下功夫穷究事物原理获得知识，并亲自去实践检验，然后才能学到这些道理，这叫作学。因为要把这些道理融会在一起，所以一定要下功夫去反复地研究探索，这样才能发现其中精细微妙的地方，这叫作思。学和思这两件事缺少任何一个都不行。如果只知道读书，而不去思考，那么就不会明白书中的道理，那么学到的东西不过就是一些粗疏的东西，终究弄不明白书中的道理，所以说只读书而不思考，就会迷惑而无所得。如果只知道空想，而不努力读书，那么下的功夫就没用在实际的地方，所思考的东西也只是浮浅之见，终究会危害到自己，所以只空想而不读书，就会耽于幻想，这是很危险的。”从这些可以看出读书一定要思考，学习之后又能够思考书中的道理，那么学到的东西才通透明澈；思考之前一定要读书，能思考也知道看书，就知道应该思考什么。这两件事如果只偏向其中一个方面，就会产生各自的弊病，求学的人能不知道应该怎么做吗！

原文 子曰："攻[27]乎异端，斯害也已。"

张居正讲评译释 孔子说："自古圣人继承前人的事业，开辟未来的道路，依据的只是一个很正常通达的道理，不过就是维持好君臣、父子、夫妇、长幼、朋友之间的关系，树立仁、义、礼、智、信等品德，管理好士、农、工、商这些百姓，处理好礼、乐、刑、政等事务。做好这些之后，既能够提高自己的修养，又能够管理好百姓。世道太平，人心归正都是从这里得到的。除了这些，都是和正统思想对立的异端邪说。人们如果被这些异端邪说迷惑，想要深入的研究，创造出一个新的比别人都高明的学说，另外创立一个门派，并想大力推行，就说明这个人陷入错误思想而无法自拔，这个学说自然是偏僻邪恶的学说。用这种异端学说来提升自己就会坏了自己的性情，用它们去治理百姓，就会破坏百姓正确的风俗礼节。这种异端邪说兴起之后，肯定会导致世道不平、人心难正，没有比这更坏的事了，所以说研究异端邪说的害处很大。"孔子说这些话的时候杨氏、墨氏的学说还没有盛行，但是孔子事先就对这种异端邪说如此深恶痛绝。后世道家的学说，全都像杨朱的学说一样，佛教的学说，都像墨子的学说一样，这些道家、佛家的学说会完全让人沉迷其中难以自拔，使社会风气受到损害。像宋徽宗、梁武帝等沉迷喜好这些学说的，都免不了要丧身亡国，被后人非议讥笑。所以异端邪说难道不应该被万世警戒吗！

原文 子曰："由[28]，诲[29]女知之乎！知之为知之，不知为不知，是知[30]也。"

张居正讲评译释 子路好逞勇武，什么事都要胜过别人，所以只知道强横霸道却不知道如何成为智者。所以孔子直呼其名告诉他说："你也想要成为智者，我今天就教你成为智者的方法。人们知道一部分道理，但一定还有一些道理是人们不知道的。知道还是不知道，自己原本是很清楚明白的，如果有人把不知道当作耻辱，掩饰自己，不管自己知不知道，都以为自己知道，这就是自我欺骗，就是蒙蔽自己的良知。你对于知道的道理，就应该说自己知道，对于自己不知道的，就应该说自己现在还不知道。这样虽然说自己还没有完全明白天下间的道理，但是不自我欺骗，不蒙蔽自己的良知，这就是智慧啊，何必要无所不知才能说是智慧呢？所以说知道就是知道，不知道就是不知道，这就是智慧啊！"由此可见天下间的道理无穷无尽，即使是圣人也不可能无所不知，但是圣人心胸坦荡、充满智慧，既不因为不知道而自我欺骗，也不因知道而自以为是。所以多向别人请教学习，多看多问，这就是尧舜具有大智慧的原因。

原文　子张[31]学干[32]禄[33]。

张居正讲评译释　昔日子张在孔子门下求学，他的目的是为了求取做官的方法。

原文　子曰："多闻阙[34]疑，慎言其余，则寡尤[35]。多见阙殆，慎行其余，则寡悔。言寡尤，行寡悔，禄在其中矣。"

张居正讲评译释　孔子教导子张说："君子做学问是为了提升自己，不能有为求取官职才学习的想法。学问有成自然能获得官职，不用过于留心地求取。如果能够多了解天下间的道理，遇到问题时先搁置有疑问的地方，谨慎地完成自己有把握的部分，这样就会处事得当，不会被人们讨厌，产生的过错自然就会少了，这样不就减少错误了吗？提高自己的见识，作为自己行动的凭借，行动时，把有危险不安全的地方先放置一旁，对已经有把握的地方，也要谨慎小心地去处理，那么行为就能恰当合适，不会让自己留下遗憾，心里的懊悔自然就少了。少说错话，少做错事，这就是贤德的人。名声显著之后，一定会被举荐任用，即使自己不去求取官职，也自然会得到重用。又何必先去求取官职呢！"我曾经观察过，古时候那些优秀的读书人很自然就会获得官职，所以产生了很多先尽力做事，待有功绩后才能享受俸禄的大臣。而后世的读书人，不约束自己的言行，心里只是想着求取官职，所以缺少这样的人。这些都是关系到学问的大事，不是一些琐碎的小事。作为百姓的君主，能不把端正读书人的风气当作最要紧的事吗？

原文　哀公[36]问曰："何为则民服？"孔子对曰："举直错[37]诸枉[38]，则民服；举枉错诸直，则民不服。”

张居正讲评译释 鲁哀公问孔子说：“君主位于臣子百姓之上，应该怎么做才能让所有人都心悦诚服呢？”孔子回答说：“君主如果想要百姓臣服，不能用严酷的刑罚驱使，不能用小恩小惠结交，只用顺从百姓的好恶，为公众的利益着想就行了。只要臣属内心公正，行事光明磊落，就是正直的君子，别人就一定会敬爱他，希望他能够得到适合的职位为大家办事。内心阴险狡诈，行事违反法度的就是奸邪的小人，人们都憎恶这种小人，害怕他误国害民。喜爱善良憎恶邪恶是人们的共同心理，君主如果能重用那些正直的君子，让他们处理政务，远离奸邪的小人，不让他们参与国家事务，这样任免得当就会符合百姓的好恶，百姓自然会欢欣爱戴，没有人不臣服。如果君主任用了奸邪的小人，让他们获得官职，使正直的君子不能获得提拔任用的机会，那么就是颠倒是非，就会违背百姓的好恶，百姓自然就会内心不满，这样即使通过强迫也不能让他们服从。”百姓臣服或反对，只在于君主对官员的任免是否公允，所以君主在任用官员的时候，能不慎重吗！

原文 季康子[39]问：“使民敬、忠以劝，如之何？”子曰：“临[40]之以庄，则敬；孝慈，则忠。举善而教不能，则劝。”

张居正讲评译释 季康子问孔子：“怎么才能使百姓对当政者恭恭敬敬、尽心不欺，多做善事而不敢做坏事呢？”孔子回答说：“作为民众的领导，关键不在别人而在于自己。如果能够在对待百姓的时，容貌端庄，毫不懈怠，那么就他们会有威严能够敬畏，有标准可以模仿，民众有了仰慕的对象，自然会心怀敬畏不敢懈怠；孝敬地侍奉父母，不违逆反驳；慈爱地对待他人，不残酷严苛。那么君主的品德就完全能做民众的表率，恩泽也足够凝结民心。民众感受到领导者的优秀品德，自然会尽心效忠，而不会欺骗违背。当政者要提拔任用善良的百姓，让他们能够实现自己的志向，要教诲感化那些不够善良的百姓，不可以轻易放弃他们。这样善良的百姓就会更加善良，不够善良的也慢慢能够达到标准，就没有不听从教导的百姓了。”季康子问的是如何治理百姓，而孔子回答的是如何改善自己。所有人都是这样，如果能够管理好自己，那怎么会感化不了他人呢？

原文 或谓孔子曰：“子奚[41]不为政？”

张居正讲评译释 鲁定公初年，孔子不做官了，有人问孔子：“你有这么远大的抱负，正应该顺势有一番大作为，为什么不肯出仕做官，治理国家呢？”

因为当时季氏独揽大权，季氏家臣阳虎犯上作乱，国君也不再信任孔子，所以孔子不肯轻易地出来做官，而这个人不知道这些。

原文 子曰：“《书》云：‘孝乎？惟孝友于兄弟，施于有政。’是亦为政，奚其为为政？”

张居正讲评译释 孔子不做官的原因难以告诉别人，所以只能找了个借口回答说，你怀疑我不肯做官，难道没有听说《周书》里说的孝吗？《周书》里说的“君陈”是能够孝顺父母、友爱兄弟，又能够把孝敬父母、友爱兄弟的方法推广开来，处理一个家族的事务，让长幼尊卑都能够和睦相处，严肃有序，让所有族人都变得正直、公正。《周书》里就是这么说的。这么看来，一个人在家里带领家人端正自己，就是从事政治了。何必有官职才能算是治理国政呢？政治，只是改正别人的错误罢了，对一个国家实施，让一个国家的民众服从教化，这固然是从事政治，但是管理家庭，让一家人遵守礼法，也是从事政治。这虽然是孔子的借口，也确实是这个道理。所以《大学》里说：“想要治理国家，先管理好家庭。”就是这个意思。君主治理国家时，如果能用孝顺父母、友爱兄弟的品德来提高自己、管理家庭，那么就符合治国平天下之道呀！

原文 子曰：“人而无信，不知其可也。大车无輗[42]，小车无軏[43]，其何以行之哉？”

张居正讲评译释 孔子说：“诚实守信是为人处世的根本，人如果不诚信，做任何事都荒诞无稽，我不知道这种人能做什么事。为什么这么说呢？就像车必须有輗軏才能行走一样，人只有诚信才能在社会上立足。如果大车没有辕前的横木，就不能束缚驾驭牛马；小车如果没有辕上的曲木，就不能钩衡驾驭牛马。虽然马车具备了轮辕，但是却 步动不了，怎么能行走呢？如果做人不诚实，就会让所有人厌恶。不管在哪儿都难以有所行动，不管做什么都会遇到阻碍。这和车没有輗軏有什么区别呢？”孔子这么说，只是要人们言行一致、办事诚信，不能有任何荒诞无稽。诚信更是君主最宝贵的品质，因为治理国家，一定要让发出的政令像四时更替一样准确，不能够朝令夕改，只有这样百姓才会信服，才能治理好天下。孔子的话，难道不是值得万世遵守的训诫吗！

原文 子张问：“十世可知也？”

张居正讲评译释 每次朝代更换一次，就叫作一世。子张问孔子说：“每一个朝代的兴盛，就一定有相对应的事迹。已经发生的事很容易就知道了，将来要发生的事却不容易知道，不知道十世后发生的事现在能知道吗？”

原文　子曰："殷因于夏礼，所损益可知也。周因于殷礼，所损益可知也。其或继周者，虽百世可知也。"

张居正讲评译释　孔子回答子张说："后世观察现在，和我们观察前世一样。所以想要知道将来发生的事，只用观察已经发生过的事就可以了。夏朝延续四百多年后被殷商取代了，商朝实行的礼仪制度，如通过道德来规范百姓的行为举止等，这都遵循了夏朝，没有做出更改。至于政治制度，就做出了相应的改变，和夏朝有一些不一样。比如殷代的政治与礼制崇尚质朴，殷商时期的历法十二月为岁首等，这些和夏朝相比有了改变，这是可以通过考察了解到的。殷商延续了六百多年被周朝取代，周朝实行的礼仪，比如通过礼法去规范百姓，这也是延续了殷商的制度，没有做出更改。至于政治制度方面，就做出了相应的更改，也和商朝有一些不同。比如周朝的政治礼仪崇尚文治，周朝历法十一月为岁首，这也就是所说的'增加或者减少的，也可以通过观察知道'。由此可以看出，纲常伦理是国家的根本，什么时候也不能更改。政治制度是用来治理国家的方法，随时可以根据需要进行变通，以后可能有继承我们周朝而取得天下的朝代，他们增加或者删减的也不过就是这些方面。由此可见，即使是百世之后的事，也没有什么不能知道的，更何况只有十世呢！"

原文　子曰："非其鬼而祭之，谄也。见义不为，无勇也。"

张居正讲评译释　孔子说："人们应该根据自己的身份去祭奠鬼神。比如天子祭祀天地，诸侯祭祀山川，大夫祭祀禘、郊、宗、祖、报五祀，普通百姓祭祀自己的先人，这才是各自应该做的本分，应该这样去祭祀。如果去祭祀那些本不应该是自己祭祀的鬼神，这就是为了求取福利而去谄媚鬼神，这不是祭祀的正确礼仪，这就是谄媚的举动。人尽力做到那些应该做的本分才算是勇敢。如果一件事符合道义，却拖延退缩，不能果断地去处理它，这就是萎靡不振，缺少勇往直前的勇气，十分软弱的行为呀，所以说见义不为就是怯懦。"这两件事，一件是做了不应该做的事，一件是应该做的事却不去做。孔子把它们放在一起讨论，是想要人们不要因为鬼神之事的复杂就感到困惑，而是应该多在该做的事上努力用心。

注释：

[1]共，环绕，又写作“拱”。

[2]蔽，总括，概括。

[3]道，通“导”，引导。

[4]齐，整顿，治理。

[5]格，规矩，恐惧。

[6]从，任，任凭。

[7]逾，超过。

[8]孟懿子，鲁国孟孙氏第九代宗主，本姓仲孙，也称孟孙，名何忌，世称仲孙何忌，谥号懿。

[9]樊迟，即樊须，名须，字子迟。是“孔门七十二贤”之一。

[10]御，驾车。

[11]孟武伯，孟懿子之子，姓仲孙，名彘（音 zhì），谥“武”，春秋时期鲁国大夫。

[12]子游，姓言，名偃，字子游，亦称“言游”、“叔氏”，春秋末吴国人，孔子的著名弟子，“孔门十哲”之一。

[13]子夏，姓卜，名商，字子夏，后亦称“卜子夏”、“卜先生”，孔子的著名弟子，“孔门十哲”之一。

[14]色，脸色，表情。

[15]先生，这里指父兄。

[16]馔，吃，喝。

[17]回，孔子的弟子颜回，字子渊，“孔门十哲”之一，“孔门七十二贤”之首。

[18]发，启发，阐明。

[19]以，做。

[20]由，经过，经历。

[21]廋，隐藏，藏匿。

[22]器，器皿。

[23]周，团结。

[24]比，勾结。

[25]罔，通“惘”，迷惑而无所得。

[26]殆，危险。

[27]攻，深入钻研。

[28]由，仲由，字子路，又字季路，“孔门十哲”之一。

[29]诲，教导，指教。

[30]知，通“智”。智慧，聪明。

[31]子张，颛孙师，复姓颛孙、名师，字子张，春秋末年陈国人，“孔门十二哲”之一。

[32]干，追求，求取。

[33]禄，俸禄，指官吏的薪俸。

[34]阙，留存。

[35]尤，罪过，过错。

[36]哀公，鲁哀公，鲁国国君。

[37]错，通“措”，放置。

[38]枉，不正直的，邪恶的。

[39]季康子，季孙肥，春秋时期鲁国的正卿。姬姓，季氏，名肥。谥康，史称“季康子”。

[40]临，治理，管理，统治。

[41]奚，怎么，为什么。

[42]輗，古代大车车辕前端与车衡相衔接的部分。

[43]軏，古代车上置于辕前端与车横木衔接处的销钉。

八佾第三

原文　孔子谓："季氏[1]八佾[2]舞于庭，是可忍也，孰不可忍也。"

张居正讲评译释　古代乐舞的行列，天子是八行，每一行有八个人，这叫作八佾。诸侯是六佾，大夫是四佾。不同的等级之间乐舞的行列各不相同，不可以超出僭越。当初周成王因为周公有很大的功劳，就特别赏赐给他天子的礼乐，让他去祭祀宗庙，周公的后人也都沿袭着僭越使用，这已经是不符合礼仪的行为了。鲁桓公的子孙季氏在自己家里祭祀祖先，也僭越使用天子的八佾舞，所以孔子说："没有比名分更严格的礼仪，没有比僭越更严重的罪行。祭祀时要依据活人的爵位和俸禄，这是我们国家已经严格规定的礼法。季氏原本就只是大夫，只能用四佾舞，却在自己家里用八佾舞，这就是用大夫的身份实行天子的礼节，所犯的罪行已经超出了法律，一定要进行处罚，作为臣子没有比这更大的罪行了。这样严重的罪行都能容忍，不进行纠正，那别的小一点儿罪行，岂不是更要被容忍了？"鲁国需要为了国家的利益而做一定的让步，但如果遇到问题只知道无原则地宽容忍让，就会导致下属欺凌上司，臣子冒犯国君，以至于礼仪法度缺失、上下位置颠倒，已经到了尊卑不分的地步了。这都是优柔寡断姑息忍让所导致的，所以孔子认为不能这么做。之后孔子担任了鲁国的司寇，代理丞相的职责，随即要破除季孙之费、孟孙之成、叔孙之郈这三都来增强国家的实力，齐国大臣陈恒杀死齐国国君，孔子就斋戒沐浴觐见鲁君，请求出兵讨伐陈恒，这些都可以看出孔子的志向。孔子最后在鲁国得不到重用，而鲁国的权力也被孟孙、叔孙、季孙三家篡夺，周公留下来的礼仪也就没人遵守了。既然这样君主能不时刻整顿国家的纲纪法度吗？

原文　三家[3]者以《雍》[4]彻[5]。子曰："'相维辟公，天子穆穆'[6]，奚取于三家之堂？"

张居正讲评译释　"相维辟公，天子穆穆。"是《雍》诗中两句话。昔日周天子在祭祀完宗庙之后，就唱《雍》诗来撤除祭品。到了孟孙、叔孙、季孙三家在祭祖完毕撤除祭品时，也让乐工唱《雍》，这就是僭越使用天子的礼仪。所以孔子斥责他们说："《雍》诗中说：'相维辟公，天子穆穆。'这是说天子在宗庙祭祀的时候助祭的是列国的诸侯，主祭者是天子，天子恭敬的神色、端庄恭敬的举止影响久远。这本来就是天子应该做的事，所以撤除祭品时，令乐工唱《雍》是合适的行为。如今孟孙、叔孙、季孙三家祭祀时，助祭者不过自己的家臣，他们也有诸侯相助吗？主祭的人不过就是大夫，他们也有天子的庄严肃穆吗？既然没有这些，那为什么要在祭祀的时候唱这首歌呢？这不只是狂妄可恶，也是毫无意义的行为。"因为礼仪是用来区分地位的高低上下的，不能有一点差错，臣子如果僭用君主的礼仪，就会心生妄念，什么坏事都敢做，这样弑君夺权的祸事就一定会发生。孔子在前面一节指责季氏用天子八佾舞，这一节批评孟孙、叔孙、季孙三家祭祀时用天子的《雍》诗，这都是为了防止后世的大臣做出僭越的行为。

原文　子曰："人而不仁，如礼何？人而不仁，如乐何？"

张居正讲评译释　孔子说："对于一个人来说，仁是内心的完美品德，人如果能够保全这个品德，内心充满恭敬，那么他的行为就会符合礼仪；如果他内心安静平和，那么展现出来的音容声貌就都是乐。"在礼仪上不能有虚假，只有仁德的人才能施行礼仪。一个人如果缺乏仁德，就会放纵逸乐，不能保持内心的恭敬，那么就会丢失礼的根本，那些华丽的玉帛、威严的礼仪，就不过就是一些空洞的礼节罢了，这样的礼有什么用呢？所以说一个人如果没有仁德，那么他又如何行礼呢？乐曲不是随便就能演奏的，只有仁德的人才能运用。一个人如果缺乏仁德，就会性情暴虐，内心难以祥和，那么就会丢失乐的根本，这样的话那些钟鼓的声音，羽旄的舞蹈就是一些没有用处的乐器，这样的乐曲还有什么用呢？所以说一个人如果缺乏仁德，怎么能去弹奏乐曲呢？礼和乐片刻也不能够分开，就像人不能缺少心一样，想用好礼乐的话，一心求仁就可以了。

原文　林放[7]问礼之本。子曰："大哉问。礼，与其奢也，宁俭；丧，与其易也，宁戚[8]。"

张居正讲评译释　鲁国有个叫林放的人，看到世人施行礼仪时有很多繁文缛节，认为这不符合制定礼仪的初衷，所以问孔子礼的根本是什么。孔子认为当时社会过于追求细枝末节，而林放没有受到社会风气的影响，只是在内心探究礼的根本，立志恢复到礼最初的本意，所以就称赞他说："你的问题意义重大啊！完整的礼有本质、有仪式，比如饮食的礼仪，最开始只是大羹、淡薄的酒水，用平常的杯子饮用罢了，这就叫本质。先王认为这些过于太简单了，就制造了笾豆簠簋的器材、揖让周旋的礼仪，这叫作仪式。又比如守丧的礼仪，最开始只是伤心地哭泣、悲伤地思念罢了，这叫作本质。先王认为太直白，就制定了哀伤痛哭的礼节、穿丧服服丧的制度，这叫作仪式。本质和仪式都具备了，这才是完整的礼。但是后来习俗慢慢改变了，人们只是在仪式上用心，完全不顾及制定礼仪最初的目的。所以如今在礼仪上，与其崇尚繁华，却变得奢侈浪费，还不如因为追求朴素，而过于简单。礼仪过于简单而缺少仪式，虽然不太符合礼仪，但却没有丢失淳厚古朴的风气，这就是保留了礼的根本。与其奢侈，不如俭朴，守丧时与其熟悉了礼仪程序而没有真诚的悲伤，宁可没有礼节来限制而尽情地表达自己的悲痛。虽然单纯的悲伤不符合礼仪的要求，但仍然保留真诚的本性，这是礼的本源，所以说与其仪式周全，不如内心悲伤。”说宁可简单、宁可悲伤也不要奢侈周全，都是为了矫正错误的世俗观念。事物在变化时都是从本质转向形式，所以在世道衰败的时候，一定是多形式而缺本质。所以孔子以往称赞形式的周全，又批评过实施礼仪的物品过于简单，守丧时过于哀伤，谈论礼乐时说要效仿前人。而如今孔子的转变是因为厌恶周朝末年仪式的烦琐，想要矫正这些错误使它更符合礼。想要维护礼仪教化，就要好好借鉴孔子的这种思想啊。

原文　子曰：“夷狄[9]之有君，不如诸夏[10]之亡[11]也。”

张居正讲评译释　孔子在世时，季氏以大夫的身份使用天子的八佾舞，孟孙、叔孙、季孙三家的身份都是大夫却在祭祀的时候使用《雍》歌，这些都是以下犯上的僭越行为。国家的尊卑关系混乱到这种地步，人们甚至不知道君主和臣子的分别。所以孔子叹息说道：“中国比夷狄尊贵的地方就在于君臣有固定的名分不会导致上下混乱。如今那些落后的夷狄地区，君主能够领导臣下，臣下也顺从君主，他们尚且还有君主，不像我们华夏，君主软弱，臣子强横，有威胁天子的诸侯，有独揽国政的臣子，这些乱臣贼子恣意妄为，反而不知道尊卑上下的名分。”夷狄怎么能和我们中原地区相比呢？更何况孔子说中原反而不如夷狄，实在令人感慨啊。孔子说这些话，又怎么是真的轻视中国称赞夷狄呢？从孔子的话可以看出要让百姓时刻牢记尊卑上下的名分关系呀。

原文　季氏旅[12]于泰山，子谓冉求[13]曰：“女弗[14]能救[15]与？”对曰：“不能。”子曰：“呜呼！曾谓泰山不如林放乎？”

张居正讲评译释 根据古时候的祭祀礼仪，天子祭祀天地，诸侯祭祀山川。泰山在鲁国境内，只有鲁国国君可以祭祀。季氏是鲁国的大夫，却要祭祀泰山神，这就是违背了礼法名分，就是无视君主威严的僭越行为。冉求是季氏的家臣，有劝告季氏的责任，所以孔子责问冉求说："季氏做这件事，十分不符合礼节，你作为他的家臣，本来应该尽力谏言帮助他改正错误，怎么现在看着他做失礼的事不去劝阻他呢？"冉求回答说："他的主意已经决定好了，我也努力过，但是劝阻不了啊。"孔子于是叹息说："季氏的这个行为只是为了逢迎鬼神来乞求福佑，却不知道不能僭越礼仪，不可以欺骗鬼神。像鲁人林放都知道请教礼仪的根本，不愿意跟随现在的不良习俗。况且泰山是五岳之尊，泰山神聪明正直，一定知道礼仪，怎么肯接受季氏不符合礼仪的祭祀？难道还不如林放懂礼吗？"季氏去泰山祭祀，既超出了自己的职分，而且泰山神一定不会接受，那么去祭祀还有什么好处呢？孔子说这些话，一来是要季氏知道去泰山祭祀没有好处，现在放弃也不晚；二来是让冉求因为自己不如林放而感到羞愧，在知道自己的不足之后勉励自己、完善自己。

原文 子曰："君子无所争，必也射乎！揖让而升，下而饮，其争也君子。"

张居正讲评译释 孔子说："有德行的君子，一定心平气和，对待别人恭敬谦逊，不会发生争执。如果一定要争，那就是在射箭比赛的时候了！射箭的时候有射中的，有射不中的，有的射中的多，有的射中的少，胜负很明白就看出来了，看起来像是有竞争。但是在射箭比赛开始前，比赛双方一定要在多次揖让之后再登台比试。比赛完之后，就和对方一起下台，获胜的人反而向失败者作揖礼让，然后请他进屋内喝酒，射箭比赛时的礼仪就是这样的。虽然射箭也有胜负的较量，但是自始至终，射箭的人举止大方、谦逊有礼，他们的竞争，是君子的竞争，不是小人之间因为个人情绪之间的不合而导致武力的搏斗。君子只有在射箭的时候才有竞争，而君子的竞争又像射箭这样，这就可以看出君子没什么可与别人争的事情。"

原文 子夏问曰："'巧笑倩[16]兮，美目盼[17]兮，素[18]以为绚[19]兮。'何谓也？"

张居正讲评译释 诗歌里说："人们在笑的时候，甜美的脸色非常好看，眼睛黑白分明。有这么美好的品质，又用华丽的色彩去装饰，就像是在洁白的质地上加入绚丽的色彩一样更加美好。"子夏不知道只有白色的质地才能描绘出炫丽的颜色，怀疑白色只是绚丽色彩的一个装饰。于是问孔子说："诗歌里面说：'欣然甜美的脸笑多好看啊，黑白分明的眼神真明亮啊，用素白的绢上来打扮。'白色没有修饰，绚丽的色彩才是好的装饰，现在说有了白色才能有绚丽的色彩，为什么要这么说呢？”

原文 子曰：“绘事后素。”

张居正讲评译释 孔子回答子夏说：“诗里面说有了白色的质地才有绚丽的色彩，这句话的意思不是说白色是绚丽的颜色，而是说因为有了白底，所以才能画出绚丽的色彩呀。就像现在的绘画，一定要先有白底，然后才能画上各种颜色。白色的质地在前，绘画绚丽的色彩在白底之后。就像人的相貌，一定要天生就自然美好，然后才能够做出华丽的修饰。”

原文 曰：“礼后乎？”子曰：“起予[20]者商[21]也！始可与言《诗》已矣。”

张居正讲评译释 子夏听了孔子的话后立刻就明白了，说：“绘画的时候，白底在前，彩色在后，可以看出白底没有彩色，自然不具备绚丽的色彩，然而如果没有白底的话，即使有炫丽的颜色又往哪儿画呢？世上的礼仪也是仪式在后面吧？一定有在仪式前面的本质。”因为人们之间的交往才形成了礼仪的规定、仪式。就像绚丽的玉器丝绸、人们交往时的相互礼让，这些都是恭敬的礼节。一定要先内心恭敬，之后才有这些恭敬的行为，这就是恭敬在前，礼仪在后。又像哀伤痛哭、穿着丧服守孝，这些是守丧的礼仪。一定要先内心哀伤悲痛，之后采取这些行为作为礼节，这就是哀伤在前，行礼在后。所以说真实的感情就像白色的质地，礼仪的仪式就像是绚丽的色彩。没有礼仪，自然没有人们交往时应该遵守的礼节，然而如果只追求达到礼仪的规定而没有真实的感情，就像画画的时候没有白色的质地就想画出炫丽的颜色，有这样的道理吗？孔子用绘画来说明白色的质地和绚丽的色彩之间的关系，不过只是根据书中的要旨进行发挥阐述，而子夏关于礼仪在感情之后的言论就是圣人没有说到的意思了。这可以说是闻一知二，触类旁通呀。所以孔子很高兴地称赞子夏说：“能够启发我的，是你啊。”诗人的语言，意图很浅，但是有很深远的寓意。擅长解诗的人，能够探求诗人语言之外的东西，而不只拘泥在诗的语言文字上，这样才能有所收获，像子夏这样聪颖善悟的人，才能够在一起谈论诗啊，所以孔子说出了非常喜欢子夏的话。这一章的要旨，和前一章林放问礼的意思大致相同。林放探求礼的本质，子夏认为礼在情后，都有反对烦琐的仪式崇尚本质，想要回归淳朴的意思。所以孔子称赞林放的探求意义重大，赞扬子夏给了自己启发，这也是圣人没有说出来的意思。做学问的人应该据此深入地进行思考呀！

原文 子曰：“夏礼吾能言之，杞[22]不足徵[23]也；殷礼吾能言之，宋[24]不足徵也。文献不足故也，足则吾能徵之矣。”

张居正讲评译释 孔子说：“昔日禹拥有天下，他制定的礼乐法规等制度我基本上都知道，然而必须要有证明别人才会相信。现在夏的后代，虽然有一个杞国存在，却难以证明我的话。汤拥有天下，礼乐法规等商朝的礼仪制度我也大概都知道，也必须要有证明别人才会相信。现在殷的后代，虽然有一个宋国存在，但是也不足以证明我说的话。没有书籍就不能记载礼，没有贤德的人不能学习传诵礼。如今距离夏、商两个朝代已经很久了，杞、宋两个国家国运衰败，当时的礼仪既没有书籍可以研究，也没有贤德的人可以询问，用什么来证明我说的话呢！如果这两个国家有书籍留存，贤德的人没有凋谢，我也能通过考察拜访他们来当作证明，人们就都会相信我了。可惜，现在行不通了。”当时孔子想要研究夏、商、周三代的礼仪，制定能够万世长行的法度，但是夏商的礼仪没法考证，所以只能这样感叹。然而三纲五常从古到今都没有改变，增加和删减的地方即使过了百世也能够知道，夏、商二代的礼仪也不因为杞、宋两国难以考证就消失。有礼仪制度责任的人，应该用心研究呀！

原文 子曰：“禘[25]自既灌[26]而往者，吾不欲观之矣。”

张居正讲评译释 古时候天子祭奠自己始祖的时候，还非常推崇创造自己始祖的天帝，于是就在太庙里供奉天帝，并且用始祖衬托，这种祭祀礼五年举行一次，叫作禘。周成王因为周公有大功劳，所以赐给周公的封地鲁国隆重的祭祀礼，让鲁国把周公作为始祖，让文王作为产生周公的天帝，让周公作为文王的陪衬，所以鲁国能行禘礼祭祀祖先。但是诸侯使用天子的祭祀礼，实在不符合礼法。孔子说：“我们鲁国君臣举行禘礼祭祀祖先时，我也曾经在太庙中看他们如何行礼，他们在没有迎神之前，真诚恭敬还在，还可以观看。到了第一次献酒迎神之后，君臣就都松懈怠慢了，虽然摆放的有俎豆，迎神时也有威仪，但这些全部是虚假的仪式，一点儿也不恭敬诚恳。到这个时候，我就不想观看了。”鲁国本来只是一个诸侯国，僭越使用天子的祭祀，已经是不符合礼节了，在祭祀的时候，还不虔诚恭敬，是在失礼中继续失礼。所以孔子才发出了这种感慨。

原文 或问禘之说。子曰：“不知也；知其说者之于天下也，其如示诸斯乎！”指其掌。

张居正讲评译释 有人见鲁国举行禘祭的礼仪，却不知道最初制定这个礼仪时的初衷，就向孔子请教。因为禘礼是国家最重要的礼法，先王制定这个礼法有稳定国本、怀念祖先的含义，这种妙处本来就不是轻易能够说明白的。更何况禘礼是天子重要的礼仪，鲁国沿用前人越分使用，这个过失也应该忌讳。这些原因很难直接说出来，所以孔子只回答说："不知道，禘作为祭祀礼，是很重要的礼仪，有深远的意义，很难弄明白。如果有人能明白其中的道理，那么他就是无所不知，内心诚恳真挚，见识宽广，精神完备，对待天下间的道理就像对待面前的事物一样清晰明白，岂不是像看眼前的东西一样十分容易吗？"孔子的弟子就据此记录说："夫子所说的看眼前的事物，是指看自己的手掌，把看天下道理的明白容易，当作看自己的手掌一样，没有一点困难。"从这些可以看出晦暗和光明是一样的，神和人也没有什么不同，用隐晦的道理去对待鬼神，用明白的道理去治理百姓，这有什么难的呢？这并不是先王没有说明白，也不是圣人不知道，而是不值得对某些人说，所以孔子也不肯轻易讲述这个原因。

原文　祭如在，祭神如神在。子曰："吾不与祭，如不祭。"

张居正讲评译释　孔子平时经常说：如果我不参与祭祀，那么就和没有举行祭祀一样。孔子的学生因此记录说："祭奠祖先、神明的时候内心要真诚，除了老师外，大部分人都做不到。我看他在家里祭奠祖先的时候，纯朴笃实，就好像先祖真的在上面一样；他在职为官祭奠神灵的时候，内心恭敬，一心一意，就好像神真的在面前一样。鬼神无声无形，怎么能真的看见呢？那是因为他的内心极其真诚，所以就像亲眼看见一样。"孔子平时曾说过："我在祭祀的时候，一定要亲自参与，这样才能让自己满意。如果因为一些原因，不得不让别人代替自己，就不能够表示我的孝顺恭敬，所以这么做礼节虽然到了，但是缺少自己的心意，就还像是没有祭祀一样。通过这些话可以看出，孔子祭祀的时候一定要恭敬谨慎，就像看到了先祖、神明在面前一样。"这就是孔子的学生记录的孔子祭祀时真诚的样子。天子作为天下万物的主人，祭祀的时候更加要虔诚恭敬，所以古时候的帝王一定要亲自参与祭祀，斋戒的时候一定要显露出自己的诚心，这样祭祀天地的时候天神才会降临，在宗庙祭奠时祖先的灵魂才能够有所享用，这样才能真正的受到天神、祖宗的赐福保佑。举行重大祭祀的时候，应该小心谨慎地注意好这些啊！

原文　王孙贾[27]问曰："'与其媚于奥[28]，宁媚于灶。'何谓也？"

张居正讲评译释　古时候夏季祭灶神，一定先在灶边祭祀灶神，然后才到室内西南角设酒食祭奠奥神。但是在室内祭祀奥神会显得尊贵，而灶边祭祀灶神会显得卑贱。所以当时的俗语说："奥神虽然有显贵的地位，但却并不是人们主要祭祀的对象，灶神虽然卑贱，但是负责人们日常的饮食，具有实际的作用，所以说讨好奥神不如讨好灶神。”因为奥就像君主一样地位崇高但是难以结交，灶就像大臣一样有实际办事的权力，能够结交攀附，当时人们的看法浅薄到了这种地步。王孙贾就问孔子说：“俗话说‘与其讨好奥神，倒不如讨好灶神’。本来奥的地位尊贵，灶的地位卑贱，现在却说讨好奥神不如讨好灶神，这么说是什么意思呢？”王孙贾怀疑孔子打算在卫国做官，想要攀附自己来乞求获得任用，所以说这话来讽刺孔子。

原文　子曰：“不然，获罪于天，无所祷也。”

张居正讲评译释　孔子回答王孙贾说：“俗话说讨好奥神不如讨好灶神，但我认为不是这个样子的。只有上天独一无二、无比尊贵，能够惩恶扬善、毫无差错。人们顺应天理做事，自然能够获得上天的赐福，如果是按照自己的心意办事，违逆了天理，这就是得罪了上天。谁能逃避上天的惩罚呢？这怎么是向奥神、灶神祈祷就能避免的？”从这些可以看出人应该顺应天理，而不应该讨好灶神和奥神。孔子的话，谦逊有礼，刚正不屈，那些想要通过向鬼神祈祷来乞求赐福的人，看到这些话后应该要引以为戒了。

原文　子曰：“周监[29]于二代，郁郁乎文哉！吾从周。”

张居正讲评译释　孔子说:“夏朝、商朝拥有天下，都有各自的法令规范，但是他们的法规不能做到尽善尽美，会逐渐变得不符合时宜。自从我们周朝兴盛起来之后，有文王武王作为君主，有周公作为丞相，于是对夏商的礼仪进行借鉴修改，对过度的地方进行删减，对不足的地方进行补充，所以典章制度礼仪规范都很完备，不管在朝廷实行，对邻国实施，还是传达到民间普通百姓，都没有一点缺陷。周朝礼仪的丰富完美不是夏商能比的。我生在周朝，是周的子民，本来就应该遵守先王制定的规章制度，更何况这些制度又如此完备。既然这样，我应当遵从的除了周之外还能有谁呢？所以说我遵循周朝的礼仪制度。”我曾经仔细考查过孔子，他在礼仪和音乐上跟随先贤圣人，在睡觉做梦时也没有忘记周公，修撰鲁国的史书时尊崇周天子，用这些来表明自己跟随周的决心，并且一天也没有忘记过。我们说圣人的行为后人不可以违背，既然这样，现在有的人总想反对古人的圣贤之道，这难道不荒谬吗？

原文　子入大庙[30]，每事问。或曰：“孰谓鄹人之子[31]知礼乎？入大庙，每事问。”子闻之，曰：“是礼也。”

张居正讲评译释　昔日孔子在鲁国做官时，曾经陪同国君进入太庙祭祀，参与祭祀的工作。他对太庙中摆放的笾豆、玉帛等器皿，对敬酒应酬等交往的礼节，每一件事都要详细地询问，就像不知道这些一样。这是因为他内心无比恭敬，所以才会询问得如此详细。有人不知道这些反而产生怀疑说："鄹人之子孔丘，一直被人称作懂礼，现在看来，谁说他知道礼仪呢？"知道的人不需要问，问的人肯定是不知道。这个人看孔子在太庙中，什么事都问别人，很明显不懂礼仪，更何况世上本来就有很多有名无实的人。孔子听说后解释说："没有比祭祀更重要的礼了，在祭祀中没有比恭敬更重要的事了。现在太庙中摆放的都是祭祀用的器物，行动都要依据礼仪，如果有一点不准确、不恰当，就是轻率放肆，就是不恭敬。现在我每次询问请教，是因为来回奔走祭祀神灵的时候，应该做到恭敬严肃，所以不敢勉强把不知道的事当作知道，更不敢凭借着自己知道就不去请教，这都是为了礼。这么说的人，不懂我啊！"从这些可以看出圣人内心谨慎恭敬，所以对祭祀的礼仪更加严谨。圣人非常谦虚，所以每件事都不厌其烦地详细询问别人，他既具备了尧的敬肃明察又具备了舜的详细审查呀。向圣人学习时，也应该这样要求自己。

原文　子曰："射不主皮，为力不同科[32]，古之道也。"

张居正讲评译释　孔子说："《乡射礼》里面有句话说：射箭可以用来观看一个人的品德。射箭时只需要射中靶心就行了，没必要穿透靶子。之所以这么说，是因为人的力气有强有弱、大小不一。如果注重穿透靶子，就只有力量大的人能做到，力量小的人一定难以做到，所以不能注重射穿靶子。礼仪兴盛的时候，人们就懂得了崇尚品德而不追求力量的道理。如今国家逐渐衰败，礼法荒废，各国之间互相征战，只追求强大的力量，即使是射箭的礼仪也要追求穿透靶子，崇尚道德的社会风气已经不存在了。"这真让人感慨。孔子这么说是因为怀念古时候礼仪的兴盛，对现在不满呀！

原文　子贡欲去告朔[33]之饩[34]羊。

张居正讲评译释　古时候天子在冬季最后一个月要给诸侯颁布下一年每个月份的行事计划，诸侯接受之后放在祖庙中。到了每月的初一，就杀一只活羊在宗庙祭奠，然后回去实行这个行事计划。到了鲁文公的时候，就把这告朔的礼仪废除了，而有司每个月还照就准备了一只羊。子贡认为既然这条礼仪现在不施行了，准备的这只羊就是浪费，所以想要省去，减少浪费。他这么做是只为杀一只羊感到可惜，而不知道最初制定这条礼仪的意图。

原文　子曰："赐也，尔爱其羊，我爱其礼。"

张居正讲评译释　孔子直呼子贡的名字告诉他说："赐呀，你想要省去饩羊，只是因为告朔的礼仪被废除，提供饩羊就没有实际作用了，是因为爱惜这只羊所以想要省去的吗？在我看来，需要爱惜的东西比羊重要得多。因为正月初一的告朔礼是天子颁布的，是用来展示天下有君主，告诉诸侯下一年的行动安排，展示天下的血缘关系，这是很重要的礼仪。如今这条礼仪虽然被废除了，但是饩羊还存在，后来的人可能会根据这只羊去探求告朔礼，并重新恢复施行，如果将这只羊也一起省去了，那么告朔礼就会随着羊的消失彻底被荒废了，从此天子就不再颁布告朔礼，人们也不知道有君主，诸侯不再举行视朔礼，人们也不知道互相之间有血缘的关系了。所以告朔礼的消失不是更加值得可惜吗？”孔子看重的在于保存礼仪，子贡在意的只是节俭，圣人和常人度量的宽广狭窄，用意的深远浅近，从这里就可以看出差别呀！

原文　子曰："事君尽礼，人以为谄也。"

张居正讲评译释　孔子说："臣子和君主之间，既然有尊卑上下的固定名分，自然就应该有恭敬奉承的礼仪。这些礼仪是先王制定的，要万世通用，不能够违背。我侍奉君主时，内心非常的谨慎恭敬，不敢有一点儿轻视怠慢，所以每件事都依照礼节，不敢有一点儿差错，这不过是做到了应该做到的礼节，不是礼节之外的要求。人们不知道这些，就认为我是谄媚奉承君主，他们怎么知道这就是侍奉君主应有的礼仪呀！”因为当时王室衰败，强横的大臣越分窃取君主的权力，很多人都没有遵循君臣之礼，只有孔子想要申明礼法，挽回正确的礼仪制度。他从君主身边经过就立刻容貌恭敬，登上朝堂时就屏住呼吸，和众人意见不一致时就施礼致歉，接到命令后就立刻行动，孔子这样遵循礼仪，反而被人认为是谄媚君主，从这就可以看出天下人不知道礼仪，所以孔子才会这么说。遵循礼仪和谄媚在行动上是相似的，但是内心的想法却是不一样的。君子侍奉君主，在礼仪上自然是很完备的，但是却不肯阿谀奉承，他批评君主的错误行为，劝诫君主多做善事，以此来表达自己对君主的恭敬，心里想的只是要让君主有一个好的名声，努力处理好国家事务，对君子来说，这些就是真正的尽到了做臣子的礼仪。小人对待君主虽然外表看起来像是礼仪完备，但是他的内心却不一定忠实恭敬，他们为了获得君主的欢心就阿谀奉承、肆意逢迎，心里想的只是求取君主的恩宠，获得官位，这才是真正的谄媚。君子完整地遵守礼仪，小人认为这是谄媚，小人谄媚的时候也认为自己完全遵循礼仪。君子和小人内心的正邪观念完全不同，作为君主一定要用心考察分辨。

原文　定公[35]问："君使臣、臣事君，如之何？”孔子对曰："君使臣以礼，臣事君以忠。”

张居正讲评译释 鲁定公有一日问孔子说：“君主差遣臣子，臣下侍奉君主，都有各自的方法，不知道分别应该怎么做呢？”孔子回答说:“作为君主，因为自己的身份尊贵，在面对大臣时容易怠慢失礼，如果怠慢失礼，就不符合君主的行为，所以君主对待臣下一定要遵循礼仪。君主对待自己的大臣，就要像对待自己的大腿和胳膊一样；想要让臣子向自己建言，对待就要像对待自己的耳目一样；任命将帅，就要有任命将帅的推毂礼；任用使臣，就要有派遣使臣时的皇华礼，君主对待臣子一定要真诚礼貌，这才是差遣任用大臣的方法。作为臣子，侍奉君主的时候容易欺骗蒙蔽君主。蒙骗君主不是臣子该有的行为，所以臣子一定要忠心侍奉，不得隐瞒欺骗。在辅佐协助的职位上时要尽心辅佐，不能有一点儿隐瞒；如果有进言劝谏的责任，就要尽力谏言来展示自己的忠心，一件事也不能欺瞒；遇到难以解决的事，即使辛苦劳累也不推辞；遇到灾难的时候，即使是付出生命也不逃避。一定要尽心尽力，这才是侍奉君主时应该做的。”君主履行君主的职责，本来就不是因为对臣下有私心，所以才劝臣下尽忠的，这是正确的。臣子做到臣子的本分，本来就不是因为想要从君主那儿获得好处，所以才礼仪完备地对待君主，这也是正确的。君主和臣下互相配合就能成就德行与功业，这样天下还会治理不好吗？

原文 子曰：“《关雎》乐而不淫，哀而不伤。”

张居正讲评译释 孔子说：“音乐不欢快就不能够让人心情舒畅；不悲伤委婉就不能够让人感动。如果音乐太过欢快，就会变得淫乱不端；音乐太过哀伤，就会变得忧虑急促，这样就会失去正直的禀性和气质。只有《关雎》这首诗，被配上音乐咏唱的时候，柔和中正，虽然喜悦欢乐，但是不淫邪放荡，虽然凄婉哀伤，但是不会悲痛哀伤。听了之后能平和人的贪欲，消释内心的烦躁，可以帮助人们修养品德，的确不愧是太平盛世留下来的音乐。”诗可以稳固人的性情，音乐可以彰显人的品德。《关雎》这首诗，咏唱的是姒妃的品德。昔日周文王的妃子太姒有贤惠的品德，她不妒忌别人，为进荐贤能之士忧心，从来不沉溺声色，四处搜求贤良美好的女子来许配给君子。搜求不到的时候，就会辗转反侧难以入睡。找到贤良女子的时候，就通过奏乐来表达自己的高兴，这就是她美好的品德。所以当太姒的美德通过诗歌诵唱出来的时候，自然中正平和，不会有淫乱和哀伤的缺陷。音乐的美好来自姒妃柔和温顺的美德，姒妃的美德又来自文王的文德教化。求学的人研究学习《关雎》的语言、音乐，用来管理自己的家庭，一定会有很大的收获。

原文 哀公[36]问社[37]于宰我[38]，宰我对曰："夏后氏以松，殷人以柏，周人以栗。曰，使民战栗[39]。"

张居正讲评译释 鲁哀公问宰我说："只要有国家，就一定有祭祀土地神的地方，不知道这么做的意义是什么？"宰我回答说："古时候祭祀土地神的地方一定要栽上树木。夏朝时用的是松木，商朝用的是柏木，周朝用的是栗木。周之所以用栗木，取的是战栗的含义。因为当时是在祭祀土地神的地方杀人，想要百姓看了杀人之后感到战栗恐惧。"祭祀土地神的本意是汇报功德，至于栽的树木，是根据土地的适宜而不是根据树的含义。宰我不知道情况就胡乱回答，实在是荒谬啊！

原文 子闻之曰："成事不说，遂事[40]不谏，既往不咎[41]。"

张居正讲评译释 因为宰我的回答既不是先王祭祀土地神的本意，又给了鲁哀公杀戮的启示，所以孔子在听说后严厉地责备宰我说："只要事情还没有完成，就还可以劝说阻止，如果事情已经完成，劝说还有什么作用？所以说不必再说了。如果事情还没有做完，还可以谏诤制止。如果事情做完了，谏诤还有什么作用？所以说不必再去谏诤。如果事情还没有过去，还可以追究怪罪，如果事情已经过去了，追究怪罪又有什么作用？所以说不再追究了。如今你所说的让百姓战栗的言论已经说出来了，并且告诉了国君，这就是事情已经发生，已经完成，已经过去了。我又如何责备你呢！"孔子认为宰我不值得责备，这才是对他最严厉的批评，想要他牢记以后不能乱说话呀。

原文 子曰："管仲[42]之器[43]小哉！"

张居正讲评译释 管仲做齐桓公的丞相，多次会合诸侯、匡正天下，当时人们都认为没有比这更大的功劳了。但是管仲做这些事凭借的是权谋诡计，而没有遵循圣贤之道。所以孔子指责他说："管仲虽然有很大的功劳，但是他目光短浅、心胸狭隘，没有光明正大的气度，他的气量很小呀！"这些都是严厉责备的话。

原文 或曰："管仲俭乎？"曰："管氏有三归[44]，官事不摄[45]，焉得俭？"

张居正讲评译释 孔子认为管仲器量狭小，有人不知道原因就有疑问说："我听说节约的人，不管什么事都很吝啬，就像器量狭小一样。孔夫子你认为管仲器量小，不是因为他节俭所以才这么认为的吗？"孔子回答说："凡是节约的人，一定能节俭克制。管仲给自己修筑了三归台，作为游玩的场所，可以看出他的行为有多么浪费。又设置了很多官职，让每个人担任一个职位，而不能兼任，可以看出官员的俸禄是多么的过分庞杂，他这么做事，怎么是节俭呢？把节俭当作器量小，这是大错呀！”

原文 “然则管仲知礼乎？”曰：“邦君[46]树[47]塞门[48]，管氏亦树塞门。邦君为两君之好，有反坫[49]。管氏亦有反坫。管氏而知礼，孰不知礼？”

张居正讲评译释 孔子斥责管仲并不节俭，有人还不知道原因又有疑问说：“我听说懂礼的人，所有事做得都很完整，不肯草率简陋，就像是奢侈一样，管仲不节俭，难道是因为懂礼吗？”孔子回答说：“礼仪最重要的就是名分了，名分中最重要的就是君臣关系了，在这方面一点儿差错都不能有。国家的诸侯才能够在门前树立照壁，来屏蔽正门，大夫不能这么做。但如今管仲也和诸侯一样在门口设立照壁遮挡正门，这是第一点越礼。国君设宴接待他国君主时互相敬酒，有放酒杯的坫台。这不是大夫应该用的，如今管仲也有和国君一样敬酒的坫台，这是第二件越礼的行为。像这样僭越君上，一定不是懂礼的人。如果说管仲懂礼，那么天下就没有不懂礼的人了！”人器量的大小，本来就不在于做事的大小。大禹生活简朴，不影响他成为圣人。周公生活富足，也不受到奢侈的损害。有的人认为器量小是节俭，又认为不节俭是懂礼，他这么昏乱，犯的错误一定非常多。但是孔子竟然没有说明器量小怎么样，大概是因为这个人太浅薄粗陋了，不值得和他们说这些吧？

原文 子语鲁大师乐，曰：“乐其可知也。始作，翕[50]如也；从之，纯[51]如也，皦[52]如也，绎[53]如也，以成。”

张居正讲评译释 当时孔子在世时，鲁国国力衰败，音乐荒废，乐官大多没了职位。所以孔子给鲁国乐师讲解奏乐的方法，说：“你是负责掌乐的官员，一定要知道奏乐的节奏，知道了节奏之后才能够奏乐，如今先王遗留乐曲还没有完全丢失，乐曲前后条理脉络的妙处还可以知道。我试着给你说一下：音乐有六律、五声、八音，缺乏任何一方面就不能称作音乐。所以开始弹奏的时候，只有具备了所有乐器，才能够合奏出美妙的声音。如果具备了所有乐器但是不协调，也不能算是音乐，所以音乐演奏的时候，清音与浊音、低音与高音每一处都必须做到完美和谐。音乐混合时容易导致声音混乱，所以必须每一种声音都响亮清晰。声音响亮，就容易中断，所以每种声音都要保持连绵起伏的节奏。乐器合奏之后才能音律和谐，音律和谐中有清晰的节奏，清晰的节奏又连绵不断。从演奏开始，单纯地完成乐曲的条理节奏，这只是奏乐的一终。从奏乐一终达到九成，其中的方法也就是这些，你作为掌乐的乐师不可不知呀！”演奏音乐的道理，和处理政事的道理相通，不但能够培养人的性情，也能够改变天下的风俗，十分重要。所以孔子从卫国返回鲁国，不仅急迫地厘正乐音，又这样反复地告诫掌乐的乐师。

原文　仪[54]封人[55]请见，曰：“君子之至于斯也，吾未尝不得见也。”从者见之。出曰：“二三子何患于丧乎？天下之无道也久矣，天将以夫子为木铎[56]。”

张居正讲评译释　昔日孔子在各国周游，到了卫国仪邑，当地镇守边界的官员求见孔子，说：“礼敬贤人是我一直以来的心愿。只要是贤人君子来到我们这里，我一定请求见面，也从来没有拒绝我不和我见面的贤人。如今有幸孔夫子来到我们这里，就不能让我见一面吗？”因为他的真诚求见，孔子的弟子就引他去见了孔子。他见过孔子出来之后就对孔子的弟子说：“你们老师失去官位离开国家，只是一时不受赏识，你们几个人又何必为此感到担忧呢？安定与动乱之间的相互转变是一定会发生的，而平定乱世一定需要不同寻常的人。如今正统的礼教衰败，人心败坏，天下已经混乱很久了。世道不会一直混乱，一定会恢复安定。我看夫子的道德品格，正是能够平定天下的人。上天让孔子降生，怎么会是偶然的事呢？一定会让他得到官位，向天下施展政治与教化，增加百姓的见识，就像警示众人的木铃一样让愚昧的百姓觉醒。他怎么会一直施展不了自己的抱负呢？”圣人高尚的品德能感化世人，让镇守边界的官员这么尊敬和笃信。但是当时的各国国君，不能将国家的事务交给孔子去处理，以至于孔子只能乘车周游列国，在奔波中终老，所以春秋时期最终也没能挽回混乱的局势，回到唐尧、虞舜时的清明盛世啊。

原文　子谓《韶》[57]，“尽美矣，又尽善也”；谓《武》[58]，“尽美矣，未尽善也”。

张居正讲评译释　孔子的弟子记载说：“自古以来，君王取得了丰功伟业和高尚品德之后，一定会被人们做成乐曲来宣扬，所以通过乐曲的诗文就可以知道帝王的功德，但是因为不同帝王的功业不同，对应的诗文也各不相同。我们的老师曾经说：歌颂虞、舜的乐曲叫作《大韶》，是舜在继承了尧之后，将国家治理得安定清平的情况下创作出来的，在声音舞蹈上的成就达到了九成，自然十分美好，值得欣赏。并且《大韶》不但形式上完美，而且在完美的形式中还有十分美好的内容。因为舜具有圣人‘生而知之’‘安而行之’的品质，仪态从容地成了天下的主人，所以他心态平和、态度和蔼，符合天地的和谐、和睦。以至于能吸引神人，让鸟兽飞舞，有难以形容的妙处，所以说在内容上也极其完善。歌颂周武王的乐曲叫作《大武》，是在武王讨伐暴虐的纣王拯救百姓的时候创作的，乐曲的节奏音律能够达到六成，的确非常美好值得欣赏，但是在完美的艺术形式中缺乏完善的内容。这是因为周武王凭借自我检束、修养德行成为圣人，通过征战杀伐得到天下，所以虽然《大武》乐音流畅、演奏和谐，但是难免手足发扬，舞蹈动作过于猛烈，比起《大韶》稍微有一些不足，所以说内容却未能达到完善。”孔子的话，虽然是评论古代乐曲的不同，但是也能够看出舜和武王的优点和不足。

原文 子曰："居上不宽，为礼不敬，临丧不哀，吾何以观之哉？"

张居正讲评译释 孔子说："任何事情都有根本之处，一定要去探求事物的根本，寻求到根本之后就可以了。上位者应该心胸宽阔、庄严持重，施行礼仪时应该做到恭敬严肃，守丧时应该做到悲痛哀伤。这些都是事物的根本，通过这些来推测到办事的人，自然就可以看出事情的后续发展。如果上位者苛责唠叨，不知道宽宏大量；行礼时懒惰怠慢，内心毫不恭敬；守丧时造作掩饰，内心毫不悲痛哀伤，那么他们为人做事的根本就已经丢失了。虽然他们在发号施令、与人交往、披麻戴孝时未必一无是处。但是失去了做人的根本，那么粗枝末节上的事就更不用说了，我还看什么呢？"孔子这是在极力说明不可以丧失根本啊！因为当时王道衰弱，苛政残害百姓，上古的礼仪不复存在，烦琐的仪式损害了事物的根本。所以孔子才会这样来矫正当时的社会弊病。

注释：

[1] 季氏，鲁国大夫。

[2] 佾，古代乐舞的行列，一行八人叫一佾。舞蹈用人的多少，表示贵族之间的等级差别。

[3] 三家，是鲁国的大夫孟孙、叔孙、季孙之家。

[4] 雍，是《周颂》篇名。

[5] 彻，通"撤"。去掉，拿掉。

[6] 相维辟公，天子穆穆，《雍》诗中的两句。相，助。维，语助词，无意义。辟公，指诸侯。穆穆，庄严肃穆。

[7] 林放，字子丘，春秋时期鲁国人。孔子的弟子。

[8] 戚，悲伤，忧伤。

[9] 夷狄，古称东方部族为夷，北方部族为狄。常用以泛称除华夏族以外的各族。

[10] 诸夏，周代分封的中原各个诸侯国。泛指中原地区。

[11] 亡，通“无”，指“没有”。

[12] 旅，祭名。祭祀山川为旅。

[13] 冉有，姓冉名求，字子有，孔子的弟子。当时是季氏的家臣，所以孔子责备他。

[14] 弗，表否定，相当于“不”。

[15] 救，挽救、劝阻的意思。这里指谏止。

[16] 倩，笑时面颊美的样子。

[17] 盼，眼睛黑白分明的样子。

[18] 素，白色。

[19] 绚，有文采；绚丽。

[20] 起予，指启发他人。

[21] 商，子夏的名。

[22] 杞，是夏朝之后的诸侯国。

[23] 徵，证明，验证。

[24] 宋，是商朝之后的诸侯国。

[25] 禘，祭天。

[26] 灌，酌酒浇地。古代祭祀时第一次献酒的仪式。

[27] 王孙贾，卫国大夫。

[28] 奥，室内西南角，古人设神主或尊长居坐的地方。

[29] 监，借鉴；鉴戒。

[30] 大庙，太庙，帝王的祖庙。

[31] 鄹人之子，指孔子。孔子父叔梁纥，曾为鄹邑大夫。所以当时叫孔子为鄹人之子。

[32] 科，等级类别。

[33] 朔，阴历每月初一。

[34] 饩，活的牲口。

[35] 定公，鲁定公，姬姓，名宋，为春秋诸侯国鲁国君主之一，是鲁国第二十五任君主。

[36] 哀公，鲁哀公，姬姓，名将，春秋时期鲁国国君。

[37] 社，祭祀土地神的地方。

[38] 宰我，字子我，亦称宰我，春秋末鲁国人，孔子著名的弟子，“孔门十哲”之一。

[39] 战栗，打战，发抖。

[40]遂事，已经完成的事。

[41]咎，归罪，责备。

[42]管仲，姬姓，管氏，名夷吾，字仲，谥敬，春秋时期法家代表人物。

[43]器，器量，气量。

[44]三归，三归台，台观名。相传是管仲为自己修筑的。

[45]摄，代理，兼任。

[46]邦君，诸侯国君主。

[47]树，建立，竖立。

[48]塞门，屏，影壁。

[49]反坫，坫，土筑的平台。互相敬酒后，把空酒杯放还在坫上，为周代诸侯宴会时的一种礼节。

[50]翕，闭合，收拢，可表示合，聚。

[51]纯，美好，和谐。

[52]皦，清晰，分明。

[53]绎，连绵不断。

[54]仪，春秋时期卫国的一个邑。

[55]封人，镇守边界的官。

[56]木铎，以木为舌的大铃，铜质。古代宣布政教法令时，巡行振鸣以引起众人注意。

[57]《韶》，相传是古代歌颂虞、舜的乐曲。

[58]《武》，相传是歌颂周武王的乐曲。

里仁第四

原文 子曰："里[1]仁为美，择不处仁，焉得知？"

张居正讲评译释 孔子说："居住的地方对一个人很重要，不能不慎重选择。如果周围一里内民风淳朴，人们在家父子亲近、兄弟友爱，在外邻居间相互依靠，遇到困难相互帮助，没有残忍轻薄的人，这就是最美好的地方。这样的地方，不但让人喜欢，还能够修养人的德行，并且这里每个人都能够忠于自己的职守，保全自己的家庭。有见识的人，一定会选择在这种地方居住。"如果没有选择在民风淳朴的地方居住，就会变得不分善恶、难辨对错，内心昏庸愚昧、不明是非，这怎么是明智呢！选择居住在不仁厚的地方，尚且可以说只是不明智，假如内心不仁厚，做出不仁义的事，那么产生的危害就难以用语言说清楚了。这难道不是特别的不明智吗！圣人所说的就是这个意思呀。

原文 子曰："不仁者不可以久处约[2]，不可以长处乐。仁者安仁，知者利仁。"

张居正讲评译释 孔子说："仁是一个人天生的美德，如果一个人能够保全仁德，内心就会有主见，不会受到外界的人或事物影响。如果一个人不仁义，内心被私欲禁锢闭塞，就会丢失本心，失去主见，很容易被外部事物影响。如果一个人短时间能勉强保持贫贱的生活，时间长了就感觉苦闷无聊，做出许多不正当的事，这种人怎么能长久处于贫困中呢？如果一个人短期能在富贵安逸的环境里自我约束，时间久了就志得意满，做出许多骄奢淫逸的事，这种人怎么能长久处在安乐中呢？"只有仁德的人，遵循天理，没有任何私欲，他们不需要勉强就能保持仁德，不管是处于贫困还是处于安乐，都不会在意，所以说仁德之人安于仁道。聪明的人，心中有坚定的信念，没有一丝愚昧，他们深刻了解并且内心喜爱仁道，所以一心追求仁德，不会因为贫贱或富贵就改变自己内心的想法，所以说明智的人善于利用仁道。仁德和智慧虽然差别很大，但如果能够用仁将它们统一起来，就能够在贫困时不越轨，富贵时也不骄纵。

原文　子曰："唯仁者能好人，能恶人。"

张居正讲评译释　孔子说："喜爱善良，厌恶邪恶，这是天下人共同的心理。人都有私欲，所以很少有人的好恶是根据道理的是非。只有仁德的人，内心公正无私，所以他喜欢的人，一定是值得被喜爱的贤德的人。只有符合道理而没有偏私的喜爱，才是能喜爱他人。他所厌恶的人，一定是应该被厌恶的不成才的人。只有符合道理而没有偏私的厌恶，才能叫作厌恶他人。"只有仁德之人才能喜爱他人、厌恶他人，由此可以看出人应该把仁德作为自己最重要的东西，要去除掉自己内心的私心偏见。至于君主的爱好、厌恶，关系到大臣的任免取舍，所以更要先保持自身的仁德。

原文　子曰："苟志于仁矣，无恶也。"

张居正讲评译释　孔子说："人的本性是善良的，之所以成为坏人，都是受到邪恶的观念连累的原因。如果一个人能够专注于仁，除去自己的私欲，返回善良的天性，这样即使短时间达不到明察识别，做不到熟练行动，也能够保证不做坏事。"天理和人的私欲不能够并存，既然专注于天理，又怎么能放纵欲望、抑制天理呢？这就是孔子勉励人们立志于仁德的原因。

原文　子曰："富与贵是人之所欲也，不以其道得之，不处也；贫与贱是人之所恶也，不以其道得之，不去也。"

张居正讲评译释　孔子说："人的遭遇，有顺境有逆境，重要的是做出重要的取舍。人人都希望得到富裕和显贵，有谁不想变得富贵呢？但是因为义的存在，让人不能用不正当的方式获得富贵。如果符合道义，拥有富贵的生活也是可以的，假若没有功劳就获得俸禄，没有德行而居于高位，这就是不应该得到富贵却偶然获得，是不劳而获，是被品德清明的人深刻忧虑的事。看到利益就会思考是否符合义，如果不符合义，就坚决推辞，君子就是这样对待富贵。所有人都厌恶贫穷和卑贱，谁不想远离贫贱？但是命中注定的贫贱就不能随便免除。如果根据道义上应该贫困，自然应该顺从地接受。学业有成却不被别人了解，品行端正却不被重用，不应该得到的贫困却偶然得到，这些也都是应该要经历的，对人的身心不会有损害。安于自己的命运而没有任何忧虑，接受贫困的生活毫不躲避，君子能够这样甘于贫困。"谨慎对待富贵的生活，在安乐的生活下不放纵自己；安然对待贫困，即使生活贫穷也乐观面对，除了修养德行、躬行仁道的君子，谁能够做到这些？

原文　"君子去仁，恶乎成名？"

张居正讲评译释 孔子说："谨慎地对待富贵，安然地接受贫困，不想着做坏事，遵循义理，这就是仁德。君子之所以成为君子，和常人不一样，就是因为有这些品质。如果贪图富贵、厌恶贫困，总想着做坏事，就会失去仁德，就不符合君子的作为了。又怎么能有君子的名声呢？这就是为什么君子不能抛弃仁德。"

原文 "君子无终食之间[3]违仁，造次[4]必于是，颠沛必于是。"

张居正讲评译释 孔子说："失去了仁就不能成为君子。"君子的仁德，不只是在富贵贫贱时不动摇。在平静的情况下，待人处事，不管时间长短，都能在内心保持仁德，即使只是一顿饭的时间也不敢丢失内心的仁德；即使在遇到危险，本应该急切慌张的时候，也一心求仁；即使是在遭遇颠沛流离的苦难时，心里也只想着仁。在危险和颠沛流离的情况下心里依然想着仁，这就说明每时每刻都遵循着仁德。所以说即便是一顿饭的时间，君子也不会违背仁德。君子在存心养性上做出了这么大的努力，那么在富贵贫贱的情况下，还能做不到遵循道义吗！这就是君子能够名声卓著的原因。

原文 子曰："我未见好仁者，恶不仁者。好仁者，无以尚[5]之；恶不仁者，其为仁矣，不使不仁者加[6]乎其身。"

张居正讲评译释 孔子说："天下只有仁和恶两个道理。谁不喜爱仁德、厌恶邪恶？但是我看现在也没有人喜爱仁德和厌恶邪恶。为什么这么说呢？因为我所说的喜爱仁德，不是很平常的爱好，而是要真正地知道仁德的好处，真诚地喜欢仁德，对任何事物的喜爱都比不上对仁德的喜爱，这才是真正的爱好仁德的人。我所说的厌恶邪恶，不是平常的厌恶，一定是为了仁，害怕因为邪恶而产生不好的影响，就深恶痛绝，要把私欲摒弃干净，不让一点儿邪恶影响到自己，这才是真正的厌恶邪恶。这些都是品德高深的贤人的行为，所以很难见到。实现仁德，完全在于自己，只要一心求仁就行了，想要实行仁德的人，不能不知道怎么努力啊！"

原文 "有能一日用其力于仁矣乎？我未见力不足者。盖有之矣，我未之见也。"

张居正讲评译释 孔子说："喜爱仁德、厌恶邪恶是品德高尚的行为，本来就很难见到。本来人都具备仁德，只是因为人们不肯努力，所以认为很难实现仁德。如果有人在解决问题的时候，幡然悔悟，开始奋力去追求仁德，凡是应该做到仁德的地方，都通过精心考察来坚定地保持仁德；对那些没有做到仁义的地方，也精心考察，并且坚决丢弃。如果有这样勇猛前进的气势，就一定可以实现自己的志向，自然可以慢慢到达实现仁德。我没有见过因为力量不足不能实现仁德的情况，确实人的天赋气质不同，也有昏弱无力的人，但是人一定要为实现仁德而努力，努力后自然会有结果。但是现在的人都懒惰怠慢，不肯去追求仁德，反而推脱说力量不足，这从那儿看出来力量不足就不能追求仁德呢？”孔子的话，是对那些自我放弃的人的责备，虽然表达得很委婉但是意思很明显。

原文　子曰：“人之过也，各于其党[7]。观过，斯知仁矣。”

张居正讲评译释　孔子说：“一个人内心的正邪很难被看出来，但是在行事上的差距很明显。人们考查别人时，只知道把没有过错当作仁德，怎么知道也可以通过一个人的过错来了解他呢？”人可以分为君子和小人。君子心怀宽厚，即使有过失，也是因为忠厚，不需要受到苛责。小人内心奸诈，他的过失一定是因为刻薄邪恶而产生的，不能被饶恕。君子和小人所结交的朋友也像他们一样各不相同。只用法令去纠正一个人，不考虑他想法，这固然是有过失。如果考查他人的时候，对被考查的人过于宽厚，那就一定是忠厚可爱的君子，那么就可以知道这是一位仁者。如果对别人过于刻薄，就是残忍的小人，那么这就不是一个仁德的人，有什么可以怀疑的地方呢！由此可见选人的时候，既不可以苛求他人，也不可以因为有过失就轻易放弃。君主更应该知道这个道理，因为人的才能见识有长有短，个性品质有纯有杂。只要不是圣贤，谁能没有过错？关键要看他的为人怎么样。小人擅长隐藏遮掩，会遮掩自己的缺点。君子光明磊落，不肯掩盖自己的过失。所以小人经常因为隐藏遮掩过失被宽容，君子却因为直率坦承错误被怪罪，不可不分辨好这两种情况呀。就像汉朝时的汲黯，当面指责汉武帝，错在狂妄戆直，但是他为的是保护君主；假托诏令发放粮食，是因为他爱惜百姓。有德行的人所犯的过失，大概就是这样的吧。君主如果像汉武帝对待汲黯一样体谅大臣，宽容他们的小错，每个人就都能发挥才能，天下也就不会有人才被浪费埋没了。

原文　子曰：“朝闻道，夕死可矣。”

张居正讲评译释　孔子说：“真理是上天赋予人的。人一出生就要遵守相应的行为准则。作为子女要孝顺父母，作为臣子要忠于国君，不可以有一点不足。如果不知道这些道理，那就是白白地度过了一生，死了之后还会留下遗憾。如果平日实心实意地去寻求这些道理，在某一天一下子弄通了这些道理，没有了任何疑惑，凡是天性应该有的，自己应该做的，完完整整没有任何亏欠地完成了，那么即使立刻去世，内心也是安定的，不会留下任何遗憾。”孔子这句话是强调人一定要清楚明白地探究天理，人们应该知道如何去努力。但是人不学习就不会明白这些道理，所以想要探究天理的人，能不把学习当作最迫切的任务吗？

原文　子曰：“士志于道，而耻恶衣恶食者，未足与议也。”

张居正讲评译释　孔子说：“在求学中立志追求真理的人，一定见识高明，知道最重要的是人的本性，外部事物的影响相对较小。不管是贫贱还是富贵，都不会对他产生影响，这样就能获得真理。如果一个人立志追求真理，却又以粗衣糙食为耻，这就是嫌贫爱富、见识浅陋，和这种人讨论真理，一定不会有收获，那还讨论什么呢？”服装、饮食不过是养活身体的物品，对仁德和天性不会有影响。所以舜在贫困的时候，吃的是干粮、野菜，就像要终身这么生活一样，等到他做了天子之后，就身穿华丽的衣服弹琴，就像本来就是这样。禹不是通过简单的饮食、粗劣的服装展示自己的俭朴，只是因为不值得花费精力关注口腹的欲求。孔子这里所说的话不仅仅是警示求学者呀！

原文　子曰：“君子之于天下也，无适[8]也，无莫[9]也，义之与比[10]。”

张居正讲评译释　孔子说：“天下的事都有极为恰当、不能改变的道理，但是应该根据事情的不同有所调整，不可以有私心、有偏见。如果心里打定主意一定要做某件事，这就是固执己见。固执己见的话，即使是遇到了不能做的事，也都要一意孤行，这样一定会产生轻率妄为的弊端。事前心里就打定主意一定不做的，这就是成见，心里有成见，即使是可以做的事，也都看作不能做了，这样就一定会拘泥呆板、不知变通。这两件事都是有私心，一定会妨碍做事。君子处事公正无私、胸怀坦荡、见识长远，所以他们不会打定主意一定要做或一定不做某一件事，因为自己的成见或固执产生过失。如果是符合道义应该做的事，就无所顾忌地实行，如果不应该做，就坚决不能做，他们不会因为自己的好恶去轻易评判是非，决定做或不做，而是完全依据道义行事，从不混入自己的私心、偏见。这就是君子能够恰当地办事，不会做错事的原因。只有在平时精明慎重，做事的时候才能审慎处理，需要处理繁忙政事的君主，敢不慎重吗？”

原文　子曰：“君子怀[11]德，小人怀土；君子怀刑，小人怀惠。”

张居正讲评译释　孔子说：“君子和小人为人处世的方法不一样，他们关注的东西也有差异。君子关注的是人的本善，他们做决定时没有私心，办事时符合情理，只恐怕违背道德成为品德低下的人。小人就不知道品德的宝贵，他们关注的是田地、住宅，只要是居住在安适的地方，就恋恋不舍，为了生活上的舒适和方便，即使违背了品德道义也毫不顾忌。君子关注的是国家的法度，他们遵循规矩不敢放肆，侍奉君主时不敢违抗命令，只担心违反法律成为罪人。小人就不知道畏惧法律，他们只关心恩惠，凡是有利可图的事，就一定会乐此不疲。他们只知道贪得无厌，即使是触犯刑法也不管不顾。”君子和小人关注的东西不一样，所以观察一个人的时候，看他关注什么，就可以知道他的为人怎么样了。

原文　子曰：“放[12]于利而行，多怨。”

张居正讲评译释　孔子说：“如果人能遵循正义，办事时公平、公正，别人就会心悦诚服。如果做决定、办事只关心利益，对自己有利的物品一定想要得到，有利可图的事一定要自己单独做。这就是为了利益而不择手段。既然有利的地方给了自己，那么危害必然就给了别人，不只是遭受危害的人难以忍受，别的人也会不满，这不是让人心生怨恨吗？”为了利益而采取行动，本来是想为自家谋取利益，但是却招来大量的怨恨，这又怎么是保全自身的方法呢？所以君子不把利益当作利益，而是把道义作为利益。

原文　子曰：“能以礼让为国乎，何有？不能以礼让为国，如礼何？”

张居正讲评译释　孔子说：“君主治理国家不能只依靠法令，一定要先以礼让来治理国家。礼用来辨别尊卑上下，固然有许多仪式，但这些都是依靠恭敬谦逊的真心产生的。就像君臣之间的朝廷之礼，君主不傲慢，臣下不僭越，遵守各自的本分，这就是君臣之间的礼让。父子之间有家庭之礼，父亲慈爱，儿女孝顺，自然能够情意融洽，这是父子间的礼让。让就是行礼的具体表现。如果君主用礼让治理国家，或是在言行之间仪容、举止庄重，给臣民做出表率；或是严格遵守身份、地位之间的区别，防止沉迷僭越。所有施行的礼仪，都要发自内心的恭敬谦逊，礼仪教化就足够给人训诫，心意真诚也足以让人感化，那么官员和百姓自然就能够安分守礼，变得礼让。这样能够使法度公正、民风淳朴，治理国家还有什么困难呢？如果不以礼让治国，只是把外表的仪式装饰得很美观，却没有恭敬谦逊的真心，在施行的时候就会无本无实，即使有很多行礼仪式，但这些仪式都不是最初制定礼仪时的目的。这种情况下即使想施行礼仪，也不知道该怎么做。礼尚且难以实行，那么想要治理好国家不是更难吗！由此可见，没有比礼让更重要的治国之道了。”

原文　子曰："不患无位，患所以立。不患莫己知，求为可知也。"

张居正讲评译释　孔子说："有的事取决于别人，不需要忧虑，应该忧虑的是那些取决于自己的事。一般人经常因为没有得到官位而忧虑，而君子认为是否任用自己取决于别人，跟自己有什么关系？之所以能待在某个职位上，是因为这是自己的本分。如果上不能辅佐君主，下不能服务民众，这就是自己在职分上有亏欠，即使待在这个职位上，也会因为无所作为而被责备！所以君子一定是因为这些感到忧虑。一般人经常担忧自己的名声不显著，君子则认为名声是否显著取决于别人，跟自己没关系，有什么可担忧的呢？如果自己学问高深，自然就会被人们了解到。但是假如自己的见识不高、功业不大，那么自己就在情分上有亏欠，即使有幸获得了显赫的名声，也会因为名不副实而感到羞耻。所以君子只求自己能够成为真正有才识的人。"担忧没有学到用以获得官职的学问，并不是为了得到官位才去学习；希望自己能够成为真正有才识的人被人知道，也不是为了名声才去提高才识，君子求学为的是提高自己的能力呀！不然，为其他目的而感到担忧，就是向小人学习呀！这有什么值得尊崇的呢！

原文　子曰："参[13]乎，吾道一以贯之。"曾子曰："唯[14]。"

张居正讲评译释　曾子每天从三个方面反省自己，他对于道的理解，已经随着对事物探查的精细而达到身体力行的境地了。但是他对于体用一致的道理，还没有正确坚实的见识。所以孔子直呼其名告诉他说："曾参啊，你知道我的道吗？天下的事有上万种不同的变化，其实也只是一个道理。如果一一去探求每个事物的道理，就会头绪众多，难以用力，这不是正确的方法。我对于天下的事物，只用一个道理贯穿下去，即使它有千变万化，也可以恰当地处置、应对。就像河水一样，虽然有千万条脉络，最后也要汇集到一条河流；就像树木一样，虽然有千枝万叶，也只是从一个树根生长出来。这些道理分散开来的时候十分广博，但是掌握起来就十分简单，这就是我的道。"曾子听了孔子的话后，立刻彻底地领悟，就回答说："是这样的。"这是因为曾子的学问达到了很高的境界，所以不再有疑问，就直接这么回答了。圣人传授的这些心得和方法，只有曾子能够明白其中的主要意思。

原文　子出。门人问曰："何谓也？"曾子曰："夫子之道，忠恕而已矣。"

张居正讲评译释　孔子一种道理贯通万物的主要意思，只有曾子可以心领神会，其他弟子都不知道。等到孔子出去了之后，其他弟子问曾子说："老师说的一种道理贯穿万物，这是什么意思？"曾子回答说："老师的思想没有别的，就只是‘忠恕’两个字罢了。”自己的想法，就是千万人的想法，自己心里想要达到的境地，就是人们心里想要达到的境地。如果人们的每一个念头都真诚无私，能推己及人，在每一件事上体谅别人，这样通过一个人的想法，就能了解到千万人的想法，孔子所说的一个道理贯穿万物，就是这个意思，没有别的了！一种道理贯穿万物，是圣人传授知识的重要方法。真心实意地为他人着想，这是求学的人需要学习的地方，虽然人们的地位不同，但是在追求忠恕的难易程度上是一致的。曾子可以说是擅长阐明圣人思想深奥的地方呀。

原文　子曰："君子喻[15]于义，小人喻于利。"

张居正讲评译释　孔子说："天下的事只有义和利两个道理，而君子和小人，可以用义和利很真实地分辨出来。"君子遵循天理，有好义之心、精义之学。所以他们在为人处世上能明辨义理，符合义就做，不符合就不做；符合义就接受，不符合就推辞。虽然君子有的时候也会行为不当，和追求利益的人有牵连，这也不过是通过委屈自己来保全道义罢了。所以君子只知道有道义，除此之外，什么都不知道。小人追求欲望嗜好，谋图私利，阴险狡诈，所以他在为人处世时只看重利，有利可图就迎合，无利可图就躲避，只做对自己有利的事，对自己没利的事则不管不问。虽然有的时候把自己伪装的像是追求义，也不过是借着义来谋求私利罢了。所以小人只知道利，除了利之外什么都不知道。这就是君子和小人的不同。知道义就是君子能够成为君子的原因，天下的事会因为君子而得到处理；只知道利就是小人成为小人的原因，天下的事会因为小人而遭到危害。君主在修养自身和任用人才的时候，能不慎重选择、仔细分辨吗！

原文　子曰："见贤思齐焉，见不贤而内自省也。"

张居正讲评译释　孔子说："人在自我提高的时候，品德上的磨炼固然只是自己的事，但是别人看到以后也能有所感受、获得益处。一个人见到品德高尚的贤人，内心一定会很羡慕，但是也不能只是羡慕，还会对自己说：‘善良是我的本性，事情的成功在于人的努力，他有这样的品德，我为什么就不能有呢？’之后这个人一定会发愤图强，提升自己的品德，这就是看到贤人就向他看齐呀。一个人见到品德低下的小人，心里一定会感到厌恶，但是不能只是厌恶，又会自我反省说：‘作恶很容易，认清自己很难，他做的这些事，我是不是也做过？’一旦自己也有这些不足，就要立刻改正，这就是看见不贤德的人就反省自己呀。"向贤人看齐，就会逐渐变得高明，看见不贤德的人后自我反省，就不会变得卑下、鄙陋，这就是君子成就美德的方法呀。这种方法对所有人都适用，君主能够把古代的圣贤哲人作为自己的标准，遵循前贤的遗规；把古时候狂妄愚昧的人当作鉴戒，不要重蹈覆辙，这样就不难成为一名圣德的君主了。

原文 子曰："事父母几[16]谏，见志不从，又敬不违，劳而不怨。"

张居正讲评译释 孔子说："子女侍奉父母，固然是要恭敬孝顺，但是如果父母有过错，也应该劝他们改正错误。只是不可以当面言辞激烈地劝谏他们，让他们伤心。必须要和颜悦色，平心静气，委婉地劝解，或者等到他们心情灰暗的时候晓之以理，或者等到他们心情喜悦的时候动之以情，总之，一定要让父母乐于接受劝解、改正错误。如果父母不肯听从劝解，要更加的恭敬谨慎。不能因为父母不接受劝诫，就表示出对父母的不满、违逆。即使是父母生气责备，或者对自己加以惩罚，也应该平和从容地接受，更不能因为父母的责罚而心生怨恨。用诚心去感动父母，慢慢去开导父母，时间久了他们自然会幡然悔悟。这就是婉言相劝。"昔日舜的父亲残暴、母亲吵闹，经常想杀掉舜。但是舜有事去见父亲瞽瞍的时候，总是端端正正、战战兢兢，信任并且顺从他。于是，连顽固的瞽瞍也能通情达理、改正错误了。像瞽瞍这种恶人，舜都能用自己的孝心使他感化，更何况不如瞽瞍残暴的人呢？孔子所说的婉言劝谏，只有舜能做到呀！

原文 子曰："父母在，不远游，游必有方[17]。"

张居正讲评译释 孔子说："父母对子女的爱无所不至，作为子女，一定要体谅父母的心情。如果父母在世，一定不能外出远游。因为作为子女，冬天要为父母取暖，夏天要帮父母降热，晚间服侍就寝，早上省视问安，如果外出远行，就没法问候侍奉他们，不但自己会思念父母，也要担心父母关心自己，所以父母在世时不能远游。如果不得已要外出远行，也一定告诉父母自己确切的方向，如果告诉父母往东走，就绝对不往西走，如果告诉父母往南走，就绝对不往北走，让父母知道自己确切在某个地方，不必担心忧虑。即使父母有事呼唤，也可以按时传达不至于产生过失。"子女侍奉父母，不能随意地出门远行，又怎么能放纵自己，肆意玩乐，不爱惜身体，让父母忧心呢？所以古时候的孝子，不到高深险峻等危险的地方，外出一定告知父母，返家之后一定要立刻拜见父母，他们这么做无非就是让父母安心罢了，做子女的不能不知道这些。

原文 子曰："父母之年[18]，不可不知也，一则以喜，一则以惧。"

张居正讲评译释 孔子说："作为子女，一定要将父母的年纪牢牢记在心里。寿命的长短，取决于上天，所有人都难以躲避上天的意志。如今父母长寿安康，子女能够侍奉父母，这是很难得的事，怎么能不高兴呢。但是毕竟父母已经年老体衰、来日不多了，如何能长活于世呢。这些又是难以预测的忧虑，怎么能不恐惧呢。”知道为什么欢喜，为什么恐惧，在心里时常挂记，就能保持对父母的恭敬。侍奉父母，不能有一点不用心啊！所以说一定要将父母的年龄记在心里。

原文 子曰：“古者言之不出，耻躬之不逮[19]也。”

张居正讲评译释 孔子说：“人们应该做到言行一致，但是如今有很多人不能履行自己的诺言。古时候求学的人，安静沉默，不肯轻易许诺，这是为什么？因为他们是为自己学习，志在亲自实行，说要忠诚就一定要做到忠诚，说要孝敬父母就一定要做到孝敬父母，他们说的每一句话都要在行动上落实，这样内心才能安定。如果只是随口一说，却不能够做到，这就是不守信用，就是言谈虚夸，就是一个缺乏诚信的人。古人把这些当作耻辱，不肯言而无信。这就是他们说话谨慎，不肯轻易许诺的原因呀。”古人只推崇实际的行动，所以笃实敦厚的风气盛行，如今人们只说空话，所以不实之风盛行。古今的学习风气不同，世道人心也就迥然不同了，孔子的话，是为如今的不良风气感到悲伤啊！

原文 子曰：“以约失之者鲜矣！”

张居正讲评译释 孔子说：“人们为人处世，只要内心肆意放荡，行为上就一定会有差错。如果能反省约束自己，每一件事都遵守规矩，怎么会犯错呢。如果能反省约束自己，不贪图享乐，不违背礼法，就不至于丧失心志，败坏品德；如果在能节约用度，不奢侈浪费，就不至于浪费人力、浪费钱财，如果做到了这些，就能少犯很多错误。”“约”这个字最值得详细品味。放纵自己、肆意妄为，就会日渐变得旷荡；自我约束，就能遵守规矩。成汤处理政事、整顿人心，是因为他知道勉励戒慎；太甲破坏法度礼节，是因为他放纵私欲。圣明贤哲和狂悖愚笨的差别就在这里，所以能不慎重吗！

原文 子曰：“君子欲讷[20]于言而敏于行。”

张居正讲评译释 孔子说：“人们放纵言论很容易，身体力行却很难。所以说的话经常多余，而做的事经常有所不足。品德高深的君子，心里想着诚恳办事，言语上就木讷少言，不仅是不说不该说的话，即使是说应当说的话，也一定谨慎收敛，就像是反应迟钝一样，不敢随口胡言，使自己因为说错话而产生悔恨。君子在行事上就追求敏捷，除了那些不知道的事，如果是自己知道的应该做的事，就一定会勇往直前，急切地前去处理，就像唯恐错失了一样，不敢因为自己的一点怠慢，就耽误时机、影响办事。”在说话上木讷，就能做到言行一致，在行动上敏捷，就能履行承诺，这不就是忠厚笃实的君子吗！

原文 子曰："德不孤，必有邻。"

张居正讲评译释 孔子说："人都有道德，也都喜爱道德。如果有人缺乏品德，就会被所有人厌恶，自然会被人们孤立。有品德的人，又怎么会被孤立呢？他们一定会互相响应，自然地结合在一起，当人们知道他们高洁的品德后，自然会同他们亲近，对他们信服，就像居住处的邻居一样，不用招揽自然就会有人来。"所以君主提高自身的德行，万民就会心悦诚服地归顺，周边的少数民族也会归服，天下就会像一个家庭一样和睦。不然的话，就会众叛亲离，难以避免地被人们孤立。所以说能不慎重吗？

原文 子游曰："事君数[21]，斯辱矣；朋友数，斯疏矣。"

张居正讲评译释 子游说："臣子扶正挽救君主的过错是忠，朋友之间互相研讨学习是义，这些固然都是理所应当的事，但是说话的时候也要把握好时机。假如君主有了过错，臣子希望君主改正错误，自然应该尽心尽力地劝谏。如果君主不听从劝诫，臣子就应该离去。如果臣子的言语不恰当，过于迂愚刚直，屡次谏诤，那么君主一定会心生厌烦，不认为臣子是在尽忠，反而认为他是在诽谤，免不了对臣子训斥羞辱。所以侍奉君主的时候能不警戒吗？朋友有了过错对他进行规劝，让他改正错误，自然也应该尽心尽力。但是如果朋友不肯听从，也应该及时停止，如果不考虑能否劝诫，只是尽心劝告，到了喋喋不休的地步，朋友一定会感到厌烦，不把这当作朋友之间的关爱，反而会心生怨恨，慢慢疏远。所以交朋友的时候不能不警戒啊！"子游说的话，只是对进言劝诫的人说的。作为君主、朋友，也应该知道良药苦口利于病，忠言逆耳利于行，应该宽容褒奖劝告自己的人，来获取别人诚心的劝诫，虚心接受劝谏，来获得正确的建议，这样德行就会逐渐提高，过错就会日益减少，最后成为圣人贤人呀！一旦心生厌恶，疏远羞辱劝告自己的人，对方就会心生忌讳，不肯劝诫，其他的人也会引以为戒不再对自己直言劝告。这样就会导致君主和臣下之间互相隔绝，彼此之间互相蒙蔽，产生的弊端难以估量啊！受到劝谏的人，能不以此为戒吗！

注释：

[1]里，乡里，居住的地方。二十五家为一里。

[2]约，贫困。

[3]终食之间，是一顿饭的时候。

[4]造次，匆忙，仓促。

[5]尚，高出，超出。

[6]加，影响。

[7]党，同类，同党。

[8]适，亲近，厚待。

[9]莫，疏远，冷淡。

[10]比，亲近，相近，靠近。

[11]怀，思念，怀念。

[12]放，通“仿”，依照。

[13]参，曾子。

[14]唯，应答的声音，略似于现代的“是”。

[15]喻，明白

[16]几，细小，细微。

[17]方，方向，方位。

[18]年，年龄，年纪。

[19]逮，及，赶上，到。

[20]讷，说话迟钝。

[21]数，屡次，多次。

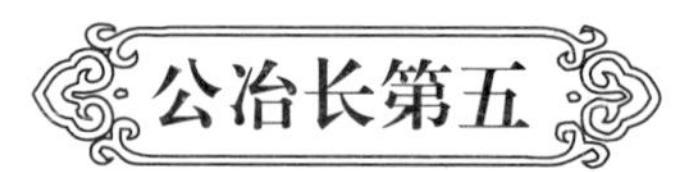

公冶长第五

原文　子谓公冶长[1],“可妻也,虽在缧绁[2]之中,非其罪也。”以其子[3]妻之。

张居正讲评译释　弟子记录到孔子曾经说过：“人们的道德关系中最重要的就是夫妻的婚姻了，婚姻最重要的就是挑选有品德的人。我的弟子中，公冶长这个人，就值得把女儿嫁给他。他平日里德行高洁，虽然曾经被关在监狱里，但那是受到别人的连累，不是他自己的过错，既然不是他的过错，那就不影响他作为一个贤德的人呀！”于是孔子将自己的女儿许配给他做妻子。从这些可以看出圣人在婚姻上不看重门第，只看中人；不拘泥于做过的事，只看重为人的品行。孔子这不只是在婚姻上谨慎，也可以说是有识人之明呀！

原文　子谓南容[4]:“邦有道，不废[5];邦无道，免于刑戮”。以其兄之子妻之。

张居正讲评译释　弟子又记录孔子曾经说过:“我的弟子中有个叫南容的，曾经反复诵读‘白圭之玷，尚可磨也；斯言不玷，不可为也’的诗句，平日里也都能谨言慎行，是个有德行的君子。如果是国家清明、君子能被重用的时代，他有如此大的抱负，一定会有很多人举荐他，让他获得官位施展抱负，绝对不会被荒废。遇到国家治理无道、小人当政的朝代，他既能谨言慎行，不会招致别人的怨恨，也能够保全自己远离危害，不会遭受刑罚。身处治世或身处乱世，都能够适应社会,这就可以看出他的贤德呀！”于是孔子就把兄长的女儿嫁给了他。前面一章孔子把自己女儿嫁给公冶长，这一章把侄女嫁给南容括，都是选择贤德的人，孔子在婚姻许配上就是这样的谨慎。

原文　子谓子贱[6]，“君子哉若人！鲁无君子者，斯焉取斯[7]？”

张居正讲评译释　弟子记录孔子曾经说过：“人们求学都是为了成为君子。但是君子的品德，不容易学习啊！我有个叫宓子贱的弟子，他已经到了品德高深的程度了，这个人就是一个君子呀！子贱能够成为君子，虽然是他自己奋发向上，立志学习，也是因为我们鲁国有很多君子，人才众多，所以他才能够向师长朋友学习，成就自己的品德。假如鲁国没有许多君子，那么即使他想要尊敬师长，也无师可尊；即使想要交友，也无友可交。这个人也避免不了孤陋寡闻，又怎么能够获得这么高尚的品德呢！”由此可见，自我修行的功夫固然不能荒废，而师长友人的帮助也不能缺少呀。不只是求学的人能从师长朋友的帮助中获益，古时圣明的帝王礼遇贤良，虚心求教，尊敬师长，让贤德的人竭诚开导、辅佐自己，慎重地选择臣子，让他们劝诫规谏自己，这么做无非是想让他们相互勉励自己，培养作为君主应有的品德罢了。古话说：“拿臣子当自己的老师，这样的人会成就帝业。拿臣子当自己的宾客朋友，这样的人可以成为一方王侯。”所以君主想要成就自己的品德，最重要的就是向周围的贤人学习。

原文 子贡问曰：“赐也何如？”子曰：“女[8]，器也。”曰：“何器也？”曰：“瑚琏也。”

张居正讲评译释 子贡平常喜欢用物品来比喻人，因为看到孔子用君子来称赞子贱，所以拿自己问孔子说：“我也在老师门下求学，也立志要深入学习，但是不知道自己学问造诣上的深浅。你说一下我是一个什么样的人呢？”孔子回答说：“人学习时，贵在能学以致用，就像器皿一样，以适合使用为好，你能够明了事物之间因果同异的关系，据此知彼，对事物发展地预测大都符合实际，既通晓政务又能言善辩，是有用的人才，就像有用的器皿一样，你已经成为一个器皿了。”子贡又问：“器皿有不同的贵贱，老师你把我当作器皿，不知道是什么器皿呢？”孔子回答说：“器皿中有一种叫作瑚琏，被摆放在宗庙内，被美玉装饰，是器皿中最贵重华美的。以你的才能，一定能成就功业，以你的文采，足能够为国争光，这难道不是器皿中的瑚琏吗？”虽然子贡不能像君子一样不像器皿，但也是器皿中最贵重的。

原文 或[9]曰：“雍[10]也仁而不佞。”

张居正讲评译释 春秋时期，人们都追求口才的伶俐。但是冉雍为人忠厚沉默，和当时社会的习气不同。所以有人对孔子说：“你的弟子中有个叫冉雍的，说起他的为人，可以说是仁义且品德高尚。但可惜他向来性格沉默，口才不好，不善于言谈。”这个人这么说，既是不懂仁，也是不懂冉雍啊！

原文 子曰：“焉用佞？御人以口给[11]，屡憎于人。不知其仁，焉用佞？”

张居正讲评译释 孔子回答说：“你把冉雍看作不善于言谈，一定是认为口齿伶俐的人才算贤德。但是在我看来，人口齿伶俐有什么用呢？口齿伶俐的人答应别人做事，只能凭借口舌上的便利在短时间敷衍应付。他们花言巧语，高谈阔论，外表看起来好像很有才能，但实际上并没有真才实学。被别人看破后，就只是一个奸邪小人，不值得被人尊重，只是让更多的人厌恶，这又有什么用呢。现在你认为冉雍仁德，我不知道你这种看法是对是错。但是说他不善于言谈，在我看来这正是他的优点。伶俐的口才有什么用呢！你感到可惜的地方，正是我要追求的。”从孔子的话可以看出，求学的人应该致力于追求仁德，要时刻警戒自己不可以成为口齿伶俐的小人。伶牙俐齿的人不只是让人厌恶，还有很大的危害，他们的话能总是颠倒是非黑白，或者用自己偏私的识见，改变过去的法典规章，或者用挑拨离间的话，诽谤伤害有德行的人。君主如果不知真假，错误地听信了小人的话，一定会使国家受到损害。所以舜担忧谗言影响行动，孔子厌恶伶牙俐齿的小人危害国家，这都是给后世的警戒训示。所以君主能不远离这些危害自己的小人吗！周文王、周武王恰当地选择常伯、常任、准人三种官职的官员，这是知人善任，所以他们能够得到人才。由此可见，做官的人要展示自己的长处，用人者也要仔细考查他们的为人呀。

原文　子曰:“道不行,乘桴[12]浮于海,从我者,其由与！”子路闻之喜。子曰:“由也好勇过我，无所取材。”

张居正讲评译释　春秋时期，没有贤能的君主，没人能重用孔子，所以孔子感慨说:“我周游列国，本想获得官位实行我的主张，来辅佐君主、造福百姓。现在我却不被任用，我的主张已经难以实行了。我在中原地区还能做什么呢？不如乘着木筏漂洋过海，远离人世。我的弟子中能够跟着我远去的，只有仲由了吧！”因为仲由勇敢、讲义气、不躲避灾难，所以孔子准许他跟着自己。然而这么说也是因为孔子伤心自己的怀才不遇而做出的假设，并不是真的要漂洋过海。子路听了，认为孔子不准许别人而单独让自己跟着，就信以为真，心中感到欢喜。子路这是过于急切相信别人了！

原文　子使漆雕开[13]仕。对曰:“吾斯之未能信。”子说。

张居正讲评译释　弟子记录，孔子让弟子漆雕开去做官，这一定是知道他的才能足够治理国家呀！漆雕开回答说:“人们应该对学习的道理有切实的心得体会、透彻的了解，并深信不疑，这样处在官位上，施展抱负的时候，才能处理好每一件事。现在我还不能彻底懂得这个道理，从而不产生一点疑问，自己的心里还有信不过的地方，正应该努力学习、补充知识，怎么能出仕做官治理百姓呢！”这些话就足以证明漆雕开见识宽广、志向远大，他一心求学，想要到达精微的境地，不因为小有收获就自我满足。所以孔子听了之后很高兴，赞许了他的专心致学，认为他将会取得难以估量的成就。古时候，伊尹乐于在田地里修道学习，就自己承担了治理天下的重任；傅说作为筑墙工人，一出仕就成为国家的丞相，这正是因为他们相信自己的才能，所以才能辅佐君主、成就功业。夏禹不盲目听信、跟随自己的老师，从而避免了在事理上糊涂。所以孔子教诲说："懦弱的人，大多害怕陷于危险的境地，子路不害怕航海，反而感到高兴，他难道不远比我勇敢吗？然而大海怎么会是居住的地方，我又怎么是能够漂洋过海的人，不过是在失意的时候伤感一下罢了，而子路却信以为真，他这是只知道勇往直前，却不能判断是否符合事理。子路怎么能不思考事情的缘由就开始行动呢！"孔子这么教育子路，可以看出圣人虽然有时也因时世不如所愿而哀伤，但最终却不会忘却世情。但当时的君主，不能接受孔子的建议，不能实施孔子的主张。孔子如此圣明，却最终不能被重用，这就是春秋在乱世中结束的原因啊！

原文 孟武伯问子路仁乎？子曰："不知也。"

张居正讲评译释 孟武伯问孔子："你的学生中有一个叫子路的，他究竟能不能保全心性和品德，成为一个仁德的人呢？"孔子认为仁道的范围很广大，不能够轻易回答，所以回答他说："仁德在每一个人的心中，难以确定有还是没有，所以我不知道子路有没有做到仁德呀。"

原文 又问。子曰："由也，千乘之国，可使治其赋[14]也，不知其仁也。"

张居正讲评译释 孟武伯认为，没有比老师更了解弟子的人了。子路是否仁德，孔子作为老师，哪有不知道的，所以又问。孔子回答说："子路勇敢果断，即使是拥有一千辆战车的国家，任用他管理军队事务，他也一定能有效率地训练，不但使军队勇猛强盛，还能让士兵为君主效命且知道礼法，从这些都能看出他的才能。但他有没有仁德，我实在不知道呀！"

原文 "求[15]也何如？"子曰："求也，千室之邑、百乘之家，可使为之宰[16]也，不知其仁也。"

张居正讲评译释 孟武伯又问孔子的弟子冉求怎么样，能不能保全心性和品德，成为一个仁德的人呢？孔子回答说："冉求这个人有才能。有千户人家的县邑，任用他做邑长，他一定能在当地实行德政，让百姓安宁；有百乘兵车的卿大夫家，任用他做家臣，他一定能处理好家庭事务，没有办不好的事情，从这些都可以看出他的才能。但他有没有仁德，我不知道呀！"

原文 "赤[17]也何如？"子曰："赤也，束带[18]立于朝，可使与宾客言也。

不知其仁也。”

张居正讲评译释　孟武伯又问：“你的弟子公西赤怎么样，能不能保全心性和品德，成为一个仁德的人呢？”孔子回答说：“公西赤懂礼仪。如果身着礼服站在朝廷之上，接待四方的宾客，他一定能交换两国的意见，传达宾主的心意，不会失礼。由此可以看出他的才能。但他有没有仁德，我不知道。我们说的仁，一定是纯正的天理，没有一点杂念，始终没有任何不良的想法，这才能叫作仁。一个人的内心是否纯净，不是通过做事能被别人发现的。”所以孔子都称赞三个弟子有才能，但不认为他们有仁德。这是因为外部表现很容易被人了解，但内心隐藏的想法就很难被人知道了。立志求取仁德的人，只有先反省自己才行。

原文　子谓子贡曰：“女与回也孰愈[19]？”

张居正讲评译释　子贡喜欢和别人比较长短，孔子知道了后问子贡说：“你和颜回共同在我门下学习，你自己说一下，你们两个谁学到的东西多？”

原文　对曰：“赐也何敢望回？回也闻一以知十。赐也闻一以知二。”

张居正讲评译释　子贡回答说：“人的资质有高有低，对道理的领悟有深有浅。我怎么敢和颜回相比呢？颜回天资聪颖，有很高的天赋，又肯努力，他对于天下间的道理，能够听闻一件事后推知十件事。从头到尾，没有一件事不暗中铭记，内心通透，这就是闻一知十呀。我是学习之后才知道的，资质平庸，努力也不足，对于天下间的道理，听闻一件事之后只能推知两件事，整理自己的思绪，通过一件事了解到另外一件事，不过闻一知二罢了。由此可以看出，颜回远比我优秀！我怎么敢和颜回相比呢？”

原文　子曰：“弗如也，吾与[20]女弗如也。”

张居正讲评译释　孔子顺着子贡的话，激励引导他说：“你自己说比不上颜回，这话不假，你的确不如他。但是人最难的是认识自己、委屈自己。现在你自认为不如颜回，这就是有自知之明，就不难做到委屈自己了。你能够认清自己，就一定不会安于现状，能委屈自己就一定会勉励自己，现在比不上，怎么知道将来还比不上？我同意你比不上颜回的说法呀。”之后子贡在学习上不只是闻一知二，这就是孔子的激励造就的结果呀。不如别人的念头不但是求学者进取的动力，如果想让君主把古代贤明的帝王当作学习的标准，就也要让他们看到自己的不足，向圣贤学习，达到圣人的境界，这样就不难成为贤明的帝王了。

原文　宰予[21]昼寝。子曰：“朽木不可雕也。粪土之墙不可杇[22]也，于予与何诛？”

张居正讲评译释 昔日孔子办学施教，只是为了让人好好学习。如果一个人能爱好学习，就会有远大的志向，就会付出努力，然后就能够学习到圣贤之道。宰予在孔子门下学习，有一天在白天睡觉，这就是愚昧懒惰、不爱学习。所以孔子责备他说："只有坚硬的木头才可以雕刻。如果想在腐朽的木头上雕刻文字，木头一定会坏掉，还怎么雕刻呢？只有坚固的墙壁才可以粉刷。如果墙上有污秽之物，即使是想粉刷，泥粉也一定会脱落，这怎么能粉刷呢！人只有立志学习，然后才能对其进行教育，现在你这么懒惰，就像腐朽的木头、有污秽的墙壁一样，即使想教你学习，但你却没有学习的心思啊！所以对于你，我又有什么可以责备的呢？"孔子说不值得责备宰予，这正是深刻地责备啊。孔子如此严厉地责备白天睡觉的宰予，可见人应该勤勤勉勉、自强不息，把懒惰怠慢当作警戒呀。大禹珍惜短暂的时间，成汤天不亮就起床，周文王太阳下山也不休息，孔子发奋学习以至于忘记吃饭，他们都是天生聪颖的圣人，还如此勤奋地学习，更何况那些不如圣人的人呢！求学者不能不深刻反省自己呀！

原文 子曰："始吾于人也，听其言而信其行；今吾于人也，听其言而观其行。于予与改是。"

张居正讲评译释 宰予平时总说自己勤奋好学，如今却在大白天睡觉，志气低沉，昏庸懒惰，他这是严重的不讲诚信。所以孔子又警示说："听信他人的言语很容易，认清他们为人却很难。我最开始和他人相处，只认为一个人会说话就能办好事。所以听了他的言语就相信他的行动，而不去怀疑他执行的情况怎么样。现在看来，能说会道的人多，亲自实践的人少。如果只听信他人的言语，免不了被欺骗，所以从今以后，我听了别人的言语后还要观察他的行动，不敢轻易相信他能说到做到。既听他的言谈，还观察他的行动，这样即使他是能言善辩，也难以欺瞒，这样自己不会因为轻易相信而产生过错。我之所以能够改正这个错误，只是因为宰予言行不一。我刚开始相信他的言行，现在才发现他的缺点，所以才引以为戒，改正自己的错误。"孔子这么说是为了警示宰予，让他有所悔悟啊！老师弟子之间，朝夕相处，可以很容易看出来为人是否贤德，孔子还说因为通过言谈去判断一个人的品行才能，而导致对宰予的错误判断。看清一个人有这么难，更何况君主臣下之间尊卑悬殊，很少见面，想要知道臣子内心的想法和办事的具体情况，不是更难吗？君主一定要让大臣如实陈奏，一定要用具体事务考查臣子，这就是听一个人言谈，观察他行为的方法，用人者应当注意呀！

原文　子曰："吾未见刚者。"或对曰："申枨[23]。"子曰："枨也欲，焉得刚？"

张居正讲评译释　孔子说："人立身处世，可贵之处在于有刚毅坚强的品德。但如今，我没有看到过刚毅坚强的人。"孔子所说的刚毅，不是逞强斗勇，而是说一个人既有天地正气，又有道德礼仪，为人光明磊落、沉稳刚毅，富贵贫贱、生死祸福都不能让他动摇。他能够解决疑问，不会产生困惑，即使承当重任，也不会屈服，这是大丈夫的作为，不是一般人轻易能够达到的，所以孔子感慨说难以见到。有的人不知道孔子的意思，只见到申枨勇猛强悍，就认为他是刚毅。就对孔子说："你有一个叫申枨的弟子，他为人不刚毅吗？"孔子回答说："刚毅坚强的人，一定不会向物欲屈服。申枨有很多欲望，做事不能坚持义理，世间有很多事都能让他动心，一旦动心，内心难免会被迷惑，心志也会动摇，这怎么是刚毅呢？"从孔子的话可以看出有欲望就难以刚强，只有刚毅才能够克制欲望，求学者不能不勉励自己做到刚毅呀。先世儒者说过，君主的品德以刚毅勇敢为主。如果君主没有刚毅不屈的品格，就会沉迷声色，被奸佞蒙蔽，即使知道奸诈的小人，也会不忍心除去，即使知道政事的弊端，也会因循守旧难以改革，以至于犹豫难断，威信丧失，造成难以估量的危害，这样又怎么能使国家安定、政治清明呢！所以君主应该知道抑制欲望、修养品性的方法啊！

原文　子贡曰："我不欲人之加诸我也，吾亦欲无加诸人。"子曰："赐也，非尔所及也。"

张居正讲评译释　子贡向孔子讲述自己的志向说："天下人都有相同的想法，只要是不符合礼仪法规的事，自己心里就不想做，别人应该也是不愿意做这些事。如果自己不想做的事却强加给别人，这是只顾自己，不顾别人的行为。我则把自己看作别人，把别人看作自己。只要是我不想做的事，就不会强加给别人。"从子贡说的话，能看出他志向高远，但是这是仁者才能达到的境界，以子贡的学识还不能达到这种地步。孔子担心他自我评价过高，但是行为上达不到，所以直呼其名制止他说："人最难克制的就是自己的私心，最不容易保全的就是仁德。像你所说的，凡是自己不愿意做的，就不能强加给别人，这就是把天下看作一人，而毫不区别地对待他们，把万物当作一体，让它们一并受到恩泽，这些只有品德完备、毫无私心的圣人才能做到。你的学识能达到这种地步吗？所以说这不是你能做到的。"孔子说这些话不是用困难来阻碍子贡上进，只是想要子贡在认识到困难后勉励自己呀！

原文　子贡曰："夫子之文章，可得而闻也；夫子之言性与天道，不可得而闻也。"

张居正讲评译释 子贡说："人们的学习能力有深有浅，所以对道的学习有困难有容易。我们老师平时的行动威仪都符合法度，言辞议论都条理清晰，这是品德显著，能够被别人看到礼、乐、诗、书等方面的知识。老师本来就经常毫无隐藏地教导我们，所以我们不需要深究就可以知道这些。即使是学识浅薄的人，在老师身边一段时间，也可以学到丰富的知识。天生就具备的仁义礼智等，叫作天性；永不止息、庄严运转的元亨利贞等，叫作天道。老师也曾经讲过这些，但是其中的道理非常精妙，难以用语言形容。如果不是学习能力强，可以领悟到这些道理的人，老师是不会轻易教授的。所以不只是学识浅薄的人学不到，即使是长时间跟随老师，也难以学到。"子贡晚年道德增进后，才学到了人性和天道，所以有这样的感叹。这也能够看出孔子循序渐进地教授学生知识。

原文 子路有闻未之能行，唯恐有闻。

张居正讲评译释 这是孔子的弟子记录子路勇于做善事的情况，说："人知道善言善行固然很可贵，但是知道善言善行却不做善事，就和不知道一样。做善行却不尽力，和没做一样。只有子路，有过人的才能，刚毅果断的气魄，每当听了善言之后，一定要立刻付诸行动，如果没有能够行动，就会感到不安，只害怕再次听到善言时，之前听到的还没有实行。"子路害怕再次听到善言，不是担心有新的善言，而是心里对自己不满意，想要赶快把已经听到的善言付诸行动后，再接受新的善言。看到子路在善言没有实行的时候担心听到新的善言，就知道实行之后就会担心没有听到新的善言呀！子路就是这么勇于做善事啊！

原文 子贡问曰："孔文子[21]何以谓之'文'也？"子曰："敏而好学，不耻下问，是以谓之'文'也。"

张居正讲评译释 古时候有爵位的人，不一定有谥号。但是一个人是否贤德，一定能通过谥号显现出来。孔文子的谥号是"文"，这是一个赞美的谥号。子贡质疑孔文子的为人不符合这个谥号，就问孔子说："卫国的大夫孔圉，为什么会得到'文'的谥号呢？"孔子回答说："凡是天资聪敏的人，都会因为自己聪明伶俐，而不肯努力学习。孔圉虽然天资聪敏，但他却不自以为是。凡是礼乐的名称、古今的政事，他都进行学习讨论，不会心生厌倦，他的学习是这样的勤奋。爵位尊贵的人，就会高看自己，把向地位低的人求教当作耻辱。孔圉虽然有大夫的官位，但是他不敢高看自己，对于不知道的事情，就向别人拜访求教，即使对方是身份卑微的小官，贫贱的百姓，他也会虚心求教，不认为是耻辱，他就是这样的好学。评定谥号的法则中说：勤学好问可以称作‘文’。如今孔圉的行为，刚好符合，这就是他谥号为‘文’的原因。”勤学好问不但是士大夫的美好品行，古代帝王高尚的节操也不过就是这样。君主天资聪颖，更加容易自以为是；地位尊崇，更加难于谦虚。但是他们不学习，就难以明辨义理；不询问，就难以提高见识。虞舜勤学好问、细心观察，所以才能成为圣人。高宗虚心谦让、勤奋好学，所以才成为贤人，这是所有的君主应当效法学习的地方。

原文　子谓子产[25]，有君子之道四焉：“其行己也恭，其事上也敬，其养民也惠，其使民也义。”

张居正讲评译释　孔子曾说过：“郑国的大夫子产具备君子应有的四种品德，如何看出来呢？他行为端庄谨慎，符合君子之道。子产在为人上，做善事不骄傲，有功劳不炫耀。他能举荐贤人，让位于能者，自处时恭敬谦逊，这是第一条君子之道。子产恭敬地侍奉君主，符合君子之道。他在侍奉君主时，对内能处理好国家政事，对外能和他国和睦相处，在职位尽心办事，始终小心谨慎不敢怠慢，这是第二条君子之道。子产仁德地对待百姓，符合君子之道。他在管理百姓时，兴利除弊，处处留心百姓，所以对百姓有很深厚的恩德，这是第三条君子之道。子产能用义理去端正百姓的行为，符合君子之道。他管理百姓时，明辨是非对错，让百姓共同获益。每件事都用法律来规范，对弊病绝不姑息宽容，这是第四条君子之道。”子产具备了这四条美德，所以能辅佐君主、庇佑百姓，而郑国也对其有依赖，这难道不是春秋时期贤明的大夫吗？郑国作为一个小国，因为任用子产，所以虽然夹在晋、楚两个强国之间，也能够不受侵犯。如果大国的君主能用人得当，那么取得的效果又将是什么样子的呢！用人者应该注意呀！

原文　子曰：“晏平仲[26]善与人交，久而敬之。”

张居正讲评译释　孔子说：“朋友是五伦之一，所有人都有朋友。但是交朋友的人很多，善于与人交往的人就很少，只有晏平仲擅长与人交往，能够明白交友的方法。什么方法呢？人们交友时，刚开始的时候都知道相互尊敬，时间长了，就变得怠慢而不庄重了，怠慢了之后就一定会产生嫌隙，心生嫌隙，就不能友好地交往。晏平仲和朋友交往，刚开始自然是很恭敬，时间久了也依然敬重，不因为熟悉之后就心生怠慢，所以和朋友之间的关系始终没有改变，这就是晏平仲善于与人交往的原因。”

原文　子曰：“臧文仲[27]居蔡[28]，山节藻棁[29]，何如其知也？”

张居正讲评译释　孔子说：“人们都认为臧文仲有智慧，但是明智的人一定不会违背理，他做的一件事就能说明他并不明智。鲁国的大龟，虽然是用来占卜，但不过就是来解决疑惑、预示征兆罢了，并不能掌管祸福吉凶。臧文仲将大龟藏在屋内，将藏龟的屋子用山形的斗拱装饰，短柱上用水草花纹描绘，把大龟放置其中，这怎么能真的能给人降福呢，这不是很昏庸的行为吗？”人有人的道理，神有神的道理。人的道理应该探求明白，而神的道理人则很难探究清楚。人只有尽力做好自己应该做的事，不在鬼神之事上耽误工夫，这才是明智。如今臧文仲不处理百姓的事务，而沉迷于鬼神之道，这就是不明事理，被祸福之说迷惑，非常愚笨啊。怎么能称作明智呢？人们都称赞臧文仲明智，只有孔子根据事实断定并不是这个样子，这就是对众人喜好仔细审查。评价、观察他人的时候应当采用这种方法。

原文　子张问曰："令尹[30]子文[31]，三仕为令尹，无喜色；三已之，无愠色；旧令尹之政，必以告新令尹。何如？"子曰："忠矣！"曰："仁矣乎？"曰："未知，焉得仁？"

张居正讲评译释　子张问孔子说："楚国的令尹子文曾经三次出任楚国的宰相，人们都羡慕他的尊贵荣耀，他自己却不感到高兴，三次被罢免官职，也不感到恼怒，他就是这样喜怒不形于色。他被免去宰相之后，又把过去的政务都详细地告诉给新来的宰相，没有一点猜嫌嫉妒。像他这样在物我之间没有间隙的人，你认为怎么样呢？"孔子回答说："患得患失、妒忌贤能的人大都是只顾自己，不为国家，这是不忠的行为。子文这么做，不贪恋朝廷的官职，只为处理好国家事务，是一个真心为国家办事的人，可以算上忠心了！"子张又问说："他这么做，别人难以达到，能够算得上仁义吗？"孔子回答说："仁在于内心，不在于做事。子文的行为虽然忠心，但是并不知道他心里怎么样，如果有一点追求名声的想法，就是有私心，就不符合纯洁公正的天理！怎么能相信他仁义呢！所以我不敢轻易赞同呀！"

原文　"崔子[32]弑齐君，陈文子[33]有马十乘，弃而违之。至于他邦，则曰：'犹吾大夫崔子也。'违之。之一邦，则又曰：'犹吾大夫崔子也。'违之。何如？"子曰："清矣。"曰："仁矣乎？"曰："未知，焉得仁？"

张居正讲评译释　子张又问说："当初齐国大夫崔杼谋杀了国君，那时候有人和他互相勾结、共同作恶，也有人勉强忍耐，只有陈文子厌恶崔杼谋逆，不肯和他在一起做官，直接放弃了官位和家财，离开了齐国，没有丝毫贪恋眷顾。等到了别的国家，看到他们的大臣也都不忠，就说：'这就和我国大夫崔子一样，不能和他们共事。’于是就离开了。又到了一个国家，见他们的大臣也不忠，又说：‘这也和我国大夫崔子一样，也不能和他们共事。’又离开了，他对于去处的选择如此细致，老师你认为怎么样呢？”孔子回答说：“仁在于内心，不在于做事。文子的行为虽然清高，但是不知道他内心怎么样。如果有一点愤世嫉俗、自恃清高的想法，之后免不了心生悔恨，这也是私心，也不是公正纯洁的天理。怎么能相信他仁义呢！所以我还不敢轻易赞同呀！”人们的行事很容易能被观察到，但是他们的内心很难被了解。他的内心想法是否纯洁，对国君的态度是否忠实，不是别人能够看出的，所以即使像文子这样忠诚、清高，孔子也不认为是仁。从这些就可以仁到底是什么了呀！立志追求仁德的人也应该知道要怎么做呀！

原文　季文子[34]三思而后行。子闻之，曰：“再[35]，斯可矣。”

张居正讲评译释　鲁国的大夫季文子是一个心思缜密的人，遇见每一件事都一定要反复考虑，想了再想，多次思考之后才施行。孔子听了之后说：“人办事不能不思考，也不可以考虑过度。事情刚发生时，不能轻举妄动，要仔细考虑，考虑之后还担心想的不对，就要再平心静气地考虑一下。这样，就可以判断是否违背了事理，做事自然就会准确恰当，这样就可以呀！为什么要反复思考呢？”天下间的事，虽然有很多变化、不同，但其中的道理则是固定不变的。只是在义理上进行思考，思考两次就已经很准确了，如果用私心去考虑，就会因为思考过多反而产生困惑。中庸之道教育人们要慎重思考，就是这个意思。善于处理事物的人，只应该把穷究事物之理当作主要任务，然后根据义理去果断处理，这样就不会有不恰当的地方了。

原文　子曰：“宁武子[36]，邦有道，则知；邦无道，则愚。其知可及也，其愚不可及也。”

张居正讲评译释　世上有明智的人，也有愚笨的人。又有一种最聪明的人，能隐藏才能以等待局势的转变，看起来就像昏庸愚钝一样，这就是我们说的大智若愚。宁武子能做到这样，所以孔子称赞他说：“宁武子作为卫国的大夫，在国家形势稳定的时候，就胆识过人，敢做敢当，尽心竭力，办事公正，从来不委曲迁就，可以很明显地看出他是一个有才能、有见识的人。等到国家局势混乱的时候，就隐藏自己的才能，不展露自己的行迹，默默地从事苦难的工作，完成国家的事业。他的才能见识都在暗地里发挥作用，看起来却像是一个昏庸愚笨的人。观察他的时候，不深入观察，就一定会认为他是一个愚笨、不明智的人。要我来说，治理太平盛世，公理道义清晰明白，君子能够施展自己的抱负，只要有才能就可以取得成就，只要有见识就能提出合理的意见，或许有人能够赶得上武子的聪明才智。至于到了昏乱的朝代，国家形势危急，人心猜疑，既难以表明自己忠君为国的心意，又难以展示自己扶危定乱的抱负，这是一个人最困难的处境。武子表现出的愚笨，却能够辅佐君主，保全自己，这正是他隐藏自身才能的巧妙之处。如果不是忠贞仁义，而才能足能够施展自己抱负的人，做不到这些，所以别人怎么能够比得上他呢？”处理确切的事容易，处理变化的事困难，施展聪明才智建立功业容易，隐藏聪明才智而取得成就很难，所以说宁武子的才智是别人能做到的，他的愚笨是别人做不到的。固然应该通过这种方法来衡量一个人时，但是世事混乱，导致君子不能施展智慧而只能表现出愚笨，这又怎么是国家的幸事呢！

原文　子在陈[37]，曰：“归与！归与！吾党之小子狂简，斐然成章，不知所以裁之。”

张居正讲评译释　孔子周游列国时，在陈国停留了很长时间，知道自己的抱负难以施行，就感慨说：“我本来想在天下间施展自己的抱负，所以才游历到这里，但是却不被重用，世上没有任用我的地方啊。我回鲁国吗？我回鲁国吗？我的抱负虽然在现在难以施行，也应该流传给后世。如今我故乡的学生中间，有见识高明、志向远大、不拘小节的人，看他们的诗文，已经有文采和条理了。但是他们志向过于远大，学问却有所不足，不知道用公正的道理节制自己，经常违反礼法。如果我对才能品性优秀的学生进行指导，矫正他们的偏差过错，让他们回到纯洁公正，那么他们就可以接受重大的任务，寄托我的抱负了，这样我又何必急切忙碌地寻求获得重用呢！这就是我想要回去的原因。”这可以看出圣人为当时考虑，想要施展自己的抱负，为后世考虑，又想要自己的学说得到传承，真是把天下当作一家，把古今当作一世呀。这孔子所做的就是继承以往的圣人学说，为未来的学者开辟道路，给后世以教诲了吧！

原文　子曰：“伯夷、叔齐[38]，不念旧恶，怨是用希[39]。”

张居正讲评译释　孔子说：“伯夷、叔齐是古时候无比清正耿直的人。清正耿直的人，大都太过于愤世嫉俗，有很多人气量狭小，难以宽容别人，所以会招致很多怨恨。只有伯夷、叔齐虽然为人清正耿直，但内心平和，遇到别人做坏事，固然感到厌恶并远离他们。但这只是因为厌他们做坏事，不是存心要和他绝交。如果他们能够改止，那么伯夷、叔齐就会看到他们的善良，不再追究他们昔日的过错，伯夷、叔齐的喜好和厌恶是如此公正，他们的胸怀气量是这么的宽广，所以人们都尊敬信服他们。即使是之前被厌恶的人，也因为能被宽恕而高兴，就体谅到伯夷、叔齐当时没有恶意，他们内心的怨恨，自然就少了。”由此可见，憎恨坏人坏事固然要严厉，但当别人改正的时候也要心存宽恕。古时候圣贤处事待人的方法，没有比这更好的了。如果君主能够用这种方法对待臣下，更是崇高的品德。一般人谁能不犯错误？如果故意做坏事，最终也不肯悔改的人，即使是受到排斥，也不值得惋惜。但如果偶然犯了错误，而基本的品德节操没有缺欠，并且能够改正错误；行为虽然不对，但是情有可原，对这些人应当舍短取长，宽容爱护，这样就会人人乐于效命，天下也就不会有被遗弃的人才了。虞舜宽恕别人的小错，成汤不求全责备，都是这个道理。这可以作为后世君主效仿的准则。

原文 子曰：“孰谓微生高[40]直，或乞醯[41]焉，乞诸其邻而与之。”

张居正讲评译释 鲁国有一个叫微生高的人，在当时一直被人们称作正直。人们只是仰慕他的名声却没有注意他的实际行为，所以孔子列举了一件事来判断说：“人们都认为微生高为人正直，现在看来，还有谁说他正直呢？我们所说的正直，一定要内心真诚、正直，有的事就说有，没有的事就说没有，没有一点虚伪掩饰，这样才能称作正直。如今微生高这个人，有人向他借醋，他的家里原本没有醋，但是却不肯直说，竟然从邻居家借来醋给别人，这就是委屈自己追求名利，拿别人的物品来展示自己的恩惠。从这一件事可以推断出，他内心的偏私和行为的虚伪，这怎么是正直呢？”人们都相信微生高的正直，只有孔子一个人认定不是这样，这就是对于众人喜爱的人或物一定要仔细审查。当时似是而非、有名无实的人很多。伶牙俐齿的人破坏诚信，貌似谨厚的伪善者破坏道德，孔子对这些都深恶痛绝。孔子这么说是想要人们谨慎地分辨一个人的名声和实际行为呀。既然这样，用人的时候怎么能只关注虚名而不考查实际行为呢？

原文 子曰：“巧言、令色、足恭，左丘明[42]耻之，丘亦耻之；匿[43]怨而友其人，左丘明耻之，丘亦耻之。”

张居正讲评译释 孔子说：“人最大的善良在于诚心实意地追求道，最大的邪恶在于奸诈阴险、讨好迎合别人。人们结交朋友的时候，在言语神态、体态容貌上，原本就有正当的礼仪规范。如果一个人说好听的话，装出一副伪善的样子，过分谦恭地去迎合别人，让他高兴，这样的人就是阴险狡诈的小人。左丘明为人正直，为这些行为感到羞耻而不去做，我也一样啊！人们交往的时候，恩怨亲疏自有真实的想法，如果心里本来怨恨别人，却深藏不露，不表现出来，假装和他有很好的交往，这就是阴险狡诈的人。左丘明内心真诚笃实，为这些行为感到羞耻而不去做，我也一样啊！”左丘明、孔子这样圣明贤德的人都为这些行为感到羞耻，求学的人能不反省考察清楚，树立正直的公心吗？这些阴险狡诈、谄媚奉承的人不仅让人厌恶，更会危害国家。因为谄媚的人，整天阿谀奉承，用不正当的方法迎合别人，人们很容易被他们迷惑。阴险狡诈的人，内心奸诈，但是外表表现的恭敬谨慎，人们容易被他们欺骗。如果君主误用了这些谄媚奉承、阴险狡诈的人，那么将会引起巨大的灾祸，所以古时候圣明的君王，就像畏惧毒药躲避蛇虺一样，远离防范奸佞的小人。都是因为这些啊！

原文 颜渊、季路侍，子曰："盍[44]各言尔志。"

张居正讲评译释 昔日颜回、子路侍立在孔子身边，孔子问他们："你们两个都在我门下学习，都有各自的志向，为什么不向我说说呢！"

原文 子路曰："愿车马、衣轻裘与朋友共，敝之而无憾。"

张居正讲评译释 子路被孔子询问志向，回答说："做人不能自私，就像乘坐的马车、穿着的衣服等物品，虽然是自己拥有的，但是应该被所有人使用，不能够只是自己享用。我如果有马车、衣服，愿意拿出来和朋友共同享用，即使用坏了也不会抱怨。"子路勇于追求义，见识高明，不屑于做庸俗吝啬的事，所以这么说。

原文 颜渊曰："愿无伐[45]善，无施劳。"

张居正讲评译释 颜回被孔子询问志向，回答说："人不能够自我满足，比如人行善积德，虽然有值得称赞的地方，但也不过是做分内的事罢了。我如果做了善事，不向别人夸耀自己的长处，自己知道就行了。一个人建立了功绩，虽然有功劳可以表彰，但是也不过是尽了自己的职责，做分内的事罢了。我如果建立了功绩，不会向别人炫耀，自己知道就行了。"颜回到了无私的境界，为人淳朴敦厚，内心毫不自满自大，所以会这么说。

原文 子路曰："愿闻子之志。"子曰："老者安之，朋友信之，少者怀之。"

张居正讲评译释 子路问孔子说："我们两个人的志向都向老师你说了。却不知道老师你的志向是什么？我们想听听看。"孔子回答说："我没有别的志向，只是想让天下人都得到适当的安置罢了。天下的人各不相同，有老人，有朋友，有年轻人。应当让老者安心，我愿意赡养他们，让他们享受安逸的生活。应当让朋友信任，我愿意诚实对待朋友，让他们全心全意和朋友交往。年轻人应该得到关怀，我愿意用恩德去教育他们，让他们能够施展自己的天性。给他们心里想要的，给他们本来就应该得到的，这就是我的志向。”把三个人的志向放在一起看，子路和朋友共用自己的物品，但是却难以做到同所有人都共用。颜回不炫耀自己的善良，也是有心这么做的。只有孔子的志向是使天下万物一起受益而不认为自己有功绩，仁德覆盖给天下人而不显露自己的行迹，就像天地一样器量宽广，这又怎么是子路、颜回两个人能比得上的呢！假如孔子在君主的位置上，施行自己的政令教化，那么当时的社会风气就能够和尧舜时相比，可惜孔子没有得到合适的位置，空有远大的志向却难以实现呀。

原文 子曰：“已矣乎[46]！吾未见能见其过而内自讼[47]者也。”

张居正讲评译释 孔子说：“人不会不犯错，能够改正过错就可以成为君子。但是只有知道了自己的过错，内心能反省、责备自己，这样就是有深刻的悔悟，就能够改正错误。我曾经希望天下人都能做到这些，今天看来，一般人有了过错，不是自我掩饰，就是自我安慰，我并没有见到知道自己做了错事，内心责备自己的人。这样的人怎么能够改正错误呢！当时对人们所抱的希望，现在看来算了吧！”孔子想要人们悔过改善，所以才说对他们感到绝望，希望能激励到他们。大概“悔”这一个字，是改善自己的动机。《易经》里面说：“改正错误的关键是要常存悔恨自己过失之心，并时有及时补正自己过失的行动。”太甲悔恨自己的过失而改正错误，所以最后成为商朝贤德的君主。如果能通过持身恭敬、深究事理来预先培养自己的心志，就自然就不会被邪念影响，产生过错。圣人之所以能够不犯过错，关键就在这里。如果等到犯了过错之后再悔悟，不是已经晚了吗？孔子的话，是对中等资质以下的人说的呀！

原文 子曰：“十室之邑，必有忠信如丘者焉，不如丘之好学也。”

张居正讲评译释 孔子说：“人追求道时，天分固然很重要，更需要努力学习。我之所以能够闻得道，不只是凭借着天资的聪颖，实际上凭借的更是勤奋好学。如果说只是依仗资质，那么不必从整个天下找，即使是只有十户人家的小村庄，也有醇厚朴实，可以像我一样追求道的人。那么天下间像我一样闻得道人，不是会有很多吗？但是人们虽然都有聪颖的天分，但是不像我一样勤奋好学，来扩充自己的天资，所以不能够得到道，有成就的人就更少了。”人们不反省自己学习上的不勤奋，而只是推脱说自己资质不好，这难道不是错误的吗！聪颖的天分很容易获得，但是精妙的道理却很难得到，所以像尧舜这样圣明的君主，也一定要孜孜不倦地用心学习，像孔子这样的圣人，也急切地勉力求学，更何况其他人呢！想要效法尧舜、孔子的人应该知道以此来勉励自己呀！

注释：

[1]公冶长，名长，字子长、子芝。春秋时鲁国人，孔子的弟子，七十二贤之一，名列第二十。

[2]缧绁，捆绑犯人的绳索。引申为牢狱。

[3]子，女儿。古时候儿子女儿都被称作子。

[4]南容，南宫括，孔子的学生。

[5]废，舍弃不用。

[6]子贱，宓子贱，姓宓，名不齐，字子贱。春秋末期鲁国人。孔子的学生，七十二贤人之一。

[7]斯焉取斯，斯，此。第一个“斯”指子贱，第二个“斯”字指子贱的品德。

[8]女，通“汝”，你。

[9]或，有的人。

[10]雍，冉雍，字仲弓，孔子的弟子，与冉耕（伯牛）、冉求（子有）皆在孔门十哲之列，世称“一门三贤”。

[11]口给，言语便捷、嘴快话多。

[12]桴，竹木筏子。

[13]漆雕开，字子开，又字子若，又说作子修。孔子的弟子。

[14]赋，指士兵、军队。

[15]求，字子有，通称“冉有”，尊称“冉子”，孔子的门徒，孔门七十二贤之一。

[16]宰，邑长家臣，叫作宰。

[17]赤，公西赤，姓公西，名赤，字子华，亦称公西华，孔子的弟子，孔门七十二贤之一。

[18]束带，指穿着礼服。表示端庄。

[19]愈，贤，胜过。

[20]与，赞同。

[21]宰予，字子我，亦称宰我，春秋末鲁国人，孔子著名的弟子，“孔门十哲”之一。被孔子许为其“言语”科的高才生，排名在子贡前面。

[22]杇，同“圬”，指泥工抹墙的工具，也作动词用，指把墙面抹平。

[23]申枨，字周，春秋时鲁国人，精通六艺，孔子七十二贤之一。

[24]孔文子，姓孔名圉，“文”是谥号，“子”是尊称。卫国大夫。

[25] 子产，姬侨，春秋时期政治家、思想家。姬姓，氏公孙，名侨，字子产，号成子。

[26] 晏平仲，名婴，字仲，谥平，习惯上多称平仲，又称晏子。夷维人，春秋时期著名政治家、思想家、外交家。

[27] 臧文仲，姬姓，臧氏，名辰，谥文，谓臧孙辰。臧哀伯次子，谥文，故死后又称臧文仲。春秋时鲁大夫，世袭司寇，执礼以护公室。

[28] 蔡，占卜用的大龟。

[29] 山节藻棁，古代天子的庙饰。山节，刻成山形的斗拱；藻棁，画有藻文的梁上短柱。后用以形容居处豪华奢侈，越等僭礼。

[30] 令尹，春秋战国时楚国执政官名，相当于宰相。

[31] 子文，斗谷于菟，芈姓，字子文，斗伯比之子。斗邑人（今湖北郧西）。著名春秋时期楚国令尹。

[32] 崔子，崔杼，春秋时齐国大夫，后为齐国执政。

[33] 陈文子，陈须无，齐国的大夫。

[34] 季文子，即季孙行父。春秋时期鲁国的正卿，前601—前568年执政。姬姓，季氏，谥文，史称"季文子"。

[35] 再，第二次。

[36] 宁武子，宁俞，春秋时卫国人，卫文公、成公时大夫。

[37] 陈，陈国。

[38] 伯夷、叔齐，伯夷、叔齐是商末孤竹君的两个儿子。相传其父遗命要立次子叔齐为继承人。孤竹君死后，叔齐让位给伯夷，伯夷不受，叔齐也不愿登位，先后都逃到周国。周武王伐纣，二人扣马谏阻。武王灭商后，他们耻食周粟，采薇而食，饿死于首阳山。

[39] 希，同"稀"。稀少，稀疏。

[40] 微生高，姓微生，名高，春秋时鲁国人，孔子的弟子。当时人认为他为人爽直、坦率。

[41] 醯，醋。

[43] 匿，隐藏。

[42] 左丘明，春秋末期史学家、文学家、思想家、散文家、军事家。与孔子同时或者比孔子年龄略长些。被誉为"文宗史圣"、"经臣史祖"，孔子、司马迁均尊左丘明为"君子"。

[44] 盍，何不，为什么不。

[45] 伐，夸耀，自夸。

[46] 已矣乎，绝望的语气，算了吧！

[47] 讼，责备。

雍也第六

原文　子曰："雍也，可使南面[1]。"

张居正讲评译释　冉雍一直因为高尚的品德而很有名气，所以孔子称赞他说："我门下的弟子冉雍，他的器量宽广、见识远大，有一国之君的风度，假如让他处在君主的位置上，处理国家事务、管理百姓，也不是不可以的事。"冉雍为人宽厚稳重，只有宽宏大度才不会对别人苛刻，才会有包容的器量，只有庄严稳重才不会过于烦琐，才能够合适地对待下属，所以孔子这么称赞冉雍。昔日舜在皋陶成为君主的时候对待下属庄严稳重，治理百姓宽宏大度，周文王不在各种狱讼、禁戒等琐碎小事上耽误时间，也是这个原因，读者合起来就可以看出君主应有的品德了！

原文　仲弓[2]问子桑伯子[3]。子曰："可也，简。"

张居正讲评译释　冉雍知道孔子赞许自己有国君的气度，是因为自己宽厚稳重，就疑惑子桑伯子的为人怎么会和自己相似。所以问孔子说："子桑伯子为人怎么样？"孔子回答说："平常人为人处世，大都过于烦琐，自取烦恼。伯子的为人，简易而不烦琐，所以也有可取的地方。"根据《家语》的记载，伯子不穿衣服，是率性任意、轻世傲物的人。而孔子认为他有可取的地方，是不是因为他的直率简单、超脱世俗是可取的地方？这是冉雍疑惑的地方。

原文　仲弓曰："居敬而行简，以临其民，不亦可乎？居简而行简，无乃大简乎？"

张居正讲评译释　孔子称赞子桑伯子行事简约，冉雍心里有疑惑，所以评论说："身居上位的人对待下属，可贵的地方在于简约，但是应该分辨清楚哪些是应当的简单，哪些是不应当的简单。如果立身庄严，做事谨慎认真，没有一点儿懈怠放肆，内心有主见并且严格要求自己；如果行事简约地治理百姓，所有事情只列出要点，关注大局，不在琐碎的小事上耽误时间，这样事情就会有要点而不烦琐，民众就会相安无事不被打扰，这才是应当的简约，这不是很可贵吗？如果自己做人简约，恣意任性，毫不矜持收敛，这样就会因为没有主见而疏于自我约束。而办事也一律简略，不分轻重缓急一味放纵，做事就会没有可以依据的规定，民众没有可以遵守的法律，这就是在不应当简单的地方简单，这不就是因为过于简单而产生过失吗！”冉雍这么说，是因为伯子为人处世太过于简单，怀疑孔子对他过于赞扬了。

原文 子曰："雍之言然。"

张居正讲评译释 当时孔子赞许子桑伯子行事简约，赞扬的是他可取的地方，没有来得及进一步议论。冉雍的话就比较准确恰当，是位居上位的人对待下属时正确的论断，所以孔子赞扬他说："冉雍认为立身庄严而行事简约是合适的，而立身简约处事也简约就是不恰当，他说的难道不对吗！"由此可以看出冉雍平时能立身庄严而行事简约，所以孔子赞扬他可以做一国之君。作为君主，如果能详细地品味冉雍的话，弄明白冉雍所说的庄严简约的意思，那么他就能成为人们所说的淳厚公正、使天下安定的君主啊。

原文 哀公问："弟子孰为好学？"孔子对曰："有颜回者好学，不迁怒，不贰过。不幸短命死矣。今也则亡，未闻好学者也。"

张居正讲评译释 昔日鲁哀公问孔子说："你有那么多的学生，谁最好学呢？"孔子回答说："人学习时，一定要是用心钻研，严格约束自己，深入学习，并且有所收获，这样才能称作好学。我的弟子中只有颜回是好学的人。如何看出他好学呢？如果人们的意思被违背，谁能够不生气？只有凭借着感情办事的人，一旦被触动引发，就难以约束自己，所以会因为这件事生气而牵连到另一件事。颜回也有生气的时候，但是他的内心清澈明亮，生气之后立刻会反省悔悟，不害怕更改错误，随后又怎么会重复犯同样的错误呢！颜回这样潜心学习、严于律己，难道不是真的好学的人吗？可惜他寿命有限，不幸很年轻就去世了。如今弟子中已经没有这样的人了，我没有听说有像颜回一样好学的人呀。十分可惜呀！"颜回在孔子的门下，没有因为善辩博闻被称赞，却被称为好学，而孔子所说的好学，又只是说颜回不迁怒，不犯同样的错误。这可以看出圣贤的学问不在于辞章的背诵，而在于身心性情的修养啊！这个道理，作为君主更应该明白。因为君主的愤怒，就像雷电一样，谁不畏惧？如果稍微有一些迁怒，那岂不是会伤害到没有罪过的人。君主的过错就像日食、月食一样，谁看不到呢？如果害怕改错，岂不是会让品德有亏损？所以在克制愤怒、杜塞情欲上，不能有一天的懈怠。只有自己保持谨慎敬重的态度、探究事物的道理，学会控制自己的情绪，使自己像秤一样公平正直，自然不会在事物的轻重缓急上犯差错，让自己像镜子一样明亮，自然不会沾染过多的尘垢，怎么会有迁怒别人、重复犯错呢！所以说，圣人的学问最重要的在于端正自身。

原文 子华[4]使于齐，冉子为其母请粟。子曰："与之釜[5]。"请益。曰："与之庾[6]。"冉子与之粟五秉[7]。

张居正讲评译释 孔子的门人记录说：老师使用财物，只看是否符合道义。公西赤要出使齐国，当时公西赤的母亲还在世，冉有害怕他的母亲缺少养赡的物资，就请求给她补助一些粟米。孔子说："给她六斗四升。"给她的很少，表示不应该给。冉有不明白这个意思，请求多给一点儿。孔子说："再给她十六斗。"再给的也不多，表示不应该多给。冉有还不明白，还认为少，就自己给了五秉，一秉十六斛，五秉一共是八十斛，给的很多，这会伤害了恩惠呀！

原文 子曰："赤之适[8]齐也，乘肥马，衣轻裘。吾闻之也：君子周[9]急不继[10]富。"

张居正讲评译释 因为冉有给公西赤母亲的粟米过多，孔子就教育他说："我不是吝啬财物不舍得给，是因为公西赤去齐国，乘坐的是健马拉的车，穿着的是又轻便又暖和的皮袍，这就可以知道他家里的富裕。我曾经听说，君子只救济那些贫穷困难的人，不接济那些富裕的人。如今公西赤家境富足，而你为他们请求粟米的补助，又多给了很多，这是接济富人而不是救济穷人，这怎么是用财的道理呢！"这就是不应当给却给了的情况，孔子这样用道义教育他。

原文 原思[11]为之宰，与之粟九百，辞。

张居正讲评译释 门人又记录到："老师在鲁国做司寇的时候，弟子原思担任家里的总管，孔子给他粟米九百斗，这是他应该得到的正常的俸禄，原思却推辞不接受。"这是因为原思向来性情正直，所以即使是正常的俸禄也推辞不接受，这就是过于廉洁而于理不合了呀。

原文 子曰："毋。以与尔邻里乡党乎！"

张居正讲评译释 因为原思不接受俸禄，孔子就教导他说："你不要推辞，官员都有固定的薪俸，这是国家的规制，怎么能私自推辞呢？如果你有多余的薪俸，就给你的贫困的邻居一些，这不也可以吗，为什么要推辞呢？"这就是不应该推辞却推辞的行为，孔了这样用道义教育他。人致上人们对物品的接受与推辞，都要有一个合理的原因。当给予的情况却不给，这自然是吝啬；不应该给的情况下却给予了，这就是滥用财物；应该推辞却不推辞，这就是贪心；不应该推辞的却执意推辞，这就是过于清高。只有圣人在对待财物的时候，一律根据情理斟酌使用，自然不会有上面这四种过失。圣人看世上那些爱施小恩小惠、拘于小节、不识大体的人，只能看到他们的浅薄丑陋罢了。想要善于使用财物的人，单独把圣人当作学习的标准就行了。

原文　子谓仲弓曰：“犁牛之子骍[12]且角[13]，虽欲勿用，山川其舍诸。”

张居正讲评译释　冉雍的父亲身份卑贱并且品行不端，冉雍却是孔子门下优秀的弟子，凭借着高洁的品行很有名，当时有人拿他的父亲羞辱他，孔子就打比方说：“毛色不纯的牛固然不可以用来祭祀，但如果它所生的牛犊全身赤红，而且头角周正，这正是祭祀时候需要的。即使人们因为它是毛色不纯的牛所生就不用它，但是山川之神怎么会舍弃它呢？如今冉雍父亲的恶行就像毛色不纯的牛一样，冉雍的贤德就像全身赤红色、牛角端正的牛一样，人们虽然因为他父亲的恶行而不愿意任用冉雍，但是冉雍有如此高尚的品德，自然应该被任用，怎么能被舍弃呢！”这可以看出，圣贤的成长，不会受到家庭出身的影响，用人者只要依据他的才能品德就行了，不必理会他的家庭门第怎么样。古时候的帝王，推举贤人不以常法，就是这个原因。

原文　子曰：“回也，其心三月不违仁，其余则日月至焉而已矣。”

张居正讲评译释　孔子说：“在我心里仁是最完美的道德，一定要完全遵循天理，没有任何私欲，这才能称作仁。如果在一息之间，有一点儿杂念，都不是仁。我门下的弟子立志于追求仁的有很多，其中只有颜回，既天资聪颖又刻苦求学，能够去除自己内心的私欲，完全遵循天理，时间能达到三个月之久，在这期间他内心不会产生一点儿私欲，能完全安心于实行仁道。其余的众多弟子，一般也有求得仁的时候，但是得到之后很快就又失去了。或者只能在一天之内保持仁的状态，但不能每天都保持。或者能在一个月内保持仁的状态，但不能每个月都这样，怎么能像颜回一样保持三个月的时间呢？”从孔子的这些话，不只是可以知道孔子的弟子中谁优谁劣，也可以看出达到仁道的艰难啊！然而孔子过些天又说，我想要仁，仁就能到了。所以孔子这并不是用困难来阻止人们追求仁呀！因为仁在心里，所以想要就可以得到，但是因为人容易放纵自己，所以稍微一放松就会丢失仁。想要求取仁，一定要先学会控制自己才行呀！

原文　季康子问：“仲由可使从政也与？”子曰：“由也果，于从政乎何有？”曰：“赐也可使从政也与？”曰：“赐也达，于从政乎何有？”曰：“求也可使从政也与？”曰：“求也艺，于从政乎何有？”

张居正讲评译释 季康子问孔子说：“可以让你的弟子仲由作为大夫从政吗？”孔子回答说：“一般人优柔寡断难以下决定，不能够从政。但是仲由勇敢忠义，是一个果断刚毅的人，让他做大夫，一定能够解决重大的疑问，制订重要的计划，该决断的时候就决断，一定会让国家振兴，而不至于在政令上松弛呀！他在从政上有什么难的呢？”季康子又问：“可以让端木赐作为大夫从政吗？”孔子回答说：“一般人拘泥固执不知变通，不能够从政，端木赐能够闻一知二，是一个聪明通达的人，让他作为大夫，一定能审视事情的情势，通晓事物的规律，斟酌解决这些问题，知道变通而不至于因为固执阻碍事情的处理。他在从政上有什么难的呢？”季康子又问：“可以让冉求作为大夫从政吗？”孔子回答说：“一般人才能不足，不能够从政，冉求擅长处理政事，是一个有才能的人，让他作为大夫，一定能治理好繁乱的事务，周密地做出安排，根据不同的事情做出不同的反应，并且态度从容，不慌不忙。他在从政上有什么难的呢？”这三个人的才能，各有自己的长处而都适用于从政。假如季康子能劝说鲁国国君尊奉孔子，任用贤人，又怎么不能恢复到周朝的太平盛世呢？可惜孔子不被重用啊！

原文 季氏使闵子骞[14]为费宰。闵子骞曰：“善为我辞焉！如有复我者，则吾必在汶[15]上矣！”

张居正讲评译释 季氏作为鲁国的大夫把持鲁国的朝政，有一天派人去任命闵子骞为费邑的长官，闵子骞是一个有品德的人，厌恶季氏，不肯做他的同党，又不能明说，就对使者说：“大夫虽然想任用我，但是我不想做官，请你帮我好言推辞，表示我不想做官的决心，制止他任用我的想法，一定不要再来找我了。如果不相信我说的话，再次来召我做官，那么我只有逃避到汶上去，不能再留在鲁国了呀。他怎么能强行让我做官呢！”闵子骞归隐起来不做官，不和权臣同流合污，说话谦逊却不逢迎，能够在乱世躲避灾祸，真的可以说是贤德啊！但是闵子骞如此贤德，鲁国国君不能重用他来匡正国家，而导致季氏想要把他任用做私臣，这就是鲁国萎靡不振的原因呀！

原文 伯牛[16]有疾，子问之，自牖[17]执其手，曰：“亡之，命矣夫！斯人也而有斯疾也！斯人也而有斯疾也！”

张居正讲评译释 冉伯牛得了重病，孔子前去看他，冉伯牛就暂时移到南窗下，让孔了在南面看自己。这是用对待君主的礼仪来尊敬地对待孔子呀。孔子不敢承受，所以不进屋，通过窗户握着他的手，和他诀别说：“你的病情这么危急，一定难以活了呀，但这是天命，不是你人的原因。”为什么会这样呢？没有品德的人，有的得了重病，有的招致了灾难，这自然不值得说。但如今像伯牛这样的贤人，为什么患有如此严重的疾病！像这样的贤人，为什么患有如此严重的疾病！这不是本不应该发生的事吗？只能认为这是天命了！孔子感到如此的痛惜，所以才有这样的感叹！

原文　子曰：“贤哉！回也。一箪食，一瓢饮，在陋巷，人不堪其忧，回也不改其乐。贤哉！回也。”

张居正讲评译释　孔子称赞颜回说：“一般人学习道的有很多，但是有所收获的很少。我看颜回是一个贤德的人。如何看出来的呢？对人来说，最难的就是生活贫困了，颜回是最贫穷的人。他的饮食不过是一筐饭食、一瓢饮水，又居住在陋室狭巷中，贫困到了这种地步。如果让别人处在这样的境地，肯定会难以忍受、苦不堪言，但是颜回却能自得其乐。他能在这种情况下悠然自得，不因为自己的贫困而变得苦闷。这是因为他目光远大，不会为当前的处境感到不满，他对道的追求很深，外部事物难以转移他的心志，如果不是贤德的人谁能做到这些？所以说颜回很贤德呀！”通常人们在富贵的境地就感到快乐，处于贫困的境地就感到忧虑，这是人之常情。圣贤的欢乐，超出了生活上的贫富，舜禹虽然拥有天下但是不贪图享乐；孔子的饮食只是蔬菜和水，仍然在其中感到了欢乐；颜回身处陋巷，饮食简单，也不改变自有的快乐，这是因为他们一心追求道啊！求学的人应该向他们学习。

原文　冉求曰：“非不说子之道，力不足也。”子曰：“力不足者中道而废，今女画。”

张居正讲评译释　冉求独自对孔子说：“老师你的学问很高深美妙，我不是不喜欢学习，只是因为自己资质较差，心里虽然想要进取学习，但是能力不足，所以学习不了啊！”孔子教育他说：“能力不够，并不是不用力，而是诚心追求，努力学习，至于在半途气力衰减，停滞不前，不得不停止，这才叫作能力不足。如今你是懒惰懈怠，不愿意努力向前，就像给自己画了一个界限一样，在能前进的时候不愿意前进，并不是向前进却不能前进呀，怎么能自己推脱说能力不够呢！”大致上人们对某件事的强烈追求，源自对其于深刻的认知和真心的喜爱，所以才意志坚决地一定要实现它。像冉有这样，还是因为没有认识到学问中值得喜爱的地方，如果他知道了，就一定会像颜回一样欲罢不能，又怎么会担心自己能力不足呢！求学者不能不以此来勉励自己呀！

原文 子谓子夏[18]曰："女为君子儒，无为小人儒！"

张居正讲评译释 孔子曾经教导弟子卜子夏说："如今求学的人都被称作儒，但是却不知道儒之间也有分别。一种儒是君子之儒，一种儒是小人之儒。君子之儒，他们的求学固然和众人一样，但是他们一心为自己学习，不追求名声，如果有不明白的道理，就用心去寻求解决，如果品德不高，就踏实地去实践体验，对这些都只是自己用心实践，没有追求名利的想法，这就是君子之儒。小人之儒，他们的求学也和众人一样，但他们为的是获取名利，不肯踏实学习，每知道一个道理，就要得到人们的称赞，每做一件事，也要得到人们的称赞，这些都只是在表面上装饰自己，而没有真实的学问，这就是小人之儒。你如今只需要学习君子之儒，专心为自己学习，不可以学习小人之儒，为了名利而学习。你如果能仔细了解这些，就会走向正途，端正心术，学问自然能够精进，而不会变得鄙陋，所以你能不谨慎吗！"君子之儒和小人之儒不只关系到学问，也关系到社会风尚。君子之儒被君主重用，就一定能守正奉公、实心为国，国家、百姓都会受到其带来的恩泽；如果小人之儒被任用，就会违背公义、谋取私利、笼络下属、欺骗君上，就会祸国殃民，引起巨大的祸端。所以用人者既要观察臣下的办事能力，也要考查他们的心思，这样才能判断他们的为人。

原文 子游为武城宰。子曰："女得人焉尔乎？"曰："有澹台灭明[19]者，行不由径，非公事未尝至于偃之室也。"

张居正讲评译释 昔日子游担任武城邑的官职。孔子问他说："处理政务首先要获得人才。武城中一定有道德品行可以用来端正社会风气的人。你如今作为当地的长官，曾经得到过这样的人才了吗？"子游回答说："有一个叫澹台火明的人，是武城里贤德的人。他内心正直，行事端正，平时走路，一定走平坦的大路，从不走便捷的小道。平时前来拜见，一定是因为城里面的公事，如果不是公事，从不到我住的地方来。从不走小路、办事公正可以看出他不急功近利，不贪小便宜；没有公事就不来见邑宰，可以看出他不会心存私利、包庇他人。这就是澹台灭明被我当作是贤人的原因。"子游作为邑宰，还这样选择人才，以此上推，宰相为天子选择官员，君主为天下选择宰相，都要用这种方法。这样正直的人才才能得到重用，阿谀奉承的风气才能被止息。

原文 子曰："孟之反[20]不伐[21]。奔而殿，将入门，策其马，曰：'非敢后也，马不进也。'"

张居正讲评译释 孔子说："一般人只要有了功劳就一定会炫耀自己。我看鲁国的大夫孟之反，是一个谦虚谨慎不夸耀自己的人。军队前进的时候，他一定会勇猛地冲在前面；军队后退的时候，就在最后面断后。当时齐国和鲁国打仗，鲁国的军队败了。众人都忙着撤退，只有孟之反独自一个人在后面阻断敌人、保护士兵，这可以说是很大的功劳啊！他自己却不把这些当作功劳，到了将要进入城门的时候，在众人的瞩目下，拿鞭子抽打自己的马儿说：'我不是敢于故意断后阻击敌人，只是因为马儿疲惫不能往前走。'”孟之反怪罪马儿不肯前走，正是用来掩盖自己的功劳，这难道不是不炫耀自己的功劳吗！这些就可以成为一个贤德的大夫了。大致上不炫耀自己的功绩是一个人最美好的品德了，谦虚能让人获益，骄傲自满一定会招致损失。颜回不夸耀自己的长处和功劳，所以孔子赞许他；大禹不炫耀自己的功绩，所以舜称赞他。读者应该仔细的研究体会这些啊！

原文　子曰："不有祝鮀[22]之佞[23]，而有宋朝[24]之美，难乎免于今之世矣。"

张居正讲评译释　孔子说："如今社会风气不像古时候那样淳朴了，风俗也不敦厚了。人们不喜欢耿直而喜欢奉承讨好，不喜欢美德而喜欢美色。只有像祝鮀一样能说会道，像宋朝一样相貌英俊才能让人们喜欢。如果没有祝鮀那样的口才、宋朝那样的容貌，就不符合人们的喜好，会被人们厌恶舍弃。如今想要不被人们憎恶，很难呀！”巧言令色在尧舜时期是被人们厌恶的，但是到了春秋时期，就获得人们的喜爱，这就可以看出社会习俗的浅薄，所以孔子才哀伤感叹呀！有匡扶世道的责任的人，能不在自己的爱好上谨慎吗！

原文　子曰："谁能出不由户，何莫由斯道也。"

张居正讲评译释　孔子说："任何事物一定有它自己的道理，就像房屋一定有门一样。人如果能不通过门进出房间，那么做事就可以不依据事物的道理。但是天下有谁能不通过门进出房屋呢？所以为什么不遵从事物的事理呢？”做人的道理都在个人自己，既没有被禁止也没有遇到困难，那么人为什么不遵循事理呢？这确实很奇怪啊。圣人警示世人的意味如此深切，人如果能反思自己，那么离道还会远吗？

原文　子曰："质胜文则野，文胜质则史。文质彬彬，然后君子。"

张居正讲评译释　孔子说："人固然要朴实，但也需要有文采。这两方面需要保持统一，不能有一方超过另一方。如果只是追求朴实，导致胜过了文雅，就会过于淳朴，而像野人一样缺少文雅，这只是粗俗简单罢了，这怎么能受到君子的尊崇呢？如果只是追求文采，导致超过了质朴，虽然看起来很美好，但是没有真实的内涵，就像那掌管文书的人一样，全部都是虚假的装饰罢了，这怎么能受到君子的尊崇呢？”只有内心忠厚诚信，外表威严庄重，文采质朴配合得宜，既有文采又有朴实，质朴和文雅之间能保持统一，这才是品德高尚的君子。品德高尚的君子又怎么会鄙俗和做作呢？周朝末年，繁文缛节兴盛，而淳厚古朴的风尚完全消失了，孔子想要矫正这些偏差，让社会回归正气，所以才这么说。但是当时的国君，安心于腐败的政治，不知道变更；公卿大夫沉迷于不良的习俗，不知道匡正，这些都是周朝逐渐衰落的原因。需要挽救社会习俗的人，应该要牢记啊！

原文 子曰："人之生也直，罔之生也幸而免。"

张居正讲评译释 孔子说："人活着应该遵循正理，如果人们心里或者表现出来的是非善恶都依据天理公心，那这就是正直。人如果能明白这个道理，活在天地间就不会心生愧疚了。假如一个人荒诞无稽，做事偏私邪恶，或者造假来获得名誉，或者违背本心来追求身外之物，这些就是狡诈虚伪，就丢失了为人之道。既然为人之道丢失了，就不能算是人了，即使活在世上，也不过是侥幸苟活罢了，怎么能不深感愧疚呢！”就像花草树木，有的凋零有的茂盛，有的旺盛繁茂，有的分散凋敝，这都是它们生长繁殖的道理。如今有的人却故意造假，或者是非颠倒，或者以假乱真，不遵守为人之道，这样的人活在世上只是侥幸。人如果不正直，和花草树木有什么不同！孔子是这样痛恨那些不正直的人呀。所以圣明的君主，要任用正直公正的君子，远离狡诈邪恶的小人，这样才会让人信服。

原文 子曰："知之者，不如好之者；好之者，不如乐之者。"

张居正讲评译释 孔子说："人在提高品德修养时，付出的努力各不相同，然而一定能要到达极点，才能有收获。那些不知什么是道的人，自然不必说，假如一个人知道什么是道，也知道一定要求取道，这自然比那些不明白什么是道的人强！但如果只是心里知道，而不用心求取，就比不上爱好道的人，爱好道的人能深入探究追求道，能研究其中的要点，努力地求取，之后能够获得道。这岂是那些只懂得道的人能比的？所以说懂得道的人不如爱好道的人。爱好道的人固然要比知道道的人强，但这也只是在心里努力求取，没有付出实际的行动。比不上求道为乐的人，这样的人在领悟了道的意思，有自己的心得体会后，整个身体都会感到舒适，并且学有所成。这又怎么是爱好道的人能比得上的？所以说爱好道的人不如以求道为乐的人。”从这三者的地位来说，懂得不如爱好，爱好不如以求道为乐。从付出的努力来说，以求道为乐源自对道的爱好，对道的爱好源自对它的了解。如果不了解就是对道的理解不清晰，如果不喜欢就是对道的追求不强烈，如果不以求道为乐就是对道的体会不深入，这些次序也不可以乱。求学的人如果能够逐渐用功，不断深入学习，那么就可以逐步到达道的极点。这是圣人对人们的勉励。

原文 子曰："中人以上，可以语上也；中人以下，不可以语上也。"

张居正讲评译释 孔子说："人的资质有高有低，学问有深有浅。教导他的时候，要看他的能力怎么样。如果是中等资质以上的人，既具有较高的资质，又有熟练的学习技巧，这就是有了向上进步的机会。传授者可以妥当地讲解高深的学问，他听了之后也不会觉得困难，就像登山的时候，到了高处的时候，再讲山顶的风景，就很容易能领会，所以说能够对其讲高深的学问。如果是中等以下资质的人，资质一般，学问也不熟练，只要根据他的能力进行引导就行。如果告诉他一些高深的道理，他既感到勉强，最终也会没有收获，就像走路一样，在近处说远方的路途，这怎么能讲明白呢，所以说不可以对这种人讲解高深的学问。"所以说君子在传授知识时应该因材施教，不能不按难易程度有序地进行教导呀。这是对教授知识的人说的，如果是求学者，则应该勉励自己，发奋前进，这样下等资质的人也可以学到高深的知识。如果懒惰懈怠，那么中等资质的人也会变得愚笨，这主要看一个人的志向怎么样了。孔子日后又告诉鲁国国君说，如果能明白这个道理，即使是资质愚笨的人也能变得聪明透彻，即使是柔弱的人也一定能变得强大，这又是求学的人应该注意的。

原文 樊迟问知。子曰："务民之义，敬鬼神而远之，可谓知矣。"问仁，曰："仁者先难而后获，可谓仁矣。"

张居正讲评译释 樊迟问孔子："怎么才能算是聪明呢？"孔子回答说："聪明人能明白事理罢了。人们的生活和日常的用度，都有各自的道理。鬼神保佑善良，惩戒淫邪，虽然和人们的事理有相通的地方，但是鬼神之事却难以被人们弄明白。探求这些，只会更加让自己困惑。如今只要专心致力于人应该做的事，对那些应该达到的人伦道德，应该做的分内之事，都一件一件踏实地去完成就行了；对待鬼神，只用恭敬地侍奉就行了，不要去接近亵渎他们。一个人心中有坚定的信念，所以鬼神赐福降祸的说法不能使他动摇，幽暗难明的事情也不会让他迷惑，这不就是聪明吗？"樊迟又问："怎样才叫作仁？"孔子回答说："仁的人一心为公罢了。做人的道理，本来就是难以完全弄明白。不能在做事之前就期待某种结果，即使是通过努力很自然地获得的结果。因为一旦心里有了期待，就容易产生私欲。只要先把困难的事完成了，尽力去解决那些与身心相关的紧要的事就行。至于结果，以后自然就有了，不用去期望达到特定的结果。这样的人心里有坚定的操守，所以能维护公理，主持公道，没有给自己谋划私利的念头，这不就是仁吗？”孔子的话，虽然把智和仁分开来谈论，但其实只是一个道理，谄媚鬼神就和期望特定的结果一样，先处理困难的事务就和让民众遵守道义一样，人如果能致力于解决困难的事，不计较自己的祸福得失，那么就能得到仁和智了。这也应该被求学的人知道的呀。

原文 子曰："知者乐水；仁者乐山。知者动；仁者静。知者乐；仁者寿。"

张居正讲评译释 孔子说："天下有明智的人，有仁德的人。人的品格不同，他们的性情也有差异。大致上明理的人喜好水，仁德的人喜好山。明智的人能够清楚地知道天下间的事理，他们圆润活泼，没有一点儿迟钝呆滞，就像水流动的时候一样，这就是明理的人喜好水的原因。仁德的人在道德修养上朴实自然，他们端庄稳重，不会因为外界的影响而动摇，就像山一样稳定，这就是仁德的人喜好山的原因。人们只是因为心里有牵挂，所以才会有很多忧虑。明理的人圆润灵活，不受事物的拘束，心胸开阔，所以遇到事情能够摆脱烦恼。世上的事，都不能对他造成拖累，这样怎么能不充满乐趣呢！人只有纵欲无度，不知克制，才会减损寿命。仁德的人既然能做到安静寡欲，那么就能很坚定地克制自己的欲望，这就能够延长自己的寿命。危害身心、减损寿命的事，都会对其带来影响，这怎么能不健康长寿呢！”人们都想生活有趣，也都想健康长寿，但是只有明理仁德的人才能得到，这是他们自我约束、修行品德的功劳，人应当知道用这些来勉励自己呀。

原文 子曰："齐一变，至于鲁；鲁一变，至于道。"

张居正讲评译释 孔子说："我们周朝最开始取得天下的时候，把齐地分封给姜太公，把鲁地分封给周公。这两个国家都是被圣人治理，它们的政治教化、风俗习惯自然很纯粹、很兴盛。到了今天，齐国和鲁国都和当时不一样了，齐桓公取得霸业之后，齐国的习俗就变得急功近利，人们喜欢虚夸狡诈，姜太公时的太平盛世已经不存在了。鲁国则是没有改变，如今还知道重视礼仪教化，尊崇忠信仁义，周公时期留下的社会风气还在，但是周公去世之后所行的政令也自然被废弃了，所以鲁国不可能没有衰退。如果齐国的君臣能对旧的政治做出改善，就能达到如今鲁国的水平，因为只有改变了急功近利的风气，才能去恢复礼仪教化，去除了虚夸狡诈之后，才能到达忠信仁义，然而文治武功的兴盛，很难完全恢复啊。假如鲁国的君臣对旧的政治做出改变，就能够恢复到先王时的水平。因为鲁国的礼仪教化、忠信仁义都和先王时期一样，只要对荒废的政令纲纪做出改变，就能够回到先王时的兴盛的文治武功了。所以说齐国一改善，就能达到鲁国的水平，鲁国一改善，就能达到先王时的水平。”这可以看出孔子治理国家的次序，假如这两个国家能采用，虽然达到先王之道的难易程度不同，但是在经过多次改善之后，国家一定能得到治理，可惜没人采用孔子的主张。

原文　子曰：“觚[25]不觚，觚哉！觚哉！”

张居正讲评译释　孔子感叹说：“天下的事物有了实际的作用，才能根据其作用称呼它的名字，就像饮酒用的容器之所以叫作觚，是因为它有棱有角。如果把觚的棱角去掉，就失去了它叫作觚的本意了。既然失去了本意，那就是名存实亡，还能算是觚吗？还能算是觚吗？”孔子这么说为的并不是一个觚，而是因为看到世上有很多有名无实的人，所以才用觚来表达自己的感慨。君主只有尽到了君主应尽的责任，才能成为君主，臣子尽到了一个臣子应尽的责任，才能成为臣子，不然的话就都是不应该称作觚的觚。孔子所说的又怎么只是一个小小的容器呢？

原文　宰我问曰：“仁者，虽告之曰：‘井有仁焉。’其从之也？”子曰：“何为其然也？君子可逝也，不可陷也；可欺也，不可罔也。”

张居正讲评译释　宰予立志求仁，但是却不知道该如何做，就问孔子说：“仁德的人既然需要关爱别人，那么当听说别人遇难时就应该去营救，即使是别人告诉他说，有人掉在了井里，也应当跳进井里营救吗？不救，就是没有对人给予同情，下去营救，就有身陷危境的风险。这样想要做到仁岂不是很困难吗！”孔子回答说：“仁德的人虽然急切地想要救人，然而一定要自己活着才能营救别人，如果跟着跳下井里，不仅帮不了别人，还会让自己失去生命，这是愚蠢的行为。为什么要这样做呢？只要是仁人君子听说别人遇到了危险，就会感到同情可怜，将他们营救出困境就行了，但不可以跳入井里让自己陷入危险的境地。遇事都要仔细地斟酌一下，如果是理所应当的事，即使被别人欺骗，也应该义无反顾地去营救。但是却没有必要跳入井中救人，让自己陷入危险的境地。即使你想要做仁德的事，也应该仔细分辨一下事情的轻重缓急才行。”能够广施恩泽、兼爱无私，就是心存仁德；能读揣测度量事理，做事比较明智。经过仔细度量之后做仁德的事，才不会被蒙蔽以至于陷入危险的境地。宰予想要做到仁却让自己陷于危险的境地，这是不明智的，所以孔子才这么教导他。

原文 子曰："君子博学于文，约之以礼，亦可以弗畔[26]矣夫。"

张居正讲评译释 孔子说："君子学习的目的是获得道。但是道分散在万事万物中，被文化典籍承载，如果不能广泛地学习文化典籍，就会见识浅陋，不能够通达事理。人本身就具备了道，而礼是用来约束自己不叛离道的。如果只是广泛地学习而不用礼仪约束自己，则付出的努力就是漫无边际、没有成效，这就叛离了大道。所以君子一定要博览群书，对天地间的民俗风情，对《诗》《书》等文化典籍都要去学习讨论，来增长自己的见识，这就是广泛地学习文化。但是也不能只是广泛地学习，也一定要用礼仪来规范约束自己，使自己的言谈举止都符合礼节，不能有任何放肆，这就是用礼仪约束自己。广泛地学习文化典籍，可以逐渐地增加自己的见识，不让自己变得孤陋寡闻；用礼仪来约束自己，这样自己的身心就有了依靠，不会叛离大道。这样努力学习，即使不一定能和道保持一致，但是根据这种方法前进，最终也可以获得道。又怎么会叛离呢？"圣人的教导是如此深切呀。对君主来说，亲近贤人、接纳谏言、读圣贤书、探求事理这些都是广泛地学习；根据自己的见识听闻，来检查约束自己的言行举止、考察政务，这就是用礼约束自己。君主如果能做到这些，那么国家很快就能达到二帝三王时的太平盛世了呀！

原文 子见南子[27]，子路不说。夫子矢之曰："予所否者，天厌之！天厌之！"

张居正讲评译释 孔子曾经到过卫国，卫灵公的夫人南子一直敬仰孔子的道德，想要见孔子。孔子推辞不了，不得已去和南子见面。古人在一个国家做官，有拜见国君夫人的礼仪，南子根据这个礼仪求见孔子，所以孔子不能拒绝。孔子这么做，没有任何不符合礼仪的地方，但是子路不知道这些，只是说南子是一个淫乱的人，孔子不应该去见她，所以不高兴。孔子也不向子路说明原因，只是发出誓言说："为人处世，一定要依据天理，只要不愧对上天，上天就一定会保佑的。假如我的行为不符合礼仪，不符合道义，有一丝一毫愧对上天，上天一定会谴责我的！上天一定会谴责我的！"孔子发这么重的誓言，是想要子路相信自己，并且在深刻地思考之后明白孔子这么做的原因啊！孔子道德高深，一点也不为自己的名声考虑，所以他才会前去见南子。但是孔子在见了卫灵公之后，很快就离开了卫国。孔子岂会委屈自己的抱负，迎合别人呢！把这些放在一起就可以看出圣人的志向啊！

原文 子曰："中庸之为德也，其至矣乎！民鲜久矣。"

张居正讲评译释 孔子说:"事情过头了之后，就要进行减损;不足的地方，就要进行补充，过头和不足都不是完美。只有中庸这种品德，来自上天和人内心的公正，包含在人们平时的生活中。中庸之道既不会过头也没有不足，其中蕴含的道理可以长久地实行，是最精妙、最完美的道理，这难道不是最完美的品德吗！然而这个道理是每个人都应该获得，也是每个人都应当做到的。古时候圣贤治理国家和修养自身都是用的这种方法，但如今的人，要么被自己偏执的脾性拘禁，要么沉溺在破旧的习俗中。贤达明智的人，因为过于聪明而不能抑制自己来符合中庸；愚笨的人，则因为过于懈怠而不能勉励自己达到中庸，我已经很久没有从民众中见到这种道德了。"孔子深刻地感受到了世道的衰败，所以才这样感叹。

原文 子贡曰："如有博施于民，而能济众，何如？可谓仁乎？"子曰："何事于仁，必先圣乎！尧舜其犹病[28]诸！"

张居正讲评译释 子贡只是有很远大的志向，却不知道如何做到仁，问孔子说："我听说博爱就叫作仁。假如有人对民众广施恩泽，完全满足百姓们的需要，老师你认为这样的人怎么样，可以被称作仁吗？"孔子回答说："仁德的人的志向很远大，但他们的力量是有限的。如果能广施恩泽，赈济百姓，这有岂止是仁呢。这一定是在仁道上达到完美境界的圣人才能做到的啊。像尧舜这样圣明的人或许能做到吧！但是尧舜在治理天下的时候，也会为百姓生活疾苦而感叹担忧，他们也经常因为做得不够好而感到愧疚。更何况其他人呢！"圣人尚且认为得到仁很困难，而你在追求仁上，离得还很远啊！

原文 "夫仁者，己欲立而立人，己欲达而达人。"

张居正讲评译释 孔子告诉子贡说："你把广施恩惠、赈济百姓当作仁。这是因为你还没有认识到什么是仁德。我们所说的仁，只是纯然公正的天理，其中没有掺杂任何个人的私欲，看别人就像看自己一样，别人的疾病痛苦都看作和自己有关。如果自己想要有所作为，就不忍心看到别人陷入危险，一定会用心去帮助他，让别人和自己一起有所作为。自己想要飞黄腾达，就不忍心看到找别人生活穷困，一定会用心开导提携，让别人和自己一起飞黄腾达。"这就是把天下看作一家，把万物看作一体，即使没有关爱所有的事物，但是也已经具备了仁的本体，自然就具备了仁的功能。这才能叫作仁，而不只是广施恩惠、赈济百姓。

原文 "能近取譬[29]，可谓仁之方也已。"

张居正讲评译释 孔子接着说:“仁的本体,就是公正之心。追求仁道的人,也不需要向别的地方求取!要能设身处地为别人着想,将心比心,因为自己想要有所作为,就知道别人也像自己一样想要有所作为,就帮助别人取得作为;因为自己想要飞黄腾达,就知道别人也像自己一样想要飞黄腾达,就帮助别人飞黄腾达。所以说实行仁道的方法,不过就是追求纯然公正的天理,摒弃个人的私欲罢了。怎么会有别的方法呢?”子贡说的是在功用上求取仁道,所以会越来越困难,越来越偏离仁道。孔子的论述,只是在内心求取仁道,方法简单易行,况且能被人们轻易地掌握。尧舜成为圣人的方法,也不过就是这些呀。尧舜的圣明贤德又怎么是爱所有事物呢,只是因为他们心里追求的是安定百姓罢了。君主如果怀着安定百姓的想法去治理天下,坚持去追求仁德圣明,又怎么会比不上尧舜呢!

注释:

[1]南面,古代以坐北朝南为尊位,故天子、诸侯见群臣,或卿大夫见僚属,皆面南而坐。帝位面朝南,故代称帝位。

[2]仲弓,是冉雍的字。

[3]子桑伯子,春秋时期鲁国人。

[4]子华,公西赤。

[5]釜,古代的容量单位,六斗四升为一釜。

[6]庾,古代容量单位,十六斗为一庾。

[7]秉,古代容量单位,十六斛为一秉。

[8]适,到……去。

[9]周,通“赒”。周济,救济。

[10]继,接济,补偿。

[11]原思,原宪,字子思,宋国(今河南省商丘市)人。孔子的弟子,孔门七十二贤之一。

[12]骍,赤色。

[13]角,动物头上长的角,这里指牛的头角周正。

[14]闵子骞,名闵损,字子骞,尊称闵子,世以字行。春秋末期鲁国人,孔子高徒,在孔门中以德行与颜回并称,为七十二贤之一。

[15]汶，水名，在中国山东省。亦称“大汶河”。

[16]伯牛，冉耕，字伯牛，世称“冉伯牛”或“冉子”。生于陶（今山东菏泽定陶县冉堌镇），中国春秋时期著名学者、孔子的门徒。

[17]牖，窗户。

[18]子夏，卜(bǔ)商，字子夏，尊称“卜子”或“卜子夏”。“孔门十哲”之一，七十二贤之一。

[19]澹台灭明，复姓澹台，名灭明，字子羽，鲁国武城（今山东平邑县）人。孔子的弟子，孔门七十二贤之一。

[20]孟之反，鲁国大夫。

[21]伐，夸耀，自夸。

[22]祝鮀，字子鱼，卫国大夫，有口才，以能言善辩受到卫灵公重用。

[23]佞，能说会道。

[24]宋朝，春秋时期宋国公子，以美貌闻名。

[25]觚，是古代一种用于饮酒的容器，也用作礼器。圈足，敞口，长身，口部和底部都呈现为喇叭状。

[26]畔，通“叛”。背叛，反叛，叛乱。

[27]南子，春秋时期女政治家。原是宋国公主 ，后嫁卫灵公为夫人。

[28]病，弊端，不足。

[29]能近取譬，能设身处地，推己及人。

述而第七

原文 子曰："述而不作，信而好古，窃比于我老彭[1]。"

张居正讲评译释 孔子删《诗经》，制定礼乐，赞扬《周易》，修撰《春秋》，传承先王的政令教化，用来教育后人。即使是这样孔子也不敢自称作者，而是谦虚地说道："大致上天下间的事，前人已经做好了，后人对它进行传承，这叫作阐述；前人没有做的事，从自己才开始做的，这才叫作创作。如果不是圣人就不能创作，而阐述则只需要是贤人就可以了。我虽然做了一些事，但也只是阐述先王的旧作，或者对典籍进行考察，重新进行阐述；或者对旧知识重新进行核定，确实是没有进行创作呀！天地间的道理，哪一个不是古人已经讲过的？对这些道理中进行探求讲解，自有无穷的妙处。我相信并且愿意每日孜孜不倦地去求取这些道理，所以只要看到先王留下的道理可以进行阐述，就绝对不会自己重新创作。这些也不是我一个人的看法，商朝时的贤大夫老彭，能够对古人的道理进行转述，我十分仰慕他的为人，现在我不过就是效仿老彭罢了！"孔子像这样不敢把自己和古人相提并论，可以看出他品德的高深和为人的谦虚呀！

原文 子曰："默而识之，学而不厌，诲人不倦，何有于我哉？"

张居正讲评译释 孔子说："人们对道的追求，如果只是嘴上说说而没有放在心里，虽然能做到见多识广，最终却没有实际的收获。追求道时一定要沉静简默，能够在心里面领会，这样即使不在言语上述说，也自然不会遗忘，并且能通过进一步的学习取得成果。人如果只是刚开始的时候努力学习，到后来就变得厌烦，从而中断了努力，这怎么能取得成就呢？一定要深信对义理的追求是没有终点的，要踏踏实实，自始至终都勤奋学习，没有一点儿厌倦懈怠，这样才能说是好学。在实施教化的时候，如果不能尽心地去开导他人，遇到困难就感到厌倦，这就是有私心，怎么能培育万物呢？一定要做到物我无间，不对请教者隐瞒，能对求教者因材施教，而没有一点儿懈怠，这才是善于教导。这三件事都是成就品德的事，是我努力想要做到的。反过来问，我做到哪些了呢？”圣人完全做到了这些，反而认为自己没有做到，是多么的谦虚，对人的教导又是多么深刻呀！

原文 子曰:“德之不修，学之不讲，闻义不能徙，不善不能改，是吾忧也。”

张居正讲评译释 孔子说：“通过修养才可以提高品德，学问一定要在探求之后才能够清晰明确，懂得义理后能亲身躬行才能够积累善行，把自身的缺点改正之后才能远离邪恶。这四件事都十分重要，想要成为圣贤的人应该努力做到这些。在品德的修行上，我不能够反省约束自己来修身养性；在学习上，我不能够讲求学问中精妙深奥的地方；应当实行的道义，我不能在懂得义之后就躬身实践；应当改正的缺点，我不能坚决地改掉。这就是没有修养好品德，不能够明白地学习，没有积累善行、改正错误，将会变得浅陋无知呀。这难道不是我应该深切忧虑的事吗？”以孔子的圣明，并不是做不到这些，也不是自己能做到却故意说做不到。而是因为他勤奋好学，学无止境，所以才认为自己做不到。这四种品德对君主更加重要，古时候贤明的帝王或者谨慎勤勉地修行自身的品德，始终勤勉好学；或者接受别人正确的建议，毫无保留地改正过错，都是因为这些。想要效仿古时候贤明君主的人，应该反复思考孔子的话。

原文 子之燕[2]居，申申[3]如也，夭夭[4]如也。

今**张居正讲评译释** 孔子的弟子记录说：在空闲的时候，有的人会懈怠放荡，损毁自己的威仪；有些夸饰造作的人，反而会过于严厉，这些都不是品德高深的人应该有的气度。只有孔子在空闲的时候，身体从容舒展，没有一点拘束，十分安详舒畅，神态随和，心情和悦，十分愉快。这是因为孔子的品德和性情非常纯粹，所以神态能这样和谐、愉悦！门人的话可以形象地形容品德高深的贤人的气度啊！

原文 子曰：“甚矣吾衰也！久矣吾不复梦见周公！”

张居正讲评译释 孔子感叹说：“人有老年和少年，血气也有盛有衰，我现在衰老得很严重呀！如何看出来呢？因为我强壮的时候，经常梦见周公，就像和他见面了一样。如今很久没有再梦见周公了，这不是说明我衰老得很严重吗？”孔子生在周朝末期，一心想要完成周公的事业。在他精力旺盛的时候，即使睡觉也没有忘了自己的志向，所以经常梦见周公。到老了的时候，就明白自己已经精力不足，不再有这样的志向了，也不会做这样的梦了，所以才这样感叹。由此可以看出，有才能的人在身体强壮的时候才可以有作为，君主也应当趁他们强壮的时候任用他们。等到他们的精力衰减之后，办事的效果就不能符合自己最初的期望了，更何况最终未必能被重用呢？孔子感叹自己身体衰弱，固然让人感到可惜，而当时的国君不能及时重用孔子，来重新恢复周公时的礼仪教化，而导致孔子在平庸的位置上衰老，这更加让人感到可惜啊！

原文 子曰："志于道，据于德，依于仁，游于艺。"

张居正讲评译释 孔子说："学习最先要做的就是树立志向，道是人与人、事和事之间理所应当的道理。如果树立的志向不在道上，就会产生差错。所以一定要把道当作终身遵循的标准，专心致志地去探求道。依据正当的标准，就不会产生分歧和疑惑，依据道采取行动，有了心得体会，这就叫作德。如果不依据德，就难以坚守把持自己的心志，能保证不失去自己已经提高了的品德吗？一定要诚恳信奉、衷心信服，让自己经常保持品德的高洁，日积月累之后，就不至于时记时忘了。明白了这个道理并且完善了自己的品德，这就叫作仁，如果不依据仁，就会产生私欲，这怎么能保持纯正的品德呢？一定要牢记这些道理，让仁德的观念保存贯彻自己的身心，驱除一切私心杂念。立志于'道'，依据于'德'，凭借于'仁'，这些都是内在的根本要求，都需要尽心求取。至于礼、乐、射、御、书、数这些，虽然不太重要，不是修行品德时的根本，但是也包含有天理道义，也是日常生活中不可缺少的部分，一定要在学习和休息之外，从容地品味其中蕴含的道理，来收敛自己的身心，调养自己性情，通过这些来完善自己的品德。像这样本末兼备、内外兼修，不知不觉中就能达到圣贤的境界了。"还有比这些更加完备的学习吗？这一章的宗旨，不但是求学者应该知道，对于君主来说更加重要。道、德、仁，是君主修养自身治理天下的根本，一定要经过深入地学习，才能够改正自己的缺点，而在礼、乐、射、御、书、数等方面上，也一定要求取实际的功用，这才能有收益。古时候的帝王之所以在学习古人时有收获，在不知不觉间提高自己的品德，就是这个原因呀。学习的人应该把圣人的话当作效仿学习的准则。

原文 子曰："自行束脩[5]以上，吾未尝无诲焉。"

张居正讲评译释 孔子说："人的本性都是善良的，我心里从来不希望别人变得不善良。但是如果别人不主动来我这里学习，我自然也不会跑到他跟前教他。如果有人知道向我请教，主动拿很少一点儿干肉来给我送礼，这就是知道学习、可以教导的人，我从来不会拒绝教导他们。"上天降生下圣人，不只是让他一个人圣明，也想要他启发那些后知后觉的人，成为启迪人们智慧的耳目。所以圣人在教诲别人时候，像这样不知疲倦。如果让孔子得到重用，一定能施行他的政令教化，让所有人都成为君子。可惜他没有得到应有的地位，只能教育年轻人，把自己的学问知识传给后世了。

原文 子曰："不愤不启，不悱[6]不发。举一隅不以三隅反，则不复也。"

张居正讲评译释 孔子说："君子教育学生，固然应该没有隐藏地尽心启发，但是受教者也一定要有值得教育的地方，这样君子才能用自己的方法进行施教。一个人在追求道的时候，用心思索却依然想不通，这就叫作愤。愤就有了教导的可能，因此我帮他开导，他就能一下想通了。如果没有到愤的地步，他没有想要学习透彻的想法，我怎么去开导他呢？这就是不开导他的原因。心里知道但是说不出来的，这叫作悱。悱就有通达的可能，因此我给他启发，他就会很快明白了。如果没有到悱的地步，他自己不想说，我又怎么能给他启发呢？这就是不给他启发的原因。我启发他的时候，也要看他的领悟能力怎么样。如果能像我说的那样触类旁通、由此及彼、举一反三，比如指给他东方一角，他能由此将西、南、北三方的事都推知了，一件一件都回答上来，并且相互验证，这样的人就是机智聪明而不呆滞，内心通透没有阻碍。然后就能够详细地给他启示，这样彼此之间能够相互沟通，给他的启示他也能很快就明白。如果不能举一反三，这样的人就是资质低下，不能够依据已知的事来测度未知的事，见解迟钝不能够触类旁通，即使对其谆谆教诲，他也是茫然没有收获。这样我为什么要絮絮叨叨说个不停呢？这就是我不再教他的原因啊。"即使是孔子那样不知疲倦地教育学生，也要这样根据不同的人采取不同的方法。那么求学的人能不努力学习，让自己有接受教育的资质吗？

原文 子食于有丧者之侧，未尝饱也。子于是日哭，则不歌。

张居正讲评译释 古人通过唱歌修养性情，遇到高兴的事就会唱歌。孔子的学生记录说："夫子为别人的去世感到非常伤心，通常都难以控制自己的悲伤。如果他在有丧事的人旁边吃饭，从来不曾吃饱过。"有丧事时会感到非常哀伤，所以吃饭也会没有味道。遇到丧事时孔子会因为哀伤而哭泣，就会一整天不能唱歌。这是因为他还没有忘记哀伤，所以不能唱歌作乐呀，这就是难以忍受的哀伤。古时候的帝王看到百姓生活困苦，就一定会减少自己的饭食，撤去音乐，这就是急切地想要救济百姓。国家的君主如果能用这种心思对待百姓，那么每一个百姓都能得到自己需要的生活，君主的仁德就能够覆盖到全天下了。

原文 子谓颜渊曰："用之则行，舍之则藏，惟我与尔有是夫。"

张居正讲评译释 颜渊潜心学习，学问几乎和圣人一样高深。所以孔子赞许他说："我对待自己的出仕或者隐退，只看当时的机遇怎么样。有的人立志做官，到了委屈自己迎合别人的地步，这固然是不正确的行为；有的人把隐退当作清高，一心想要与世隔绝，这也是不对的。别人重用自己，自己也能有所作为，就要出仕做官实行自己的主张，帮助君主治理国家；别人不重用自己，自己也难以有所作为，就归隐起来，保全自己的节操，从来不想着一定要出仕或者一定要归隐，这才是保持中正的方法。这只有我和你能做到，对别人我就不敢这么轻易地赞许了。"孔子是能遵循中庸之道的圣人，立身行事自然能做到合乎时宜、准确恰当。颜渊具备了圣人的资质，能够做到适当地出仕做官或辞官归隐。孔子有使国家恢复到东周盛世的志向，即使是简单的饮食也能够乐在其中；颜渊有治理国家的学问，即使生活在简陋的居室里，也不改变自己的乐趣，从这些就能看出颜渊和圣人相似的地方。然而孔子、颜渊这样圣明贤德的人，都没有在春秋时期获得重用，这难道不是世道的悲哀和不幸吗？

原文　子路曰："子行三军，则谁与？"子曰："暴虎冯河[7]，死而无悔者，吾不与也。必也临事而惧，好谋而成者也。"

张居正讲评译释　子路见孔子只是赞扬颜渊，就问："老师你固然能和颜渊一起选择出仕或者归隐，但假如让你统领上万人的军队，去行军打仗，你想和谁一起共事呢？"子路这么问是因为自己很勇猛，他认为老师一定会选择和自己一起行军打仗。孔子回答说："君子最重要的是在维护义理上勇敢，而不是感情冲动时的逞能。如果赤手空拳与老虎搏斗，不用船只徒步涉河，并且不顾生死，这就是轻举妄动、有勇无谋的人。假如让这种人带领军队，一定会打败仗，所以我不和他一起带领军队。一定要平时为人兢兢业业、小心谨慎，不粗心误事，办事不敷衍应付，又善于使用计谋，办事之前能够做好谋划，然后果断地去处理，这样的人才算是周详审慎、智勇兼备。让这样的人带领军队，一定能够大获全胜，和我一起带领军队的应该是这样的人啊！为什么要用只会逞强斗勇的人呢！"子路好逞勇武但是没有可取的地方，所以孔子这样批评教育他。其实行军打仗的道理，也不过就是这些。赵括只是纸上谈兵，结果导致了长平之败；赵充国谨慎稳重，所以取得了收复金城的功劳。君主任命将领的时候应该知道如何选择啊！

原文　子曰："富而可求也，虽执鞭之士，吾亦为之。如不可求，从吾所好。"

张居正讲评译释　这是孔子对世人的警示。给别人执鞭是卑贱的差事，孔子说："人们之所以辛苦地求取富贵，是因为他们认为可以求取到。假如通过人力可以求取到富贵，即便是给别人执鞭，我也愿意。做给别人执鞭这种卑贱的差事，如果可以取得富贵，那么也没有什么不能做的。但是人的富贵贫贱，都是命中注定的，不能强求。如果富贵不能强求，那我还有义理可以喜好。我只有遵从自己的喜好，安心于自己的命运了。为什么要为了一些得不到的东西整天苦心经营、自取其辱呢？”以孔子的圣明，不是真的想要做给别人执鞭这种卑贱的差事，只是因为看到世人大都不顾礼义廉耻，甘心做卑贱的事，所以说这些话，来警示人们啊！所以后来他又说：“用不正当的方法得到的富足和尊贵，在我看来犹如天上的浮云一般。”由此看来，修养自己德行的人自然不应该追求富贵，而用人者更应该在用人之前先审查他的操守和品行。

原文　子之所慎：齐[8]、战、疾。

张居正讲评译释　孔子的弟子记录说：“老师谨慎对待的有三件事：一件是斋戒，斋戒是和神交流，稍有不慎就会心智涣散，这样神仙一定不会接受。所以老师在斋戒的时候，内心恭敬，神态庄重，一定要做到真心实意，之后才会进行祭祀。一件是战争，战争关系到民众的生死，国家的存亡。稍有不慎，就难以把握好的时机，这如何能取胜呢？所以老师在战争上，小心谨慎，仔细谋划，一定要准备周全，不敢因为轻率导致失败。一件是疾病，因为疾病关系到自己的生死存亡，稍有不慎，就会受到损伤。所以老师在身体健康时，控制自己的欲望，做到起居有规律，从不敢过度宴饮游乐；保持自己的性情平和，不敢过喜过怒。不幸生了病，就注意用心调养，选择合适的药物，不敢有一点忽略。”圣人没有一件事不谨慎对待，而这三件事更加重要，所以才这样更加慎重。

原文　子在齐闻《韶》，三月不知肉味，曰：“不图为乐之至于斯也。”

张居正讲评译释　古时候通过作乐曲来表现圣贤帝王的德行，舜的品德达到了圣人的境地，当时政治修明、社会太平，所以当时作的《韶》乐非常美妙。舜的后人被封在了陈国，仍然传诵着《韶》乐，陈敬仲因陈国发生内乱而到了齐国，就把《韶》乐也带到了齐国。孔子游历到齐国的时候，听到了这首乐曲，就跟着学习了三个月长的时间，这期间一心只在乐曲上，在吃饭的时候，也不知道肉的滋味。孔子不只是学习乐曲的弹奏，而是因为感到乐曲和舜的品德非常符合，弹奏乐曲时就像亲眼见到舜的圣明，就像身处和乐太平的盛世一样。所以感概说：“我之前也知道《韶》乐的美好，但是不能亲自听闻，如今才能够听闻和学习，没想到舜时的乐曲竟能达到如此美妙的境界。”孔子的中正平和本来和舜一样，所以听了《韶》乐之后就有这么深切的感叹。之后孔子又称《韶》乐尽善尽美，在颜渊请教如何治理国家的时候，就用《韶》乐教导他。这可以看出孔子对舜的赞扬啊！

原文 冉有曰："夫子为卫君乎？"子贡曰："诺，吾将问之。"

张居正讲评译释 卫灵公在世的时候，世子蒯聩因为犯了罪逃离了卫国，灵公死后，卫国人就立蒯聩的儿子辄为国君。当晋国送蒯聩回卫国的时候，辄拒绝接受蒯聩。当时的卫国人都说："蒯聩在父亲那里犯了罪，在道义上应该拒绝他回国。辄以嫡孙的身份被立为国君，这在礼仪上是符合的。还没有人说拒绝父亲争夺国君是错的。"那个时候孔子刚好在卫国，冉有觉得孔子也认为卫君辄是正确的，就私下里问子贡说："辄被立为国君，卫国人都提供了帮助，不知道老师是不是也认为应该帮助他？"子贡就答应说："我进去问问老师。"因为子贡不知道孔子的意思，所以不敢轻易回答冉有。

原文 入，曰："伯夷、叔齐何人也？"曰："古之贤人也。"曰："怨[9]乎？"曰："求仁而得仁，又何怨？"出，曰："夫子不为也。"

张居正讲评译释 伯夷、叔齐是孤竹君的两个孩子，长子叫作伯夷，第三个孩子叫作叔齐。孤竹君有遗命，要立叔齐为国君。等孤竹君去世了之后，叔齐让位给伯夷，自己不肯做国君。伯夷说父命不可违，叔齐说伦理顺序不能乱，两个人就互相推让，最后都逃走了，这是兄弟之间互相逊让的事，正好和卫君夫子互相争夺相反。子贡不敢直接斥责卫君，就问孔子说："伯夷、叔齐是什么样的人？"子贡这么问是要看孔子如何取舍。如果认为应该争夺国君的位置，就一定认为伯夷、叔齐相互推让是不对的。假如孔子认为伯夷、叔齐的推让是正确的，那么就一定认为卫君父子的争夺是错的。孔子回答说："这两个人因为互相逊让国君的位置而都逃离了国家，品行高洁，是古时候的贤人。"子贡又问："这两个人自然都是贤人，不知道推让了国君的位置之后，他们心里面后悔吗？"子贡认为人们很难做到推辞国君的位置，假如这两个人的贤德只是出自一时的激动，日后难免会后悔。如果是这样就不能够一概地苛责别人，而卫君的也可以被宽恕。孔子回答说："人有了要求之后如果不被满足，就会心生怨恨，伯夷尊重父命，叔齐看重天伦。只要符合天理，让人感到安定的事，都可以尽心求取。如今伯夷和叔齐没有违背父命、天伦，这是求仁德而最终得到了仁德呀。得到了自己求取的东西，完成了自己的心愿，又有什么好怨恨后悔的呢？"孔子对待伯夷、叔齐，既能赞许他们的贤德又体谅到他们的心思，那么推让国君的行为才是孔子认为正确的。把推让当作对，那么一定是把争夺当作错，孔子不会帮助卫君的意思不需要问就知道了呀！所以子贡出来对冉有说：老师不会帮助卫君。这是只有孔子能够体谅伯夷、叔齐，只有子贡能体谅孔子。一问一答之间，父子兄弟之间的伦理道德，就明明白白地显现出来了呀！治理国家的人能不先辨正名分吗？

原文 子曰："饭疏食饮水，曲肱[10]而枕之，乐亦在其中矣。不义而富且贵，于我如浮云。"

张居正讲评译释 孔子叙述自己安贫乐道的事，说道："人们在日常生活时，都想要饮食充足、居住安逸。但是我吃的是粗饭，饮的是白开水，生活就是这么节约；晚上睡觉的时候没有枕头，只是弯曲着胳膊枕着睡，我居住的条件就是这么简单，可以说是十分的贫困啊！只是因为我心里面有自己的追求，不会因为这些简陋的生活而影响自己的快乐，所以我能乐在其中。如果用不正当的手段侥幸得到了富贵，得到了比吃粗粮、喝冷水好得多的生活。但是在我看来，这就像是转瞬即逝的浮云一样，我怎么会因为这些心动呢！"圣人能完全遵循天理，所以不因为贫贱就羡慕别人，不因为生活富贵就动摇自己的心志。

原文 子曰："加[11]我数年，五十以学《易》，可以无大过矣。"

张居正讲评译释 孔子说："《易经》这本书，内容宽阔、完备。只要是天道的吉凶消长，人事的进退存亡，都在其中有记载，学习的人应该仔细深入地研究。《易经》中蕴含的道理深刻精妙，我想要完全领会到其中精妙的地方，可惜现在老了呀！假如让我多活几年，让我最终完全学得《易经》，或者在看卦象的时候，能玩味到象的文辞；或者在看爻的变化的时候，能够玩味到爻的吉凶。把《易经》里面的精密微妙的道理都研究明白，那么吉凶消长、进退存亡的道理，我就都能够融会贯通了。这样在办事的时候，一定能把握好动和静的时机，适当地前进或后退躲避。虽然不一定能不犯任何过错，但是也不会犯大的过错。"孔子的行为完全符合《易经》，办事行动从来不违反规矩，怎么需要多活几年学习《易经》呢，又怎么用等到学完《易经》后才不会犯错呢？这是因为《易经》里蕴含的道理无穷无尽，孔子是要人们及时地学习《易经》啊。所以想要少犯错误的人应当先学习穷究事物的道理。

原文 子所雅言[12]，《诗》《书》，执礼，皆雅言也。

张居正讲评译释 孔子的弟子记录说："老师教学的时候，一定会因人而异、因材施教。但是他平时经常说的有三种：一是讲解《诗经》，因为《诗经》里的话有赞美有讽刺，赞美的诗可以劝人做善事，讽刺的诗可以给作恶的人警戒，人们修养性情的时候都要研究这些。一是讲解《书经》，因为《书经》里面记载的有盛世有乱世，和盛世采用相同的治理方法就一定会国家兴盛；和乱世做相同的事国家就一定会灭亡，人们处理政务的时候都要关注这些。一件是讲解如何行礼，因为礼仪注重恭敬有节制，既能够防备约束内心的松懈，又能够约束整治仪容和举止，人们想要修身养性，保持操守的时候要注意这些。这三件事都是切合实际，实实在在的道理，非常紧要的本领。老师经常说这些，是想要人们牢记于心、时刻不忘啊！”孔子这样的圣人还急切地去学习《易经》，又经常读《诗经》《书经》，经常温习礼仪，由此可以看出圣人的主张全部都在六经里面，学习的人一定要深刻地讨论学习，这样才能够明白其中的事理。君主一定要领会并推行圣人的主张，才能够使国家安定太平。读者应该深刻地思考这些啊！

原文 叶公[13]问孔子于子路，子路不对[14]。子曰："女奚不曰，其为人也，发愤忘食，乐而忘忧，不知老之将至云尔。"

张居正讲评译释 叶公向子路询问孔子是什么样的人，子路没有回答。因为孔子圣明的品德不是一般人能轻易评价的，所以子路不敢回答。孔子听说之后就教导子路说："叶公的询问是想要知道我是什么样的人，你为什么不回答呢？你为什么不说：'他为人只是好学罢了。当他没有学到理的时候，就发愤学习。即使是一整天不吃饭，也不会发觉。发愤到了忘记吃饭的地步，这是发愤到了极点。等到他学到了道理之后，就感到非常快乐，即使是遇到了忧虑的事也没有发觉。快乐到了忘记忧愁的地步，就是快乐到极点了。然而天下间的道理无穷无尽，能学习到自己没有掌握的知识，这样在发愤的时候又怎么会不欢乐呢。需要学习那些还没有掌握的知识，这样感到快乐之后怎么会不发愤呢。这二者互相循环，每天都勤勉不止，即使是即将衰老，也没有发觉，老师他就是这个样子！'你为什么不这么告诉叶公呢？"孔子是这么说自己对学习的喜爱呀！从这可以看出孔子品德完备，也依然不停止学习。想要向孔子学习的人，能不勉励自己在学习上勤勉不息吗？

原文 子曰："我非生而知之者，好古，敏以求之者也。"

张居正讲评译释 孔子说："天下间大大小小的道理，每一件都是人们应该知道的。只是人们的资质禀性不一样，有的人天赋异禀，自然而然地知道这些道理；也有的人需要通过学习之后才能明白这些道理。如今我虽然知道这些道理，但不是因为我聪明睿智、天生就懂。只是因为我在古人的典籍里学到了这些道理，如果不是真心喜欢这些知识，志向就不会坚定，如果不抓紧时间学习，中途就会遇到阻碍。所以我崇尚古代文化，并且急切地努力求取。将古人说过的话，一个字一个字地去体察认知；将古人做过的事，一件一件地去思索考虑，就像饥饿口渴的时候求取食物和水一样，每天都急切地学习，不敢有一点懈怠。

所以学问达到了极致，自然能将义理融会贯通，变得无所不知了，这怎么是天生的呢！”这虽然是孔子谦虚的说法，但确实在学问的学习上，即使是圣人也不能荒废。所以尧舜放弃自己的成见听从别人的正确意见，大禹不自满自大，成汤向别人虚心学习，武王向大臣询问治理国家的办法，他们都不敢自认为自己聪明，办事的时候一定会请教询问别人的意见。傅说所说的学习古人的训诫，谦虚好学，时刻激励自己，正好和孔子说的崇尚古代文化，凭借个人的聪慧敏捷，不断求索而获得知识相符合。作为君主不能不知道这些道理。

原文 子不语怪、力、乱、神。

张居正讲评译释 孔子的弟子记录说：“老师教育学生，固然没有隐瞒，但是他从不谈论怪异、勇力、悖乱、鬼神的事。”怪异的事没有依据，荒诞不经，却会让人听了之后感到害怕，迷惑人们的心性。勇力的事宣扬恃强凌弱，以人多势众去欺凌、迫害人少势弱，专门使用武力而不顾义理。悖乱的大都是臣叛君、子反父、妻弃夫这样的事，这是严重违反人伦，天理难容的事。鬼神的事看不到、听不见，神明对人事的反响十分诡秘难以度测。前三件事都不是正当的事理，后一件不是正常的事理。谈论这些，就会让人心生好奇，产生荒唐的想法，所以孔子从不谈论这些。他平时所说的都是《诗经》《书经》、礼仪这些，所做所教的就是历代文典、社会实践、忠心待人、为人诚信这些。

原文 子曰：“三人行，必有我师焉。择其善者而从之，其不善者而改之。”

张居正讲评译释 孔子说：“求学时没有固定的老师，要随时学习别人的优点。人如果能一心求学，就没有不能增进自己品德的地方，就是三个人走在一起，其中也一定有值得自己学习的人。人的行为不是善良就是邪恶，而老师就是引人向善，教人远离邪恶的。三个人虽然人数很少，但是观察他们的行为，怎么会没有符合义理的地方呢？怎么会没有不符合义理的地方呢？如果是好的方面，就要向别人学习。如果是不好的方面，就要反省自己，以此为鉴改掉自己的缺点。选择好的方面学习，就能够让自己变好，这好的方面自然就是自己的老师。看到不好的方面就反省自己，就能够改正自己的不足，这不好的方面也是自己的老师。所以说三个人走在一起，一定有值得自己学习的人。”三个人尚且如此，那么天下人就都能做老师啊！人如果能随时反省自己，和人接触时学习别人的优点，这样对善的追求学习怎么会有终点呢？由此可以推断出，君主学习时更加需要广泛求取、博采众长，忠直的谏言、好的谋略、古今的治乱得失等，都能帮助提升自己。君主如果能够遵从前贤的行为规范，和他们保持一致，把别人的狂妄愚昧当作教训并引以为戒，这就是能够自己找到老师，就能在不知不觉间提高自己的品德。

原文 子曰："天生德于予，桓魋[15]其如予何？"

张居正讲评译释 孔子周游列国，到宋国的时候，宋国的司马桓魋因为忌惮孔子，所以想要杀掉他，孔子的弟子都害怕孔子难以避免灾祸。孔子开导他们说："人的生死祸福都取决于上天。如果上天对我不在意，一定不会给我这样的品德。既然给了我这样的品德，那我的命运就是上天在掌管，上天一定会在暗中保佑我的。桓魋也是人，他又能把我怎么样呢？一定不能违背天意伤害我。"然而即使孔子知道上天会保佑自己，而在经过宋国的时候也隐藏身份躲避灾祸。这可以看出人固然要安于天命，但也需要尽力去解决问题。所以说知道躲避灾祸，是保全自身的智慧；用义来安定自己的命运，就是安于天命的仁德。根据这些就能观察圣人了。

原文 子曰："二三子以我为隐乎？吾无隐乎尔。吾无行而不与二三子者，是丘也。"

张居正讲评译释 孔子的弟子通过语言来请教孔子，认为孔子的学问原本很高深，但是教导给别人的时候很平和容易，他们就认为孔子一定有隐瞒的知识没有传授给自己，怀疑孔子有隐瞒。孔子就教导他们说："你们在我门下学习了很长时间了，你们认为我不想教你们，对你们有隐瞒吗？你们不知道我对你们没有任何隐瞒啊。道理都在各人自身，本来就很容易弄明白，自然不用通过语言来展现，也不能够固执己见，片面地追求。我如今的行动和安静，说话和沉默，所有的行为都依据着道理，这是你们共同看到的。以身作则，没有一件事不能够展示给你们，这就是我孔丘的为人，有什么要对你们隐瞒的呢？你们不能够处处体察认知，而只是在语言上请教，这不只是不了解我，也是不善于学习啊。"孔子的学问，不只是清楚地展示给了弟子，也能够清晰明白地流传万世。学习圣人的时候如果能反过来探求自己的内心，而不只拘泥在言语间，那么又怎么会学不到圣人的学问呢？

原文 子以四教：文、行、忠、信。

张居正讲评译释 孔子的弟子记录说：老师心里面想的是帮助年轻人学习，他在教学上虽然没有隐瞒，但所教的也不过就是四件事。哪四件呢？学习历代文典，参与社会实践，忠心待人，为人诚信这些。天下间的义理无穷无尽，都记录在《诗经》《书经》这些典籍里面，假如不把这些典籍学明白，就不能提高自己的见识，从而集思广益，所以老师每次都要教人学习文化典籍。道本来就在个人自身，如果只是给他讲明白，他却不去亲自实践，那么所学的就是一些虚文，而不是踏实的学问，所以老师每次都要教人参与实践。道发自内心，假如自己的内心不忠诚，对别人不诚信，那么自己的知识和行为都是虚伪的，最终不会有收获。所以老师每次都要教人发自内心地忠诚待人，不能有一点欺骗别人的想法；教育别人为人诚信，让其能够诚恳笃实地待人接物，没有一点欺瞒诈骗。如果能够做到这四点，就是知行并尽、表里如一，就能够成就自己的品德。除了这些，还有别的学习方法吗？这就是孔子善于教人的地方啊！

原文　子曰："圣人，吾不得而见之矣；得见君子者，斯可矣。"子曰："善人，吾不得而见之矣，得见有恒者，斯可矣。亡而为有，虚而为盈，约而为泰[16]，难乎有恒矣。"

张居正讲评译释　孔子说："人们的人品等级各有不同，但是才能和学问都能够向上进步。那些学问高深，能把品德发扬光大的圣人，是最优秀的人，我不能够见到了呀！能够见到才能出众的君子就可以了。但是君子和圣人的差别不大，怎么能轻易见到呢？不只是不能轻易见到君子，那些天性善良、不做坏事的有道德的人，我也没有见到啊，能够见到那些能够保持自己操守的人，我就很满足了。那些保持操守的人和圣人相比，差距确实比较大，好在已经进入了品德修养的境域，但他们保持的操守，不过是做人朴实，不虚伪罢了。天下间的事，只有真实，才能保持长久。内心虚伪，却假装为人踏实；内心空虚，却装作充实；生活穷困，却装作富有，这样虚伪不实的人即使能在短时间欺骗别人，也终究会被人们发现。这种人怎么能前后一致，保持自己的操守不动摇呢？所以说操守很难保持啊！难以保持操守的人是这个样子，那么有操守的人什么样就也可以知道了。人们如果能做到朴实不虚伪，踏实地学习，自然能够保持操守。但是有道德的人变成君子，君子成为圣人，也不仅仅是保持操守就行了，这就是我想见到圣人的原因啊！"《中庸》里说至高的道德和治理天下的九项准则最后归于真诚；先儒说真诚是圣人的根本。孔子这么说不只是引述圣人的话呀，他是想用圣人的标准来实施教化啊，这些标准也不过是让人们保持自己的诚心罢了。想要效仿二帝三王的君主，应该仔细体察领会这些。

原文　子钓而不纲[17]，弋[18]不射宿[19]。

张居正讲评译释　孔子的弟子记录说："我们老师在生活贫困的时候，为了生存和祭祀，也曾捕过鱼、捉过鸟。一般人在捕鱼、捉鸟时都会贪心，而我们的老师每次都心存仁德。他在捕鱼的时候只是用鱼钩钓鱼，从来不用有很多鱼钩的渔网把鱼捕完；他在捉鸟的时候，只是用箭射飞行中的鸟，从来没有射过归巢途中的鸟。”在捕猎动物的时候，包含了对动物的仁爱，这就是圣人的仁德。古代圣明的君王捕杀鱼虫鸟兽时，网的孔眼一定要有四寸那么大，追捕猎物的时候，一定要让开一面，只从三面驱赶，这些都是心存仁德的表现，让人和动物都能得到合适的安顿。君主如果能用这种心思对待百姓，那么每个人就都能得到想要的生活，天下就会太平兴盛了。

原文　子曰："盖有不知而作之者，我无是也。多闻，择其善者而从之；多见而识之，知之次也。"

张居正讲评译释　孔子说："天下间的事，都有各自的道理，一定要先明白它们道理，然后才能妥当地处理而不产生差错。如今有一种人不明白事物的道理，就想胡作妄为，我就不会这样做。我之所以不无知妄为，并不是我天生就懂很多道理，而是因为我知道天下的道理无穷无尽，如果不提高自己的见识，就不能让自己变得聪明有智慧。于是我就提高自己的见识，选择接受其中好的部分，勉励自己一定要有所收获；多观察事物，不论善恶都牢牢记在心里，在将来用作参考。见多识广，在抉择的时候又能有参考，那么就能从别人身上获得很多有用的知识，自己在做决断时也能有理有据，虽然听闻得到的知识和天生就知道的知识不一样，但是从听闻开始进步，那么智慧就能得到提高，对道理的理解就会越来越清晰明白，这也是仅次于'生而知之'的智慧。既然获得了清晰明白的知识，能合适恰当地处置事务，又怎么会是胡作妄为呢？"孔子本来就能够做到生而知之、安而行之，还能够说出这么谦虚的话。想要成为圣人，一定要先明白事物的道理，然后才能去执行。这就是学习穷究事物道理的方法，不能不时刻勉励自己呀！

原文　互乡[20]难于言，童子见，门人惑。

张居正讲评译释　孔子在世时，有一个叫作互乡的地方，那里的人行为恶劣，人们不能同他们沟通。那时候有品德的君子都厌恶那个地方并且不和那里的人交流。有一天，互乡的一个童子求见孔子，孔子也答应见他。弟子们都感到疑惑，问道："君子应该保持自己尊贵、贞正的操守，远离邪恶，维护自己的尊严。互乡的童子不是善良的人，老师你为何要见他呢？"这是孔子的弟子们疑惑不解的地方。

原文　子曰："与[21]其进也，不与其退也。唯何甚？人洁己以进，与其洁也，不保其往也。"

张居正讲评译释 因为弟子们感到疑惑，所以孔子教导他们说："君子的为人处世固然应该严谨，但是对待别人也要宽容。虽然互乡这个地方的风俗习惯不好，但是童子想要见我，就是想要改恶向善，如今我见他只是肯定他的进步，不是肯定他不对的地方。如果因为当地的风俗不好就严厉拒绝了他，这就太过分了。我为什么要这么平白无故地拒绝别人呢？天下有几个人能做到不用担心受恶习影响，只关心知识上的困惑？如果能很快悔悟，改掉恶习，端正自己，获得进步，这就是改过向善、能够合于圣贤之道的人，只要他能洁身自好，不用管他过去做的事是对是错。不拒绝前来请教的人，不追究已经发生的事，君子待人接物的方法，本来就应该这样。互乡的童子想要端正自己，获得进步，我为什么要拒绝他呢？你们也不要有疑惑了。"当时社会的风俗教化衰退，孔子想要教化引导人们，挽回社会的风俗，所以不轻易拒绝别人，一点不在意自己的名声啊！可惜孔子的志向难以实现，不只是当时的国君不重用他，弟子们也不能完全了解他啊。

原文 子曰："仁远乎哉？我欲仁，斯仁至矣。"

张居正讲评译释 因为人们不肯努力求取仁德，所以孔子勉励他们说道："那些害怕求取仁德的人，是认为仁德离我们很远，但是在我看来，仁德真的离我们很远吗？不远啊。如何看出离我们不远呢？只要是离我们远的事物，或者很难求取得到，或者很难快速得到。仁是人们内心的道德，有人就有心，有心就有仁，本来仁就没有在外部事物上。人沉迷于私欲就不知道向自己内心求取仁德，所以就得不到仁，就会认为仁德离自己很远。我如果想要达到仁德，就会反思自己说：仁在我的心中，一定不能丢失。而在求取仁德的时候，只要念头一动，仁就会完全显现出来，仁就在自己的心里，这有什么远的呢？"仁德本来就离人们不远，那些求取不到仁德的人，难道不是自己远离仁德的吗？然而仁德在人的内心中，虽然很容易就能得到，但是也很容易就会失去，一定要在得到之后经常努力保持，这样人的性情就能够逐渐变得纯正，就能在心中保持自己的仁德了。这也是求取仁德的人应该知道的地方。

原文 陈司败[22]问昭公[23]知礼乎，孔子曰："知礼。"

张居正讲评译释 昔日鲁昭公熟练掌握待人接物、仪容举止的礼仪，当时人们都认为他懂礼。陈司败认为鲁昭公娶同姓的女子为妻非常不符合礼节，辜负了懂礼的名声，所以心里对鲁昭公不满意。就问孔子说："人们都认为鲁昭公懂礼，他是真的懂礼吗？"孔子回答说："懂礼。"这是因为臣子不可以在背后说国君的坏话，并且陈司败也没有说明白鲁昭公哪些行为不符合礼，所以孔子直接回答说懂礼。

原文 孔子退，揖巫马期[24]而进之，曰："吾闻君子不党，君子亦党乎？君取于吴，为同姓，谓之吴孟子[25]，君而知礼，孰不知礼？"

张居正讲评译释 孔子认为鲁昭公懂礼，陈司败在心里并不同意。等到孔子出去后，陈司败碰见巫马期，便向他作了个揖，请他走近一些，对他说道："我听说君子做人，一定是公正平和地说出人和事的是非对错，不偏袒他人，不结党营私。现在看来，孔子这样的君子可以偏袒别人吗？为什么这么说呢？周朝的礼制规定，同姓不能结婚。吴国第一代国君泰伯的后人和鲁国第一代国君周公的后人都姓姬，鲁昭公娶吴国的姬姓女子为妻，正是违反了这一条礼法。但是鲁昭公却进行掩盖，不称夫人为吴孟姬，而是称作吴孟子，子是宋国的姓氏，鲁昭公娶了吴国的女子却冒用了宋国的姓氏，这怎么能掩盖得了呢？鲁昭公这个行为是任意妄为、不合礼制，并且明知故犯，他是十分不懂礼仪。如果鲁昭公能被称作懂礼，那么所有人就都懂礼了，那还有谁是不懂礼的人呢？鲁国国君不懂礼，而孔子认为他懂礼，这是偏袒掩饰他的过错，这不是偏袒是什么？"陈司败对鲁昭公的评价的确是对的。但是他认为孔子有偏私，这就是不明白圣人忠厚的用意啊！

原文 巫马期以告。孔子曰："丘也幸，苟有过，人必知之。"

张居正讲评译释 巫马期把陈司败的话告诉孔子。孔子既不能够指责君主，也不能把娶同姓女子的行为当作懂礼，就只能说这是自己的过错，说："这确实是我说错了。一般人犯了错误没人指出来，就没法改正，这是最大的不幸。我孔丘可以说是幸运啊，如果有错的话，一定会被别人知道，并且告诉自己，这样我就能改正错误了，这难道不幸运吗？"把赞扬给君主，把过错给自己，这是理所应当的事。但孔子既然认为自己错了，那么昭公不懂礼的行为也自然有不需要隐瞒避讳的地方。孔子这么做，既不隐藏是非，也不会失去为臣的忠厚。圣人的回答，真是值得被万世学习呀。

原文 子与人歌而善，必使反[26]之，而后和[27]之。

张居正讲评译释 孔子的弟子记录说："老师对善的喜爱没有尽头，不只是学习别人的优点，还帮助别人变得更好。在和别人一起唱歌的时候，如果别人唱歌寓意融洽、音律和谐，唱得非常好。老师这个时候感到配合默契，很想和他一起唱歌，但是也不会很快就和他和着唱歌。一定请他多唱几遍，仔细观察体味寓意、音律中好的方面。老师在学到这些优秀的地方之后，才会和他和着唱歌，让彼此之间的节奏能够保持一致。这就是不仅吸取别人优秀的地方让自己变优秀，还用自己的优秀帮助别人变得更加优秀。”孔子在唱歌的时候，就有如此从容、诚恳的态度，能够像舜一样吸取别人的长处，像汤一样希望别人也拥有自己的优点。这就是孔子之所以成为圣人的原因呀。

原文 子曰："文，莫吾犹人也。躬行君子，则吾未之有得。"

张居正讲评译释 孔子说："人之所以能成为君子，不在语言，而在于行动。世上有能说会道的人，他们在议论道理、论述政事的时候，文采斐然，但这不过是在言语上更加精巧罢了。在言语上我虽然不能超过别人，但或许还能够赶上。每件事都亲身实践，能反身自问，不说空话，这才是品德高尚的君子。反身自问，这些我一件也没有做到，即使很努力想努力达到，但还是做不到啊！"从孔子的话可以看出言易行难，一件事可以不急着说出来，但是一定要抓紧时间去做。修养品德的人应该先付出行动，用人者更不能只听信他人的言论，还要观看其实际行动啊。

原文 子曰："若圣与仁，则吾岂敢？抑为之不厌，诲人不倦，则可谓云尔已矣。"公西华曰："正唯弟子不能学也。"

张居正讲评译释 孔子达到了至圣至仁的境地，在当时所有人都称赞他。孔子谦让说："人都有能做到和不能做到的事。谈到那道德高尚的圣人和内心纯正的仁人，我怎么敢担当呢？我只不过是朝着这个方面努力，孜孜不倦地求取，内心不敢有一点厌倦怠慢；用仁德之道去耐心教导他人，一点也不感到疲倦，我能做到的不过就是这些罢了。这怎么敢被称作圣人、仁人呢？"孔子的弟子公西华，听了孔子的话之后感慨说："老师推辞仁圣的名声，只是说自己朝这些方向努力时不厌倦懈怠，但这怎么容易做到呢？他不知道这正是我们弟子们不能够做到的呀！"人们能做到朝仁圣的方向前进，但如果不能全身心达到圣明仁德，内心无比真诚，谁能够不厌倦？人们都能教导别人，但如果不能全身心达到圣明仁德，自己有优点，就愿意别人同自己一样，谁能够不厌倦？虽然孔子想要推辞仁圣的名声，但实际上他的圣明仁德难以掩藏。昔日大禹有高尚的道德，也不自满自大；文王有贤明的品德，依然敬慕有道之人。孔子就像大禹和文王一样圣明贤德啊！圣人尚且如此谦虚，更何况其他人呢？想要成为圣人，实在是不能自我满足啊。

原文 子疾病，子路请祷。子曰："有诸？"子路对曰："有之；诔[28]曰：'祷尔于上下神祇'。"子曰："丘之祷久矣。"

张居正讲评译释 孔子病情严重，门下的弟子都感到忧虑。于是子路向孔子请求，想要为其祈祷。在疾病的时候祈祷虽然表现了弟子对老师的关切，但却是不明白人鬼有别的道理，沉迷在向上天乞求避祸求福上，这是十分昏乱的行为。孔子不直接斥责子路的错误，先问他说："有在生病的时候祈祷这回事吗？"子路回答说："有这回事，我听说诔上说'为你向天地神灵祈祷'，这是说人在生病的时候向天地神灵祈祷，想要转祸为福，古人也都是这么做的。如今您生了病，我为您祈祷，有什么不对吗？"于是孔子告诉他说："你说的祈祷，是平时做了错事，向鬼神祈祷忏悔，想要消灾降福。但是我平时一言一行都不敢得罪鬼神，做得对的地方继续努力，做错的地方立马改正。我从很久就开始祈祷了，今天为什么还要祈祷呢？"孔子的品德符合上天的要求，从来不会得罪鬼神，怎么需要祈祷呢？至于生命的长短，这是命中注定的，即使是圣人，也只能安于天命，祈祷有什么用呢？看孔子对子路的开导，可以看出人应该做的是修行自己的品德，而不必祈祷上天，应该努力做人应该做的事，不必沉迷在难以了解的鬼神之事上。

原文 子曰："奢则不孙[29]，俭则固[30]。与其不孙也，宁固。"

张居正讲评译释 孔子说："先王制定的礼仪自然符合中庸之道，不能够增加或者减少。如果过于浪费而超过了中庸，就是奢侈。奢侈就会骄傲自满，放纵自己而没有节制，即使遇到了不应该做的事，也将会超越本分去行事，这就是违反礼仪。如果过于节俭而达不到中庸，这就是小气。小气就是吝啬、气量狭小，即使是理所应当的事，也会因为吝惜花费而不去做，就一定会过于寒伧。越礼和寒伧都不符合中庸。但就越礼和寒伧这两个来比较的话，与其骄奢越礼，宁可寒伧。"骄奢越礼就会违反自己的本分，将会导致国家的纲纪混乱，天下的风俗衰败，有很大的危害。如果因为节俭而寒伧，危害不过就是过于俭朴鄙陋罢了，况且节俭原本就是崇尚质朴，也没有骄奢越礼的过错，这不比骄奢越礼要好吗？周朝末期过于追求繁文缛节，孔子想要改变当时的弊病，所以才这么说。节俭是一种美德，而骄奢是很大的罪恶，这两者的差别怎么会只是过和不及呢？舜以茅盖屋，夯土为阶，禹穿粗布衣服，吃简单的饭食，所以二人被万世称颂。汉文帝、宋仁宗都用节俭教化百姓，所以被称为贤明的君主。在骄奢纵欲方面，有很多君主因为横征暴敛，而导致国家灭亡。所以远离骄奢、追求节俭才是帝王治理国家最重要的工作，治理国家的人应当牢记这些。

原文 子曰："君子坦荡荡，小人长戚戚[31]。"

张居正讲评译释　孔子说："想要知道君子和小人之间的区别，只要观察他们心术气度的不同就行了。君子遵循天理，安于现在所处的地位，并努力做好应当做的事情，不越俎代庖，做超越自己本分的事。所以君子上不愧天，下不愧人，利益和损害不能让其震惊，毁谤和称赞不能使其困惑。由此能够看出君子胸怀坦荡，处处宽舒自得。小人容易被欲望驱使，冒险行事去追求利益，从不满足，所以他们不是急切地追求利益，就是迫切地追求名誉。没有得到的时候就一直惦记着如何获得；获得了之后就一直害怕失去。所以能看到小人经常忧愁不安，无时无刻都在忧虑愁苦。"胸怀坦荡的人，不费心机，反而越来越好；经常忧虑不安的人，费尽心机，反而越来越糟。因为一念之差，一个人在品德上的差距就很明显了。所以能不谨慎地区分君子和小人吗？

原文　子温而厉，威而不猛，恭而安。

张居正讲评译释　孔子的弟子记录说：人的容貌和品德相符合。人的气质各有不同，所以表现在容貌也是各不相同。只有我们老师的容貌每时每刻都不一样，但是办事却都能做到中正平和。一般温和的人很难做到严厉，老师自然是和厚可亲，但是在温和中也包含有严厉，可以亲近而不能冒犯，这多么严厉啊！温和并且严厉，这就是符合中庸的温和。一般威严的人容易凶狠。我们的老师固然是威严可畏，但是在威严中并没有凶狠暴戾，值得敬畏也可以亲近，怎么会凶狠暴戾呢？威严可畏而不凶狠暴戾，这就是符合中庸的威严。一般恭敬的人难以做到心态安详。老师自然是庄重谦虚，而老师的庄重舒畅安宁，毫不拘束，是轻松自然的庄重而不是勉强做到的庄重，在交际应酬时完全符合礼仪而毫不拘束，这是多么安详啊！庄重而安详，是符合中庸的庄重。孔子全身纯洁质朴，道德完备，所以中正平和的气质能显现在容貌上。想要学习孔子高深的品德，应该先培养自己中正平和的气质。

注释：

[1]老彭：人名，但究竟指谁，学术界说法不一。有的说是殷商时代一位"好述古事"的"贤大夫"；有的说是老子和彭祖两个人，有的说是殷商时代的彭祖。

[2]燕，通"晏"。安闲。

[3]申申，舒适安闲的样子。

[4]夭夭，体貌安舒或容色和悦的样子。

[5]脩，干肉。

[6]悱，想说可是不能够恰当地说出来

[7]暴虎冯河，暴虎:空手打虎;冯河:徒步渡河。赤手空拳打老虎，没有渡船要过河。比喻有勇无谋，冒险蛮干。

[8]齐，读音 zhāi，斋戒。

[9]怨，后悔。

[10]肱，手臂。

[11]加，通“假”，给予。

[12]雅言，古时指通用语，同方言对称。

[13]叶公,叶,音 shè。叶公姓沈名诸梁,楚国的大夫,封地在叶城(今河南叶县南),所以叫叶公。

[14]对，回答。

[15]桓魋（音 tuí），又称向魋，东周春秋时期宋国（今河南商丘）人。任宋国主管军事行政的官——司马，掌控宋国兵权。

[16]泰，宽裕。

[17]纲,大绳。这里作动词用。在水面上拉一根大绳,在大绳上系许多鱼钩来钓鱼,叫纲。

[18]弋，音 yì，用带绳子的箭来射鸟。

[19]宿，指归巢歇宿的鸟儿。

[20]互乡，一个地名。

[21]与，赞同，肯定。

[22]陈司败，陈国主管司法的官，姓名不详，也有人说是齐国大夫，姓陈名司败。

[23]昭公，鲁昭公。

[24]巫马期，姓巫马，名施，字子期，亦称巫马期。

[25]吴孟子,鲁昭公夫人,也姓姬。按照周礼的规定,同姓不能通婚。为了掩人耳目,鲁昭公避讳，称她为“吴孟子”。

[26]反，反复。

[27]和，应和，跟着唱，跟着吹奏。

[28]诔，一种哀祭文体。

[29]孙，同“逊”；谦逊，恭顺。

[30]固，鄙陋。

[31]戚戚，忧惧貌，忧伤貌。

泰伯第八

原文　子曰："泰伯[1]，其可谓至德也已矣。三以天下让，民无得而称焉。"

张居正讲评译释　周太王古公生了三个儿子：长子泰伯，次子仲雍，三子季历。季历的儿子姬昌就是后来的周文王。周太王看到姬昌的品德优秀，就想传位给季历以便于日后王位能传给姬昌。泰伯知道太公的想法，就和弟弟仲雍假装采集药物逃到了荆、蛮这两个地方，把头发剪短，在身上刺花纹，毁掉自己原来的形貌，采用野人的风俗，来表示自己不会接受王位。太王传位给了季历，到了文王、武王的时候，周取得了天下。孔子追溯周取得天下的原因，看到泰伯的事迹因为年代久远快要被人们忘记了，所以特意突出说："人们只知道周太王创立王室的基业，季历勤劳持家，到了文王、武王的时候取得了天下，这几位都是周朝圣贤的君主。但是人们不知道周太王的长子泰伯，他的品德可以称得上是极为高尚。为什么这么说呢？周朝王业的兴盛，实际上是从周太王开始的，泰伯作为长子，按理说太王之后应该被立为君主拥有天下。泰伯看到太王想把王位传给更为贤德的子孙，就和仲雍一起离开没有再回来。因此季历、文王才继承了王位，并奠定了周朝八百年的基业。泰伯虽然只是把一个小诸侯国让了出去，实际上是把整个天下都让给了弟弟和侄子。自己却假借采集药物离开，毁掉自己原来的形貌，他对王位的推让隐约细微，难以让人发现痕迹，所以人们都不知道他的想法，难以找到合适的词语去称颂他。把天下让了出去，是很大的胸怀啊。多次推让，又是多么诚恳啊。并且他还隐藏自己，让百姓没法去称颂自己，这是委屈自己成全父亲、兄弟、侄子，一点也不在意自己的名声，他的品德难道不是极其高尚吗？"并且从总的来说，周太王想要传位给贤明的子孙，是因为他们能够治理好国家，不是因为自己的私心，所以泰伯的离开不是因为心胸狭小，季历接受王位不是因为贪恋权势。父母去世时不在身边，损伤自己的身体这些也不是不孝。在君臣父子之间转变，却能不偏离中庸，这就是最高的道德啊。孔子感叹并且赞美泰伯，很应该啊。

原文 子曰："恭而无礼则劳，慎而无礼则葸[2]，勇而无礼则乱，直而无礼则绞[3]。"

张居正讲评译释 孔子说："为人处世，一定要符合天理，这样才能不会有过和不及的弊端。对待别人的时候固然要恭敬，但是也要有相应的原则，如果对人恭敬却没有遵循礼仪，就会过于烦琐地施礼和不恰当地恭维对方，免不了徒劳无功。做事的时候固然要小心谨慎，但是也有理所当然的道理，如果做事过于小心谨慎而没有礼仪来度量，就会畏畏缩缩，过于小心，免不了畏缩拘谨。勇猛不屈固然是美德，但如果不能用礼仪约束自己，就不会从而顾及自己的名声和地位，从而逞勇好能，这一定会变得悖逆、叛乱。为人正直无私固然是美好的行为，但是如果不能用礼仪来控制自己，就会喜怒无常，一点也不知道宽容别人，为人一定会变得尖酸刻薄。"恭敬待人、谨慎做事、勇猛不屈、正直无私，这四种都是人们很难形成的品质，但是如果不依据礼仪，即使是这四种品质也会产生各自的弊端。由此可见君子做出的行动一定要符合礼仪，不能有任何偏离。

原文 "君子笃于亲，则民兴于仁；故旧不遗，则民不偷[4]。"

张居正讲评译释 孔子说："在上位的人，他的行为举止都会被百姓瞻仰效仿，所以在自己的言行上要小心谨慎。如果在上位的人能孝敬父母、关爱兄弟，使家族和睦、亲人忠厚，这样就是做到了仁德。百姓见了就会受到启发，也会亲切地对待自己的家人，这样自然就能够端正伦理、提高恩义，这不就能兴起仁德的风气了吗？在上位的人如果能信任重用那些德高望重的人，尊崇礼法，不因为离得远、年纪大而遗弃那些相识的友人，这样自己就能变得忠厚了。百姓见了也会受到影响，宽厚地对待老朋友，这样自然能够实施教化、改善风俗，还怎么会有人冷漠地对待他人呢？"在上位者对待亲人朋友的时候，下面的百姓就会这么效仿响应。作为君主能不端正心思、修养品性，来教化引导百姓吗！

原文 曾子有疾，召门弟子曰："启[5]予足！启予手！《诗》云：'战战兢兢，如临深渊，如履薄冰。'而今而后，吾知免夫！小子！"

张居正讲评译释 曾子在孔子门下一直因为孝敬父母而被人称赞，他在平时努力地学习圣人的知识，提高自身的品德，来使双亲显耀，名声传扬。即使是自己身体发肤上的小事，也因为来自父母从而小心防护，不敢有损伤。所以到了生病将要去世的时候，回忆平生对身体的保护，能够问心无愧。他将自己的弟子叫到跟前，教导说："父母完整地生养了儿女，儿女也完整地将自己的身体归还回去，没有任何的损伤，不辜负父母的关爱，这才能叫作孝顺。你们掀开被子看看我的手和脚，有一点被损伤的吗？我能够保护身体的完整，并不容易啊！我平时小心翼翼地保护自己的身体，就像《诗经》上所说的那样，就像站在深渊旁边害怕掉下去一样，就像在薄薄的冰面上行走时担心掉下去一样。这样的小心谨慎，所以才能保全自己的身体。如果我继续活下去，还不敢说将来一定不会损伤身体。但是现在可以说了，从今之后，我知道我能够免除身体的损伤了，可以不用担心了啊！弟子们，你们要好好记得我说的话啊！”曾子在说完话又告诫了弟子一次，是为了表达自己对他们的叮嘱，也想要他们和自己一样小心谨慎，在举手投足间不忘记父母。曾子这样小心谨慎地保护自己的身体呀。那么放纵自己使自己受到损伤，行为不检点而辜负父母的人，一定没有像曾子这样的谨慎。做子女的，应该学习曾子，这样才能够体会到父母的用心，尽到子女的本分。

原文 曾子有疾，孟敬子[6]问之。曾子言曰：“鸟之将死，其鸣也哀；人之将死，其言也善。”

张居正讲评译释 曾子生了病，孟敬子前去看望他。曾子有话要对他说，又担心他不重视自己说的话。所以先说：“鸟儿将要死去的时候，非常害怕，所以叫声一定是哀伤的。人将要去世的时候，良心就会发现，所以说的话是善意的。如今我快要死了，说的都是善意的话，你要用心听啊！”

原文 “君子所贵乎道者三：动容貌，斯远暴慢矣；正颜色，斯近信矣；出辞气，斯远鄙倍矣。笾豆之事[7]，则有司存。”

张居正讲评译释 因为孟敬子平时经常在琐碎的小事上浪费时间，从而忽略了重要的事。所以曾子告诫他说：“虽然道无处不在，但是道理有紧要的，也有不太紧要的，不能全部都一样地去求取。在我看来，君子应该重视的有三个方面。哪三个方面呢？人在仪容举止上容易粗俗傲慢，有很多人仪容不庄重。只有君子不轻易改变自己的仪容，显露出来的是典雅严谨，没有任何暴虐、傲慢。人的神色形成在脸部，对人真诚就会神色端庄，容貌不庄重，就是对人不诚恳。只有君子展示自己的神色时表里如一，接近于诚信朴实。说出来的话很容易有错漏和违背常理的地方，这就是为什么很多人说错话。只有君子不轻易张口说话，一旦开口就是顺理成章，没有任何鄙陋背理的地方。这三件事是修养自身的关键、处理政务的根本。人们应该用心反省自己，不能有一点违反，君子应该重视的是这些方面。像那些用什么笾豆去祭祀的这些小事，不过就是礼仪上的细节，自然有主管的官员负责，君子为什么要忙于关注这些呢？”人学习时，可贵之处在于能够看到重要的知识。在大事上没有做错的地方，在小事上也没有遗漏的地方，这固然是完美的品德。但如果舍弃大事而关注小事，不仅会丢失根本，小事也难以做好。更何况帝王的学习和普通人不一样，那些修养身心去治理天下的帝王，怎么会关注礼仪形式上的细节呢？立志成为圣贤的人，应该知道如何努力啊！

原文 曾子曰："以能问于不能，以多问于寡；有若无，实若虚，犯而不校[8]——昔者吾友尝从事于斯矣。"

张居正讲评译释 颜回去世之后，曾子回忆他的贤德并称赞说："一般人容易骄傲自满，稍微有一点收获，就自我满足，认为别人不如自己，谁肯向才能不如自己的人请教呢？度量狭小的人，遇到别人触犯自己，就认为自己正确，而别人不对，谁肯容忍触犯自己的人呢？自己的学问达到较高的水平，本来就有很高的才能，却向没有才能的人请教；自己本来有很充足的学问，却去向学问少的人请教；对自己不满足，就像没学问一样；知识充实却像很无知一样，毫不自满，颜回就是这样的谦虚呀。别人触犯了自己，就用真诚去宽恕别人，用道理来安慰自己，从来没有表现出不满，也没有隐藏任何计较的想法，他待人就是这样的宽厚。这样的人不多见，只有我的朋友颜渊能努力做到。他对学问道德的追求没有止境，不炫耀自己的优点，像对待自己一样对待他人，从不迁怒别人。他就是这样努力学习、真诚待人。如今他去世了，难道不十分可惜吗？"孔子收徒传授知识，只有颜回领会到了孔子的思想，他平时在学习上的努力也不过就是这些！虚心地接受别人的意见，就能提高自己的见识，学问也会日渐精进；宽恕容纳别人的意见，就能减少自己的私心，就会变得品德高洁。凡是圣贤之人，都离不开这两点。求学的人应该努力做到这些啊！

原文 曾子曰："可以托六尺之孤[9]，可以寄百里之命[10]，临大节而不可夺也——君子人与？君子人也。"

张居正讲评译释 曾子说："天下人都希望自己成为品德高深的君子。才能用来帮助提高品德，品节用来保持品德，这两者如果都具备了之后，就能够成为君子了。如果有人做到了这些，不但可以辅佐君主，即使是君主临终时将年幼的君主托付给他，他也能够接受遗命用心辅佐新君。这样的人既能保卫国家又有美好的品德，不只是可以帮助君主治理国家而已。即使是国家没有君主，将国家的事务交给他处理，他也能够完成这个任务。既能安定国家，还能安抚百姓，品德高深的君子就是这样优秀。当国家发生重大的变故，形势危急、人心动荡的时候，一个人的取舍选择非常关键。那些德才兼备的人在这种情况下，能辅佐幼君、处理政务，并且明白事理、意志坚定，做事只依据义理，面对别人的批评议论，心志也不会动摇；面对死亡，意志也不会改变，他们的品德操守就是这样坚定。像这样的人，能够被称为君子吗？我知道这样的人既有才能又有品节，如果不是君子一定做不到这些。”这样的人，对求学的人来说，是值得学习的君子；对国家来说，就是能够保卫国家的大臣。如果有才能却没有品节，虽然平时有优秀的才能，而一旦遇到重大变故，就会变得诡诈善变，难以信任；有品节却没有才能，虽然有所操持，但是见识短浅，没有治理才能，对处理国家事务有什么用呢？所以君主在用人的时候，对那些有才无德的人，就只能用来处理琐碎细小的事务；对那些只有品德而没有才能的人，就只能用来处理那些固定不变的事务。至于那些重要的困难的事务，就只能托付给德才兼备的君子。

原文　曾子曰："士不可以不弘毅[11]，任重而道远。仁以为己任，不亦重乎？死而后已，不亦远乎？"

张居正讲评译释　曾子说："读书人必须要有很高的修养才能成为圣人、贤人。气概宏大，不自我满足，这叫作宽广，不宽广就会狭隘。操守坚定，做事有始有终，这叫作刚毅，如果没有毅力就会勇气不足。读书人怎么能心胸狭隘、缺乏勇气呢？那读书人为什么要刚毅坚强呢？因为读书人肩负重任，并且完成使命的路途遥远。只有宏大的气概才能承担起这个重任；只有具备坚强的毅力才能完成这个使命，所以读书人不能不刚强而有毅力。那么如何看出任务艰巨、路途遥远呢？仁德的人品德完备，明白万物的道理，具备所有优秀的品质。读书人将实现仁德当作自己的责任，一定要亲自勉力去完成这个使命，这就是自己一个人具备所有的善良，自己一个人穷尽万物的道理，这个任务能不艰巨吗？更何况实现仁德的使命，到死才停止，如果一息尚存，就不会松懈，向前努力直到无法前进，难道这个路途还不遥远吗？"任务如此艰巨，路途如此遥远，这就是读书人需要刚强坚毅的原因啊。在孔门求学，没有比追求仁德更重要的事了。在追求仁德的途中，如果做不到全身心努力，追求不止，就不能担当这个重任。只有学到了所有的事理，才不会有不符合义理的地方，所以读书人要气概宽广；只有永不停止地学习，对仁的追求才不会间断，所以读书人要刚毅坚强。这是曾子学问中最重要的地方，所以他才这么热情地展示给人们。

原文　子曰："兴于《诗》，立于《礼》，成于乐。"

张居正讲评译释　昔日孔子删减诗书、修订礼乐，用来教育学生。他想要弟子们亲身实践并有所收获，所以特意举例展示说：“君子实施教化，不过是想要人们为善去恶罢了。君子之所以心里喜欢善良厌恶邪恶，是因为学习了《诗经》。《诗经》里描述的原本就是人的性情，通过诗里的言辞可以很明白的看出来正邪善恶，而在吟咏《诗经》的时候，节奏抑扬反复，能够让人感动，从而全身心投入其中。学习了《诗经》后，一个人在心里对善良的喜爱和对邪恶的厌恶就会油然而生，所以说人的修养从学习《诗经》开始。由此可见，人们都应该学习《诗经》。心生善念之后，还要能够自持自守，做到从善去恶。在自持自守时，就要学习《礼经》。《礼经》把恭敬礼让当作根本，并且有详细的礼仪规范，可以让人收敛身心，坚定人的品性。学习了《礼经》之后，就能做到独立自守，不被外物动摇自己的心志，所以说《礼经》可以让人自立，由此也可以看出应该学习《礼经》啊。能够自持自立，又能达到至善的境界，这就是有一定的成就。有了成就的时候，就要学习音乐。音乐最重要的是和谐，美妙的声音、和谐的节奏能够培养人的性情，把人内心邪恶污秽的地方清洗干净。学习了音乐之后，对仁和义的礼节就能够更加精妙纯熟，在品德上就会更加和善温顺，所以说音乐使人完备，由此可见人们应该学习音乐啊！”古人在《诗经》《礼经》、音乐上的教导，根据的都是人性情的正直和品德的平和，所以才能这样培养人才。如果后世世人只把吟咏声韵当作诗，而不关注对性情的培养；把虚文形式当作礼，而不注重内心的恭敬；把嬉戏淫邪的声音当作音乐，而不追求中正平和，那么就远离了《诗经》《礼经》、音乐的本意，如果是这样，还有什么值得学习的地方呢？求学的人应该注意啊！

原文　子曰：“民可使由之，不可使知之。”

张居正讲评译释　孔子说：“天下的道理，每一件都是人们应该知道的。上位者对于一般的百姓，只用让他们知道应该做什么事就行，不可以让他们知道为什么这么做。”应该做的事，就是父亲慈爱、儿女孝顺这些日常生活中需要做的事，资质平庸的人也都知道这些，所以能让百姓们去做这些事。至于这么做的原因，就都来自天命人心的本性，其中的道理精巧微妙，必须要是资质聪明、学问深厚的人才能领悟，一般的百姓如何能明白呢？所以不能让他们知道为什么这样做。然而这样做的原因，也包含在做这件事当中。圣人在上位先知先觉，然后帮助一般人后知后觉，经过这样长时间的教育之后，自然能成功地教化百姓，这时就没有什么不可以让他们知道的了！

原文 子曰："好勇疾贫，乱也。人而不仁，疾之已甚，乱也。"

张居正讲评译释 孔子说："柔弱的人，即使厌恶贫困也做不了什么；安于贫困的人即使喜好勇力，也自然不会危害别人。只有那些喜好勇力而又意气用事的人，会厌恶自己生活的贫困，不肯安分守己，一定会通过勇力去实现自己不当的念头，即使是偷盗这样违反正道的事也毫不顾忌，怎么不会导致动乱呢？那些缺乏仁德的人，已经没有了原本的天良，如果做的恶事不大，能够原谅，那么通过感化让他改善就行了。如果他的罪行应该被诛杀，并且能够将其杀掉，那么将他杀掉就行了。不然将他逼迫得太激烈，使他无处容身，那么在这种情况下，他会为了泄恨而逞凶作恶，什么坏事都做，这难道不会导致动乱吗？"喜好勇力而厌恶贫困的人，是导致动乱的因素，这种人固然是天下间最凶恶的人。但这对于那些缺乏仁德的人来说，是正常的，如果不妥善地处理这种人，也会引起动乱，从而平白无故地引起更大的祸患。所以君子对待小人，怎么能过于轻率而不谨慎处理呢！

原文 子曰："如有周公之才之美，使骄且吝，其余不足观也已。"

张居正讲评译释 孔子说："人有才能固然很可贵，但不能因为自己有才而骄傲。自古以来，才能优秀的人，都比不上周公。假如真的有人有周公那样优秀的才能，这固然非常难得，但是也要保持谦虚才行。假如因为自己有才，就骄傲自大，认为别人都不如自己，又妒忌别人的才能，吝啬自私，不想与人同善，这样的人就丢失了自己的品德和做人的根本，剩下的才能，还有什么值得重视的呢？"即使有周公那样优秀的才能，一旦骄纵吝啬，就不值得被人们欣赏，更何况有些人没有周公那样的才能还骄纵吝啬呢？人应该经常反省自己、心存敬畏啊。像舜那样圣明的人，尚且放弃自己的固执，采纳别人的意见；像大禹那样功德卓著的人，也从不自我满足。两位贤明的君主尚且知道谦虚能让人获益，而骄傲吝啬则会丧失品德。所以孔子的话怎么只是地位低下的人应该知道呢？

原文 子曰："三年学，不至于谷[12]，不易得也。"

张居正讲评译释 孔子说："古人求学是为了探究事理、处世公正，完全学到做人的道理罢了。学成之后，就一定会被君主发现、任用，并给予供养的俸禄。这些都是很自然的事，但是古人内心没有这样的想法。后世的人心地不如古人那样淳朴，看到求学后可以做官，就会为了做官而学习。也有人刚开始求学，就想着获得官职。这些人丢失了求学的本意，一心追求利益，在学问上难以有收获，这是天下人的通病啊！如果有人能长时间专心求学，不产生做官的想法，这就是追求道而不追求官位，为自己求学而不是为他人求学，这就是志存高远、目光远大、超脱世俗的人，这种人怎么会容易遇到呢？”所以君主在用人的时候，一定要重用那些有真才实学的人，让他们能够完全展示自己的才能，要远离那些假装求学而实际为了获取名誉谋求做官的人。那些贪恋权位、羡慕俸禄的人，虽然不一定会影响国家的根本，但一定对国家没有好处。

原文 子曰："笃信好学，守死善道。危邦不入，乱邦不居。天下有道则见，无道则隐。"

张居正讲评译释 孔子说："君子修身处事，一定要在学问和操守上都达到极点，这才是完美，不能有一点儿马虎。如果有人见识高明、意志坚定，即使受到议论，也不会动摇。有这样坚定的志向，还能努力求学，穷究事物的道理，仔细辨别、审察事物的是非真假，弄清事物的精妙复杂，那么这个人所信奉的就一定会是正确的道理。如果一个人心里有主见，遇事就能够坚持自己的操守，即使面对生与死的选择，也不会动摇。有这样坚定的操守，行动办事就也能符合义理。不鼓励人们因为拘泥小节从而偏离正确的中庸之道，能恰当地处理纲常伦理和道德规范，这就是正确地保持自己的操守。坚守信念并发奋学习，这是有心求学；誓死守卫正道，这是有操守。作为君子，既有心求学又能坚守正道，就能明确了解和勇敢行动，在采取行动的时候，怎么会做不好呢？所以他不会进入政局危急的国家；不居住在混乱的国家。天下太平、政治清明就出来做事；天下不太平、政治黑暗就隐居不出。"依据义理采取行动，进退取舍时清晰明白，如果不是有学问、有操守的君子，谁能做到这些？这样的人，不仅能做出正确的抉择，被君主发现并重用，并且才能越大，获得的官位就会越高。这样的人在获得重用后一定能尊崇君主，泽惠生民，建立功业。在国家有变故时也能保持品节，拯救乱世，能做出很大的贡献啊！所以说学问、操守对一个人很重要。

原文 "邦有道，贫且贱焉，耻也；邦无道，富且贵焉，耻也。"

张居正讲评译释 孔子说："读书人可贵的地方在于既有才能又能保持自己的节操。如果国家政治清明，君主尽心治理国家，臣子用心辅佐君主，贤能的人一定能被任用，有才能的人一定会获得官职，这正是君子应该被重用的时候啊！如果一个人在这个时候被遗弃，而生活贫困，那么可以知道这个人没有优点、没有才能，难道不应该感到可耻吗？如果国家政治黑暗，君主昏庸，大臣奸佞，不通过贿赂得不到官职，不通过奉承得不到恩宠，这是小人被重用的时候。如果一个人在这时候被重用，获得富贵，那么可以知道这是一个贪图官位、卑鄙下贱的人，难道不值得羞愧吗？”如果一个人不能坚守信念并发奋学习，誓死保卫正道，在国家兴盛不能有所作为，在世道混乱的时候不能保持品节，这就是庸庸碌碌的普通人，有什么值得被任用的？读书人不能像这个样子啊！

原文 子曰：“不在其位，不谋其政。”

张居正讲评译释 孔子说:“一个人在一个职位上，就要担负相应的责任，取得一定的作为，如果担任公卿大夫的官职，就要处理公卿大夫的政务。如果自己没有担任某个职务，这个职责就和自己没关系，如果自己插手这个工作，就超出职权的范围，逾越了自己的职分，不能这么做呀。所以，只要自己不在这个职位上，就应该保持本分，不能去干预别人的工作，即使对自己来说完成这个工作很容易。”人人都应该像这样安守本分，不能越职擅权。读书人求学就是为了治理天下，普通人也会胸怀天下、关心时事，他们当中都会有人难以控制自己，从而超越自己的职分。总之，潜心学习，这是为以后做准备；超越职分去干涉别人，这是越位。为以后做准备的人能安守本分，等着日后被任用，而超越职分的人则轻率冒进，容易自取罪责。作为君主也不能不分辨清楚这些。

原文 子曰：“师挚[13]之始，《关雎》之乱[14]，洋洋乎盈耳哉！”

张居正讲评译释 孔子说：“昔日我从卫国返回鲁国的时候，就曾厘正乐音，当时恰好遇到太师挚担任乐官，又可以趁机辨别音调，所以我当时已经把残缺的音乐补全了，对次序混乱的乐曲进行了调整。太师挚演奏典雅庄重的音乐时，从开始演奏，直至演奏结束时的结尾曲《关雎》，清音与浊音相互补充，高音和低音互相配合，丰富而美妙的乐曲声一直在耳边回荡，可惜如今听不到了。”孔子这样的圣人来厘正乐音，太师挚这样的贤人来演奏乐曲，当时的音乐就是如此的美妙。自从太师挚去了齐国之后，继任的乐师都比不上他，所以孔子思念并且赞美他。

原文 子曰：“狂而不直，侗[15]而不愿[16]，悾悾而不信，吾不知之矣。”

张居正讲评译释 孔子说：“天性疏狂的人，应该办事直率，而如今这却喜欢自夸自大，到了关键的时候，自己想要占便宜，却用大道理去教育别人；狡猾奸诈、昏庸愚昧的人，对不知道的事，应该谨慎忠厚才好，现在却轻举妄动，毫不小心谨慎；天性愚笨的人，不能干练地完成一件事，应该诚实做人才好，如今却虚伪诡诈，不肯诚实做人。我不知道这三种人为什么会这样。”狂妄却正直，无知却谨慎，无能却诚信，虽然这些人在天性上有偏差，但也还没有失去本然的天性，还能够培养教化。如果不正直、不谨慎、不诚信，那就是失去了人的本性，而被不良习惯所埋没，最终难以受到教育感化，所以孔子拒绝这样的人。

原文 子曰："学如不及，犹恐失之。"

张居正讲评译释 孔子说："人的求学就是学习知识并亲身实践，以求达到圣人的境界。如果不勤勉用功，只是在内心思索，就不会有收获。如果不知道反省，就不会获得进步。所以君子求学的时候应该深入钻研来获得学问上的精进，亲身实践来追求行动上的进步，勤勉不懈，每天都感到不满足，就像在追赶什么而害怕赶不上一样。即使是像这样用功，也不敢有一点懒惰，进步的时候，担心以后退步，害怕丢失掉自己学到的知识而最终难以有所收获。"君子求学的时候如此勤勉小心，所以才能取得成就，不然，心不在焉，一会儿学习，一会儿放弃，最终怎么能取得成绩呢？

原文 子曰："巍巍[17]乎，舜、禹之有天下也，而不与焉。"

张居正讲评译释 孔子说："圣人的心胸见识和一般人不一样。一般人稍微获得一点荣誉，就难免自高自大、志得意满，这是多么矮小啊！那些心胸宽广、见识远大的人，就只有舜和禹了吗？舜和禹两位圣人，本来和一般人一样，而一旦拥有天下成为天子，就变得十分崇高富贵啊，而舜和禹则十分冷漠地对待这些，不因此感到高兴，就像和自己没有关系一样。这是因为他们的志向已经超越了世人，人们想得却得不到的东西，没有一件能让他们动心，他们的胸襟气魄比一般人高了不止万倍，这是多么崇高啊！"舜和禹只知道天子的职位很难担任，天下很难治理，每天只是兢兢业业地为百姓忧愁、劳累罢了。又怎么会有时间去顾及这些享乐的事呢？像这些万世称颂的圣明君主，一定会使民心归附。后世的君主，如果能不想着谋取天下，而是尽心尽力、勤勤勉勉地管理百姓，那么就不难赶上舜、禹两位圣人崇高的品德了。

原文 子曰："大哉，尧之为君也！巍巍乎！唯天为大，唯尧则之。荡荡乎，民无能名焉。巍巍乎，其有成功也，焕乎其有文章！"

张居正讲评译释 孔子说："自古以来有很多帝王，然而没有能比得上尧的。尧这样的君主真是伟大啊，如何看出他伟大呢？只有天的高大能够覆盖所有东西。谁能和天一样高？只有尧的品德高不可及，无人能比，就像天一样能包含万物，所以尧伟大的品德，无边无际。当时的百姓都赞扬他的品德而看不到他的功劳；像接受神灵的教化一样受到鼓舞而不知道其中的巧妙，没有人能用言辞形容他的功德教化。他和天一样都不能被言语形容，有什么分别呢？因为不能被形容，所以才和天一样广阔博大。然而他的功绩又怎么真的不能被看到呢？

从他治理的成就上来看，百姓安康，社会和谐，人们难以企及而只能仰慕他的功业。从他治理的方法上来看，礼乐完备，法治严明，他制定的礼仪制度熠熠生辉，难以被掩盖，这就是人们眼中的尧。如果他的德行不显著，就不会有这么高的名声。尧是多么崇高、伟大啊，难道不是古今最优秀的帝王吗？”

原文　舜有臣五人而天下治。武王曰:“予有乱臣[18]十人。”孔子曰:“才难,不其然乎？唐虞之际，于斯为盛。有妇人焉，九人而已。”

张居正讲评译释　孔子的弟子记录孔子对人才的论述，说：“自古以来的帝王在治理天下上面没有比得上舜的。”当时舜有五位贤臣：禹治理水患，稷播种百谷，契推行教化，皋陶制定刑法，益管理山河。只要是舜想做的事，这五个大臣都能替他实施,所以能使天下的百姓接受治理。舜在位时人才就这样的兴盛。夏、商之后的帝王，在治理天下上没有比得上周武王的。武王曾经说过：“我有十位能治理天下的臣子。”武王在位时，在外有周公旦、召公奭、太公望、毕公、荣公、太颠、闳夭、散宜生、南公适这些人辅佐治理国家，在内有贤妃邑姜帮助管理家庭，所以才能很容易使天下太平。周武王时人才就是这么兴盛。孔子感叹说：“我听古人说，人才很难得，现在看来，不就是这个样子吗？自古以来圣贤相互传承，在尧舜时期，国家繁荣，人才辈出，自然是十分兴盛啊，从这之后，就数我们周朝兴盛了。舜有五位贤臣来辅佐治理天下。我们周朝也有十位大臣来协助君主使天下兴盛，所以国家能和尧舜时期一样繁盛，这不是夏商能比的。然而只有十个人，太少了啊，更何况其中还有一个管理家庭的妇人，真正处理事务的大臣只有九位罢了。以我们周朝的兴盛也只有九位贤臣，人才不是很难得吗？”既然这样，真的是人才难得啊！得到人才固然很难，而知人用人更加难啊，舜和武王能够做到知人善任，所以才能将天下治理得如此好。如果对人才的了解不深入，在人用的时候还有疑虑，不能放心地使用，那么就不能完全展现他的才能，这怎么能取得好的效果呢？所以知人善任是君主治理天下的根本，君主选择人才的时候不能不谨慎啊！

原文　“三分天下有其二，以服事殷。周之德，其可谓至德也已矣。”

张居正讲评译释　孔子说:“侍奉君主本来就是臣子的本分，在国家兴盛、君主贤明的朝代，臣子很自然地能做到尊敬国君、安守职分，这不值得称赞。殷商的国君纣王暴虐无道，导致国家衰败，西周的文王施行仁政，人心所向，从当时的形势来看，周文王获得了三分之二的天下。如果当时文王去讨伐残暴的纣王，很容易就能做到取代殷商，而文王依然坚持臣子的本分，向殷朝称臣，不因为自己强盛就心生叛逆。这是能讨伐纣王而不讨伐，能不取代殷商而不取代，如果不是品德非常高深，谁能这么做？所以文王的品德，真可以说是最为高尚的了！”孔子认为有两件事最高尚：泰伯推让国君的位置，文王恭敬地向殷商称臣。这两件事都可以用来阐明君臣之间的道义，作为后世效仿的典范，并且来震慑那些乱臣贼子。读者应该用心体会啊！

原文 子曰：“禹，吾无间[19]然矣。菲饮食而致孝乎鬼神，恶衣服而致美乎黻冕[20]，卑宫室而尽力乎沟洫[21]。禹，吾无间然矣。”

张居正讲评译释 孔子说：“帝王治理天下的时候，不论事情的大小，都要依据各自的道理，不能随意改变。处理事务时如果有一点儿不合适，人们就会指出其中的错误。大禹做的每一件都十分恰当，没有任何不足的地方。在饮食方面，全天下都给禹进献贡品，所以他并不是食物不充足，但他却推却珍美的肴馔而食用粗劣的食物，在饭食上就是这么清贫啊。而在祭祀的时候，供奉的食物非常丰盛，这是因为他要表达自己的诚心，所以不能过于简单。在穿着方面，全天下都能生产布帛，衣物充足，大禹却舍弃华丽的衣服而穿粗布衣服，他在自己的衣物上就是这么朴素。而在祭祀时的祭服上，就要求服饰符合规制，一定要极为华贵而不能吝啬。在住所方面，天下都能当作禹的家，并不是不能建造壮丽的宫室，而禹却安于简陋的房屋而远离高大的屋宇。而当百姓的农田遭遇水患的时候，他就尽心竭力的处理水患，以至于手掌和脚底都磨起了老茧，却不感到辛劳。在应该丰盛的礼仪上就应该丰盛，在应该节俭的事情上就要节俭。在应该丰盛的时候俭朴就是过于鄙陋，在应该节俭的时候丰盛就是过于奢侈，这应该被批评议论。禹自己不肯享受，而在供奉神灵和为百姓办事上又是这样周全。在应该丰盛的地方丰盛，就不能说是奢侈；在应该节俭的地方节俭，就不能说是鄙陋。即使想批评议论他，又从哪儿找缺点批评呢？”所以孔子又说：“对于大禹，我无法从他身上找到任何不足。”如此高的赞美，是为了让后世的君主效仿大禹啊。孔子称赞大禹，固然是因为禹在节俭和丰盛时都合适恰当，而实际上重要的还在于他俭约的美德。通常情况下，对人们来说满足自身时肯定会比祭奠鬼神和服务百姓时更加用心。而君主拥有天下，他的权势又能够满足自己的欲望，所以对君主来说能做到恭敬地供奉鬼神，很难做到食用粗劣的食物；能穿着华贵的祭服，很难穿戴粗布衣物；能做到尽力为百姓做事，很难做到在简陋的房屋里居住。史书里称赞禹在国家事业上勤劳，在家庭生活上节俭，这是因为只有节俭，才能勤政为民。君主一旦有了享乐的念头，那么即使是被天下人奉养也不会满足，又怎么能勤政为民、诚心敬神呢？想要向禹学习，学习他节俭的美德就行了。

注释：

[1]泰伯，吴太伯，一作吴泰伯，姬姓，名不详，周部落首领古公亶父长子，周代诸侯国吴国第一代君主。古公亶父欲传位季历及其子姬昌（即周文王），太伯乃与仲雍让位三弟季历而出逃至荆蛮，建立国家号勾吴。

[2]葸，害怕，畏惧。

[3]绞，急切。

[4]偷，刻薄，不厚道。

[5]启，打开。

[6]孟敬子，姬姓，鲁国孟孙氏第11代宗主，名捷，世称仲孙捷，谥号敬，是孟武伯的儿子。据说他是孟子的曾祖父。

[7]笾豆之事，指祭祀。

[8]校，计较。

[9]六尺之孤，指未成年的孤儿。

[10]百里之命，指国君的政令。

[11]弘毅，抱负远大，意志坚强。

[12]谷，指俸禄。

[13]师挚，鲁国乐师，名挚。

[14]乱，乐曲的结尾。

[15]侗，幼稚无知。

[16]愿，老实，忠厚。

[17]巍巍，形容高大。

[18]乱臣，善于治理政务的大臣。

[19]无间，间，间隙、隙缝。这里引申为无可挑剔。

[20]黻冕，古时祭服。

[21]沟洫，指农田水利。

子罕第九

原文　子罕[1]言利与命与仁。

张居正讲评译释　孔子的弟子记录说：虽然老师平时在教导我们时无话不说，但是却很少谈论功利、天命、仁德这三方面。功利和仁德相反，求学者如果只追求利益就会不顾礼义廉耻；国家的君主如果只追求利益就会发生争权夺利的祸事，虽然这些在刚开始时是细微的小事，但是会产生很大的危害。所以老师很少谈论这些，这是想要人们知道应该在什么地方警惕啊。天命无常，人的生死祸福、富贵贫贱这些都难以预知，人们只要尽到了自己的本分，听天由命就行。如果和人谈论天命，那么人们就会认为每件事都取决于上天，遇到困难时就会对上天心生怨恨，所以老师很少谈论它，这是想要人们能注重对自身德行的修养啊。仁原本就存在每个人的心中，是天下所以善事的总和，这是很难讲清楚的大道理，如果勉强地给人们展示这些，就超出了人们的理解能力啊。所以老师也很少讲这些，这是想要人们循序渐进，逐渐提高理解能力。看圣人很少谈论什么，就能够知道我们应该做的事了。

原文　达巷党人[2]曰："大哉孔子！博学而无所成名。"

张居正讲评译释　孔子品德完备，在学问上无所不知，当时的人都知道他。达巷这地方的一个人曾经私下议论孔子说："一般的人知识有限、目光狭窄，而孔子真是伟大啊，他的学识真是渊博啊！大到道德生命上的奥妙，小到礼仪器物的细节，孔子都能探究它们的宗旨，分析它们的条理。现在想要找一件事来称赞他，但是他无所不通、无所不能，实在是不能只在某一个方面赞扬他啊，这是多么伟大啊！"这个人用伟大来称赞孔子，算是有见识的话了，但是他认为孔子的伟大只在于博学，这是不了解孔子啊！

原文　子闻之，谓门弟子曰："吾何执？执御乎？执射乎？吾执御矣。"

张居正讲评译释　孔子听了达巷党人的话后，就对弟子说："这个人称赞我博学，是因为我会的技能多。他说我没有可以树立名声的技能，是想要我专攻一个技能来展示自己啊。但是我应该专攻哪个方面呢？六艺之中的驾车和射箭我专攻哪一个都能成名，我是赶马车呢，还是射箭呢？就这两件事来比较，赶马车是很卑贱的工作，做起来更容易一些。那么，我就赶马车来成名吧！”听到别人称赞自己，孔子很谦虚地承认了。孔子的圣明，是天生睿智，他的学问有一个根本的道理贯穿始终。他自然不需要掌握所有技能，也不是想要获得名声，可惜不值得对达巷的这个人说这些。观察别人时，也不能够一概而论，对那些品德完备的人可以委以重任，对那些有特长的人可以从细事上考查他们。根据他们的才能正确地任用他们，这也是治理国家的人应该先做的事。

原文 子曰："麻冕，礼也；今也纯，俭，吾从众。拜下，礼也；今拜乎上，泰[3]也。虽违众，吾从下。"

张居正讲评译释 孔子说："只要不违反道义，就可以和大家保持一致；如果不符合道义，就一定不能认同。就像古时候的帽子，根据礼法的规定，布料需要用细麻织成。如今大家都用丝料代替麻料，这么做要节俭一点。这样做虽然不符合礼法，但不过是仪式上的小问题，不影响道义，更何况这些仪式可以根据情况随时做出更改，所以我赞成大家的做法，而不是背离众人。臣子拜见君王，要先在堂下叩头，进入朝堂后要再叩头，这也是传统礼法。如今大家都只在进入朝堂后叩头，这是傲慢的表现啊。傲慢就是不符合君臣之义，君臣之义关系到根本的纲常伦理，不是小事，所以，尽管违逆了大家的做法，我依然主张先在堂下叩头。"由此可以看出，孔子为人处世，不关注社会风俗的爱好和崇尚，只关心行为是否符合义理。孔子的做法能够作为历朝历代最恰当的礼法了呀！

原文 子绝四——毋意，毋必，毋固，毋我。

张居正讲评译释 孔子的弟子记录说：我们老师在处理事务的时候，有四类毛病是绝对不犯的。哪四类呢？凭空臆测，武断，固执，谋求私利。人的内心原本清虚纯洁，如果被物欲牵引，做事就不能顺应本心。事情还没有发生，自己就先有了猜测，这就是凭空臆测。独断专行，这就是武断。事情已经过去，仍然在心里惦记担心，这就是固执。只追求自己的便利，不顾天下的公理，这就是谋求私利。这四类毛病，人们都很难避免，而我们老师心胸宽阔、顺应事理，事情没发生时从不臆测，也不期待结果符合自己的想法，事情发生之后，不固执己见，也不追求自己的私利。他就像镜子一样明亮，没有任何遮蔽；像称一样公平，没有任何偏差，所以说他没有这四类毛病。如果不是圣人，就难以完全避免这四类毛病。如果人们能时刻反省自己，克制自己的私欲，保存内心的天理，就能够从少犯错变成不犯错，从而达到圣人的境界啊。先儒说过：忘记自己的私欲就能变得明理，依据事理就能够顺利地完成任务。向圣人学习的人应该知道这些啊！

原文　子畏于匡[4]，曰："文王既没，文不在兹[5]乎？天之将丧斯文也，后死者不得与于斯文也；天之未丧斯文也，匡人其如予何？"

张居正讲评译释　昔日鲁国有一个叫作阳虎的乱臣，曾经在匡地掠夺和残杀，因此匡人非常痛恨他。有一天孔子从卫国到陈国去，经过匡地，孔子的相貌与阳虎相像，匡人误以为孔子就是阳虎，所以将他围困。孔子因此对匡地心生警戒，跟随的弟子都感到害怕。孔子开导他们说："道依靠礼教文化才能显扬，也一定需要有人来传承。昔日文王在世的时候，之前圣人们的礼教文化，都传给了文王。如今文王已经去世，那么这些礼教文化不就在我身上了吗？这些文化的兴盛和丧失都取决于上天。假使上天要消灭这些文化，那么我就不可能掌握这些文化，而我为后生晚辈，如果见不到道，学不到正宗的学问，自然得不到这些文化呀。如今上天之所以让我得到了这些文化，那么就是不想消灭这些文化。上天既然不想消灭文化，那么我的命就是由上天掌握，匡人怎么能够违背天意加害我呢？我在这方面有自信，你们不用感到担心。"圣人身处难以预测的危难之中，还能够如此泰然。这真的就是所说的当突然面临意外时不惊慌失措，当无故受到侵犯时也不害怕。求学的人看到这些，不只可以学到孔子在道理上的清楚明白和在追求道时的坚毅勇敢，也能学习到孔子涵养心志的方法啊！

原文　太宰[6]问于子贡曰："夫子圣者与？何其多能也？"

张居正讲评译释　有一个太宰曾经问子贡说："我听说无所不通的人被称作圣人。如今看来孔子就是所说的圣人吧？不然他怎么会多才多艺、无所不能呢？"他把多才多艺的人当作圣人，就是不了解什么是圣人。

原文　子贡曰："固天纵之将圣，又多能也。"

张居正讲评译释　子贡回答太宰说："你把多才多艺当作圣人吗？你不知道圣人之所以成为圣人，在于品德的高尚而不在于多才多艺。那些圣明贤德的人都有各自的能力，只有我们老师德行如同天地一样，道德古今第一，自人类诞生以来就没有像他这样品德高深的人。这是上天让他成为圣人的，所以对他的才能没有限制。"品德既然达到了圣人的地步，那么在才能方面自然无所不通，所以才会多才多艺。既然多才多艺是成为圣人之外的事，那怎么能够完全代表孔子的圣明呢？子贡的话，充满了智慧，完全能够了解圣人呀！

原文 子闻之，曰："太宰知我乎。吾少也贱，故多能鄙事。君子多乎哉？不多也。"

张居正讲评译释 孔子听闻太宰和子贡的对话后，既不敢以圣人自居，又担心人们把多才多艺当作圣人，就表明自己的意思说："太宰说我多才多艺，他知道我多才多艺的原因吗？因为我小时候生活贫贱，既没有治理国家的职责，也没有进言劝谏的责任，所以能够从容地学习技艺，对礼仪、音乐、射箭、骑马、钓鱼、打猎这些，都熟练地进行了学习，所以学会了很多卑贱的技能。并不是因为自己是圣人所以无所不通啊。君子的可贵之处是在于会很多技能吗？君子只应该追求世间的大学问、大事业，一定不能把多才多艺当作可贵的地方。君子不因为多才多艺而感到可贵，那么又怎么能把多才多艺的人当作圣人呢？所以把我当作圣人，我实在是不敢当，而认为圣人在于多才多艺，错的就更远了啊！"

原文 牢[7]曰："子云，'吾不试[8]，故艺。'"

张居正讲评译释 孔子的弟子记录到琴牢说过："老师曾经说过，自己年轻时不被人了解，没有被重用，所以学会了很多技能。老师的意思就是因为自己年轻时很卑贱，所以才学会了很多技能。那么多才多艺就不是君子可贵的地方，而老师之所以成为圣人，的确不是因为多才多艺啊，太宰哪里了解老师呢？"在这一章里太宰的话和达巷那个人的话差不多。孔子一方面认为自己要驾车，一方面认为自己因为卑贱才多才多艺，这些都是谦虚的说法。其实圣人的学问，并不在这些地方。因为修养自身、治理天下的时候都有各自最根本的方法，从尧舜到孔子都是这个道理，不把多才多艺当作最紧要的事。想要学习圣人的人应该详细体会这些话。

原文 子曰："吾有知乎哉？无知也。有鄙夫问于我，空空如也。我叩其两端而竭焉。"

张居正讲评译释 当时的人们都称赞孔子是无所不知的圣人。孔子听说了之后推辞说："人们都说我无所不知，我真的有知识吗？其实我没有什么知识啊。只是我平时对别人说话，不敢有任何保留，不敢怠慢敷衍贤者，即使是没有任何知识的农夫来向我请教，我也没有因为他的愚钝而轻视忽略他，我一定会用尽我所有的知识，从这一问题的首尾两端给他讲解，把这一问题的始终本末、上下精粗都完全告诉他。我对别人讲话，一定会这样诚心尽力。所以当时的人们就认为我有知识，而实际上我没有什么知识啊。”这些话是圣人的谦辞，孔子能从首尾两端给人讲解问题，这就可以看出他的无所不知和诲人不倦啊。

原文 子曰：“凤鸟不至，河[9]不出图[10]，吾已矣夫。”

张居正讲评译释 舜在世时有凤凰飞到宫廷里，周文王时凤凰在岐山鸣叫，伏羲时龙马背负“河图”从黄河中出现，伏羲根据图上从一至十的数字画出了八卦图。如果国家有圣明的君王，那么天地间就会变得平和安详，所以祥瑞才会像这样响应。春秋时期，没有圣明的君王，孔子难以施展自己的抱负，所以感慨说：“我听说有圣贤君王的朝代，凤凰和河图都会出现，如今凤凰不飞来了，就不是舜和文王那样的时代。黄河中不出现八卦图，就不是伏羲那样的时代。没有圣明的君王，谁会重用我呢？完了，我的抱负不能够实行了啊！”从这可以看出，圣人的进退关系到国家的盛衰。春秋时期，有孔子这样的圣人，却没有被重用，这就是周朝衰弱并且难以振作的原因啊！

原文 子见齐衰[11]者、冕衣裳[12]者与瞽[13]者，见之，虽少，必作；过之，必趋。

张居正讲评译释 孔子的弟子记录说：我们老师平日里见到穿着丧服守丧的人，见到穿着礼服、戴着礼帽的有爵位的人，就会肃然起敬，变得恭敬谨慎。即使是遇到年轻人或者盲人，也一定会站起身来。如果经过他们，也一定会快步走过。有丧事的人内心悲痛，在感情上应该为他们感到哀伤，有爵位的人既然接受了朝廷的命令，按照礼仪就应该被尊重。老师只要见到他们，就对他们表示哀伤和恭敬，不因为他们是年轻人或者盲人而忽视。人们都知道应该尊敬有爵位的人，应该怜悯有丧事的人。只有年轻人容易被忽视，盲人容易被欺负，而我们老师并不因为他们是年轻人或自人就减少哀伤和尊敬。这就是孔子无比圣明仁德的原因啊。

原文 颜渊喟然叹曰：“仰之弥[14]高，钻之弥坚，瞻之在前，忽焉在后。”

张居正讲评译释 颜渊在孔子门下求学，在学问有所收获之后感叹说：“太高深了，老师的学问无穷无尽难以捉摸啊。刚开始我见他很高大，就抬起头仰望，以为可以看得到，然而只是感觉往前进一个级别就还有下一个级别，抬头仰望就会觉得他更加高大；刚开始我见他的学问很高深，就深入钻研，认为很快就能够进入到老师的境界，但是进入一层之后还有一层，越拼命钻研就觉得越没有穷尽。我往前看，看到圣人的学问在自己前面，难以达到。等到奋力追赶的时候，忽然又像是在自己后面，自己反而错过了。”孔子的学问流动不拘，变幻莫测，难以捉摸，高深巧妙，到了这种地步，颜渊将要学习哪个方面呢？刚开始就是这么难啊！

原文 “夫子循循然善诱人，博我以文，约我以礼。”

张居正讲评译释 颜渊说：“老师的学问非常高超巧妙，假使他不善于教导，那么求学的人又怎么进步呢？幸亏老师非常善于循循善诱，依照顺序逐步帮助别人学习。存在于天地间的道理就是文化典籍，文化上的知识不丰富，就无法辨别万千事理的真假。老师用文化典籍丰富我的知识，让我通晓古今，明白事物变化的道理，把天下的道理都逐渐地融会贯通，这样我的智力就逐渐提高，没有变得孤陋寡闻。不同的道理各有区别，也都有各自原本的仪式，这叫作礼仪。没有礼仪的约束，就难以体会到道德根本，用礼节来约束我的行为，让我尊重自己听到的知识，实践自己学到的道理，把天下的道理都用礼仪去约束，有所依据之后，就不会迷茫混乱了啊。在丰富知识的同时用礼仪约束自己，既不会因为约束而没有收获，因为礼仪的约束才学到了丰富的知识，又不会导致丰富的知识没有依据。”孔子就是这样循循善诱。颜渊难道不是根据这些才知道如何学习的吗？

原文 “欲罢不能，既竭吾才，如有所立卓尔。虽欲从之，末由也已。”

张居正讲评译释 颜渊又说：“我既然领会到了老师关于广博和约束的教导，就知道往什么地方下功夫。用丰富的知识充实自己，用严格的礼仪约束自己，就能够看到丰富的道理和趣味，就不会停止自己的努力，而是尽心尽力地提升自己。经过一段时间用功，之前难以理解的部分，现在也能清楚明白地看到了，就像这学问在自己眼前一样，只是想再往前迈一步，完全将其融会贯通，但是不知道应该如何着手了。因为圣人圆润活泼，做事能遵循天理，从不逾越规矩，他们的行为不会受到任何规则的影响，一切都能出于自然，这不是我通过勉强和努力就能做到的。在这种时候，我保持自然，等待自己领悟就行了，怎么能过于急切地强迫自己快速领悟呢？”颜渊深刻地认识到了应该用功学习圣人的教诲，深刻地感受到了圣人教导的美好。这一篇里所说的用丰富的知识充实自己，用严格的礼仪约束自己，就是圣人教诲中最关键的地方，没有获得知识和参与实践之外的学习方法了。根据尧舜的教诲，用功精深就是学习知识的工夫；用心专一就是用礼仪约束自己。在这里，孔子能将尧舜的教诲融会贯通，颜渊能够进一步阐述孔子的思想。求学者如果能努力做到这些，怎么需要担心不能成就功业，不能达到圣人的境地呢？

原文 子疾病，子路使门人为臣。

张居正讲评译释 孔子生了重病，子路考虑到孔子的后事，认为孔子是品德高尚的圣人，一旦去世，采用的礼仪自然应该格外受到重视，就让自己的弟子去给孔子做家臣。古时候大夫都有家臣来协助管理家务，大夫去世就由家臣处理丧事，这就像臣子对待君主一样，所以子路用这种方法来尊崇孔子。然而孔子当时已经没有官位，不应该有家臣，子路这么做是不知道尊崇孔子的正确方法啊。

原文 病间[15]曰："久矣哉，由之行诈也。无臣而为有臣。吾谁欺？欺天乎？"

张居正讲评译释 子路让自己的学生给孔子做家臣，孔子当时病情严重，不知道这件事。等到病情减轻之后，就责备他说："很久以来，子路就干这种欺诈的勾当了。过去我做大夫的时候，曾经有家臣。如今既然已经没有了官位，就不应该有家臣了啊。人们都知道我没有家臣，而如今我做了拥有家臣这件不合情理的事，那么我是骗谁呢？骗老天吗？人没有比欺骗上天更大的罪了。更何况上天难以欺骗，这么做只是骗自己罢了。"孔子把罪责归到自己身上，其实是用来严厉地责备子路啊。

原文 "且予与其死于臣之手也，无宁死于二三子之手乎？且予纵不得火葬[16]，予死于道路乎？"

张居正讲评译释 孔子又告诫子路说："你想让我用家臣，这怎么是尊敬我呢？你不知道君子应该按道德的要求去爱护人，依据礼仪和别人相处。假如我在家臣的侍奉中死去，就是不符合礼仪。还不如死在你们这些弟子的侍奉中，在我们师徒情义中死去我才能安心啊。即使我没有家臣，不能举行隆重的葬礼，难道就会被扔在路边没人理会吗？同样是死，同样能被安葬，你们不用师徒的情谊对待我，而想强行采用君臣之间的礼仪，想要欺瞒上天，心里是怎么想的呢？这样的行为不只是不恰当，而且也没必要啊！"孔子在病情严重的时候依然诚恳地侍奉上天，端正地遵守礼法，是这样的一丝不苟。这值得被万世效仿啊！

原文 子贡曰："有美玉于斯，韫椟[17]而藏诸？求善贾而沽[18]诸？"子曰："沽之哉！沽之哉！我待贾者也。"

张居正讲评译释 孔子拥有大才大德却不做官，子贡因此做出假设问道："天下间珍贵的宝物，一定有很重要的作用，宝物当中没有比玉更贵重的了，而美玉则尤其贵重。如今有一块美玉，是自己放在柜子里珍藏呢？还是根据他的价值将它卖给别人呢？"子贡把孔子比作美玉，把藏起来或卖掉比喻孔子做官或者归隐。孔子回答说："玉本来是有用的物品，假如不将它卖掉，就是让它变成了没用的东西。将它卖掉吧！将它卖掉吧！天下间的宝物，应该天下人共同拥有，如何能自己私藏呢？然而玉是最贵重的物品，假如让别人自己买卖，那么别人就会轻视而不把美玉当作宝物，这就是让贵重的物品变得贫贱。所以我一定要等到别人用合适的价格来买的时候再出售。”天下间的宝物，应该受到天下人爱惜，更不能够自我轻贱。知道玉应该卖掉，就知道夫子应该出仕做官。知道玉应该有一个合适的价格，就知道孔子在等待别人以礼相请。如果没人以礼相请，而自己前去求官，这就是拿着美玉请求低价卖给别人，圣人怎么会做这种事呢？由此可见读书人在出仕和隐退的时候，等待就是保持自己端正的操守，求官就是奔走竞争谋求私利，实在不能不慎重分辨啊。君主在求取贤才的时候，应当在任用之前慎重挑选，不能让心术不正、违背正道的人接近自己。让贤才能充分发挥自己的能力，不因为顺从自己而舍弃自己的学问。做到这些之后就能成为爱才的明君啊！

原文 子欲居九夷[19]。或曰:“陋，如之何？”子曰:“君子居之，何陋之有？”

张居正讲评译释 孔子周游列国，本来想施展自己的抱负。然而当时没有圣明的君主重用他，孔子知道自己的抱负最终也难以实施，就想远离华夏，到九夷去居住。这虽然是孔子因为时世感到激愤而说的话，以孔子的圣明，自然能用华夏的文化来感化夷狄，所以即使是九夷，也没有什么不能居住的。有的人不明白这些，就问孔子说：“我们和九夷那里语言不通，习惯不同，他们的习俗非常鄙陋，你如何在那儿居住呢？”孔子回答说:“天下没有不能改变的风俗，也没有不能感化的人。即使九夷那里风俗鄙陋，但如果让道德完备的君子居住在那里，就一定能用诗、书、礼、乐修养他们的身心，用服饰衣冠、礼仪等让他们耳目一新，自然能够将当地的风俗变得像华夏一样文雅，又有什么简陋的呢？”由此可见圣人的品德高尚，所到之处人们无不受到感化，就像舜在历山耕种，周围种田的人也变得互相谦让，泰伯、端委能让蛮夷感化一样。这些圣人们所引起的反应，完全一致呀。假使孔子能够治理国家，那么一定能感化百姓让社会变得和谐，带来的成效怎么会小呢？可惜春秋时期他没能受到重用啊！

原文 子曰：“吾自卫反鲁，然后《乐》正，《雅》《颂》各得其所。”

张居正讲评译释 孔子说：“周的礼乐文化都在我们鲁国，音乐诗词这些原本是很完善的，但是由于经历的年代久远，那些诗乐的篇章和节奏都变得混乱了。我曾经在列国周游，互相考证，才知道正确的顺序，所以从卫国返回鲁国后，特意将它们整理补正。把残缺的篇目补充完整，把混乱的次序整理通顺，这样这些乐曲才算是完整通顺。而《雅》《颂》这些被演唱的诗歌，或用于祭祀，或用于朝廷，都能各得其所，不会发生混乱。”这是孔子自述自己理正音乐的事。

原文 子曰：“出则事公卿，入则事父兄，丧事不敢不勉，不为酒困，何有于我哉？”

张居正讲评译释 孔子说：“人们认为日常生活和起居饮食很容易。但如果一定要把每一件事的道理都弄明白，也是很困难的。在朝廷做官，为公卿效力时，同上级的交往要有原则，不能缺少礼仪；在家庭生活上，要诚心地为父兄尽孝，保持作为儿子、兄弟应尽的礼仪。在有丧事的时候不能不尽心竭力，不只是在为父母守丧期间诚恳谨慎，即使是为远亲守丧时也一定要遵从礼数。在设宴饮酒的时候，不过度饮酒，即使有时候在联欢时依据礼仪需要饮酒，也不能过度饮酒导致心神迷乱。这四件事虽然是寻常的事，然而前三件是依据天理应该做到的，一定要做到；后一件是影响人心志的事，所以不能违反。如果不是品德高尚、礼仪完备、内心纯洁的人，就做不到这些。对我而言，除了这些之外还有什么要做的呢？这四件事，都是人们日常生活最普通的道德规范，而我还不能完全做到。更何况君子求学时还有比这更重要的事呢！这就是我在学习时警觉谨慎、毫不松懈的原因啊！”这是圣人在教导别人时的自我谦虚，从这就可以看出孔子对道的不懈追求和对学问的亲身践行。

原文 子在川上曰：“逝者如斯夫！不舍昼夜。”

张居正讲评译释 天地之间阴和阳的运动在古今日夜都永不止息，这是道最根本的规律。但是事物的变化隐约细微，难以辨识，只有水流的运动最明显。所以孔子在河边感叹说：“我看这河水，流过去，流过来，永不止息地奔腾向前。天地之间无穷无尽的运动变化就像这样，昼夜不停啊。”大地之间没有任何事物不在道的包含之中，水流的奔腾不息可以验证事物的运动不止。从运动变化的永不止息就可以知道规律的存在，由此看来，想要自强不息地探求道的人，片刻也不能停止学习啊！

原文 子曰：“吾未见好德如好色者也。”

张居正讲评译释 孔子叹息说：“没有人不喜欢美色。上天赋予人的正当的道理叫作德，原本所有人都具备德，也都应该喜爱美德。然而如今有人昏庸愚昧，看不到品德的美好和值得喜爱的地方；有的人沉迷于物欲，知道德的美好却不喜好；有的人知道修习品德，但却不能用功修习；有的人虽然羡慕别人美好的品德，却没有尊贤敬士的实际行动。我从来没有见过喜好高尚品德胜过喜好美色的人啊。”人如果能像爱好美色一样爱好品德，就像《大学》里说的不欺骗自己不自我满足。如果把这种想法推广到正心、修身、齐家、治国、平天下上，那么实现这些又有什么困难呢？孔子的话，是对人们很深刻地勉励啊！

原文 子曰:“譬如为山,未成一篑[20],止,吾止也。譬如平地,虽覆一篑,进,吾往也。”

张居正讲评译释 孔子说：“人的学习不进则退，但是进退都在于自己，而不在别人。如果停止努力，不但刚开始做的事不能取得成果，即使是即将完成的事，一旦停止会浪费掉之前的努力。就像是用土堆山，已经堆了很高，只缺少一筐土就能堆成了，这时想要成山不是很容易吗？却忽然停止努力，不肯继续向上堆土，那之前的努力就都白费了，山最终也难以堆成。这个停止，怎么是因为别人的阻挡呢？这只是自己心生懈怠，在将近成功的时候放弃了，求学的人能不引以为戒吗？在前进上，不只是快要成功时努力前进才会起作用，一个人即使是之前没有任何努力，现在一旦开始发奋努力，那么将来也有可能成为圣人。又比如在平地上用土堆山，即使只堆了一筐土，离一座高山还很远。但是只要不停止努力，经过日积月累的付出后，山就一定能堆成！这个进步，怎么是有人怂恿而取得的呢？这只是自己发奋向上，不愿意变得平庸呀，求学的人能不勉励自己吗？”大致上人求学时，都会先树立一个志向，那些半途而废的人，就是志向奔毁了呀。志向一旦崩毁，怎么能继续努力呢？自己发奋前进的人，他们的志向很坚定啊，志向坚定，做什么事不会成功呢？所以即使是汤这样的圣人，仲虺也因为害怕他志得意满而劝诫；向高宗这样的明主，傅说也一直勉励他谦虚好学；像武王这样学问丰富的人，召公也防范他玩物丧志。孔子的话防范的就是堆砌高山时，在即将成功的时候放弃呀。那些要侍奉君王的求学者，能不坚持自己的志向吗？

原文 子曰：“语之而不惰者，其回也欤？”

张居正讲评译释 孔子说：“我教导别人的时候总是说很多话，虽然教的人很多，而能亲身去实践的人很少。如果我把道理告诉他，他就能马上理解并付出行动，没有一点懈怠，只有颜回一个人能做到吧！颜回天资敏锐，并且能潜心求学，只要有所听闻，就能融会贯通，他在行动时，又能坚定专注。如果教导他要约束自我，使言行合乎礼，他就能够这么做；如果教导他要广求学问、恪守礼法，那么他就不会停止。他的一言一行根据的都是我教导的道理，并且没有一点懈怠。我所见的能够做到这些的，就只有他一个人，其他的弟子都比不上他。对求学的人来说，最难做到的就是不荒废、不懈怠，像冉求这样多才多艺的人，也有学不进去的时候，像子贡这样知识丰富的人，也会感到厌倦，更何况别人呢？”从孔子称赞颜回求学不懈怠、不厌倦，可以看出圣贤的学问都来自勤奋学习。读者应该深刻地体会这些啊！

原文　子谓颜渊，曰："惜乎！吾见其进也，未见其止也。"

张居正讲评译释　颜回去世之后，孔子思念他而叹息说："颜回真可惜啊！我见他不断前进，从未见他停止过。有的人资质有限，即使想要前进也前进不了，有的人志向不专一，很快就会退步。所以能进步很难，想要一直进步更加难。只有颜回在求学的时候能够勇往直前，每天都感到不满足，一定要达到精微纯粹的境地，我没有见到他停止过。颜回在求学上一直前进从不停止，前途不可限量，坚持下去不难达到圣人的境地啊，而如今不幸死掉了！这岂不可惜吗！”孔子为颜回感到可惜，也是对其他弟子的勉励啊！

原文　子曰："苗[21]而不秀[22]者有矣夫！秀而不实者有矣夫！"

张居正讲评译释　孔子说："人从开始学习到有进步，从有进步到取得成就，就像庄稼从出苗到开花，从开花到结果一样。五谷虽然是很优良的种子，而如果没有恰当地培植灌溉，就会出现庄稼出苗却不吐穗开花的情况，或者会产生吐穗开花而不结果的情况。如果有人天资聪颖，而在求学的时候不能锐意进取使自己的聪明才智得到充分发挥，这就是庄稼出苗却不吐穗开花。虽然聪明才智有了充分发展，但是却不能深入学习取得成就，这就是吐穗开花而不结果，这不都让人感到可惜吗！”如果能克服这些弊端，努力进取，从不懈怠，就一定能取得成就，人们应该这样勉励自己啊！

原文　子曰："后生可畏，焉知来者之不如今也？四十、五十而无闻焉，斯亦不足畏也已。"

张居正讲评译释　孔子说："年轻人值得敬畏。因为他们年轻气盛，日后有很多学习的时间，他们精力旺盛，有空余的工夫学习。如果他们能锐意进取，或许就能成为圣人、贤人，怎么知道他们以后的成就比不上我们呢？这就是为什么年轻人值得敬畏。但是他们值得敬畏是因为将来能够取得进步，如果他们不努力学习，而是虚度年华地活到四五十岁，没有获得任何名望，这就没有什么值得敬畏的了。”四五十岁是一个人树立德业、取得成就的时候，如果到了这个时候还没有取得值得称赞的名声，最后就难免变成平庸的人，又有什么值得敬畏的？由此可见，人应该在年轻力壮的时候提升自己的品德，建立功业，年轻时如果不努力进取，那么转眼就到了老年。年老之后，即使想努力求学，然而这时已经年老体衰，学习能力已经不如年轻时那样了，后悔也没用啊！古语说，少壮不努力，老大徒伤悲，所以大禹珍惜每一寸光阴，高宗时刻勉励自己。作为君王，如果想要变得圣明，就更应该珍惜时间，发愤图强。

原文 子曰："法语[23]之言，能无从乎？改之为贵。巽与[24]之言，能无说乎？绎[25]之为贵。说而不绎，从而不改，吾末如之何也已矣。"

张居正讲评译释 孔子说："进言劝谏的人固然应该根据不同的人采取不同的方法，被劝谏的人也应该虚心接受建议。假如别人有过错，自己清楚明白地对他直言劝谏，这是符合礼法的言辞规劝。这样的劝诫明白通透，能讲清楚利害关系，人们听了之后，一定会肃然起敬，能不心生敬畏并且听从建议吗？然而可贵的地方不在于纳谏者听从劝谏，而在于根据劝谏反思自己，立刻改正自己身上的缺点，不因为畏惧困难而苟且敷衍，这才是能接受劝谏的人，这才算可贵啊！看到别人有过错，用道理委婉地开导他，这是恭顺委婉的言辞。这样的话言辞委婉、语气平和，别人听了后必定恍然大悟，能不高兴地接受吗？然而可贵的地方不在于对方只是高兴地接受自己的言辞，而在于仔细体会，弄明白自己话里的深意，这才是喜欢听到劝谏的人，这才算可贵啊！如果只是一时高兴，而没有深刻反思，只是表面顺从，而不改正过错，这样的话，即使每天都接受正直的劝谏，每天都听从委婉的开导，最终也难以摆脱昏庸、改正错误。这样的人，还能拿他怎么办呢？"有的人不能听从劝谏，还仍然希望他能听从并且有所改善。既然顺从了他的喜好，委婉地进行开导，有了使其改善的可能，但他却仍然不能改正错误，就像没有听到过劝导一样，这样对他的劝导还有什么作用呢？所以孔子才说拿他没办法了，这是非常绝望时才说的话呀！孔子的话，是君主接纳建议的方法。臣子进言劝谏是最困难的事，如果言辞过于直接，就会白白地惹怒君主，如果过于平和，那么委婉暗示的话就难以引起君主的注意和重视。所以圣明的帝王都虚心纳谏，态度平和地接受建议。把直言规谏当作良药，虽然带有苦味，但有利于治病；把委婉劝导的话当作五谷，虽然口味很淡，但是能让人回味无穷，能做到这些还会不改正错误吗？君主如果能像舜一样善于分析别人浅近话语里的含义，像汤一样善于接纳别人的谏言，品德就会日渐深厚，就能被万世称颂了。

原文 子曰："三军可夺帅也，匹夫不可夺志也。"

张居正讲评译释 孔子说："人最重要的就是树立志向，志向树立了之后是由自己主导，没有人能动摇。被上万士兵保护的主将，好像是最难以被攻击、伤害的了，应该是最难动摇的事了。然而军队人数虽多，是否英勇还要取决于士兵们的情况。如果士兵们不能相互配合，或者不能齐心协力，那么能够通过计谋战胜他们，或者打击他们的气势以力取胜。用计谋打败他们，用气势摧毁他们，这样就能将他们的主帅擒获了，这就是非常难办到的事，却仍然有机会做到。一个坚持自己志向的普通人，势单力薄，似乎很容易就将他动摇。然而即使一个微不足道的普通人，如果能坚守自己的志向，那么即使有千万人也无处发力使其动摇，想要让他陷入危险与屈辱的境地，也只不过让他的身体受到屈辱罢了，而他的心志十分坚固难以动摇。想要用武力使其屈服，能伤害的也不过就是他的生命罢了，而他的内心依然固不可摧，所以说他的心志最终也难以动摇啊！”一个普通人的志向也能强过上万人的统帅，那么志向对一个人来说能不重要吗？求学者如果立志成为圣贤，那么就有机会能够成为圣贤，君主立志成为明君，那么就能成为明君。关键在于自己，别人谁能够阻挡呢？所以说君子最重要的在于树立远大而坚定的志向！

原文 子曰："衣敝缊[26]袍，与衣狐貉者立，而不耻者，其由也欤？"

张居正讲评译释 孔子说："一般人都不喜欢过贫困的生活，大都在追求富贵，没有人对富贵的生活不动心。身穿破旧的丝棉袍子，同身穿狐貉皮大衣的人站在一处，而不感到寒酸羞耻，或许只有仲由一个人能做到这样吧！"子路的学问见识已经非常高明，志向兴趣不再低俗鄙陋，所以能够谨言慎行，而不对富贵的生活动心。

原文 "不忮[27]不求，何用不臧[28]？"子路终身诵之。子曰："是道也，何足以臧？"

张居正讲评译释 孔子引用诗经称赞子路说："《卫风》里有一句诗说：人如果能不嫉妒也不贪求，那内心就不会劳累。这样的人很难得啊！这样的人很好呀！仲由完全能够担当得起这句诗啊。穷人和富人相互比较，内心要强的人一定会心生嫉妒，软弱的人也一定会心生贪欲。如今仲由不因为自己贫穷而感到耻辱，不羡慕别人的富裕，这就可以看出他不嫉妒也不贪求，这已经是很好的了。"孔子这么称赞子路，是想要他因为自己的称赞而继续进步，但是子路却反复背诵这两首诗，为自己有优点而暗自庆幸，不知道进一步提高自己。所以孔子又勉励他说："道不能简单地去求取，求学时也不能自我满足。人固然应该不嫉妒也不贪求，但这也只是保持操守的一方面罢了。有需要终身学习的学问，也有更加高深、更加精妙的道理，诗里说的怎么算是足够好呢？你应该努力进取，期望达到完美的境界啊！”子贡把不谄媚、不骄纵的当作人最好的品质，而孔子告诉他更好的品质是贫困却乐于道，虽富有却好礼，子路因为不嫉妒也不贪求而自我满足，孔子教导他不能因此而自满。孔子这么做都是赞许他们已经形成的品质，并且鼓励他们进一步提升自己。

原文 子曰："岁寒，然后知松柏之后凋也。"

张居正讲评译释 孔子感受到了当时社会风俗的萎靡和衰败，所以思念有坚定的志向和操守的君子。他为了激励求学的人，通过比喻发出感慨说："春天和夏天这样气候温和的季节，万物生长，草木繁茂，松树和柏树也和其他植物一样葱郁，这时看不出它们的刚毅坚强。只有在寒冬时节，寒风凛冽，大地缺乏生机，草木枯萎，只有松树和柏树和平常一样傲然挺立、青翠秀丽。这时候才能看出松树和柏树孤高、独立的品节，而不像一般的草木那样枯萎凋零。"在太平盛世，人们都能相安无事，小人和君子没有差别，当遇到了大的变故，或者在紧要关头，有的人就会因为害怕遭遇灾祸而屈服，有的人会因为穷困而改变操守，于是就有很多人为了苟且偷生而违背道义，失去了自己的操守。只有君子傲然独立，不改变自己的品节。他的志向不会受到权势的影响而改变，他的心志也不会因为面临生死而动摇，就像那最后凋落的松柏一样。所以说贫穷才可看出士人的节操和义气，乱世才能够看出哪些是忠臣义士，一定要到这种境地才能够看到这些。知道松柏最后凋零之后，即使在春夏时节，也不可以把松柏和其他植物看作一样。知道君子有操守和气节之后，即使是太平盛世，也不可以把君子当作普通人。如果一定等到发生了变故之后才想起来重用君子，那岂不是太晚了吗？

原文 子曰："智者不惑，仁者不忧，勇者不惧。"

张居正讲评译释 孔子说："有些人难以摆脱困惑，这是因为他们看到了理却不明白其中的缘故。只有聪明的人，平时将所有的道理探究得清楚明白。所以当事情发生后，都能透彻地了解其中的是非曲直。即使是疑难的事情、巧诈的言语也不会使他迷惑、混乱，这样的人怎么会有疑惑呢？有些人不能摆脱忧伤，这是被自己的私欲所连累的缘故。只有仁德的人能够约束自我，使自己的言行合乎礼，这样的人道德高深、公正朴实，丝毫不会受到私欲的劳累，所以能够遵循道理，安心前行，心中坦然，身体舒泰。内心没有产生欲望，自然就不会感到忧愁，即便是面对贫困、夷狄、灾患这些不顺心的事，也能够坦然面对，无论到了什么境地都可以安然自得，所以这样的人怎么会有忧愁呢？有些人难以摆脱恐惧，这是正气不足，缺乏道义的缘故。只有勇敢的人，刚毅坚强，充满了天地间的浩然正气。所以勇敢的人能够保持坚定的操守而不屈服，遇到事情能勇敢果断，当行便行，当断则断，有始有终，毫不犹豫畏缩。即使是跟自己有密切的利害关系，即使是受到侮辱或诽谤，也没有任何动摇，又怎么会感到畏惧呢？”智慧、仁德、勇敢是天下间通行不变的道理，学问高深的人修养自身，圣明的帝王治理天下，依据的都是这些，所以他们才能充满智慧而没有任何困惑，将智慧照射到天下；充满仁德而没有任何忧愁，将恩德惠及天下九州；坚毅勇敢而毫不畏惧，将万事万物妥善处理。想要成为圣明的帝王，能不用这些勉励自己吗？

原文　子曰：“可与共学，未可与适[29]道；可与适道，未可与立；可与立，未可与权[30]。”

张居正讲评译释　孔子说：“人的学问水平各有不同，君子应该选择同那些学问水平相似的人交往，不能吹嘘自己的水平。如果一个人能立志学习，不自我放弃，固然能和这样一块学习，然而学习一定要把追求道当作目的，学习而不追求道，就是白学了呀。那些刚开始学习的人学问不够，能够做到一心求道，而不被其他事物迷惑吗？所以能和这样的人一同学习，却未必能够同其一起追求道。如果一个人能不受外物的影响，坚定地追求道，固然能和他一起追求道。而求学必须要脚踏实地，实实在在地参与实践，才能有所握持。那些追求道的人，自身操守还不牢固，能够做到坚定地保持操守，不被外物动摇吗？所以那些能够一同追求道的人，未必能同他们一起坚守道。如果能坚定地保持自己的操守，不被外物影响，固然能够一同坚守道。然而为人处世，都有各自的道理，只有圣人能根据事物各自道理，恰当地处理每一件事。那些能保持操守的人大都不知道变通，能够在处理事务时做到灵活变通，适当地采取措施吗？所以能够一同坚守道的人，未必能够同他一起通权达变。”道的最高境界就是能够通权达变，求学时不能越级前进呀。求学的时候只有到了通权达变的境地才能够根据事物的变化做出合理的应对，这样学问才算有成就。更何况君主每天都要处理大量的事务，要想每一件事都处理得当，更加要知道通达变通。但是他也需要在平时就仔细地辨察探求事物的道理，这样才能够准确地判断事情的轻重缓解。所以说要想做到通权达变也不能忽略平时在学问上的努力呀！

原文　“唐棣[31]之华，偏其反而。岂不尔思，室是远而。”子曰：“未之思也，何远之有？”

张居正讲评译释　这四句诗不在《诗经》的三百篇之中，这是因为孔子在修订《诗经》的时候给删去了，所以这首诗是现存篇目之外的“逸诗”。诗人比喻说:“我看唐棣树上的花呀，在春风和煦的时候翩翩地摇动，因此心生感触，睹物思人，怎么会不思念你呢？但是因为距离太遥远了，难以见面啊！”但是人们不知道这位诗人思念的是什么，孔子就借着这句诗说：“天下的事不担心做不到，而担心不去求取。按这个诗人的话，既然说了思念，而担心距离的遥远，还是不够思念啊。如果是真的思念，那么就会立刻前去见面，又怎么会遥远呢？如果诚心思念贤人，即使是千年前，万里外，只要内心真诚让人信服，自然能够沟通交流，怎么会担心时间和距离的间隔呢？如果真心思念道，那么即使道理非常精微、巧妙，只要自己足够地真诚，自然能够理解贯通，又怎么会难以理解呢？”这是孔子借用前人的诗词来勉励人们啊。但是人心很有灵性，想要为善固然不难，想要作恶也很容易。所以先世大儒说：有智慧的人能看出事物发生变化的隐微征兆，这是因为他们会深入地思考。求学者不能不小心谨慎地进行思考，以免陷入误区呀。

注释：

[1]罕，少。

[2]达巷党人，达巷这地方的人。古时候五百家叫作一党，达巷是党名。

[3]泰，骄纵，傲慢。

[4]畏于匡，在匡地受到威胁。匡，地名，在今河南省长垣县西南，典故。畏，受到威胁。公元前496年，孔子从卫国到陈国去，经过匡地。匡人曾受到鲁国阳虎的掠夺和残杀。孔子的相貌与阳虎相像，匡人误以为孔子就是阳虎，所以将他围困。

[5]兹，这里，指孔子自己。

[6] 太宰，相传殷置太宰。 周称冢宰，为天官之长，掌建邦之六典，以佐王治邦国。春秋列国亦多置太宰之官，职权不尽相同。

[7]牢，琴牢，姓琴名牢，字子开，一字子张，又称琴张，卫国人。孔子的弟子。

[8]试，用，任用。

[9]河，黄河。

[10]图，八卦图。

[11]齐衰，丧服名。为五服之一。服用粗麻布制成，以其缉边缝齐，故称“齐衰”。

[12]冕衣裳，礼服。

[13]瞽，瞎眼。

[14]弥，越，更加。

[15]病间，病情减轻。

[16]火葬，隆重的葬礼。

[17]韫椟，音 yùndù，收藏物件的柜子。

[18]沽，卖。

[19]九夷，古代称东方的九种民族。亦指其所居之地。

[20]篑，古代盛土的筐子。

[21]苗，初生的植物或没有秀穗的庄稼。

[22]秀，植物吐穗开花。

[23]法语，合乎礼法的言语。

[24]巽与，顺从，附和。

[25]绎 ，抽出，理出头绪。

[26]缊，旧的丝棉絮。这里指破旧的丝棉袍。

[27]忮，嫉妒。

[28]臧，善，好。

[29]适，往，归向。

[30]权，变通，不依常规。

[31]唐棣，一种植物，陆玑《毛诗草木鸟兽虫鱼疏》以为就是郁李（蔷薇科，落叶乔木），李时珍《本草纲目》却以为是扶移（蔷薇科，落叶乔木）。

乡党第十

原文 孔子于乡党，恂恂如也，似不能言者。其在宗庙朝廷，便便[1]言，唯谨尔。

张居正讲评译释 孔子的弟子记录说：我们老师在家乡的时候，恭敬朴实，信实谦卑，不展现自己的聪明智慧，就像不会说话似的。因为家乡是父母亲朋好友所在的地方，和尊长相处时，应该这样谦逊恭敬。至于在宗庙祭祀和在朝廷做官的时候，他在和别人议论时就很善于言辞。应该要讲究的礼节，他就谨慎地询问，值得商榷的事情，他就明确地分辨，但是他说的都是应该说的，并且非常谨慎，从不放肆。因为宗庙代表着礼仪法规，朝廷关系到国家的政事，这和在家乡时不一样，所以说话一定要完整，做事一定要谨慎。这是因为圣人有高尚的品德，所以他在任何情况下都能遵循礼仪。

原文 朝，与下大夫言，侃侃如也；与上大夫言，訚訚[2]如也。

张居正讲评译释 孔子的弟子记录说：我们老师在朝堂上和大夫们相处的时候，总是会根据对方的官职采取相应的礼仪。如果同下大夫说话，对方职位相对较低，说话可以直接一些，当说就说，不用有忌讳，并且总是一副温和、快乐的样子。如果同上大夫说话，就神态恭敬，而不过于随意，即使在事理上刚正不屈，也用从容和悦的语气表达出来，并且是一副公正、正直的样子。这是因为在朝堂上，有爵位、等级的高低，所以即使要刚毅公正地对待他人，也要根据对方的地位采取适当的态度才行。

原文 君在，踧踖如也，与与如也。

张居正讲评译释 在君主临朝的时候，孔子则恭敬谨慎，没有任何疏忽懈怠，在面对君主的时候，就像是心中不安一样。一般的人这种情况下总是过于矜持，难免会很拘束。孔子则从容平和、仪容安详，他同君主的相处非常融洽啊。从这当中不只能看到孔子美好的仪容，也可以看出孔子侍奉君主时礼仪的完备啊。

原文 君召使摈[3]，色勃如[4]也，足躩[5]如也。

张居正讲评译释 孔子的弟子记录说：“国君召老师去接待外国的贵宾，这是两国之间友好的交往，是很重要的礼仪。所以老师一接到命令，就十分恭敬谨慎，脸色立刻变得矜持庄重，不像平常那样安逸自在；他走路时也来回盘旋躲闪，就像不能前进一样。”这是孔子刚开始接到命令的时候恭敬的样子。

原文 揖所与立，左右手，衣前后，襜[6]如也。

张居正讲评译释 接待宾客的时候有三位摈相：上摈，次摈，末摈。当主人有指示的时候，需要三位摈相依次作揖传递指示。孔子这时候恰好为次摈，末摈、上摈分别在孔子左右。所以孔子向同他站在一起的人作揖，向左边作揖，把指示传出时就要向左拱手；向右边作揖，接受指示的时候向右拱手。然而即使孔子向左或者向右拱手，他的身体依然端正自如，从没有移动。他的衣服前后摆动，却整齐不乱啊。

原文 趋进，翼如也。

张居正讲评译释 宾客和主君见了面之后，主人迎接宾客入内，作为摈相应该跟随着在左右侍奉。孔子在快步向前走的时候，张开双臂，（衣襟）好像鸟儿展开了翅膀一样。这两小节记录的是孔子行礼时恭敬的样子。

原文 宾退，必复命曰：“宾不顾矣。”

张居正讲评译释 宾客辞别后，主君还保持着恭敬。孔子必然会向主君汇报说：“宾客已经离开，不再回头张望了。”这是为了帮助主君缓解内心的恭敬。孔子在礼仪结束之后也还这么恭敬。孔子在作为摈相的时候，自始至终庄重地接待宾客，没有不符合礼仪的行为。如果不是品德高深的人，谁能做到这些？

原文 入公门，鞠躬如也，如不容。立不中门，行不履阈。

张居正讲评译释 孔子的弟子记录说：“我们老师在上朝的时候，一走进朝廷大门，就会肃然起敬，总要谨慎地弯着腰曲着身子走路，虽然朝廷的大门很高大，但仍然好像那里没有自己的容身之处似的。他是多么恭敬啊！他站立的时候，一定不站在门的正中间，害怕因此僭越冒犯了君长；他走路的时候也不踩门槛儿，害怕因为放肆而违背礼仪。”孔子这时还没有见到君主，就已经无比恭敬了呀！

原文 过位，色勃如也，足躩如也，其言似不足者。

张居正讲评译释 孔子到了朝堂之后，经过国君的位置时就好像国君在那儿坐着一样。他的面色变得特别矜持庄重，脚步也加快起来，说话的声音很低，好像底气不足不能说话似的。这是因为离国君近了之后，就要更加恭敬，和刚进入朝门的时候不一样了。

原文 摄齐[7]升堂，鞠躬如也，屏气似不息者。

张居正讲评译释 孔子朝拜过国君，向大殿上走的时候，双手提起衣服防止自己跌倒，弯曲着身子，不敢仰视国君，屏住气就好像不呼吸一样。这是因为越接近国君就越谨慎，这和经过国君座位的时候又不一样了。

原文 出，降一等[8]，逞颜色，怡怡如也。没阶，趋进，翼如也。复其位，踧踖如也。

张居正讲评译释 孔子在朝堂上向国君行完礼之后，走下台阶，在离国君有一段距离之后，才舒展开脸色，表现出一种怡然自得的样子。但是他从来没有忘记过对国君的恭敬，他走完台阶快步向前走的时候，姿态就像鸟儿展翅一般，像之前一样恭敬地双手执礼。回到自己的位置，孔子依然表现出那种踌躇不安却又严肃稳重的样子。他怎么会因为远离了君主，就心生懈怠呢？臣子拜见君主的时候，没有不恭敬畏惧的，至于在见到国君前就先表示出自己的恭敬，而在拜见过国君后依然不忘记恭敬，这样的臣子就很少啊！像这样竭尽礼仪地侍奉国君，一般人很难做到。

原文 执圭[9]，鞠躬如也，如不胜。上如揖，下如授。勃如战色，足蹜蹜如有循。

张居正讲评译释 孔子的弟子记录说："老师在鲁国做大夫的时候，曾经奉国君的命令出使邻国。他在行礼的时候，拿着代表国君的圭，弯曲着身体，就好像是举不起来一样。向上举手的时候就好像是在向人作揖，而不会过于高冷；俯手向下的时候就好像给人递东西，而不会过于卑贱。和别人会面的时候，脸色会立刻变得很恭敬，浮现出战栗的表情；他在行走的时候，步子很小，就好像沿着一条线向前走似的。"国君的命圭是国家最宝贵的物品，孔子在拿着命圭的时候内心非常恭敬谨慎，所以才会有这样的容貌神色。

原文 享礼[10]，有容色。私觌[11]，愉愉如也。

张居正讲评译释 孔子出使别国，向朝聘国君主进献礼物，这正是表示两国之间情谊的时候，所以他会表现出和颜悦色的样子。在和国君私下会面的时候，需要表现出自己的真诚，这和公开的行礼不同，所以他就更加轻松愉快了。在施行出使礼的时候，需要拿着国君的命圭行礼，这时候应该表示出自己的恭敬，所以孔子会完整地施仪。到了私下会面的时候，就需要展示出自己的平和，所以孔子就轻松地应对。既能平和又能恭敬，并且根据不同的情形做出不同的应对，如果不是圣人，谁能做到？

原文 君子不以绀緅饰[12]，红紫不以为亵服[13]。

张居正讲评译释 孔子的弟子记录说："我们老师穿衣服要依据一定的规制，如果一般场合的衣服，就不用近乎天青色和黑红色镶边，因为深青色的衣服是斋戒时衣服的颜色，黑红色是丧服的颜色，他担心这些衣服看起来和祭服一样。平时在家，就不穿大红大紫的衣服，因为青、黄、赤、白、黑是五种纯正的颜色，代表了尊贵的身份。红色和紫色都是和正色相似的杂色，在家穿这种杂色的衣服容易被人误作身份尊贵。"孔子就是这样在穿着上也非常谨慎。

原文 当暑袗絺绤[14]，必表而出之。缁[15]衣，羔裘；素衣，麑[16]裘；黄衣，狐裘。

张居正讲评译释 夏天，孔子穿的都是粗的或细的葛布单衣，但一定要套在内衣外面。这是因为孔子不想露出自己的身体，显得不庄重。冬天，孔子穿皮袄的时候一定要有外套套在外面。如果是黑色的羔羊皮袍就配黑色的罩衣，白色的鹿皮袍就配白色的罩衣，黄色的狐裘就配黄色的罩衣。这是因为它们的颜色相符合。孔子对皮袄和单衣的了解也非常详细啊。

原文 亵裘长，短右袂。必有寝衣，长一身有半。

张居正讲评译释 孔子平常在家穿的皮袍要做得长一些，这样更加暖和，但是右边的袖子要比左边的短一些，因为做事的时候经常要用到右手，这样更加方便。在斋戒的时候，睡觉时既不能脱衣服，又不能穿内衣，所以孔子穿的是一种特别的睡衣，睡衣的长度相当于本人身高的一又二分之一，为的是能够遮盖住自己的双脚。孔子的衣物在长短上也都能适用于不同的情形。

原文 狐貉之厚以居[17]。去丧，无所不佩。非帷裳[18]，必杀之。

张居正讲评译释 孔子用狐貉的厚皮毛当坐垫，因为狐貉皮毛暖和厚实，能够御寒保暖。古人通常把玉和刀觿等日常应用的物品都戴在身上，在守丧的时候不能佩戴饰品，守丧期满之后就可以佩戴了。孔子在守丧期间去掉佩戴的饰品来展示自己的改变，守丧期满之后就重新佩戴饰品。朝祭的服装，下衣要像帷幕一样用整幅布制成，腰部的衣褶没有裁缝的痕迹。如果不是朝祭时用整幅布做的礼服，就要加以裁剪，做成上宽下窄的样式，这样就能减少浪费。孔子在不同的情况下做出的选择是这样的恰当啊。

原文　羔裘玄[19]冠不以吊。吉月[20]必朝服而朝。

张居正讲评译释　孔子在吊丧的时候一定会换上丧服。羔羊皮袍和黑色帽子是礼服，一定不能用来吊丧致哀。孔子辞官之后，虽然没有了官位，但每月初一，一定会穿着礼服去朝拜鲁国国君，表达自己的恭敬。孔子在吊丧和朝拜上也是这样的谨慎。

原文　斋，必有明衣[21]、布。斋必变食，居必迁坐[22]。

张居正讲评译释　孔子的弟子记录说："老师在祭祀前斋戒沐浴的时候，一定要有用布做成的洁净的浴衣。他不仅内心明洁至诚，而且在外表上也干净整洁。他在斋戒的时候，一定要改变平常的饮食，不喝酒吃肉，用清淡寡味的生活来表达自己的真诚。在居住上，一定要搬离自己平时居住的地方，通过干净整洁来表达自己的恭敬。"孔子在祭祀的时候内心无比真诚，就像神灵在身边一样，所以才能在斋戒时做到这样的小心谨慎。

原文　食不厌精，脍[23]不厌细。

张居正讲评译释　孔子的弟子记录说："我们老师在日常的饮食上虽然没有要求一定要美味可口，但是却不嫌弃粮食舂得精和鱼肉切得细。"这是因为精细的粮食、鱼肉都更能让人得到补益，所以才不会嫌它们过于精细。

原文　食饐[24]而餲[25]，鱼馁而肉败[26]，不食。色恶，不食。臭恶，不食。失饪，不食。不时，不食。

张居正讲评译释　孔子在吃饭上，如果食物霉烂发臭了，鱼和肉腐烂了，就不再食用；食物还没有腐烂，但是已经变了颜色，也不食用；气味变得难闻的，不食用；没有经过合适地烹调的，不食用；没有成熟的五谷果实等，不食用。因为上面几种食物，吃了后会影响健康，所以孔子不食用这些。

原文　割不正，不食；不得其酱，不食。肉虽多，不使胜食气[27]。唯酒无量，不及乱。

张居正讲评译释　孔子吃的肉一定要切整齐，如果是没有按一定刀法的肉，就不吃。食物的调料一定要放置适当，如果放置不适当，就不吃。即使有很多肉，但是吃的量不能超过主食，吃东西的时候要以谷物为主，以肉为辅，如果吃肉超过了主食，就会过于油腻，反而不符合修养身心的要求，所以一定要有所节制，不能食用过多。有事需要喝酒的时候，不用限制，但是应该量力而行，不能喝醉。酒虽然能在宴会的时候使人欢乐，但是饮用过多，就会使人迷失本性、丧失德行，还会引起疾病，从而损害生命，所以一定要节制，决不能喝醉。

原文 沽酒市脯，不食。不撤姜食，不多食。

张居正讲评译释 孔子的弟子又记录说："老师担心从市场上买来的酒和肉不卫生，会影响健康，所以从不食用。只有姜能够连通神明、驱逐邪恶，所以顿顿都要有，但是也适可而止，从来不多吃。"

原文 祭于公，不宿肉。祭肉不出三日。出三日，不食之矣。

张居正讲评译释 孔子参加朝廷祭祀典礼时分到的肉，从不留到第二天。这是因为他重视神灵的恩惠和国君的赏赐，所以不敢推迟，要立刻食用。至于自己家里的祭肉，虽然可以晚一点，而不必在当日分配完，但也应该在三天内就全部分配并且吃完。如果过了三日，肉就会腐败不能食用，这是对神灵的亵渎，所以不能保留过长时间。

原文 食不语，寝不言。虽蔬食菜羹，瓜祭[28]，必斋如也。

张居正讲评译释 孔子在吃东西的时候不和人说话，因为人的喉咙中有食道和气管，食道用来吃东西，气管用来发声。如果在吃东西的时候说话，食物就会阻碍到气管难以咽下，从而产生祸患，所以要谨慎啊。睡觉的时候，也难以说话，因为这时候人的脏腑虚悬着，发出的声音会受到阻塞。睡觉的时候说话可能会对人造成损害，所以也要谨慎。孔子在吃饭的时候，即使是粗茶淡饭，也要在吃饭前取出一些来祭祖。虽然是很小的祭祀，也像斋戒时那样严肃、恭敬，就像神明在头顶一样。圣人的这些在饮食上的礼节，也都完全符合礼仪，这不仅能保养身体，也能够修养自己的品德。求学者如果能仔细对孔子体验观察，就会发现孔子做的每一件事都符合道。

原文 席不正，不坐。

张居正讲评译释 孔子的弟子记录说："老师的为人公平正直，对每一件事都公正严肃，如铺设的座席也要放端正。如果稍微有一点不端正，就不肯入座。"从他入座时的一丝不苟，就可以看出他在出入起居上没有一件不端正。

原文 乡人饮酒，杖者[29]出，斯出矣。

张居正讲评译释 孔子的弟子记录说：老师在家乡居住，参加乡邻宴会的时候，一定会对年长者非常恭敬。在乡饮酒礼之后，他一定要等老年人都出去了，自己才出去。他从来不走在老年人前面，跟在老年人身后时也不敢离得太远。在家乡时也能做到尊敬长者、长幼有序，孔子就是这样的恭敬谨慎啊！

原文 乡人傩[30]，朝服而立于阼阶[31]。

张居正讲评译释 孔子在家乡的时候，遇到乡邻举行迎神驱鬼的仪式，乡邻想要驱除鬼邪，而担心先祖和祭祀的五种神灵因此受到惊吓。孔子就身穿朝服，恭敬地站在东边的台阶上，让乡邻效仿自己从而使先祖和神灵安心。

原文 问人于他邦，再拜而送之。康子馈药，拜而受之，曰："丘未达[32]，不敢尝。"

张居正讲评译释 孔子的弟子记录说：老师和别人交往，从来都是无比真诚、毫不欺瞒。如果托人给远在他国的朋友问好，在受托者临走前，一定会拜送两次，就像是自己亲眼见到朋友一样，不因为距离得远就缺乏恭敬。季康子曾经给孔子赠送药物，这是尊者的赏赐，孔子在拜谢后接受了，又对送药的使者说："我不知道这个药怎么样，能治什么病，所以不敢服用啊！"对药物不了解，自然不能服用。然而接受了别人的馈赠，却不服用，这是对人的欺骗，所以孔子直接告诉别人自己不敢服用。圣人就是这样诚心诚意地和朋友交往。

原文 厩[33]焚。子退朝，曰："伤人乎？"不问马。

张居正讲评译释 孔子的弟子记录说：老师的马棚失火烧掉了。孔子上朝回来听说后问："火伤到人了吗？"而没有问马的情况，这不是不关心马，而是因为非常关心人，没有时间问马呀。身份尊贵的人不重视牲畜，这是很正常的事，而在这种紧急的时刻，更能看出孔子对人的关心啊！

原文 君赐食，必正席先尝之。君赐腥[34]，必熟而荐之。君赐生，必畜之。

张居正讲评译释 孔子的弟子记录说：老师作为大夫时，鲁国国君有时候会赐给他熟食，他就像和国君一起食用一样，一定要先摆正座位品尝，之后再分给别人，这是对君主的赏赐感到荣幸。国君有时会赏赐给他生肉，他一定先把它煮熟，然后进献给祖先享用，不敢私自食用，这是为君主的赏赐感到荣耀。国君有时候会赐给他猪、羊等活的动物，他一定先饲养起来，不敢轻易杀掉，这是为君主的赏赐感到仁德。在接受国君的赏赐时孔子也能像这样竭尽礼仪。

原文 侍食于君，君祭先饭。

张居正讲评译释 孔子在国君身旁陪国君吃饭的时候，会无比的恭敬谨慎。在国君饭前祭祀之后，孔子会先替国君尝饭。原本在吃饭前应该行祭礼，但孔子这是陪国君吃饭，就不敢把自己当作宾客。更何况孔子已经跟随着国君举行过饭前祭礼，所以这时候就不单独行祭礼了。替国君尝饭是膳夫的责任，但是孔子非常尊敬国君，愿意作为国君的膳夫替国君尝饭。孔子在陪国君吃饭时也这么竭尽礼仪。

原文 疾，君视之。东首，加朝服，拖绅[35]。

张居正讲评译释 孔子生病了，鲁国国君去探视他，他便头朝东躺着来接受国君的恩泽。因为生病，所以不能穿朝服、束腰带，就将朝服披在身上，然后拖着绅带，这是因为拜见君主时不敢穿着便服啊。孔子对待君主就是这样恭敬，即使生病了也不敢在礼仪上有所怠慢。

原文 君命召，不俟驾行矣。

张居正讲评译释 孔子在做大夫时，一旦国君召见，不等马车准备好，就很急切地快步赶过去，他对待国君的命令非常恭敬，不敢因为忙碌就在礼仪上怠慢。春秋时期，很多人不清楚君臣之间的礼节，导致礼仪荒废，君臣名分颠倒，人们反而把礼敬君主当作谄媚，孔子为此感到很难过。所以即使在细微的小事上，也都表现出自己对国君的诚恳、恭敬，这不只是为了展示侍奉君主应有的礼节，也是为了挽救衰退的社会风气啊。

原文 朋友死，无所归，曰："于我殡。"朋友之馈，虽车马，非祭肉，不拜。

张居正讲评译释 孔子的弟子记录说：朋友是五伦之一，但是在朋友死后，很多人不会帮他处理后事。如果老师的朋友去世了，并且没有亲人办丧事，他就会说，自己来料理朋友的后事。他这是不忍心朋友的尸体被乱扔在山沟里啊。另外朋友之间需要互通财物，相互帮助，但人们都会计较财物的轻重。老师对于朋友赠送的礼物，即使是车辆马匹这样贵重的物品，只要不是祭肉，就都坦然接受，而不拜谢。在接受朋友赠送的祭肉时，一定要拜谢，这是像尊敬自己的祖辈一样对待朋友的祖辈，这不是车马等物品能比的事。由此可以看出圣人和朋友交往时依据的只是道义。根据道义应该为朋友办后事，就不因为凶讳而嫌弃；根据道义不应该拜谢，就不因为财物的贵重而拜谢。

原文 寝不尸，居不容。

张居正讲评译释 孔子的弟子记录说：老师为人庄严稳重，没有一点懈怠、傲慢。他即使是睡觉的时候，也约束着自己，不像尸体一样笔直地躺下；在祭祀先人和接待宾客的时候，就要整理自己的仪容。在私下里，他则是体貌安舒、容色和悦的样子，对姿势、礼仪也不是非常讲究。睡觉时笔直地躺下，这就过于放纵了，私下生活时讲究仪容就是过于拘束。孔子不过于放纵和拘束，这是品德高尚的气概啊！

原文 见齐衰者，虽狎[36]，必变。见冕者与瞽者，虽亵，必以貌。

张居正讲评译释 孔子见到正在服丧的人，即使是平时非常亲近的人，也要改变神色，表示哀痛。看见戴着礼帽和瞎了眼睛的人，即使是经常相见的熟人，也一定要有礼貌。因为应该为服丧的人感到哀痛；应该恭敬地对待有爵位的人。人们经常因为盲人看不见而轻视他们，对他们不礼貌，而孔子就能够根据礼节恰当地对待所有人。

原文 凶服[37]者式[38]之。式负版[39]者。

张居正讲评译释 孔子坐在车上，看到穿丧服的人，身体便微微向前一倾，手扶横木，以示哀伤、同情；碰到背负着国家图籍的人，就肃然起敬，也要手扶横木，以示敬意，这是因为他重视人口地繁衍啊！

原文 有盛馔，必变色而作。迅雷，风烈，必变。

张居正讲评译释 孔子在做客的时候，看到主人以丰盛的菜肴款待，一定要端正神色，站起身来表示谢意。因为菜肴已经准备好了，所以孔子要答谢主人的礼待。遇到疾雷狂风，一定要改变容色，以示对上天的敬畏，这是因为面对上天的威仪，不能有片刻怠慢。孔子都能像这样恰当地展示自己的容貌神色。看到别人背负图籍就手扶横木表示敬意，这是知道应该重视国家的根本；遇到疾雷狂风时改变容色，这是知道敬畏上天。这些关系到国家的治理和君主的恩德，不能因为它们细微而轻视。

原文 升车，必正立，执绥。车中，不内顾，不疾言，不亲指。

张居正讲评译释 孔子的弟子记录说：上车的时候一定要立正站稳，并且握紧绳索保持稳定，但是人们都容易忽略这些，从而站偏。而老师在上车的时候，一定是庄敬严肃地紧握绳索保持稳定。在车上，眼睛向前观察，从不回头看。说话谨慎，声音不过高过快。手上的动作一定恭敬谨慎，不对人指指点点。这在车上做这三件事不但有损自己的仪容，而且会影响别人的视听。所以孔子像这样小心谨慎。

原文 色斯举矣[40]，翔而后集[41]。曰："山梁雌雉[42]，时哉时哉！"子路共[43]之，三嗅[44]而作。

张居正讲评译释 孔子的弟子记录说：鸟看到人想要捉它们，就会飞走，在天空中盘旋，寻找合适的地方落下。鸟虽然是笨拙无知的动物，但依然能够看出危险的征兆，做出合适的选择。夫子偶然见到有几只野鸡栖息在山脊上，感叹说："这些山梁上的野鸡，得其时呀！得其时呀！"说的是这些野鸡能自由地喝水、觅食，并且施展自己的天性。子路在旁边听到了孔子的感叹，就对这些野鸡拱了拱手，这些野鸡以为子路要去捉它们，就鸣叫着飞走了。孔子就是因为野鸡能自有飞翔、栖息而感慨叹息的呀。人一定要抓住时机而有所作为，就像鸟看见人后飞走一样；人挑选效力的地方，就像鸟选择落地的地方一样，来去停留都不违反义理，都符合立身行事的道理。不然，人就连鸟都不如了啊！这就是孔子的门人记录这段话的深意。

注释：

[1] 便便，形容巧言利口，擅长辞令。

[2] 訚訚，说话和悦而又能辨明是非之貌。

[3] 摈，同“傧”，负责招待宾客的官员。

[4] 色勃，脸色立即庄重起来。

[5] 足躩，脚步快的样子。

[6] 襜，整齐的模样。

[7] 摄齐，提起衣摆。古时官员升堂时谨防踩着衣摆，跌倒失态。表示恭敬有礼。

[8] 一等，一级台阶。

[9] 圭，一种上圆下方的玉器，举行典礼时，不同身份的人拿着不同的圭。出使邻国，大夫拿着圭作为代表君主的凭信。

[10] 享礼，使臣向朝聘国君主进献礼物的仪式。

[11] 私觌，谓私以礼物拜会出使国之国君。

[12] 绀緅饰，绀，深青透红，斋戒时服装的颜色。緅，黑中透红，丧服的颜色。

[13] 亵服，私居时所服。

[14] 袗絺绤，袗，单也。此处用为动词。絺，细葛布；绤，粗葛布。

[15] 缁，黑色。

[16] 麑，幼鹿。

[17] 居，坐。

[18] 帷裳，古代朝祭的服装。用整幅布制成，不加裁剪。

[19] 玄，黑中带红的颜色。

[20] 吉月，农历每月初一。

[21] 明衣，古人在斋戒期间沐浴后所穿的干净内衣。

[22] 迁坐，改换平时起居的场所。

[23] 脍，切细的肉食。

[24] 饐，（食物）腐败发臭。

[25]饲，（食物）经久而变味。

[26]鱼馁肉败，馁，鱼臭烂；败，肉腐烂。鱼烂肉腐。泛指变质的食物。

[27]食气，主食。

[28]瓜祭，古人食瓜，吃之前，必先祭祖，称作食瓜荐新，表示不忘本。

[29]杖者，指老年人。

[30]傩，古时腊月驱逐疫鬼的仪式。

[31]阼阶，东边的台阶上。

[32]达，通晓。

[33]厩，马棚。

[34]腥，生肉。

[35]绅，古代士大夫束腰的大带子。

[36]狎，亲近，接近。

[37]凶服，丧服，孝衣。

[38]式，通"轼"。以手抚轼。为古人表示敬意的一种礼节。

[39]版，版图，户籍。

[40]色斯举矣，色，脸色。举，鸟飞起来。

[41]翔而后集，飞翔一阵，然后落到树上。鸟群停在树上叫"集"。

[42]山梁雌雉，聚集在山梁上的母野鸡。

[43]共，同"拱"。拱手。

[44]嗅，本作"戛"字，鸟的长叫声。

论语卷五

先进第十一

原文 子曰："先进[1]于礼乐，野人也；后进[2]于礼乐，君子也。如用之，则吾从先进。"

张居正讲评译释 孔子说："礼乐的可贵之处在于保持中庸。但是时代不同了，人们的风俗习惯也有了改变。今天看来，前辈们的礼乐，崇尚质朴，不追求华丽，温顺恭谨地就像是山野村夫一样，非常淳朴。后辈们的礼乐，威仪纯熟，文采风流，就像是贤人君子一样，非常美好。如今的人，自然都想做君子，不愿意做山野村夫啊，但是我在礼乐上就不这样。因为前辈们质朴淳厚，毫不浮薄虚夸。我如今只想像前辈们一样抵制浮薄，回归淳厚，收敛文采，返回质朴，即使被人们认为是山野村夫，也没关系啊！"周朝末期文采兴盛，传统的道德消失泯灭，孔子怀念过去，哀叹现在，想要减损过度的浮华以达到中和，所以才会这么说。汉朝大儒董仲舒劝谏汉武帝减轻浮华的文采，宣扬忠诚和质朴，也是这个想法。所以君主治理天下的时候，如果能改变当前的弊端，恢复原始的诚实和朴实厚道的社会风气，在处理政务的时候敦厚诚实，不追求虚文浮节；在用人的时候重用那些老成持重的人，而不选择那些虚浮浅薄的人，这样过不了多久，就能回到先王时淳朴的太平盛世了啊！

原文 子曰："从我于陈、蔡者，皆不及门也。"

张居正讲评译释 昔日楚昭王想要重用孔子，协助自己处理国政，孔子前往楚国接受任用。到了陈、蔡两国的时候，这两个国家的大夫说："楚国任用孔子之后一定会变得强大，这对我们小国不利，不如现在就阻止。"于是派军队围困住孔子，以至于孔子到了断粮的困境。孔子回到鲁国后，回忆前事，感叹说："当初有很多弟子跟着我在陈、蔡间受绝粮之苦。如今，他们有的在四处奔波，有的在别国做官，他们之间不但身份、地位上差别很大，而且有的已经去世了，总之都不在我这里了。"因为这些弟子都和孔子一起经历过灾患，所以孔子对他们记忆深刻，念念不忘。

原文 德行：颜渊、闵子骞、冉伯牛、仲弓。言语：宰我、子贡。政事：冉有、季路。文学：子游、子夏。

张居正讲评译释 孔子思念在陈、蔡一起受苦的弟子，所以他的弟子就详细地记录说："当时跟着老师一起去陈、蔡的，都是老师门下学问高深的弟子，都各有所长。忠厚老实、德行优秀的有颜渊、闵子骞、冉伯牛、仲弓；应对机敏、善于辞令的有宰我、子贡；通权达变、长于政事的有冉有、季路；见多识广、长于文学的有子游、子夏。这些都是在老师门下受教，跟着老师一起经历灾患的弟子啊。从这四个方面也可以看出老师的在教育学生时，一定会根据不同的情况施行不同的教育。如果让老师治理国家，老师就会根据每个人的长处，安排适当的工作，这样一定能取得很好的效果，可以他一生都没有受到重用。"

原文 子曰："回也非助我者也，于吾言无所不说。"

张居正讲评译释 孔子说："我门下的弟子在和我问答的时候，经常会对我有启发、帮助。颜回不是一个对我有帮助的人。为什么呢？人只有在产生疑问后向别人请教，才能得到收获。颜回对我的话没有不心悦诚服的，不会产生任何疑惑。既然没有疑惑，自然没有什么要发问的，这怎么会对我有帮助呢？"颜回对孔子的话能领会贯通，不是一般的弟子能比得上的，孔子非常喜爱他，所以才会这么评价他。

原文 子曰："孝哉闵子骞！人不间于其父母昆弟[3]之言。"

张居正讲评译释 孔子说："没有比孝敬父母更重要的事。但是很少有人能尽心尽力地孝敬父母。现在看来，闵子骞真是孝顺啊！一般人的孝顺虽然也会被父母兄弟称赞，但有的是因为父母溺爱，所以对其有所庇护，外人不一定认为其孝顺。如今闵子骞的孝顺，不只是父母兄弟称赞他，外人对他的称赞也和他父母兄弟对他的称赞一样。假如他不是真的孝敬父母、友爱兄弟，那就不能将这种名声慢慢汇集起来而被所有人知道，又怎么会被人们称赞呢？"这就是闵子骞被称作至孝的原因呀。

原文 南容三复"白圭"[4]，孔子以其兄之子妻之。

张居正讲评译释 孔子的弟子记录说：南容经常反复地诵读"白圭之玷，尚可磨也；斯言不玷，不可为也。"的诗句，他这是很重视慎言的表现。只有君子能够做到慎言，而南容能像这样知道要慎言，能够被称为君子啊。所以孔子把自己的侄女嫁给了他，这看重的是他的贤德啊。

原文 颜渊死，颜路[5]请子之车以为之椁[6]。子曰："才不才，亦各言其子也。鲤也死，有棺而无椁，吾不徒行以为之椁。以吾从大夫之后，不可徒行也。"

张居正讲评译释 颜渊死后，他的父亲颜路因为很贫穷，难以安葬颜渊，就请求孔子卖掉乘坐的马车来为颜回买个外椁。孔子回答说："不管一个人是有才能还是没有才能，在父亲看来，总归都是自己的儿子，对他的疼爱，不会有任何差别。孔鲤固然比不上颜渊的才能，但也是我的儿子。他死的时候，也只有棺材而没有椁，但是我没有徒步行走而卖车为他买椁。我对儿子的疼爱不如你吗？这是我曾经在鲁国做过大夫，根据规矩，不应该卖掉马车步行啊。既然我过去不能因为孔鲤的死而卖掉马车，现在怎么能因为颜渊的死而卖掉马车呢？"颜渊死后，孔子像失去儿子一样哀痛叹息，怎么是因为舍不得一辆马车而不好好安葬颜渊呢？这是因为根据道义礼法，不能这样做啊。这些可以看出孔子是根据情理来办事啊！

原文 颜渊死。子曰："噫！天丧予！天丧予！"

张居正讲评译释 颜渊死后，孔子悲痛地叹息说："我的学问，都要依靠颜渊来传承啊。如今他死了，我虽然还活着，但是学问却没法传承下去了，对我来说，这就像失去了儿子一样，老天爷真是要我的命啊！老天爷真是要我的命啊！"孔子发出这样的叹息，说明他为颜渊的死感到非常的惋惜啊。

原文 颜渊死，子哭之恸。从者曰："子恸矣！"曰："有恸乎？非夫人之为恸而谁为？"

张居正讲评译释 颜渊死了，孔子哭得极其悲痛，跟随他的弟子说："老师悲痛过度了。"他们不想让孔子过于哀伤。当时孔子却不知道自己已经悲痛过度了，就问说："我是真的太悲伤了吗？即使是过度悲伤，也理所应该呀。我不为这样的人悲伤，还能为谁呢？"这说明孔子对颜渊去世的痛惜不是别人能比的啊。

原文 颜渊死，门人欲厚葬之。子曰："不可。"门人厚葬之。子曰："回也视予犹父也，予不得视犹子也。非我也，夫二三子也。"

张居正讲评译释 颜渊死了，他的家里非常贫穷，不能给他办丧事，于是孔子的弟子们根据朋友间的道义，想要隆重地安葬他。孔子制止说："不能这样做。"因为葬礼的规模，需要符合家里的贫富情况。如果家庭贫困却举办隆重的葬礼，这就是过于勉强了，不符合礼啊。弟子们没有听从孔子的劝阻，还是将他厚葬了。孔子责备说："颜回虽然是我的弟子，但是平时对我有情有义，把我当作父亲一样看待。现在我却不能像看待儿子一样对待他。孔鲤死的时候，在衣衾棺椁上都符合礼制，内心不会有不安。如今颜回的葬礼，不符合礼制，这就会内心不安啊。这导致我不能像对待孔鲤那样对待颜回。但并不是我厚葬颜回的，是那些学生们做的啊。他们没有依据礼制安葬颜回，让其死后也难以安心，这是谁的过错呢？”孔子这是在严厉地责备弟子们啊！

原文 季路问事鬼神。子曰："未能事人，焉能事鬼？”曰："敢问死。”曰："未知生，焉知死？”

张居正讲评译释 子路问孔子："人们应该侍奉鬼神，但是应该怎么侍奉呢？”孔子回答说："人的事很容易弄清楚，鬼神的事则幽暗难知。如果不能侍奉人，不能让父母、兄长、上司高兴，又怎么能侍奉鬼神，让他们前来接受供奉呢？你先学会怎么侍奉人才行啊！”子路又问："人们都会死，那么死是什么？”孔子回答说："人一定先有生然后才会有死，如果不能考察本始去弄明白什么是生，又怎么能探究末尾知道什么是死呢？你应该先弄明白什么是生才行啊！”侍奉人的道理，就是侍奉鬼神的道理，不过是需要诚心地感应罢了。生的道理，就是死的道理，不过就是生机的会聚和分散罢了。如果能明白如何侍奉人，那么同样就能侍奉鬼神了。如果能完全明白生的道理，那就能得到善终，不会心生愧疚。孔子虽然没有直接、清楚地回答子路的问题，但其实是很详细地回答了他。

原文 闵子侍侧，訚訚如也；子路，行行[7]如也；冉有、子贡，侃侃[8]如也。子乐。"若由也，不得其死然。”

张居正讲评译释 孔子的弟子记录说：闵子骞侍立在孔子身旁，他外和内刚，品德高深，是一副恭良温顺的样子。子路则过于刚强而含蓄不足，是一副刚强英武的样子。冉有、子贡则过于刚直，而缺乏和善温顺，是一副温和快乐的样子。这四个人的气概虽然不一样，但是都刚毅正直，没有阴邪柔暗的缺点。这样的人经过培养教育之后，都能传承老师的学问，达到圣贤的境界。所以老师非常愉快，为获得优秀的弟子而感到高兴。这四个人中，只有子路过于刚强，可能会招致灾祸。孔子也曾警告说："我看像仲由这样，恐怕会死于非命。如果他能克服自己的缺点，就能够避免灾祸啊。”之后子路果然像孔子说的那样死在了战乱中，由此可以看出孔子在识人上的明智啊。

原文 鲁人为长府。闵子骞曰："仍旧贯，如之何？何必改作？”子曰："夫人不言，言必有中。”

张居正讲评译释 鲁国要将旧的藏货物的府库拆掉，重新建一座新的。闵子骞知道了之后婉言劝阻说："这座库房已经用了很长时间，还没有到不能用的地步。只需要按照老样子，稍微整理一下，就还能储藏货物。何必要重新修建，白白浪费钱财和人力呢？"闵子骞说得很好，所以孔子听了之后很高兴，就称赞他说："闵子骞这个人轻易不开口，一开口就必定是说到要害上。"治理国家最重要的就是节约财物和爱惜民力，而兴建土木，是劳民伤财的事，如果不是迫不得已，就不能这么做。原本就不需要兴建新的库房，假如鲁国因为闵子骞的劝阻停止修建，一来可以节约财物，二来可以体恤百姓，三来可以宣扬节俭的美德，这不是很好吗！所以孔子才说，闵子骞这个人轻易不开口，一开口就必定是说到要害上。孔子称赞闵子骞，也是为了警示鲁人啊。按照国家的规制，库房是应该建造的，而孔子仍然认为可以节约，更何况宫殿、瑶台、芳林、别苑这些玩乐的场所呢？国家的君主，应该经常深入地思考这些啊！

原文　子曰："由之瑟，奚为于丘之门？"门人不敬子路。子曰："由也升堂矣，未入于室也。"

张居正讲评译释　子路喜好勇力，所以他经常弹奏一些杀伐、亡国的音乐。孔子听了之后告诫说："我教育学生，把培养人的气质，提高人的品德当作最紧要的事，在音乐上，听别人弹奏的音乐就可以了解他的为人。现在听子路弹的音乐，就可以知道他的气质还有缺陷，道德品性还不纯洁。为什么要在我这里弹瑟呢？"孔子这么说，是想要子路反省自己，克服自己过于刚勇的缺点，并不是要放弃他。孔子的弟子们却因为孔子的话，就对子路不敬重了。孔子就告诉他们说："你们怎么能认为子路不值得敬重呢？人如果到了知识广博、道德高尚的境地，就像进入厅堂一样；如果能弄明白精微深奥而灵通的道理，就像进入内室一样。如今子路的学问已经算是非常渊博了，只是还没有到达精微深奥的地步，就好像人进入到大厅，但是还没有进入到内室一样。假如他能够努力进取，前途一定难以估量，你们怎么能因此轻视他呢？"孔子门下的弟子，除了颜回和曾子，也没有谁能够明白孔子学问的精妙之处。孔子的学问确实高深难懂，但是一个人既然有了目标，又怎么能不努力实现呢？

原文　子贡问："师与商也孰贤？"子曰："师也过，商也不及。"曰："然则师愈与？"子曰："过犹不及。"

张居正讲评译释　子贡问孔子："你的学生中，子张和子夏相比，谁更贤能一点呢？"孔子回答说："子张学识渊博、志向远大，但是喜欢研究一些刁钻偏僻的问题，在学问上经常钻研得过了头；子夏踏实谨慎，但是气概过于狭小，在学问上经常研究得不足，这就是两个人各自的情况。”子贡不明白过头和不足的意思，就问：“既然子张过头，子夏不足，那么子张比子夏更贤能吗？”孔子回答说：“不是这样的。中庸是最好的品德，不足和过头都不是中庸之道，所以这两者都是一样的。如果能改正各自的缺点，都可以达到中庸，不然他们的过失是一样的。我没有看出子张比子夏更贤能啊。”

原文 季氏富于周公，而求也为之聚敛而附益之。子曰：“非吾徒也，小子鸣鼓而攻之可也！”

张居正讲评译释 周公是古时候的圣人，他既是周成王的叔父又是国家的太宰，有安定国家的功劳，所以享受的俸禄最多，得到的赏赐最重，他的富有是理所应当。季氏只是鲁国的大夫，但却比周公还富有，他一定有掠夺国家财物和剥削百姓的行为。家臣们本应该扶正挽救他的错误行为。但是冉求作为季氏的家臣，不仅不对其匡正扶救，反而帮他想方设法地多方聚敛，以增加财富。冉求这是结党作恶，祸害百姓的行为！所以孔子要和他断绝关系，说道：“冉求已经不是我的学生了。我一直用仁义道德教育学生，凡是我的学生，都应该公平正直地对待别人，不阿谀奉承；都应该用仁政治理百姓，不能搜刮百姓。现在冉求结党作恶，祸害百姓，完全不顾名声与教化，这怎么是我的学生呢？你们是他的同学，有规劝的道义，你们应该公开惩处他的错误，大张旗鼓地讨伐他，让他知道并且改正错误才行啊！”人做坏事的时候如果同党不多，那么产生的危害就相对较小，只有那些身份显贵的人，被很多人奉承巴结，他们残暴的气焰难以消除。所以孔子严词拒绝那些结党作恶的人。

原文 柴[9]也愚，参也鲁[10]，师也辟[11]，由也喭[12]。

张居正讲评译释 孔子教育学生，先要改变学生的性格特点，他列举出气质过于偏颇的四个学生，教导他们说：“高柴这个人，过于忠厚谨慎，却不明事理，他这是愚直；曾参反应迟钝，机敏不足，他这是迟钝；颛孙师注重仪容举止，却缺乏真诚友善，他这是偏激；子路粗俗浅薄，缺少温文尔雅的风度，他这是鲁莽。”愚直和迟钝的人，必须要用学问和知识来充实；偏激的人，必须要用忠厚诚信来教导；鲁莽的人，必须要用礼仪音乐来使其文雅，使他们的性格改变之后才能让他们学习孔子的学问，不然也会因为偏颇而学不到圣人学问中的精髓。所以求学者能不知道如何勉励改善自己吗？

原文 子曰：“回也其庶[13]乎，屡空[14]。赐不受命[15]，而货殖焉，亿[16]则屡中。”

张居正讲评译释 孔子说：“读书人要立志追求道，如果贫困能影响其心志，那就是志向不远大，立志不坚定，这样的人离道很远啊。只有颜回天资聪颖，潜心求学，修养和学问已是接近完善了。一般人都难以忍受生活的贫困，只有颜回能安然处之。颜回家里非常贫穷，一无所有，但这不影响他对学问和道德的追求。这是因为他见识远大、志向坚定，能够坚定地一心追求道啊。子贡则不是这样，本来富贵贫贱都是上天注定的，不能强求。他却不肯安于天命，想要发财致富，他远远比不上安贫乐道的颜回啊。但是子贡聪明机敏，他推测市场行情时，常常猜中，这也是过人的地方，假如他能完善自己的品德，就也能追求到道。这就是这两个人的优劣。”颜回的道德才智仅次于圣人，孔子特别指出他生活的贫困，子贡才能高超，孔子却讽刺他不务正业，那么追求财利的人怎么能和廉洁高尚的人相提并论呢？用人者应该知道如何去辨识人才啊！

原文　子张问善人之道。子曰：“不践迹[17]，亦不入于室。”

张居正讲评译释　子张问孔子：“世上有一种人，天生道德高尚，没有任何不良的品行，他们是怎么做到的？”孔子回答说：“善人没有经过学习就有很美好的品质，他们天生就知道追求道，即使没有向圣贤学习，也不会作恶。但是因为他们没有学习，所以学问和修养就达不到精深和完善，就达不到圣人的地步。”不向圣人学习而能不作恶，这就是善人之所以成为善人的原因。不向圣人学习也就不能使学问完善，这就是善人之所以只是善人的原因。所以人怎么能仰仗着天生美好的资质，而不用功求学呢？

原文　子曰：“论笃是与，君子者乎？色庄[18]者乎？”

张居正讲评译释　孔子说：“忠厚诚信的人，可以学习道义。敦厚笃实而不慕虚荣，朴素踏实而不伪装自己的人，是值得称赞的君子。但是有的人会隐藏、伪装自己，他们没有完整地向人们展示自己。对这样的人，如果不深入观察，只根据外表就认为其笃实诚恳并加以赞赏。那么这样的人真的是表里合一、品德高洁的君子呢？还是把自己伪装成老实忠厚的样子，而没有实德的伪君子呢？假如他是真君子，那么对他的赞赏就是对的，如果他是一个伪君子，而也对其表示赞许，这不就是错用人才吗？想要看清一个人确实很困难啊，以尧的圣明，也依然被貌似恭敬却内心奸诈的共工欺骗，更何况其他人呢？”孔子这么说，是因为有所感触啊！

原文　子路问：“闻斯行诸？”子曰：“有父兄在，如之何其闻斯行之？”冉有问：“闻斯行诸？”子曰：“闻斯行之。”公西华曰：“由也问：‘闻斯行诸？’子曰：‘有父兄在。’求也问：‘闻斯行诸？’子曰：‘闻斯行之。’赤也惑，敢问。”

子曰："求也退，故进之；由也兼人，故退之。"

张居正讲评译释 子路问孔子说："我曾经在听说了一件事之后没有及时行动，从今以后，听到了就果断地行动起来吗？"孔子回答说："见义勇为固然是应该的，但是有父兄在，就不能够擅自做决定，如果没有得到指示就行动，反而不符合道义。怎么能听到了就行动呢？"冉有问孔子："我曾经很想要追求道，但是担心能力不足，如今只要听到了道，就应该勉励自己及时行动吗？"孔子回答说："求学最重要的就是亲身实践。见义不为是缺乏勇气啊，你应该在听到之后就立即行动。"公西华听了之后很疑惑，问道："子路问'听到了之后就行动吗'？老师回答他说，应该听从父兄的命令。到了冉有问'听到了之后就行动吗'？老师就告诉他说'听到了之后就立刻行动'，认为应该立刻行动。子路、冉求的问题相同，但是老师的回答却不一样，我感到很困惑，想问一下为什么这么回答？"孔子回答说："人们的材质不同，教导他们的时候，应该因材施教，不能够一概而论。冉求天性懦弱，遇到事情总是畏首畏尾，不敢大胆前进，所以我告诉他听到之后就立刻行动，让他知道勇敢向前，改变他的懦弱，这就是提高他的不足以达到中庸。仲由是一个刚强的人，遇到事情都是率意妄为，只想着胜过别人。所以我告诉他应该听从父兄的命令，让他知道安分循理，不因为任意妄为而产生过失，这是抑制他让他回到中庸。这就是为什么相同的问题却回答不同，这有什么问题吗？"《洪范》里有句话："沉潜刚克，高明柔克。"怯懦软弱就用刚强来克制，这就是让落后者进步；刚毅勇猛就用柔弱和顺来克制，这就是克服人的鲁莽。由此可以看出，圣人教育学生和帝王治理国家时做出的决策，都没有偏离这两种方法，所以他们能够做到教化民众、治理国家。

原文 子畏于匡，颜渊后。子曰："吾以女为死矣。"曰："子在，回何敢死？"

张居正讲评译释 孔子在匡地受到围困，因为感到担心，所以离开的时候很仓促。在受到围困的时候，颜回走丢了，最后才逃出来。在颜回走失的时候，孔子担心他被匡人伤害，心里非常着急，当颜回回来的时候，孔子非常高兴地对他说："我以为你已经死了。现在安然无恙吧？"颜回回答说："我跟老师之间，虽然名分上是师徒，但是情同父子，要共患难，同生死。如果老师不幸遭遇了灾难，我也不会爱惜生命，一定会挺身而出的。现在老师既然安全离开了，我怎么敢轻易去和匡人战斗而被他们杀死呢？"从这些不只能看出他们师徒之间深厚的感情，也能看出颜回在生死关头的审慎抉择。颜回有很高的道德修养，所以能明辨事理。颜回真的是人们所说的信仰坚定并勤奋好学，能够以生命保全道义的人啊。

原文 季子然[19]问："仲由、冉求可谓大臣与？"子曰："吾以子为异之问，曾由与求之问。所谓大臣者，以道事君，不可则止。今由与求也，可谓具臣[20]矣。"

张居正讲评译释 仲由和冉求是季氏的家臣，所以季子然问孔子说："臣子有大臣和小吏，职位有尊贵和卑贱，那么对他们的称谓就也不相同。像你的学生仲由和冉求那样的品德和才能，能算得上大臣吗？"这是称赞二人贤德，来表现季氏用人得当，得人心。但是季氏越分窃取，仲由和冉求既不能劝阻也没有离开，这是孔子厌恶的行为，所以孔子回答说："我还以为你有什么特别的事、特别的人要问我呢，原来是问冉求和仲由啊，那么你也很卑贱无知啊。你把冉求、仲由当作大臣，这是不知道什么是大臣啊！人们所说的大臣，关系到君主的德行和国家的安危，他们责任重大，和一般的小官小吏不一样。如果不管君主行为的对错，一味地奉承迎合，贪图官位和俸禄，不知道进退，这怎么帮助君主培养品德，给百官做表率呢？作为大臣，必须学识高明、忠厚诚恳，遇事要用正直的道理辅佐君主。如果君主的行为合理，就支持协助并宣扬君主的美名。如果君主的行为不合理，就对其直言相劝，尽力帮他改正错误，将其指引到正道上。假如君主的行为于理不合，并且不听从自己的劝谏，那么即使身居高位也是占据着职位白吃闲饭不做事，这就应该反省自己的过错，辞掉官位，一定不能违背正道让自己受到侮辱。作为大臣要把规劝君主当作自己的职责，一定要完成自己的职责；要把旷废职守当作耻辱，如果不能规劝君主，一定要辞官隐退，冉求和仲由原本应该做到这些，但现在他们作为季氏的家臣，既不能按照正道侍奉季氏，尽到直言规劝的责任；又不能安于本分，辞官归隐，来保全自己的品节，所以他们两个只是充数罢了！"孔子轻视冉求和仲由，也是为了批评李子然啊！

原文 曰："然则从之者与？"子曰："弑父与君，亦不从也。"

张居正讲评译释 季子然又问："冉求、仲由既不能作为大臣，那么他们会不辨是非，任何事情都唯唯诺诺地听从季氏的命令吗？"孔子回答说："冉求、仲由虽然不知道如何做大臣，但是对清楚明白的君臣之义还是知道的。至于杀父亲、杀君主这样大逆不道的事，他们肯定不会跟着干的。"季氏一直都有犯上作乱的想法，想要得到冉求、仲由二人的帮助，所以孔子这样暗中批评他。由此可见，臣子可以分为大臣、充数的臣子、犯上作乱的臣子，君主如果能爱惜自己的品德，喜好圣贤之道，那么就能让大臣尽忠职守；如果能根据臣子长处，安排适当的工作，那么平庸的臣子也能完成自己的职守；如果能防微杜渐，那么就不会产生犯上作乱的臣子，这也是圣明的君主应该注意的。

原文 子路使子羔为费宰。子曰:“贼[21]夫人之子。”子路曰:“有民人焉，有社稷焉，何必读书，然后为学？”子曰：“是故恶夫佞者。”

张居正讲评译释 子路给季氏做家臣，想让子羔去做费邑的邑宰，孔子责备他说：“人在学习有了成就之后才能做官，明白了事理之后才能符合任用条件。子羔虽然资质优秀，但是学问还很浅。如果过早地让他做邑宰，对内会影响自身的学习，在学问上难有收获；对外会妨碍治理百姓，难以成就功业。这不是爱他，而是害他啊，怎么能这样做呢？”孔子责备子路，子路却认为自己没有错，强词夺理地说：“费邑那里有百姓需要治理，有鬼神需要侍奉。治理百姓和祭祀神灵也都是学习，何必要拘泥在章句这些粗枝末节上，非得认为读书才是学习呢？”治理百姓和祭祀神灵固然也是学习，但一定要在学问上有所成就之后才能够做官，实践自己的学问。如果开始的时候没有进行学习，而把做官当作学习，那么就难以明白事理，难以恰当地处理事务，这一定会懈怠神灵、祸害百姓啊。子路这么说，并不是自己的本意，这是不肯承认错误，强词狡辩罢了。孔子直言不讳地责备他说：“我最厌恶的就是那些花言巧语狡辩的人，他们不依据道理的是非，只是凭借着强词夺理来取得言辞的胜利罢了。你现在也要警惕啊！”漆雕开在有了让人信服的才能之后才开始做官，孔子感到很高兴。子路让学问浅薄的子羔去做官，孔子严厉地责备了他。由此可以看出，想要治理好国家就要先在学问上有成就，那些关系到天下国家的人，他们的责任越大，就越应该通过学习充实自己，他们的职位越关键，求学就应该越勤奋，实在是不能浪费任何时间啊！

原文 子路、曾皙[22]、冉有、公西华侍坐。子曰：“以吾一日长乎尔，毋吾以也。居则曰：‘不吾知也！’如或知尔，则何以哉？”

张居正讲评译释 孔子的弟子记录到有一天子路、曾皙、冉有、公西华坐在孔子旁边，孔子想让他们畅所欲言，以此来观察他们的志向，就开口引导他们说：“人如果拘泥于身份的高低，就会心生畏惧，难以放松自己，就难以知道他心里是怎么想的啊！我的年龄是比你们大一些，是你们的老师，但是你们也不要因为我年长就不敢说，一定要把想说的话全说出来才行。你们平时总自命不凡地说‘以我的才能，本来完全应该被重用，但是没有人了解我呀’。假如有人了解你们，重用你们，你们想要怎么去施展你们的才能和抱负呢？试着给我说一下吧！”孔子这么做是想要看一下这四个人是怎么看待自己的，然后再因材施教。

原文　子路率尔而对曰："千乘之国，摄乎大国之间，加之以师旅，因之以饥馑；由也为之，比及三年，可使有勇，且知方也。"夫子哂之。

张居正讲评译释　子路听了孔子的提问之后，毫不谦让地直接回答说："一个拥有一千辆兵车的小国家，夹大国中间，经常发生战事，而自己难以调派军队；国内又经常闹饥荒，百姓常常吃不上饭，国家的形势就是这样艰难。假如让我去治理这个国家，对外抵挡战事，对内施行教化；先发展农业，储存粮食，然后训练百姓，检阅军队；鼓舞百姓的士气，让他们团结一致。只需要三年，就能使人民勇敢善战，勇于前去抵御侵略；并且懂得礼仪道德，知道尊敬尊长和君主并为之效命。这就是我的志向啊。"孔子听了之后微微一笑。这是笑子路说得过于轻率，不是说他志向不大啊！

原文　"求，尔何如？"对曰："方六七十，如五六十，求也为之，比及三年，可使足民。如其礼乐，以俟君子。"

张居正讲评译释　孔子听了子路的志向之后，接着问冉求说："你的志向呢？"冉求回答说："我管理不了拥有一千辆兵车的大国。但如果让我去治理国土六七十里或五六十里见方的国家，我会通过管理田地，教育百姓栽种畜牧，来增加国家的收入；我会轻徭薄赋，提倡节俭，节约国家的财富。只用三年时间，就能让百姓富足，使他们不只能维持家庭生活，也能够在发生水旱灾害的时候有储备的粮食，我的志向也就是这些。至于用礼乐来教化百姓，一定要等到德才兼备的君子才能做得到，不是我能担当得了的。"冉求的为人原本就很谦逊，又看到孔子笑子路，所以才会说得这么谦逊。

原文　"赤，尔何如？"对曰："非曰能之，愿学焉。宗庙之事，如会同[23]，端章甫[24]，愿为小相[25]焉。"

张居正讲评译释　孔子又问公西赤说："你的志向呢？"公西赤回答说："礼乐上的事，我不敢说一定能做到，但是我愿意诚心地学习。在宗庙祭祀的时候，或者与别国会盟的时候，都需要实施礼乐。这时候，我愿意穿着礼服、戴着礼帽，在其中做一个小小的司仪官，检查仪式礼节，使君主不对神明失礼；审视其中的应酬交际，使君主不对邻国失礼。我的志向也就是这啊。"礼乐原本是公西华很擅长的事，他这时候说愿意做一个小司仪官学习礼仪，也是因为孔子的询问才做出的谦虚回答。

原文　"点，尔何如？"鼓瑟希，铿尔，舍瑟而作，对曰："异乎三子者之撰。"

子曰："何伤乎？亦各言其志也。"曰："莫春者，春服既成，冠者五六人，童子六七人，浴乎沂，风乎舞雩[26]，咏而归。"夫子喟然叹曰："吾与点也！"

张居正讲评译释 子路、冉有、公西华在阐述自己志向的时候，曾点正在弹瑟。三个人说完的时候，孔子就问曾点说："你的志向呢？"曾点听到孔子的询问之后，才停止弹瑟，瑟的余音逐渐消失之后，曾子离开瑟站起身来，从容地回答说："我想的和他们三个不一样，不是用语言能表达的。"孔子开导他说："你只管说就行，担心什么呢？人各有志，只是说自己的想法就行，不用一样。"曾点听了之后回答说："我的志向没有别的，也就是遵循自己的天性中的喜好，不想追求别的东西。比如在春末的时候，天气和煦，风景秀丽，已经脱掉冬季的厚衣服，穿上春季的单衣，感觉非常舒适，这个时候和志趣相同的朋友——五六位成年人，六七个少年，悠然自得地去城南游玩。沂水那里有温泉，泉水非常干净，能够洗澡，就一起去沂水洗澡；舞雩台那里树木繁茂，就一起去舞雩台的树荫下乘凉；游乐结束的时候，就一起唱着歌儿返回。歌唱时此唱彼和，互相呼应，轻松自如，这就完全能让我感到高兴啊，别的还羡慕什么呢？这就是我的志向，和他们三个的不一样啊！"孔子听了曾子的话后，感到非常符合自己的想法，就深有感慨地叹息说："我和曾点都非常喜欢音乐，我的想法，都被曾点说出来了呀。"君子已经明白了万物最根本的道理，只有那些不明白事理的人，才会羡慕外在的事物，为得失感到高兴或难过。如果一个人为人真诚，内心安宁而无所愧疚，就一直能得到快乐。君子在粗茶淡饭，生活简陋时，感受到的就是这种快乐；在管理国家时使百姓安逸富足，治理天下的时候使人民生活安定，教育后世时使他们亲近贤人，为百姓谋福利，在这些时候他们感受的也是这种快乐。他们在取得成就的时候不会炫耀自己，在生活贫困的时候不会折损自己的品节，被任用就施展抱负，不被任用就辞官退隐，从来不会在意自己的遭遇。孔子的学问就是这些，曾点已经明白了，所以受到了孔子的赞赏。

原文 三子者出，曾皙后。曾皙曰："夫三子者之言何如？"子曰："亦各言其志也已矣。"曰："夫子何哂由也？"曰："为国以礼，其言不让，是故哂之。"

张居正讲评译释 这几个人说完自己的志向后，曾皙因为孔子称赞自己，笑子路，对冉有、公西华则什么话也没说，从而感到很疑惑，等到子路、冉有、公西华三个人都出去了，独自留在后面问孔子："刚才他们三个人说的话怎么样？"孔子回答说："只是各自谈谈自己的志向罢了，没有别的意思。"曾皙又问说："那您为什么笑子路呢？"孔子说："凡是治理国家，一定要讲礼让，这样才能君臣和睦，百姓也不会发生动乱，才能治理好国家啊。可是子路说话急切，自认为有才能，一点也不谦让，这就是没有做到恭敬谦逊，不符合礼啊，这样怎么治理国家呢？所以我才笑他呀！”

原文 “唯求则非邦也与？”“安见方六七十，如五六十，而非邦也者？”“唯赤则非邦也与？”“宗庙会同，非诸侯而何？赤也为之小，孰能为之大？”

张居正讲评译释 曾皙又问：“冉求虽然也志在使百姓富足，但是他治理的不过是方圆六七十里或方圆五六十里的地方，这是不是不能算国家呢？”孔子回答说：“先王分封诸侯的时候，虽然国土面积有百里、七十里、五十里的不同，但是分封时的典礼仪式是一样的。方圆百里的地方固然是国家，但怎么看出方圆六七十里或方圆五六十里的小地方就不是国家呢？虽然这些地方的土地面积小，但是一样也有疆界、宗庙，一样有百姓、政务，怎么能说这不是国家呢？所以冉求想要做的的确是治理国家的事啊，这有什么疑问呢？”曾皙又问：“公西赤的志向虽然在礼乐上，但是他想做的，不过就是当一个小小的司仪官，这不是治理国家的事吗？”孔子说：“诸侯祭祀先祖，所以才有了宗庙；和邻国关系和睦，所以才会有与邻国的会盟。公西赤既然立志在宗庙祭祀和诸侯会盟的时候做司仪官，这不是诸侯的事又是什么呢？况且他原本就有礼乐上的才能，做司仪官只是他谦逊的说法。如果公西赤不能做更重要的事，只能做这些小事，那么谁又能在礼乐上胜过他，比他做得更好，做更重要的事呢？所以公西赤想的也是治理国家的事，这又有什么疑问呢？”把他们几个的志向和想法放在一起看，子路、冉有、公西华三个人的志向，孔子也是认可的，但为孔子什么单独称赞曾点呢？因为君子需要学好本领，等待施展的机会。穷困时不失去仁义，显达时不背离道德，这才是一个人最高尚的品节。如果一个人自认为有才能，急切地想要被重用，那么他在出仕做官的时候，就难以用道义要求自己，一定会为了官位屈服。子路在卫国做官，冉求给季氏做家臣，都是这个缺点，所以孔子只称赞了曾点，因为他的见识超过了另外三个人啊！

注释：

[1]先进，前辈。

[2]后进，后辈。

[3]昆弟，兄弟。

[4] 白圭,《诗经》里的诗:“白圭之玷，尚可磨也;斯言不玷，不可为也。”意思是“白圭若玷缺了，尚可磨得；若言语差了，则不可追悔矣。”乃是要谨言的意思。

[5] 颜路，即颜无繇，儒家，春秋鲁国（今属山东省）人。字路，因此又称颜路。他是颜回（颜渊）的父亲，父子俩曾先后在孔子门下求学。孔子早期的弟子之一。

[6] 椁，套在棺材外面的大棺材。

[7] 行行，刚强负气貌。

[8] 侃侃，和乐貌。

[9] 柴，高柴，字子羔，孔子的学生。

[10] 鲁，迟钝。

[11] 辟，偏，偏激，邪。

[12] 喭，鲁莽，粗鲁，刚猛。

[13] 庶：庶几，相近。这里指颜渊的学问道德接近于完善。

[14] 屡空，经常贫困。

[15] 不受命，不安于天命。

[16] 亿，同“臆”，猜测，估计。

[17] 践迹，踩着前人的足迹。

[18] 色庄，面色严肃，却内无实德。

[19] 季子然，季子然，姬姓，中国春秋时期鲁国三桓之一季氏的族人。

[20] 具臣，备位充数之臣。

[21] 贼，伤害。

[22] 曾皙，或称曾点，是宗圣曾子的父亲，字子皙，春秋末年鲁国南武城（今属山东平邑）人。曾参之父，孔子早期弟子，笃信孔子学说。

[23] 会同，古代诸侯朝见天子的通称。

[24] 章甫，古代一种礼帽。

[25] 相，诸侯祭祀、盟会时的司仪官。

[26] 舞雩，台名。是鲁国求雨的坛，在现在曲阜市东。古代求雨祭天，设坛命女巫为舞，故称舞雩。

颜渊第十二

原文 颜渊问仁。子曰："克己复礼为仁。一日克己复礼，天下归仁焉。为仁由己，而由人乎哉？"

张居正讲评译释 孔子学问中最关键的就是仁，所以颜渊问孔子说："如何才能做到仁呢？"孔子教导他说："仁是内心的道德。这些道德表现在人的很多方面上，每一方面也都有理所应当的准则，这个准则就是礼。人被自己的私欲拖累，不能克制自己，就会违背礼，这样就会失去仁德。仁德的人，一定要保持内心的纯洁，要努力驱除心中的任何私欲，在思考和办事时，遵循天理，这样就能保全自己的品德，这就是做到了仁德。天下人都在追求仁德，如果一个人能够克制自己，一切都照着礼的要求去做，率先达到了仁德，人们就会一致地称赞他。因为遵循天理，追求仁德，是一个人本来就应该做的事，所以取得的效果才会像这样既快又明显。办事时依靠自己很容易，依靠别人就会很困难。现在是自己的私欲、自己的天理，克制私欲和恢复天理都在于自己，只要去做就行了，跟别人有什么关系呢？像这样克己复礼的关键全在于自己，就不会有什么困难。"孔子这么教导颜渊，是对他的勉励呀。总之，尧舜代代相传的心法，也不过就是这些，他们所说的人心要居高思危，就是克制自己；道心微妙居中，就是遵循礼仪；保持惟精惟一之道，不改变自己的目标，这就是实现仁德方法，和孔子对颜渊的教导没有什么不同。既然这样，想要像尧舜那样完全实现仁德的人，能不听从孔子的教诲吗！

原文 颜渊曰："请问其目。"子曰："非礼勿视，非礼勿听，非礼勿言，非礼勿动。"颜渊曰："回虽不敏，请事斯语矣。"

张居正讲评译释 颜渊听了孔子"要克制自己，一切都照着礼的要求去做"的教导之后，明白了什么是天理什么是人欲，对于如何做到仁不再有疑问，直接问孔子说："那应该从哪些方面去实行仁呢？"孔子回答说："人生来好静，这是人的天性，感知外部事物以后会产生情感的变动，就会在视、听、言、动的时候表现出来。视、听、言、动都有需要遵守的规则，就是所说的礼。只要稍微不符合礼，就是产生私欲的表现，所以一定要在事情刚发生的时候就谨慎处理，克制自己的私欲。看的时候一定要符合礼，只要有一点不符合礼，就不要看；听的时候一定要符合礼仪，只要有一点不符合礼，就不要听；说话的时候一定要符合礼，只要有一点不符合礼，就不要说；做事的时候一定要符合礼，只要有一点不符合，就不要做。不符合礼的事情都是因为自己的私欲才发生的，不做不符合礼的事情，就是克制自己。克制了自己的私欲，就能遵循礼仪，就能实现仁。这就是所说的克制自己，一切都照着礼的要求去做就是仁。”颜渊听了孔子的教导之后，就直接说道：“只有天资聪颖的人才能提高自己的道德修养。我虽然不聪明，但是能够按老师教导的去做。我会听从老师的教导，务必除去视、听、言、动的私欲，遵从相应的礼仪，恢复内心最初的品德。怎么敢推脱说自己资质平庸，不努力提高自己的品德，从而辜负老师的教诲呢！”颜渊知道自己能够做到这些，所以毫不推辞地表示要按孔子的教导去做。

原文 仲弓问仁。子曰：“出门如见大宾，使民如承大祭。己所不欲，勿施于人。在邦无怨，在家无怨。”仲弓曰：“雍虽不敏，请事斯语矣。”

张居正讲评译释 冉雍问孔子说：“如何做到仁呢？”孔子说：“实现仁的方法，不过就是用心求取，而用心的关键，就在于恭敬和宽容罢了。人们在对待贵宾的时候没有不恭敬的，如果他们在平时外出办事的时候，也像接待贵宾一样，就不会有任何怠慢；人们在举行重要的祭祀时，没有不恭敬的，如果在役使百姓的时候，也像举行重要的祭祀一样，就不会傲慢了，这才能算是恭敬。自己不愿意做的事，不想让别人强加给自己，同样，这些事别人也不愿意做。所以一定要设身处地为他人着想，自己不愿意的，不要强加于别人，这就是宽容。一个人能做到内心恭敬，就能驱除自己的私欲，就能够追求仁德；一个人能宽容别人，就不会产生私欲，就能够实现仁。这样的人在外出做官的时候，能和上司、下属和平共事，又怎么会招致怨恨呢？在家乡时，和家人、乡邻都能和睦相处，又怎么会招致怨恨呢？内心恭敬，办事宽容，在朝廷、在家乡都不会招致怨恨，这样就能保全内心的品德，实现仁啊！”冉有听了孔子的教导，直接说道：“只有天资聪颖的人才能提高自己的道德修养。我虽然不聪明，但是老师的教导如此恳切，我怎么能不努力让自己恭敬宽容，从而不招致怨恨，期望自己不辜负老师的教导呢！”冉雍知道自己能够做到这些，所以勇敢地表示要按孔子的教导去做。

原文 司马牛问仁。子曰："仁者，其言也讱[1]。"曰："其言也讱，斯谓之仁矣乎？"子由："为之难，言之得无讱乎？"

张居正讲评译释 司马牛问孔子："如何做到仁呢？"孔子回答说："你想要知道如何做到仁，应该从不随意说话开始做起。人一旦缺乏了内心的品德，说话时就会伤害到别人，就容易招致麻烦。只有仁德的人品德高深、语言简洁，他们从不轻易开口说话。你想要追求仁，也这样在说话时谨慎小心就行了。"司马牛又问："仁是很高深的学问，只要做到不轻易说话，就能够实现仁了吗？"孔子回答说："说话谨慎，并不是容易做到的事啊！人们容易放松自己，任性妄为，说话的时候没有顾忌。而仁德的人，不放纵自己，所以在遇到事情的时候，一定会深思熟虑，谨慎抉择，不随便应对。所以他们说话的时候一定会考虑后果，行动的时候唯恐产生不好的结果，这样自然不敢轻易开口说话，又怎么会说话不谨慎呢？说话谨慎是因为觉得做事困难；做事困难是因为心存敬畏。心存敬畏才能明白事理，这就是仁呀，怎么能认为这很容易做到并且因此不努力呢？"因为司马牛经常放纵自己，言辞随便，所以才这么反复地告诫他，是想要约束他，让他发自内心地追求仁啊！

原文 司马牛问君子。子曰："君子不忧不惧。"曰："不忧不惧，斯谓之君子矣乎？"子曰："内省不疚，夫何忧何惧？"

张居正讲评译释 司马牛问孔子说："求学是为了成为君子，怎么才能做一个君子呢？"孔子回答说："品德高深的人，内心一直都舒畅安宁，绝对不会忧愁、不会恐惧，人如果能这样，就可以成为君子了。"司马牛说："成为君子很难啊，只像这样不忧愁、不恐惧，就可以成为君子了吗？"孔子又回答他说："不忧愁、不恐惧，这不容易做到啊！一般的人修养不足，见识不高，祸福利害都会使他动摇。所以在事情还没有发生的时候有很多疑虑，面对事情的时候经常退缩，这就是产生忧虑的原因。只有君子为人光明正大，没有不能对别人说的事，没有任何不能让别人知道的想法，反省自己内心的时候，不会有任何愧疚。所以君子的正直完全能够胜过私欲，他们的勇气完全能够符合道义。即使有可能发生意外，君子也只追求安于天命罢了，又有什么可以忧虑的呢？一个人如果没有努力修养自己的德行，达到品德高深的境地，是做不到这些的。你怎么会怀疑做到这些后不能成为君子呢？"因为司马牛经常因为自己的兄长桓魋犯上作乱而担忧畏惧，所以孔子这样开导劝慰他。君子反省自己的时候不感到愧疚，是因为心存敬畏从不做坏事，不是蛮横地不顾一切后果。况且君主的任务艰巨困难，如果不为国事而忧虑勤劳，没有为民生的疾苦感到担心畏惧，他们怎么能使四海安定，使天下太平呢？所以君主应该勤恳认真地处理国事、治理百姓，不能不知道反省自己。

原文 司马牛忧曰:“人皆有兄弟,我独亡。”子夏曰:“商闻之矣:死生有命,富贵在天。君子敬而无失，与人恭而有礼，四海之内皆兄弟也。君子何患乎无兄弟也？”

张居正讲评译释 当时司马牛的兄长桓魋在宋国犯上作乱，司马牛的弟弟子颀、子车也和桓魋一同作恶。司马牛担心自己的兄弟们有祸事，忧伤地说：“兄长和弟弟们没有发生祸端，才会有亲人团聚的欢乐。别人都有兄弟，能够在空闲的时候团聚欢乐；我有兄弟，却不能保全他们，这怎么能不忧伤呢？”子夏听了之后安慰他说：“我曾经听别人说过，人的生死是命中注定的，不是现在能够改变的；人的富贵也都是上天给予的，不是自己能够决定的，人们应该做的就是顺应天命罢了。你的兄弟们能否保全，全在天命，你担心也没有用。君子也只是顺应天命，严肃认真地对待应该做的事情罢了。你如果能保持内心的恭敬，不被任何事情影响；恭敬地对待别人，不管亲属贵贱，一律以礼相待，这样人们都会感受到你美好的品德，人人都尊敬爱戴你，就像亲生兄弟一样亲近你、保护你，这样到处都是自己的兄弟啊！所以君子担心的只是不能提高自己的品德，为什么要发愁自己没有兄弟呢？”子夏想要安慰司马牛，不得已才这么说。而做人最根本的道理，也不过就是这些。

原文 子张问明。子曰：“浸润之谮，肤受之诉，不行焉，可谓明也已矣。浸润之谮，肤受之诉，不行焉，可谓远也已矣。”

张居正讲评译释 子张问孔子说：“人的感情幽隐而难以被人弄懂，事物的发展变化缤纷杂乱难以辨别，如果不是无比明智的人，如何才能明察识别这些呢？请问怎样才能算是明智呢？”孔子回答说：“只是能弄明白那些显而易见的事，这算不上明智；只有能弄清楚那些难以辨察的事，才能算是明智。比如那些恶意中伤别人的人，如果他直接造谣中伤别人，那么还容易发现实情。只有像水润物那样暗中挑拨，根据别人的喜怒哀乐暗地里中伤别人，或者根据另外一件事去诬陷别人，那些轻微地诬蔑别人的话不知不觉就会积累起来，就像在水中浸泡物品一样，听者不知不觉间就会被蒙蔽。比如那些假诉冤屈的人，如果他们说的情况并不是那么急迫，那么实情还可能被发现。如果他的诉苦让人感受深切，或者假称别人将自己害得很苦，或者假称灾祸就在眼前，情况十分危急，就像马上要发生一样，这样听者就来不及辨别真伪从而上当受骗。这两种人，心机很重，非常狡猾，都是人们难以辨别的。如果一个人能够辨察出他们的谎言，这就是见识高明。能够看出被隐瞒的实情，不会被奸人欺骗，这不就是明智吗？不只是明智，如果能看透犹如水波一般慢慢侵袭渗透的毁谤，以及切身之痛楚一般的诉冤，这就是见识高远，能够弄明白万里之外的事情，这不是能明白浅显易懂的事就可以比的，怎么能不算是见识高远呢？如果能辨察那些很难辨察的事，那么对一般人来说容易发现的事，就更不在话下。说这样的人明智并且见识高远，不是很恰当吗？”这一章对君主来说尤其重要。君主一个人要辨察整个国家的事，如果做不到明智且见识高远，就难以辨明那些阴险邪恶的事情，容易听信那些谄媚诬陷的不实言论。如果听信这些谗言，任用了奸臣，就会影响到国家的稳定，这不是小事啊！所以作为君主一定要保持谨慎敬重的态度，探究事物的道理，使自己的心志变得坚定，能够辨别事情的真伪，这样就不会被人欺骗，就能够被称作聪明睿智和见识高远啊。想要成为明君，就要多注意这些。

原文 子贡问政。子曰："足食，足兵，民信之矣。"

张居正讲评译释 有一天，子贡请教孔子怎么治理国家。孔子回答说："治理国家的关键，只是处理好与百姓切身相关的事罢了。粮食是百姓生存的关键，粮食不充足，百姓就难以生存，这样不行。必须让百姓拥有田地，降低他们的赋税，让百姓有余粮，国家有积蓄，像这样有充足的粮食才行。军队是保护百姓安全的关键，军队不足，百姓就难以安定，这样也不行。必须为百姓建立军队，并且时常检阅，让军队不缺少士兵和车马器械，像这样军备充足才行。然而即使粮食充足，兵马强壮，但是国家没有威信，民众不信任统治者，这又怎么能行呢？必须要实施礼仪教化，阐明礼义忠信，让自己的百姓都尊敬君主、亲近上司，没有欺骗和反叛，这就是得到百姓信任的国家。粮食充足，就能引导百姓生息繁衍；军备充足，就不会有争斗动乱；民众信任国家，就能够教导他们明辨伦理。即使是古代圣王明君治理国家，做的事也不过就是这些。做到这三个方面，国家怎么会治理不好呢？"

原文 子贡曰："必不得已而去，于斯三者何先？"曰："去兵。"

张居正讲评译释 子贡又问："这三个方面都能做到固然很好。如果形势困厄，难以做到三个方面，不得已要去掉一项，先去哪一个呢？"孔子回答说："如果不得已，就去掉军备。”因为粮食充足，民众信任国家，那么百姓愿意为上司效力，即使没有军队国家也能保持安定。所以可以去掉军备。

原文 子贡曰:“必不得已而去,于斯二者何先？”曰:“去食。自古皆有死,民无信不立。”

张居正讲评译释 子贡又问:“从这三项里去掉了军备，算是暂时适宜了，如果形势变得更加窘迫，即使是粮食和信任也难以兼备，不得已必须从这当中再去一个，应该去哪一个呢？”孔子回答说：“还不得已的话宁可去掉粮食。”没有粮食的话百姓一定会饿死，然而从古至今人总是要死的，所以，死是难免的。诚信是人根本的品德，是做人的根本。百姓如果缺乏诚信，就会相互欺诈，无恶不作，这样和禽兽没有什么分别，这样的人没有存在天地间的必要，还不如死了。所以治理国家的人，宁可死去也不失信于民，民众就会宁可死去也不失信于国家，这就是可以去掉粮食，不能缺少信任的原因。由此看来，国家靠人民来保卫，人民靠信誉来保护。所以古时候圣明的君主，不欺骗天下，善于治理国家的人，不欺骗百姓。君主用真心爱惜百姓，用仁政治理百姓，自然会国家富裕，兵强马壮，百姓团结，民心归顺。这就是为什么诚信对君主来说无比重要。

原文 棘子成[2]曰：“君子质而已矣，何以文为？”子贡曰：“惜乎，夫子之说君子也！驷不及舌[3]。文犹质也，质犹文也。虎豹之鞟[4]犹犬羊之鞟。”

张居正讲评译释 棘子成非常讨厌周朝末期烦琐的仪式，因为当时人们都贪婪诡诈，不讲究忠厚诚信，所以他提出自己的看法说：“作为君子，处理好实事，保留美好的品质，不失去本心就行了，为什么要用那些表面的仪式来装饰自己，反而影响自己美好的品质，丢失了真诚的心意呢。”子贡听了之后就纠正他说：“现在人们都只追求仪式，而不知道质朴。我老师孔子这么说，目的在于让人们追求朴实，抑制他们对形式的过度追求，这才是君子的做法。而你的话太随便了，矫正过度了，话说出口之后，即使是四匹马也追不回了啊。人在追求道的时候，缺乏质朴就难以立身，没有礼节仪式就难以前进，所以本质犹如文采，文采犹如本质，它们可以共存却不能缺少任何一个。这也是分辨君子和小人的方法。如果把文采都丢弃了，只保留本质，那样君子和小人就混在一起难以分辨了，就像去掉毛的虎豹的皮革，和去掉了毛的犬羊的皮革一样，看不出差别好坏了。虎豹的皮革之所以不同于犬羊的皮革，就在于毛的不同；君子之所以和小人不同，就在于文采仪式，所以文采怎么能被抛弃呢？”棘子成矫正当时社会弊病时，固然有过度纠正的过失，而子贡在矫正棘子成的弊病时，也没有本末轻重的差别，这也不对呀。如果想要做到尽善尽美，没有任何过失，就一定要像孔子说的那样“文华质朴配合得宜，既要有文采又要很朴实”，这才是正确的结论。

原文 哀公问于有若[5]曰：“年饥，用不足，如之何？”有若对曰：“盍彻[6]乎？”曰：“二[7]，吾犹不足，如之何其彻也？”对曰：“百姓足，君孰与不足？百姓不足，君孰与足？”

张居正讲评译释 鲁哀公问有子说：“今年遭遇了饥荒，国家用度困难，应该怎么办呢？”有子回答说：“国家的钱财，从百姓那里收取时依据制度，被君主使用的时候有度量，这样在遭遇灾荒的年份就不用担心。你想要财用富足，为什么在收取赋税的时候不实行十分抽一的彻法呢？”鲁哀公说：“我们鲁国从宣公按田亩征税时开始，就是十分抽二了。十分抽二，我现在的用度还不充足，怎么能实行彻法呢？如果这么做了我的财用岂不会变得更加匮乏？”有子回答说：“君主和百姓是一体的，彼此之间的忧喜、祸福都互相关联。现在国家的费用，哪一件不是从百姓那儿收取的？如果能轻徭薄赋，不多收百姓的钱财，让百姓丰衣足食，家境殷实，这样百姓就会富裕。百姓生活宽裕，那么钱财粮食自然容易筹措，在国家需要的时候，百姓一定会乐意缴纳钱财，这样自然能国库充实，君主的用度也会很充沛，还怎么会不足呢？如果田地分配不均，并且横征暴敛，导致百姓缺衣少食，家境贫困，这样百姓自然不会富足。如果百姓生活窘迫，流离失所，那么不仅没法缴纳赋税，也会心生怨恨，从而发生争斗动乱，这样君主又怎么能财用充足呢？由此看来，君主不应该只想着国家富足，也要仁厚地对待百姓啊。”有子的话，十分符合君民一体的思想，君主应该特别注意。百姓富裕固然能使国家富裕，而国家富裕还在于节约用度。如果节俭，即使收入微薄也自然能有剩余；如果不节俭，即使是横征暴敛也难以富足。所以孔子“节约用度，爱护百姓”的话是君主在治理天下时应该借鉴的啊！

原文 子张问崇德、辨惑。子曰：“主忠信，徙义，崇德也。爱之欲其生，恶之欲其死。既欲其生，又欲其死，是惑也。”

张居正讲评译释 子张问孔子说：“追求道时收获的就是德，人们应该提高这种道德；内心被蒙蔽就会有疑惑，人们应该辨别疑惑。我想要提高道德修养水平和辨别是非迷惑的能力，应该如何做呢？”孔子回答说：“人的品德产生于内心而表现在做事上，假如一个人虚伪狂妄，就不会有善言善行；如果没有去恶行善的勇气，就不会对修养品德有帮助，这样道德修养怎么能提高呢？所以一个人的内心一定要经常保持忠信，不能有任何虚伪。还要根据事理，改正自己的错误，做每一件事都要符合时宜。这样就能巩固自己的根本，积累自己的善行，那么自己的道德修养就能变得非常崇高了，这怎么能不算是提高道德修养水平呢？生死有命，这不是自己能够决定的。爱一个人，就希望他活下去，厌恶一个人，就想要他死去，既然有了喜好或厌恶的私心，就难以接受他的生或死了。更何况对一个人，既爱他想要他活又厌恶他，想要他死，这样就会喜怒不定。但是生死祸福，怎么会听从自己的好恶呢？这样就会感到很困惑。如果能分辨清楚这些，就可以解决困惑了呀。”人的疑惑有很多，而生死是最大的疑惑，如果能将对这种疑惑的辨别推广到其他的事情中，那就不会被欺骗，又怎么会有疑惑呢？

原文 齐景公问政于孔子。孔子对曰：“君君，臣臣，父父，子子。”

张居正讲评译释 齐景公问孔子如何治理国家，孔子回答说：“治理国家应该先厘正伦理的次序，伦理次序中君臣父子的关系最重要，一定要处理好他们的关系。君主要有君主的样子，要做到仁德；臣子要有臣子的样子，要做到恭敬；父亲要有父亲的样子，要做到慈爱；儿子要有儿子的样子，要做到孝敬。君主、臣子、父亲、儿子都做到自己的本分，理政的成绩就会提高，国家也会因此而变得安定，这是人们正常的伦理关系和处理政务的根本。如果忽略这些，还怎么能治理国家呢？”当时齐景公的朝政混乱，朝廷接受大夫陈氏的财物，这样君主不像君主，臣子不像臣子。齐景公还有很多宠妾，却不立太子，这样就导致父亲不像父亲，儿子不像儿子。所以孔子才这么告诫他，这是为了让他警醒啊！

原文 公曰：“善哉！信如君不君，臣不臣，父不父，子不子，虽有粟，吾得而食诸？”

张居正讲评译释 齐景公听了孔子的话后，觉得孔子说得很对，就称赞道：“说得好，说得真对呀。如果君不像君，臣不像臣，就不符合君臣之道；父不像父，子不像子，就不符合父子之道。这样就会导致纲纪衰败，法度废弛，国家很快就会灭亡。即使国家很富裕，有很多粮食，我又怎么能安心享用呢？”齐景公能这样称赞孔子的话，可以说是内心很明白啊。但是他在死的时候没有确定继承人，导致陈氏弑君作乱，如果这不算是只听从规劝却不改正错误的话，我就不知道什么算了。

原文 子曰：“片言可以折狱者，其由也与？”子路无宿诺[8]。

张居正讲评译释 孔子说："那些因争论而提出诉讼的人，都想要获胜，所以他们的话真伪难辨；审判的官员，即使努力审问，也难以得到实情。如果能凭借简单的几句话，就辨明是非曲直，让争论双方都信服，大概就只有仲由能做到了吧！"子路为人忠厚诚信，明达而有决断，因为他忠厚诚信，所以别人不忍心欺骗他；因为他明达而有决断，所以人们不能欺骗他，这就是他话还没说完别人就信服的原因。孔子的弟子听了孔子的话后记录到：子路这个人很讲诚信，如果接受别人的委托，就一定会急着履行承诺，从来没有留到第二天再做的。子路为人就是这样讲究诚信，他之所以能被人信任，也正是因为他的诚信。孔子称赞子路诚信，他自己也能做到这些啊。

原文 子曰："听讼，吾犹人也。必也使无讼乎！"

张居正讲评译释 孔子说："居于高位的人，要审理百姓的诉讼，辨别其中的是非曲直。在这件事上我和别人是一样的，不感到难以应付。但是审理诉讼治标不治本，只能控制诉讼的扩大罢了。只有从根本上整顿，从源头上清理，用道德引导百姓，用礼制去同化他们，让百姓知道礼义廉耻，接受教化，懂得礼让，这样自然就不会发生诉讼事件，这才是难能可贵的。"弟子听到孔子称赞子路，就记录了他这方面的言论。治理百姓时如果能不露形迹地化解他们的矛盾，使他们不会产生争论，那么使那些违反政令、法律的人不敢欺瞒说谎，很快就能判决狱讼这件事就不值得被称道了。君主看到这些，能不把实施德行教化当作首要任务吗？

原文 子张问政。子曰："居之无倦，行之以忠。"

张居正讲评译释 子张问孔子说："应该如何处理政事？"孔子回答说："人的想法就叫作居心，将这种想法实施出来就是行动。做官的人，都想要勤勉办事，但是即使在刚开始做官时有这种想法，最后也难免放松懈怠，处理政事的时候不过就是敷衍应付罢了。想处理好政事的人一定不能心生懈怠，要一直思考着如何养育、教化百姓，不能因为时间长就产生任何懈怠，这样政令自然能够维持长久，也能有效地管理百姓。做官的人，都有政事要处理，但是如果没有真心实意地处理政事，做官就没有意义。执行政令的时候一定要忠实，在养育、教化百姓的时候，要真诚恳切，表里如一，要发自自己的真心实意，没有任何虚伪、粉饰，这样处理的政务才是切实有益的事，恩泽自然能够惠及百姓。"政事虽然繁多，但在处理的时候都要遵循诚心这个根本方法，如果没有始终一致、表里如一的真诚，就难以处理好政务。通过忠诚，小的来说可以治理一个城邑，大的来说能够治理一个国家，再往大了说可以治理整个天下，圣人能做到的也不过就是这些。需要处理政事的官员，能不知道该如何做吗？

原文 子曰："君子成人之美，不成人之恶。小人反是。"

张居正讲评译释 孔子在这里谈论君子和小人想法的不同，说："君子看到别人要做好事，就在他遇到困难时引导他，劝他坚持下去，并给予帮助，成全他的好事。如果看到有人做坏事，就对他进行规劝，制止他的恶行，帮助他改正错误。"君子的内心只有善良，没有邪恶，所以在看到别人做好事的时候心里很高兴，担心别人做好事的时候志向不坚定，行动不尽力；看到别人做坏事的时候，就好像自己做坏事一样，担心别人因为做坏事而名声败坏。小人就不是这样，见到别人做坏事，就迎合助长别人的恶行；看到别人做好事，就通过诋毁来阻挠别人向善。小人只有恶意而没有善心，所以他们见到别人做坏事，就为此感到高兴，只担心别人和自己不同类；看到别人做好事，就因为别人和自己不同而心生恶意，担心别人胜过自己，小人的心思就是这样刚好和君子相反。所以如果国家任用一位君子，就不只能从君子身上获益，更能帮助天下人做好事，获得的益处更是无穷无尽。如果任用了一个小人，不只会被小人损害，更会使天下人的善良受到损害，产生的弊端更是无穷无尽。所以君主在用人的时候能不仔细考查、谨慎任用吗！

原文 季康子问政于孔子。孔子对曰："政者，正也。子帅以正，孰敢不正？"

张居正讲评译释 季康子问孔子说："如何处理政事呢？"孔子回答说："你想要知道处理政事的方法，需要先知道'政'字的意思。政是正的意思，就是来端正别人。但是想要端正别人一定先要自身端正，从来没有人自身不正而去端正别人的。你处理政事的时候，不要苛责别人，要先追求自身的公正。如果想要别人用正道对待君主，自己应该先做到忠诚恭敬，来展示作为臣子的职责。如果想要别人保持自身的端正，就应该先做好自己职分内的事，来作为为官的标准。说的话应该是天下间最公正的言论，说话时引经据典，从容不迫，没有任何不顾是非的言辞；做事时依据的是天下间最正确的准则，办事挺拔特立、秉公职守，没有任何的私心邪念。你如果能这样带头走正道，就会发现在标准树立之后人们就知道归向正道，模范树立之后人们就知道学习榜样。人们只要看到你公平端正的风采、仪容，就会转变思想，跟随你走向正道，还有谁敢不走正道呢？不然的话，即使是通过强迫的手段，也不能使别人听从自己。所以说你想要处理好政事，也只用端正自身就行了。大致上，下属响应上级就像影子跟随身体一样，反应非常迅速。树立弯曲的木杆想要得到笔直的影子，轻缓地说话却想要发出巨大的声音，世上没有这样的事。”孔子这么说，不只是告诫大夫季氏，更是治理天下的重要准则啊。汉朝大儒董仲舒说过：“君主要通过自己的公正来端正朝廷，通过朝廷的公正来端正百官，通过百官的公正来端正百姓。”这句话也是这个意思，治理天下的君主应该要注意。

原文 季康子患盗，问于孔子。孔子对曰：“苟子之不欲，虽赏之不窃。”

张居正讲评译释 因为国家有很多盗贼，季康子感到很担忧，就问孔子制止盗贼的方法。孔子回答说：“民众之所以变成盗贼，心生贪欲，是受到了你们这些上位者的启发。假如你能够清心寡欲，克制自己，不贪图财利，这样你的下属和百姓就会效仿你，国家和社会就会讲究礼义廉耻，即使是奖赏偷窃，百姓也会为这种行为感到羞耻，而不会去偷盗的，这样还怎么用担心盗贼呢？”人人都会为坏事感到羞耻厌恶，从来没有过上位者不贪图财物，而普通民众却盗窃成风的事情，所以说如果上位者不贪图财利，即使是奖赏偷窃，也不会有人去偷盗的。上位者不贪心，那么就能给百姓树立好榜样，不让百姓受到横征暴敛的困扰，给百姓实施仁政。有了榜样，百姓就会变得善良；没有了横征暴敛，百姓就能安心；实施仁政，百姓就会富足。这样就能形成夜不闭户、路不拾遗的良好民风了，又何止是没有盗贼啊！上位者应该慎重处理啊。

原文 季康子问政于孔子曰：“如杀无道，以就有道，何如？”孔子对曰：“子为政，焉用杀？子欲善，而民善矣。君子之德风，小人之德草，草上之风，必偃[9]。”

张居正讲评译释 季康子问孔子如何处理政事，说：“不除去杂草，庄稼就不能生长；不除去坏人，好人就会受到伤害。如果将那些坏人杀了，来保护好人，怎么样？”孔子回答说：“百姓的好坏，全在于领导者怎么样。你处理政事，哪里用得着杀戮呢？你只要真心行善，带领着百姓做好事，百姓自然会跟着行善啊。为什么呢？在上位者的品德能够让人感动，就像风一样，在下位的百姓，他们的品德能够顺应上位者，就像草一样，草被风吹过之后必定会倒伏，普通民众被君子感化之后，也都会顺应，这是理所当然的事。所以想要百姓善良，只要上位者反省自身的品德就行了，为什么要杀戮呢？”季康子提出了三个问题，都是在责备别人。孔子的三个回答，都是让他反省自己。想要端正别人一定要保证自身端正，不愿意国家有盗贼，这是对的，想要百姓行善，也是对的。假如季康子能像追求利益一样追求善，那么百姓岂止是不偷盗，他们还会做好事呀。上位者带头端正自己，还会有谁敢不端正自己吗？《大学》里说：“尧舜用仁爱统治天下，老百姓就跟着变得仁爱了。”就是这个意思。所以君主能不亲身实行道德教化，来作为教化百姓的根本吗？

原文　子张问：“士何如斯可谓之达矣？”子曰：“何哉，尔所谓达者？”子张对曰：“在邦必闻，在家必闻。”子曰：“是闻也，非达也。”

张居正讲评译释　子张在孔子门下学习的时候，只在表面探究事理，而不深入研究，不肯踏实进取，孔子经常根据不同的情况批评他。有一天子张问孔子说：“士要怎样才能称得上通达呢？”君子为人处世时，行为举止都能通达顺利，不会受到任何阻碍，这是人人都想达到的境界。但是自己有了切实的学问和品德，才会被人信服，这不是侥幸就能达到的。孔子知道子张不明白通达的意思，就故意问他说：“你所说的通达是什么意思呢？”孔子这么问是想知道子张的问题在哪儿，好对症下药。子张回答说：“人没有名声，所以行动总是遇到阻碍，我所说的通达，是名声显著，在朝廷里有名望，在民间也有名声，就是这样罢了。”子张把名声当作通达，而忽视了脚踏实地的努力，这就是他平时被指责的地方。孔子顺着他的话批评他说：“你所说的在朝廷、民间都有名声，这是虚假的名声，不是通达。”名声和通达看起来相似但实际上完全不同。通达是用实际行动引人注意，名声则是用空虚的话吸引别人，把名声当作通达，差之毫厘，谬以千里呀，怎么能不知辨别就盲目追求虚假的名声呢？

原文　“夫达也者，质直而好义，察言而观色，虑以下人。在邦必达，在家必达。”

张居正讲评译释　孔子告诉子张说：“名声和通达看起来相似但实际上不一样。通达的人，并不是想被别人知道。往内能看出他们质朴无华、正直无私；向外，通过他们的行动能看出他们追求的是道义，办事要符合事理。通达的人立身行事如此妥善，也不敢自以为是，而是通过揣摩别人的话语，观察别人的脸色来验证自己的得失；不敢凭借自己的贤德和智慧先于别人行动，经常想着谦恭待人，他们在待人接物的时候就是这样谨慎啊！这样的人，人们都会被其崇高的品德所感动，都敬仰、爱戴他，所以他做什么事情都会无比顺利。这样的人在朝廷的时候，既能合君心又能顺民意，在整个国家都很通达；在家的时候，能使父兄安心，族人高兴，在整个家族都很通达。通达的人就是这个样子，怎么是偶然能做到的呢？”

原文　“夫闻也者，色取仁而行违，居之不疑。在邦必闻，在家必闻。”

张居正讲评译释　孔子又说：“一个人提高了自己的德行之后，自然会得到别人的信任，然后就能变得通达。那些只追求名声的人，内心虚伪，他们并不是真的仁德，只是伪装成正人君子的模样。考查他们的行为，就会发现他们有很多过失，做事完全不符合道义，和那些正直质朴的人不同呀。并且这种人任意妄为，无所畏忌，在欺骗别人的时候一点儿也不感到畏惧羞愧，就好像自己是真的正人君子一样。这种人和那些待人恭敬，通过观察别人的语言、神色来验证自己得失的人不同。只追求名声的人外貌忠厚而内情深藏难测，长时间伪装、掩饰自己，让别人难以发现其内心的奸诈，这样的人通过伪装自己，让人真假难辨，别人怎么会不受到被欺骗呢？所以这样的人做官时一定会骗取名望，居家时也一定会骗取名望，人们所说的追求名声的人就是他们呀！”名声大过自己的实际情况，这是君子感到羞耻的事，更何况虚假的事最终一定会败露，比起那些通达的人，差的又何止千里远呀！那些通达的人，追求的是自身品德的修习，所以被人们信服；那些追求名声的人，只是为了获得名望，所以丧失了自己的品德。求学者要仔细分辨清楚什么是真诚什么是虚伪呀。如果有品德的人被任用，那么国家、家庭都会获益无穷；如果误用了那些徒有虚名的人，就会给国家、家庭带来巨大的损失。这又怎么是小事呢！国家在任用官员的时候，尤其应该要注意这些啊。

原文 樊迟从游于舞雩之下，曰：“敢问崇德，修慝，辨惑。”子曰：“善哉问！先事后得，非崇德与？攻其恶，无攻人之恶，非修慝与？一朝之忿，忘其身，以及其亲，非惑与？”

张居正讲评译释 樊迟陪着孔子在舞雩台下散步，问道：“如何提高自己的品德修养呢？如何能驱除自己内心的邪念呢？如何辨别自身的疑惑呢？”因为樊迟的询问跟自己品德的修习有关，所以孔子称赞他说：“问得好呀！一心不能两用，如果一个人过于计较事情的结果，就会因为私欲而违反天理，品德就难以提高。如果一个人能先专心解决问题，自然就能取得好的结果，像这样用心专一，勤奋努力，自身品德就会在不知不觉间得到积累，这不就是在提高品德的方法吗？人们通常对自己要求很低，对别人要求很高，所以才不愿意改正自己的过错，这就是内心邪念难以驱除的原因。如果能一心一意地检查整治自己的毛病，而无暇去整治别人的缺点，这样诚恳地检查反省自己，邪念自然会被驱除，这不就是消除自己内心邪念的方法吗？如果一个人因为一件小事就控制不住自己的愤怒，同别人发生争斗，从而失去生命，并且导致父母的伤心，这就是损害自己、连累父母的大祸呀。因为一件小事，就招致巨大的灾祸，这难道不是愚蠢迷惑吗？如果能明白这些，并且改正错误，就能解决自己的疑惑了呀。”樊迟鲁莽重利，孔子为了让他改正错误就这样教导他。虽然这三方面都需要努力，但是它们的道理是可以互通的。提高品德才能保存自己内心的天理，这属于自身的修养；消除自身邪念、辨明自己的疑惑，这是遏制自己的私欲，属于反省、审查自己。如果没有提高自身的修养，就不能保持自己的初心，如果没有对自己的反省，就难以改善自己的错误。善于学习的人，要亲身体会并且努力学习才行啊！

原文 樊迟问仁。子曰：“爱人。”问知。子曰：“知人。”樊迟未达。子曰：“举直错诸枉，能使枉者直。”

张居正讲评译释 樊迟问：“怎么才算是仁？”孔子回答说：“仁主要就是爱护他人，一定要不分亲疏、不论贵贱地爱所有人，才算是仁。”樊迟又问：“怎么才算是智慧呢？”孔子回答说：“智慧就是了解他人，一定要弄清楚哪些人正直，哪些人邪恶，才能算是智慧。”樊迟虽然听了孔子的话，但是却不明白其中的意思。因为仁者要能够爱护所有人，智者要知道如何选择。有所选择，就一定会妨碍仁；兼爱一切，又担心被人欺骗。孔子的话，就像自相矛盾一样，所以樊迟没有完全明白。于是孔子解释说：“仁和智虽然有不同的作用，但其实是一个道理。如果为人正直，做事光明正大，那这就是正直的人，自己知道了这个人的正直，就举荐、重用他。如果为人偏颇，行为不轨，那这就是奸邪的人，自己既然知道了这是个奸邪人，就对其置之不理。那些奸邪的人，看到正直的人受到重用，就会有所感触，从而去恶向善来使自己获得重用，这就是让奸邪的人变得正直。辨别出一个人是正直还是邪恶，之后让奸邪的人受到感化，像这样仁和智就能保持一致而不会自相矛盾，你还有什么疑惑吗？”孔子的意思是通过重用正直的人让奸邪的人看到自己的不足，这就是智慧；让奸邪的人变得正直，这就是仁爱，在对人的了解中，蕴含着对人的爱护，这两者不仅不矛盾，反而互相促进呀，为什么樊迟到最后也不明白呢！

原文 樊迟退，见子夏曰：“乡也吾见于夫子而问知，子曰：‘举直错诸枉，能使枉者直。’何谓也？”子夏曰：“富哉言乎！舜有天下，选于众，举皋陶，不仁者远矣。汤有天下，选于众，举伊尹，不仁者远矣。”

张居正讲评译释 樊迟不明白仁和智的意思，孔子已经告诉他选拔正直的人，罢黜邪恶的人，这样就能使邪者归正，但他仍然不理解。樊迟退出来之后，遇到了子夏，就问子夏：“刚才我见到老师，问他什么是智，老师告诉我‘选拔正直的人，罢黜邪恶的人，这样就能使邪者归正’，这是什么意思呢？”子夏历来对孔子的话深信不疑，就叹息说：“老师这话说得多么深刻啊！这话里包含了很多东西呀，何止是智呢？舜得了天下，在众人中将皋陶选拔出来，任用他为执掌禁令刑狱的官员，于是天下人看到伊尹被重用，为自己的不足感到羞愧，就也变得仁德，不仁的人就消失了。汤得了天下，在众人中选拔出伊尹来，任命为宰相。于是天下人看到伊尹被重用，为自己的不足感到羞愧，就也变得仁德，不仁的人就消失了。”重用皋陶、伊尹，就是罢黜邪恶的人，使邪者归正，这是智慧的行为呀；所有人都变得仁德，这就能使奸邪的人变得正直，这就是仁爱的功效。通过舜和汤的事迹，来验证孔子的话，这就能让人相信仁爱和智慧可以互相促进呀，孔子的话又怎么只是专门谈论智呢？禹称赞尧时也说道：“能够辨别他人就是智慧，智慧的人能够选取人才给以适当官职，能够让百姓安康就是智慧，黎民百姓怀念这样的人。”由此可见，仁和智是君主美好的品德，而能够辨别、爱惜他人，也是作为君主最重要的品质。圣贤们所说的也就是这个道理。想要学习二帝三王，应该知道如何做到这些。

原文　子贡问友。子曰：“忠告而善道之，不可则止，无自辱焉。”

张居正讲评译释　子贡问怎样对待朋友，孔子回答说：“朋友就是能帮自己追求仁的人。见到朋友有过错，而不诚恳地劝告，这样他就难以认识到自己的错误；没有用合适的方法劝告，那么就不能让人接受，这二者都不是好的交友方法。在朋友产生过错的时候，一定要诚恳地、心平气和地、委婉地开导他，而不要只是粗暴地批评，这样，自己就是尽心尽力了。至于听不听劝告，就在对方了。如果他执迷不悟，不肯改正错误，自己就应该及时停止，不要因为劝告次数过多，使朋友疏远自己，从而自取其辱。”朋友，就是志同道合的人。和自己志同道合时就去规劝，志不同道不合就及时停止，这是理所应当的事。这样怎么会结交不到品德完备的朋友呢？

原文　曾子曰：“君子以文会友，以友辅仁。”

张居正讲评译释　曾子说：“君子求学是为了追求仁，如果没有朋友的帮助，就难以取得成就。如果只结交朋友却不学习文章学问，即使整天在一起，也只能讨论一些没意义的事，对追求仁没有任何帮助。所以君子一定以文章学问来结交朋友，或者在一起读书，研究圣贤制定的法令制度，或者在一起谈论古今之事，来辨明事理，这样每天都能有所进步，而不只是朋友之间的聚会。君子依靠朋友来帮助自己培养仁德，依靠朋友的规劝来改正自己的过失，依靠朋友的帮助来成就德业，通过学习朋友优秀的地方，来帮助自己变得更加优秀，让自己品德的修养有所提高，朋友之间就要这样相互促进，而不只是学习一些空洞的文字。”人的读书学习，尚且一定要得到朋友的协助，君主治理国家，就更需要臣子进献善言，来帮助提高自己的品德。如果君主能够真诚地听从劝告，努力地提高自己的品德，那将会取得怎样的收获呢！

注释：

[1] 讱，出言缓慢谨慎。

[2] 棘子成，卫国大夫。

[3] 驷不及舌，指话一说出口，就收不回来了。驷，拉一辆车的四匹马。

[4] 鞟，音 kuò，去掉毛的皮，即革。

[5] 有若，即有子。

[6] 彻，西周奴隶主国家的一种田税制度，交十分之一的田税。

[7] 二，抽取十分之二的税。

[8] 宿诺，未及时兑现的诺言。

[9] 偃，仰面倒下，放倒。

论语卷六

子路第十三

原文 子路问政。子曰："先之劳之。"请益。曰："无倦。"

张居正讲评译释 子路问怎样管理政事。孔子告诉他说："管理政事有根本的方法，不能只指责别人，而是应该多反思自己。在改善百姓的行为、品德时，不能只通过言语教导他们，一定要先用实际行动来给他们做表率。如果想要百姓孝敬父母，就应该自己先做到孝敬父母；如果想要百姓尊敬兄长，就应该自己先做到尊敬顺从兄长；想要百姓忠心，自己就不能欺骗别人；想要百姓讲诚信，就应该自己先用真心对待百姓。像这样在每一件事上都给百姓做好表率，百姓看到后自然会心生感触，这样自然能够对百姓实行教化。让民众从事农业生产时，不要只是用命令驱使他们，自己一定要参与劳作，引导他们辛勤劳作。想让百姓辛勤劳作，就在春季视察耕作情况，补助那些种子、耕力不足的百姓；想让百姓辛勤地收割粮食，就在秋季视察收获情况，周济歉收的百姓。鼓励百姓多植树，视察百姓耕作情况的时候，每一件事都要亲自给百姓们做好安排，这样百姓就会互相劝勉，就能处理好政事了了。治理政事的方法，不过就是这两种方法罢了。"子路自以为勇猛过人，他认为处理政事也有很多方法，不是只有这两种，所以请孔子再传授一些。孔子认为勇猛的人喜欢办事却难以坚持下去，所以又告诉他说："治理政事不在于多说，这些之前已经都告诉你了，没有什么可说的了。办事时，在开始勤劳的人多，坚持到最后的人很少，你只用在这两方面坚持下去，不要懈怠就行了。百姓变得勤劳之后，治理者就要变得更加勤劳；农业兴盛之后，管理者也要变得更加努力，这样才不会错过最好的教育时机，才能一直爱护百姓，政事也就可以处理好了。除了这两件事，还能有什么更好的方法呢？"不只是官员应该做到这些，君主治理天下，如果没有带头做表率，就难以统率百姓，如果不能坚持下去，就难以完成教化，所以君主更应该注意啊！

原文 仲弓为季氏宰，问政。子曰："先有司[1]，赦小过，举贤才。"曰："焉知贤才而举之？”子曰：“举尔所知。尔所不知，人其舍诸？”

张居正讲评译释 仲弓做了季氏的家臣，向孔子请教怎么管理政事。孔子告诉他说：“作为家臣，有很多工作要做，如果不提前分配好任务，如何才能督促别人完成呢？所以应该先把各项任务分配给不同的官员，让他们去办理，之后考查他们的处理结果，这样自己不用劳碌事情就能完成了。一个人犯了大错，固然不能够纵容，但是如果犯了小错就被重罚，就是过于严苛而缺少宽容，所以一定要宽容那些小的过错，这样刑罚就不会被滥用，别人也会心悦诚服。如果贤才没有被重用，各方面的事务就一定会被荒废，所以只要发现有品德、有才能的贤才，就一定要重用他们，这样各个职位都有合适的人才去担任，政务就能得到很好的治理，这些就是管理政事的方法。”仲弓又问：“我能够给手下的官员分配好任务，能宽容他们的小错，但是贤才很多，我一个人怎么能辨别全天下的贤才并将他们选拔出来呢？”孔子回答说：“你虽然不能了解所有的贤才，但又怎么会一无所知呢？你虽然不知道，但是别人怎么会也不知道呢？你只用选拔任用那些你知道的贤才就行了，别人看到你诚心举荐贤才，一定会心生感动。那些你不知道的贤才，别人也都会推荐给你，谁肯将贤才舍弃不用呢？”因为执持正道、追求美好的品德，这是人们共同的心愿。举荐自己了解的贤才，通过别人了解自己不知道的贤才，这样就自然不会遗漏了。如果只任用自己了解的贤才，这样就过于狭隘了呀！由此就能看出圣人心地的开阔呀。孔子说的，都是治理政事时最重要的道理，古代贤明的帝王将国家治理得安定清平，依据的也是这些方法。所以处理政务时，要将其分配给各自负责的官员；惩罚因过失而造成灾害的官员时，要宽容他们的小过错;选拔任用官员时，要广泛举荐贤才。这三者当中，举荐贤才尤其重要，能任用贤才，就能政治清明，断案公平。将政务分配给各个官员，赦免他们的小错，都要在任用了贤才之后才行啊。所以说治理天下在于任用贤才，这确实是君主首要的任务啊！

原文 子路曰：“卫君待子而为政，子将奚先？”子曰：“必也正名手乎！”子路曰：“有是哉，子之迂[2]也！奚其正？”子曰：“野哉，由也！君子于其所不知，盖阙如也。”

张居正讲评译释 卫灵公将儿子蒯聩驱逐出卫国，蒯聩逃到了晋国。卫灵公死后，蒯聩的儿子姬辄继位为君。姬辄继位后，蒯聩想返回卫国，但是姬辄拒绝他回国，在宗庙祭祀和发布国家政令的时候，都只称卫灵公是自己的父亲，而不认蒯聩，这是继承顺序混乱，名分不正呀！孔子从楚国回到鲁国时，路过了卫国，子路刚好在卫国做官，就问孔子说:“卫国国君仰慕老师你很长时间了，现在看到你来了，一定会态度真诚、礼仪隆重地请您治理国家。不知道老师你要是治理国家的话，会先从哪些事做起呢？”孔子回答说：“君臣父子是最重要的人伦关系。伦理关系混乱，一定难治理好国家，如今卫国国君不认自己的父亲，反而把祖父当作父亲，伦理混乱，名分不正啊。如果让我在卫国治理国家，一定会先正名分，让君臣父子之间的关系明明白白，显而易见。端正名分，是处理政事的根本，是治理国家时最紧迫的任务。”子路不明白这些，没有深入思考孔子的意思，就轻率地说：“有这样做的吗？老师您这是拘泥固执、不识时务呀。治理国家，一定要先做到国家安定、百姓安康才行。至于父子之间的称呼，这是小事，怎么会关系到国家的太平还是动乱，为什么要先正名分呢？”子路的话十分粗野，所以孔子直接斥责他说:“你怎么如此粗野啊，怎么见识如此短浅，言语如此粗俗啊！君子对自己不理解的事，一定会保留疑惑，等待考察询问。现在你不明白我说的话，可以慢慢地询问，你却轻率地认为我说的话不正确，怎么如此粗野啊！”孔子打算详细地给子路讲解为什么要先正名分，所以先这样批评他的粗心、轻浮。

原文 “名不正，则言不顺；言不顺，则事不成；事不成，则礼乐不兴；礼乐不兴，则刑罚不中；刑罚不中，则民无所措手足。”

张居正讲评译释 孔子告诉子路说：“我之所以想先端正名分，怎么是因为迂腐固执呢！因为治理国家的时候，一定要先正名分，之后做任何事都能有条有理。假如名分不正，不是君臣而强行认作君臣，不是父子而强行当作父子，这样发号施令的时候，在称谓上一定不顺当合理。说话不顺当合理，名不副实，言行不一，事情怎么能处理好呢？事情处理不好，行动就会敷衍马虎，无序混乱，礼乐怎么能兴盛呢？礼乐不兴盛，人们的行为就会违反法度，小人免于受罚，君子反而遭受罪责，刑罚怎么能得当呢？刑罚不得当，百姓就不知道应该如何做，而没有容身的地方，又怎么能规范自己的行为呢？名分不正会产生这样大的弊端。由此可见，名分一旦不正，百姓就会无所适从，国家就不能成为国家啊。治理国家的人，怎么能不先正名分呢？”

原文 “故君子名之必可言也，言之必可行也。君子于其言，无所苟而已矣。”

张居正讲评译释 孔子接着又告诉子路说：“名分一旦不正，说话就不能顺当合理，事情也就办不成，这会造成很大的弊端啊。所以君子在制定名分时，对人的称谓要符合事实，这样才能算是名分，如果称谓不顺当合理，就不能作为名分。在说话的时候，说出来的话一定要能行得通，这样才能算说得明白。如果说出来的话行不通，就不能算是说得明白。名分一定要能说明白，这样才算是名正言顺；说出来一定要能行得通，这样才能说话办事顺利；办事顺利之后才能礼乐兴盛、刑罚适当，这些都是这个道理呀。所以君子治理国家，在言行、名分上，一定要符合实际，不能苟且马虎。一件事情办好了之后，其余的事情就都能办好；一件事办不好，其他的事也难以办好。我之所以想要先端正名分，就是这个意思，你却认为我迂腐固执，你不明白治理国家的关键呀！"

原文 樊迟请学稼。子曰："吾不如老农。"请学为圃。曰："吾不如老圃。"樊迟出。子曰："小人哉，樊须也！"

张居正讲评译释 樊迟认为农事生产是治理国家的根本，就向孔子请教，想要学习种庄稼。孔子说："种庄稼这件事，上了年纪的农夫最清楚，我不如老农。你想学习种庄稼，请教老农就行了。"樊迟认为种菜比种庄稼容易，就又向孔子请教。孔子说："种菜的事，上了年纪的菜农最清楚，我不如老菜农。你想学习种菜，请教老菜农就行。"樊迟第二次问，孔子再次这样回答他，这能看出孔子对樊迟不满意啊。等到樊迟退出去以后，孔子又责备他说："樊迟真是个普通的下等人呀！"因为有身份高贵的人该做的事，有身份卑微的人该做的事，修身齐家以治国平天下，这是身份高贵的君子该做的事，种庄稼种菜凭自己的劳动养活自己，这是卑微的普通人该做的事。樊迟在孔子门下求学，却不学习如何成为君子，而关注种庄稼种菜的事，真是见识短浅、志向卑微啊！所以孔子责备他是一个平庸的人，也是勉励他学习君子应该学的知识啊！

原文 "上好礼，则民莫敢不敬；上好义，则民莫敢不服；上好信，则民莫敢不用情。夫如是，则四方之民襁负其子而至矣，焉用稼？"

张居正讲评译释 因为樊迟询问种庄稼种菜的事，孔子既用普通人来责备他，又教导他君子应该怎么做，说："普通人从事体力劳动，君子从事脑力劳动；从事体力劳动的人听从上级的命令，从事脑力劳动的人领导地位低下的人，这是天下间最基本的道理。假如身份高贵的人能爱好礼仪，待人接物都符合礼节，百姓看到之后，自然也会变得庄重严肃，会有谁敢不恭敬呢？如果能重视义，恰当合适地做出安排布置，百姓看到之后自然会紧跟着遵守道义，会有谁敢不服从吗？如果上位者能讲究诚信，天下的百姓自然会背着自己的孩子前来归顺。百姓归服之后，就会拿出自己的财物来侍奉上司。在上者安心接受百姓的供奉就行了，又怎么需要自己亲自去种庄稼呢！"这就是君子应该做的事啊！樊迟不明白这些，请教孔子种庄稼种菜的事，是多么鄙陋啊！周公用《无逸》来告诫成王，要知道百姓种地耕作的艰难，樊迟请教孔子种庄稼的方法，孔子却批评他为粗鄙的小人。这是因为君主生活在深宫中，不明白百姓的疾苦，所以周公经常用《无逸》来教导成王。而求学者树立志向的时候，应该用君子来要求自己，不应该在农田耕作这些事上过多劳累。周公和孔子的教导，各自适合不同的情况啊！

原文 子曰："诵《诗》三百，授之以政，不达；使于四方，不能专对；虽多，亦奚以为？"

张居正讲评译释 孔子说："《诗经》之所以能成为经，是因为它表达的是人的真实感情，具备了事物的根本道理，可以验证风俗的美恶和政治的得失，熟读了之后，一定能通达政事。况且《诗经》里的语言温厚平和而不偏激，在讽喻的时候委婉含蓄而不直率，读了之后一定能增强语言能力。如果有人把《诗经》中的三百篇都背得很熟练，这说明读得很多呀。但如果让他处理政务，他却迷茫而不知道如何办事；让他出使外国，他却不能独立交涉，这就是白白地付出努力去背诵，却没有任何收获，即使读了很多诗，又有什么用呢？不和没读一样吗？所以说读得虽多，又有什么用呢？"所以钻研经籍一定要先明白事理，明白事理才能做出适当的决策，如果不能够明白事理，经书读得再多也不过是学了一些没有实际作用的学问罢了，有什么值得尊崇的！不只读《诗经》时是这样，凡是经书里记载的内容，大都是经世致用的经典，包含有修身齐家治国平天下的方法，读经的人应该一件一件地考察领会并亲身实践，才能有收获。不然的话，即使知道得很多，却不会办事。学习古训却没有收获，即使知道很多也没有用啊！善于学习的人能不知道用心研究事理吗？

原文 子曰："其身正，不令而行；其身不正，虽令不从。"

张居正讲评译释 孔子说："上级教导下属，需要以身作则而不是言语上的命令。如果一个人清楚地知道人与人相处的各种道德准则，说话时小心严谨，淫声美色也不能使其迷惑，巴结奉承也不会让他动摇，这就是自身端正。如果领导者自身端正，那么百姓就都会受到感化，即使没有命令，百姓们自然也会改过向善，提高自身的品德，不会违背道德。如果领导者自身不正，违背道德伦理，言行不谨慎，容易被美色迷惑，轻易地被奸佞动摇心志，这样百姓自然不会服从，即使领导者恳切地发布命令让百姓做好事，他们也不会服从。"因为上级是下属效仿的对象，上级自身尚且不端正，又怎么去教导下属呢？《大学》里把修身当作齐家治国平天下的前提，就是这个原因。国家的君主能不追求自身的端正吗？

原文　子曰："鲁卫之政，兄弟也。"

张居正讲评译释　孔子说："鲁国是周公的后人，卫国是康叔的后人，这两个国家原本就是兄弟。今天看来，这两个国家的政事也像兄弟一样。鲁国因为孟孙氏、叔孙氏、季孙氏三家的僭越而王室衰败；卫国国君姬辄则不认自己的父亲反而将祖父称作父亲。这两个国家的纲纪和法度是一样的废弛，为什么它们衰乱的情形这么相似呢？"孔子思考这两个国家动乱的原因，想要让他们回到太平盛世，但是不被重用，难以挽救衰败，所以只能这样感慨叹息。

原文　子谓卫公子荆[3]："善居室。始有，曰：'苟合矣。'少有，曰：'苟完矣。'富有，曰：'苟美矣。'"

张居正讲评译释　孔子说："人的嗜好与欲望过多，就会贪得无厌。卫国的公子荆在管理家庭的时候，做得就很好呀。公子荆在刚开始的时候很贫穷，后来才变得富裕。他在贫穷的时候，在居住和饭食方面，非常的简单。如果别人在这种情况下，一定会想要变得富有。他却说：现在差不多已经够了呀。刚开始有一点富有的时候，他心里就已经满足而不再继续求取了。之后渐渐多了一些，如果换作别人，一定会追求齐全完备。他却说：我现在已经差不多完备了呀！再稍微有一点富有的时候，他心里就已经满足，而不再继续求取了。等到了富裕充足却还不算完美的时候，他却说：我如今已经完美了呀。他心里感到自己的生活无比完美了呀！从公子荆觉得够到觉得完备，由觉得完备到觉得完美能看出他安于所处的各种境遇，没有过分的贪求。从他认为自己的钱财差不多够、差不多完备、差不多完美能看出他的节制，不贪求钱财上达到完美。公子荆这样操持家务，很贤德啊！"人活在世上，没有比贪心更大的缺点，没有比知足更可贵的品质。这里所说的知足，是说为当前感到满足，而不是说到达一定目标后再满足。如果在心里给自己制订了目标，那就难免想着一定要实现。子荆在刚开始有一点的时候，不想着再多一点；在稍微多一些的时候，不追求富足，每时每刻都感到满足，从不主动去谋求财物。如果不是清心寡欲，不会被外物影响的人，谁能做到这样？所以孔子认为他很贤德，说他已经接近道了。

原文　子适卫，冉有仆。子曰："庶矣哉！"冉有曰："既庶矣，又何加焉？"曰："富之。"曰："既富矣，又何加焉？"曰："教之。"

张居正讲评译释　孔子周游列国，到了卫国的时候，冉有为他驾车。孔子看到有很多百姓，就说："卫国的人口真多啊。"冉有问道："管理国家的人都想要人口多起来，但是不知道人口多了之后，应该如何管理呢？”孔子回答说：“人口众多却不富裕，百姓就难以生存下去，最后一定会离开，怎么能长期保持人口众多呢？一定要给百姓们分配好田地，轻徭薄赋，让他们丰衣足食，不用担心生活贫困，这样人口就能一直多下去，国家也会变得富裕。这是治国者让百姓富裕的措施，应该在人口多了之后实施。”冉有又问说：“管理国家的人自然是想要百姓富裕。但是不知道百姓富裕了之后，应该怎么做呢？”孔子又回答说：“富裕了之后不实施教化，百姓在食饱衣暖后就容易产生纷争，这样怎么能长期保持富裕呢？一定要设立学校，教导礼义，让百姓们知道孝敬父母、尊敬长辈，形成仁德礼让的社会风气，这样国家就不只是富裕，而能够成为政治清明的国家了。这是治国者端正百姓德行的政务，应该在百姓富裕之后实施。”圣贤的问答之间，就已经包含了君主治理天下的方法和实施的次序，这难道不应该被万世效法吗？

原文　子曰：“苟有用我者，期月[4]而已可也，三年有成。”

张居正讲评译释　孔子有挽救世道的志向和治理国家的才能，却得不到重用，所以感慨说：“如今，没有重用我的人。如果有人任用我来治理国家，只用一年，我就能革除弊病，使国家兴盛，让国家的纲纪法度变得有理有序，让人们初步看到治理的成效。三年之后，我就能实施教化，改善社会习俗，使百姓生活富裕，品德提升，让人们能看到显著的治理效果。”可惜孔子没有被重用，只能通过议论来表达自己的志向了。

原文　子曰：“善人为邦百年，亦可以胜残去杀矣。诚哉是言也！”

张居正讲评译释　孔子说：“古人说：心地仁厚的人治理国家，经过一百年，就能积累深厚的功德，使国家一片和气，也能将性格残暴的人感化，让他们变得善良，不用刑罚杀戮就可以治理好天下。古人说得真对，就是这个道理呀！”百姓都是善良的，他们之所以为非作歹受到刑罚，怎么会是因为不讲仁义呢？只是上位者没有教导感化他们罢了。心地仁厚的人治理国家，虽然不一定都能做到树立德行、建立功业、阐明礼乐，但只要善良的品德积累了下来，就能教化百姓，废除刑罚杀戮，只是这个治理过程一定要前后一致地保持一段时间。如果是圣人治理天下，就不需要等一百年这么长的时间，取得的效果也远比这些要好。

原文　子曰：“如有王者，必世[5]而后仁。”

张居正讲评译释　孔子说：“心地仁厚的人治理国家一百年，能够使残暴的人感化向善，从而废除刑罚杀戮，但这只不过是中等的国家罢了。安定昌盛、教化大行的时世，治理国家的人给予百姓仁爱恩德，让他们普遍受到教育感化，把天下的治理当作一个人的话，只有血气流动能够贯穿全身，才能叫作仁政。如今没有圣明的君主，百姓已经很长时间没有感受到恩泽了。如果圣人受命治理国家，想在天下实行仁政，也不会短时间就有效果。一定要渐渐地积累，用仁心仁政培育百姓，三十年之后，深厚的仁爱和恩惠才能被广泛给予百姓，让他们普遍受到仁政的感化，过上和乐自得的生活。这怎是短时间就能达到的呢？”由此可见，如果不是圣人就难以施行仁政，如果时间过短就难以实施圣人的教化。所以只有尧舜和成周时期的太平盛世，才能够称得上是实现了仁政。希望治理天下的帝王能知道如何去做呀。

原文 子曰："苟正其身矣，于从政乎何有？不能正其身，如正人何？"

张居正讲评译释 孔子说："从事政治就是使人的行为端正，端正别人的根本在于端正自身。假如一个人能内心存仁，行事循义，遵守礼法，使自身端正，那么就会被别人效仿，很容易影响引导别人，他在管理政事端正他人的时候有什么困难呢？如果从事政治的人自身不端正，那么怎么能作为表率，领导别人，使别人端正呢？"

原文 冉子退朝。子曰："何晏[6]也？"对曰："有政。"子曰："其事也。如有政，虽不吾以，吾其与闻之。"

张居正讲评译释 冉有给季氏做家臣，从季氏那儿退朝回来，前来拜见孔子。孔子问他："今天为什么回来这么晚呀？"冉有回答说："刚好有国政需要商量，所以回来晚了。"孔子说："这一定是季氏家的私事，不是国政。如果是国政，我曾经做过大夫，虽然现在已经辞官，但还是会知道的。现在我既然没听说，这就不是国家的政务呀。"当时季氏在鲁国把持朝政，他不在朝堂上同其他大臣商议政事，而是和家臣在自己家里谋划。所以孔子假装说不知道有国政，是为了端正名分，批评季氏，并且有教育冉有的深意啊。

原文 定公问："一言而可以兴邦，有诸？"孔子对曰："言不可以若是其几也。人之言曰：'为君难，为臣不易。'如知为君之难也，不几乎一言而兴邦乎？"

张居正讲评译释 鲁定公问孔子："治理国家的关键，不在于话多，那么有一句能使国家兴盛起来的话吗？"孔子回答说："使国家兴盛，需要很大的功夫啊！一句话很难达到这样的效果。但是也有近乎这样的话，有人说过：'做君主很难，做臣子也是很不容易的。'君主身份高贵，任赏任罚，自己一人说了算，好像没什么难的。却不知道君主一个人既关系到天命的选择，又关系到人心的向背。一个想法不严谨，或许就会让天下人受到困扰；一时不谨慎，或许就会招致无穷的灾祸，做君主难道不难吗？臣子有固定的职责，按照自己的本分做事就行，好像很容易。却不知道臣子侍奉君主的时候，既要帮助君主承担天命，又要辅佐君主团结民心。侍奉君主稍微有一点过失，就有旷废官职的责任；如果不能给百姓带来恩泽，就会旷废职守的过失，做臣子怎么容易呢？人们说的是这个意思啊！君主不感到为难，国家就难以兴盛。假如君主真的感到了困难，兢兢业业地治理国家。修养自身时不敢有任何放肆的想法；治理百姓时不敢有任何的疏忽。君主通过自己这样的行为来引导臣民勤勉工作，共同完成困难的任务。这样，君主的品德就会日渐清明，政事的处理就会日渐恰当，既能得到上天的眷顾，也能受到百姓的爱戴，国家一定会兴盛呀。所以做君主难这句话，难道不是能使国家兴盛的训诫吗？您既然立志想要振兴国家，也应该注意一下这句话呀！”

原文　曰：“一言而丧邦，有诸？”孔子对曰：“言不可以若是，其几也。人之言曰：‘予无乐乎为君，唯其言而莫予违也。’如其善而莫之违也，不亦善乎？如不善而莫之违也，不几乎一言而丧邦乎？”

张居正讲评译释　鲁定公又问：“一句话能使国家强盛，我已经知道了。一句话就能使国家灭亡，也有这样的话吗？”孔子回答说：“使国家灭亡，这是很大的灾祸呀。一句话很难必然让一个国家灭亡。但也有接近这样的话，有人说过：‘我做君主没什么可高兴的，所高兴的只是我的命令大臣们都要听从，没有人能违背。’这就是当时人们的话。现在说来，君主的命令臣子固然要听从，而不能违背，但是也要看君主说的是什么。如果君主说得对，对百姓、对国家有好处，臣下自然要听从命令，不能违背，这样百姓能够感受到福祉，国家也能安定，这不是好事吗？如果君主说得不对，对百姓、对国家有害，臣下却不敢违背，那么百姓一定会遭受灾祸，国家也一定会发生危险，就难以维持下去了。所以‘我说的话没有人敢违背’这句话，不就能使国家灭亡吗？”国家的衰败，不是因为那些琐碎的小事，而是从这句话开始的呀。《大学》里说的“国君说错一句话，就可能会让事情失败；国君谨慎处理，就可以让国家安定”也就是这个意思。君主仔细观察一个国家兴盛的原因，鉴戒一个国家灭亡的原因，就能够保持国家的长治久安呀。

原文　叶公[7]问政。子曰：“近者说，远者来。”

张居正讲评译释　叶公问孔子怎么管理政事，孔子说：“管理政事的方法在于得民心。如果能让近处的百姓感受到恩惠而高兴，使远方的百姓听到自己的名声前来归附，那么就是好的管理政事的方法呀。百姓虽然愚钝，但是也会变得非常聪明。如果管理者实施的政令没有让百姓感受到实惠，只想用小恩小惠来骗取名声，那么自己周围的百姓尚且不会信服，更何况远处的百姓呢？”这也是孔子的言外之意呀。

原文 子夏为莒父[8]宰，问政。子曰："无欲速，无见小利。欲速，则不达；见小利，则大事不成。"

张居正讲评译释 昔日子夏当了莒父的邑宰，问孔子怎样办理政事，孔子说："处理政事时容易遇到两个弊端。急躁的人刚开始办事就要立刻看到成效，这是性急图快的弊端。你办理政事的时候，一定要稳步推行，不能急切地要求取得成效。见识短浅的人，贪图小利而没有长远的目光，这是目光短浅的弊端。你处理政事的时候，一定要有远大的志向，不可以因为很小的收获就自我满足。为什么这么说呢？因为处理政事时重要的在于取得成效，但是一定要逐步推进才能取得成效。如果性急图快，就会因为过于急切而不循序渐进，反而不能取得成效，这就是为什么不能性急图快。处理政事时要想着取得大成就，志向远大，就不会顾及琐碎的小事。如果满足于蝇头小利而没有远大的追求，就是因小失大。这就是为什么不能贪图小利呀。"因为子夏一直有目光狭小的缺点，所以孔子这么教导他。其实处理政事的方法，也不过就是这些。

原文 叶公语孔子曰："吾党有直躬者，其父攘羊，而子证之。"孔子曰："吾党之直者异于是。父为子隐，子为父隐，直在其中矣。"

张居正讲评译释 楚国大夫叶公对孔子说："我家乡有一个正直无私的人，他的父亲偷了人家的羊，他证实了这件事。父子之间的关系如此亲密，他尚且没有替父亲隐瞒，这就能看出他的正直呀。"孔子说："我家乡也有正直的人，不过和你说的不一样。儿子犯了错误，父亲替他隐瞒，不让别人知道；父亲犯了错误，儿子替他隐瞒，不让别人知道。父亲和儿子互相隐瞒，虽然算不上正直，但顺应天理，合于人情，行为虽然歪曲，但在道理上正直合理，虽然没有追求正直，但是已经符合正直的要求了呀。如果父亲和儿子互相举报，就既违背了天理，又不符合人情，怎么能是正直呢！"由此可以看出，道不能远离人情，做事必须要符合天理。违背常情来求取名誉，标新立异来显示自己的高明，世俗的人仰慕这些，而圣人则不认可这种做法。后世在评判事理和人物时，应该把孔子的话当作准则。

原文　樊迟问仁。子曰："居处恭，执事敬，与人忠。虽之夷狄，不可弃也。"

张居正讲评译释　樊迟问孔子："怎么做才算是仁呢？"孔子回答说："仁在心中，体现在每一件事上。所以追求仁的时候，应该在每一件事上都反省约束自己。平时生活中，不是闲居，就是办事，不是办事，就是接待他人。如果有一点不小心，就会违背天理，不能达到仁了呀。在日常生活中，保持端庄恭敬，不能有任何怠慢，这样就是在闲居时保持规矩；在办事的时候，严肃谨慎，不能有任何疏忽，这就是办事认真；在和别人相处的时候，诚恳待人，从不欺瞒，这就是待人忠厚。求仁者必须要衷心地信服这三个方面，不能有任何违背，不但在平稳、顺利的境遇下遵守，即使到了落后的地方，遭受了灾难，也要在居处上规规矩矩，办事时严肃认真，待人时忠厚诚实，一点也不违背这些要求。这样将仁一直保持下去，并且贯穿在自己的所有行为中，这不就是做到仁的方法吗？"

原文　子贡问曰："何如斯可谓之士矣？"子曰："行己有耻，使于四方，不辱君命，可谓士矣。"曰："敢问其次。"曰："宗族称孝焉，乡党称弟焉。"曰："敢问其次。"曰："言必信，行必果，硁硁然，小人哉！抑亦可以为次矣。"曰："今之从政者何如？"子曰："噫！斗筲之人，何足算也。"

张居正讲评译释　子贡问孔子说："百姓被分为士、农、工、商四类，士是排在第一位的，士的称号很难获得呀。怎么做才能被称作士呢？"孔子说："节制自己的言行是为人的根本，才能是经世致用的工具。如果在自己做事的时候，把道和义当作自己基本的行为准则，凡是不符合道义的事，就因为感到羞耻而不去做，这就是有了作为士的基础。在奉命出使别国的时候，能够在面对诸侯的时候随机应变，不辱使命。像这样有所为，有所不为才能被称作士。"子贡又问："全才不容易得到，对人也不能求全责备，有次一等的士吗？"孔子说："德才兼备的士固然很可贵，但是与其一个人品行不端，那么宁可他才能不足。如果有人孝敬地侍奉父母，族人都认为他孝顺；恭敬地对待兄长，家乡人都认为他尊敬兄长，这样的人即使才能不足，但是做人的根本没有丢失，可以被称作次一等的士。"子贡又问："人的品类不一样，次一等的士并不是没有，但是有没有再次一点的士？"孔子说："人不能固执己见，但是与其一个人放纵任性，那么宁可他固执。如果有人对说的话不辨是非全部都要做到；对做的事不管是否可行一定要得到结果，这就是气量狭小、固执浅薄的人呀。这样的人在做人上虽然不值得被赞赏，但是也不妨碍他保持自己的操守，或许能被称作再次一点的士。"子贡又问："现在执政的官员们怎么样呢，有能被称作士的吗？"孔子叹息着说：

“这些都是庸俗鄙陋的人，就像一斗二升的竹器一样，没有什么容量，有什么值得谈论的？”由此可见，评价士时要以才能品德为标准，选择人要先依据品行。如果一个人品行端正，那么即使他是固执浅薄的普通人，也不会被孔子抛弃，不然，那些品行恶劣的人即使有很高的才能，也不会被称作士。君主在选择任用人才的时候，应该分辨好这些呀！

原文 子曰："不得中行而与之，必也狂狷乎！狂者进取，狷者有所不为也。"

张居正讲评译释 孔子说："中庸是最高的道。能够得到既没有过头又没有不足，一直顺着中正之道前进的士，传授给他们知识，这固然是我的愿望。但是百姓中很少有奉行中庸之道的人了，我找不到这样的人呀。但是道不能没人托付，降低一下标准寻找那些能教导的人，一定要选那些狂妄的人和孤傲的人。狂妄的人志向远大却不干实事，孤傲的人耿直方正却与常人不合，这些人的性格都不符合中庸之道，我为什么还要选他们呢？有一种人忠厚谨慎，他们知道约束自己，不让自己犯错；待人平和，能同人们和谐相处，就像符合中庸之道一样。但是这种人品位低下、志向短浅，办事简单粗鄙，缺乏独立的品德操守，难以追求道。只有那些狂妄的人，目光远大，虽然行为上有不合适的地方，但是他们的前途不可限量。那些孤傲的人爱惜自己的名誉，一定不会做出违背礼仪的事，虽然他们可能知识不足，但是能保持品节不受到任何影响，我是因为他们的志向和品节才愿意培养教育他们的。我会使狂妄的人变得踏实忠厚，帮助他们追求志向；使孤傲的人变得恢弘通达，增加他们的学识。这样现在狂妄孤傲的人也会变得中正平和，符合中庸之道，我的道就有希望寄托下去了呀！像那些拘束谨厚却目光短浅的人，不是我想传授的人。"孔子所说的中正之道，就是《洪范》里所说的平康正直，狂妄孤傲者就是《洪范》里说的明智而又深藏不露的人。完全符合中庸之道的人很难得，所以不得不用那些狂妄孤傲的人；太平盛世也不常见，所以不得不通过治理来实现。圣人教导弟子和帝王治理天下，方法是一致的。治理天下、实施教化的人应该注意这些。

原文 子曰："南人有言曰：'人而无恒，不可以作巫医。'善夫！""不恒其德，或承之羞。"子曰："不占而已矣。"

张居正讲评译释 孔子说："南方人经常说：'做人要有恒心，如果一个人没有恒心，办事就会时作时歇、不能持久，从而有始无终；和人交往时就会反复不定，变化难测。这样的人，即使是巫师、医生这样普通的工作也做不好。'因为巫师需要同鬼神交流，没有恒心，就缺乏诚意，神灵就不会享用祭祀；医生关系到病人的生死，没有恒心，就难以精通自己的专业，对人的医治就不能取得成效，所以南方人才这么说。这些话虽然很普通，但确实很有道理，说得不是很好吗！不只是南方人这么说，《周易·恒卦》中也说：人如果不能长久地保存自己的德行，不仅自己会感到愧疚，而且会遭受他人的羞辱呀。”孔子引用了这些话之后又说：“《周易》里有如此明显的训诫，那些缺乏恒心的人只是没有占卜过罢了。假如占卜过，怎么不会警醒悔悟呢。”由此可见天下没有难办的事，人贵在有恒心。君子长久地保持自己的品德，就能够成为圣贤；圣人长久地保持自己的学问，就能够使天下感化。如果为人草率粗疏，办事不肯坚持，那么做什么事都难取得成功。

原文 子曰：“君子和而不同，小人同而不和。”

张居正讲评译释 孔子说：“君子和小人内心的想法不一样，所以他们和别人相处时也不一样。君子内心公正无私，在同别人相处的时候恭敬谨慎，没有任何的乖悖违戾。既不凭借权势压迫别人，又不因为争夺利益去陷害别人，君子的做法是多么和谐呀。君子虽然和别人和谐相处，但是却不和别人同流合污。应该保持公正的时候，就坚持朝廷的法度，不肯屈服；遇到不合理的事情时，就遵守圣贤的教诲，不肯迎合迁就。这自然和那些不辨是非就同别人保持一致的小人不一样呀。小人内心偏私，他们同别人相处是为了获取好处，经常想着同他人勾结。小人在同他人相处的时候，会放宽刑法来迎合自己的党羽，违背道义来照顾别人的情面，小人的行为是多么一致呀。只看起来好像是保持一致，其实是没有讲求协调。小人有了威势的时候就凭借权势压迫别人；遇到利益的时候就为了谋求利益而互相迫害。他们从来不会同心协力，为一个共同目标而努力。”由此可见，和谐和同流合污表面上看起来相同，但其实是不一样的。出于公心就是和谐，出于私心就是同流合污，这是君子和小人的区别，这关系到世道的盛衰。君主在录取或罢免官员的时候，应该慎重地分辨好这些呀。

原文 子贡问曰：“乡人皆好之，何如？”子曰：“未可也。”“乡人皆恶之，何如？”子曰：“未可也。不如乡人之善者好之，其不善者恶之。”

张居正讲评译释 子贡问孔子说：“公道来自众人的评论。如果有一个人，全乡人都称赞他好，这样的人真的是贤人吗？”孔子回答说：“一个乡里不一定都是好人，人人都称赞他，怎么知道他没有和那些坏人同流合污？不能认为他是贤人呀。”子贡又问：“正直的人都不愿意和俗人同流合污。如果有一个人，全乡人都憎恶他，他能算是贤人吗？”孔子回答说：“一个乡里不一定都是坏人，所有人都厌恶他，怎么知道他不是品行不端的骗子呢？也不能认为他是贤人呀。

喜爱或厌恶一个人，不在于所有人都一样，而对一个人好和坏的判断，依据的是自己的好坏，与其把全乡人都称赞的人当作贤人，不如只把受到好人称赞的人当作贤人；与其把全乡人都厌恶的人当作贤人，不如只把受到坏人讨厌的人当作贤人。好人遵循天理，得到人们的称赞之后，一定会因为别人和自己一样而高兴。坏人贪图私利，在受到别人的厌恶之后，一定会因为别人和自己不同而怨恨。一个人既能被君子信任又不和小人同流合污，这样才能算是贤人，你还有什么疑问吗？”由此就能看出应该如何观察一个人，如果只选择人们共同喜爱或厌恶的人，难免会受到民意的遮蔽；分别进行核查的话，一个人实际的品行自然就难以遮掩。想要评判官员和人才，就更应该把圣人的话当作标准。

原文　子曰:“君子易事而难说也。说之不以道，不说也;及其使人也，器之。小人难事而易说也。说之虽不以道，说也；及其使人也，求备焉。”

张居正讲评译释　孔子说：“为君子办事很容易，但很难取得他的欢心，这是为什么呢？因为君子内心公允且宽容。内心公允，则爱好一定会依据正道，如果别人不按正道讨他喜欢，用钱财、美色等去迎合他，他一定会严词拒绝而不会感到高兴，取得君子的欢心不是很难吗？心怀宽容，就能做出合适的取舍，即使对自己的要求很严格，而在使用别人的时候，又能够量才施用，即使才能平庸的人，在君子那里也能被充分地任用，为君子办事不是很容易吗？所以说为君子办事很容易，但很难取得他的欢心。对于小人，就很难为他们办事，反而很容易取得他们的喜欢，为什么呢？因为小人的内心偏私刻薄。内心偏私，那么喜好就不会依据正道，只喜欢谄媚的话和放荡的行为。人们用钱财、美色去迎合他，投其所好，他立刻就会顺从，讨他的欢喜不是很容易吗？内心刻薄，就不能做出合适的取舍，虽然很容易亲近他，但是他在用人的时候，会对人期望很高，要求很多，不重视别人的优点，而只是求全责备，盯着别人的缺点不放，给他办事难道不困难吗？所以说很难为小人办事，反而很容易取得他们的欢心。”总之，君子喜欢别人做事遵循正道，小人喜欢别人顺从自己；君子爱惜人才，所以人才很乐意被使用；小人则轻视人才，所以正直的人渐渐远离，而奸邪的人渐渐亲近他们。君子和小人在天理和人欲方面总是相反，需要任用人才的帝王能不慎重分辨吗？

原文　子曰：“君子泰而不骄，小人骄而不泰。”

张居正讲评译释　孔子说：“君子和小人内心的想法不一样，所以他们的气概也有差别。君子用道德来提升自己，所以内心平和、气概宽广、体态安详，人们只能能够看到他们安然自得的样子，什么时候有过傲慢自负或者骄纵狂妄呢？小人则凭借自己的才能权势，志得意满，心高气盛，人们只能够看到他们骄傲自夸、自我满足的样子，他们怎么能做到从容不迫、安静泰然呢？”安静坦然看起来像傲慢无礼，但品德高尚的人和傲慢逞能的人自然是有很大差别的；傲慢无礼看起来像安静坦然，然而倚仗权势和倚仗道理是有很大差别的。想要知道君子和小人的差别，看这些就够了呀。

原文 子曰："刚、毅、木、讷，近仁。"

张居正讲评译释 孔子说："仁是一个人内心的品德，原本是每个人都具备的。但是天性懦弱、意志消沉的人，难以战胜自己内心的私欲；口舌便利、善于伪装的人，经常在向外驰求时迷失自我，这些人离仁很远呀。至于那些刚强的人，强劲不屈；坚毅的人，坚韧不拔；朴实的人，质朴无华；谨言的人，反应迟钝却不巧言谄媚。这四种品质，虽然不一定能到达仁的要求，但已经接近于仁了。为什么呢？刚毅，就不会屈服于私欲，私欲少了之后，自然就能遵循天理。木讷，就不至于向外驰求，自然能够保存自己内心的品德操守，这不是接近仁吗？拥有这些品质的人，如果能勤奋学习，自强不息，那么就很容易做到遵循天理，和仁保持一致，岂止是接近仁呢！不然的话也是白白拥有美好的品质，最终也难以实现仁，这非常可惜呀。"

原文 子路问曰："何如斯可谓之士矣？"子曰："切切偲偲[9]，怡怡[10]如也，可谓士矣。朋友切切偲偲，兄弟怡怡。"

张居正讲评译释 子路问孔子说："士，是美好的称谓，怎样才能被称作士呢？"孔子说："士可贵的地方在于中正平和的品质。如果一个人在立身行事、处事待人的时候，任性妄为、肆意妄言，或者过于严厉让人难以接近，这都不是士呀。一定要情真意切，诚恳待人，和朋友互相督促勉励，相互促进，与人相处时容貌温和，和蔼可亲，如果没有很高的修养，就不能做到恩义兼顾，刚柔并济，只有做到了这些，才能被称作士呀。然而这些也不能不分对象，胡乱施予别人，如果和朋友相处，就应该相互敬重，互相勉励规劝；和兄弟相处，就应该和颜悦色，显示兄弟之间的情义。朋友相交是因为志同道合，就可以互相劝勉从善，如果也这样对待兄弟，怎么能不破坏兄弟间应有的恩情呢？兄弟之间是因为恩情才在一起，应该互相亲近，如果这样对待朋友，怎么会不互相奉承呢？"由此可见，道理是固定不变的，但是这些道理的适用情况却不是固定的，即使知道这个道理，却不能善用它，这也会影响到品德呀。既能明白最根本的道，又能在合适的时候使用，这才是正确的做法呀。

原文 子曰："善人教民七年，亦可以即戎矣。"

张居正讲评译释 孔子说："品德高尚的人忠诚老实，毫不虚伪。所以他们在教导百姓时内心真诚，能够将情意传达给百姓；施行的都是切实的政令，能够振兴国家的朝政。或者教导百姓孝弟忠信，让他们知道尊敬君主、亲近长辈；或者教导百姓务农习武，让他们知道如何上阵杀敌。教导百姓七年之后，就也可以让他们身披铠甲，手持利剑，去当兵作战了呀。"孔子说的也可是只能够的意思，更深层的意思是如果有圣人教导百姓，国家自然能够天下无敌，又岂止是让百姓能够当兵作战，而又怎么需要七年的时间呢！

原文 子曰："以不教民战，是谓弃之。"

张居正讲评译释 孔子说："打仗是生死攸关的事，战争也非常危险。如果平时没有对百姓进行过教导，百姓就不知道如何尊敬君主、亲近长辈和上阵杀敌。一旦让他们去打仗，只不过是害他们罢了，这不叫抛弃他们叫什么？"这两章总的是说对待战争不能不慎重。虽然天下太平，但如果忘记了战备就一定会产生危机，所以古时候的帝王在太平时期，也不忘记警惕戒备，通过教导百姓作战和整顿军备来防备难以预料的危急，就是这个原因呀。

注释：

[1]有司，官吏。古代设官分职，各有专司，所以称为"有司"。

[2]迂，拘泥固执。

[3]公子荆，春秋时期卫国的大夫。

[4]期月，一整年。

[5]世，三十年。

[6]晏，晚。

[7]叶公，沈诸梁，芈姓，沈尹氏，名诸梁，字子高，春秋末期楚国军事家、政治家，约生于公元前550年。因其被楚昭王封到古叶邑（今河南省平顶山市叶县叶邑镇）为尹，故史称叶公。

[8]莒父，鲁国的一个城邑，在今山东省莒县境内。

[9]切切偲偲，亦作" 切切节节 "。相互敬重，切磋勉励。

[10]怡怡，容貌和悦。

宪问第十四

原文 宪[1]问耻。子曰："邦有道，谷；邦无道，谷，耻也。"

张居正讲评译释 原宪问孔子："人不能没有羞耻心，不知道什么是让人感到羞耻的事呢？"孔子回答说："没有比一个人没有能力却领取俸禄更加可耻的事。国家政治清明，君主贤明，愿意采纳臣子的意见，这本应该是臣子有作为的时候，却不能取得建树，只能白白领取俸禄。国家治理无方，君主昏庸，不愿意听从臣子意见，这时候本应该辞官隐退，却依然厚颜无耻地赖在官位上，拿着俸禄。这些都是应该感到羞耻的事。君子在一个位置上，就一定在尽职办事后才领取俸禄。如果一个人在政治清明时不能有所作为，在政治混乱时不能辞官隐退，只是赖在官位上白白领取俸禄，这样的想法和行为十分平庸浅陋呀，有比这更让人感到羞耻的事吗？"原宪为人清高孤傲，他知道在国家治理无方时做官拿俸禄是可耻的行为，但是在政治清明的时候，他缺乏治理的才能，所以孔子才这么告诫他，这是根据他的优点，来勉励他改善自己的不足。

原文 "克、伐、怨、欲不行焉，可以为仁矣？"子曰："可以为难矣，仁则吾不知也。"

张居正讲评译释 原宪又问："人的心中不着一物，很容易被物欲蒙蔽。争强好胜叫作克，盲目自大叫作伐，心生愤恨叫作怨，贪得无厌叫作欲，一个人有这当中任何一个缺点，都会影响自己内心。如果把这四种缺点全部克制去除掉，遏制了欲望，天理自然就能得到保持，这样可以称得上仁吗？"孔子说："好胜、自夸、怨恨、贪欲都是人们容易触犯的缺点，能够克制去除这些缺点，就是战胜了自己的私欲，这已经很难能可贵了。但如果认为这就是仁，那我就不知道了。"仁德的人能完全遵循天理，自然不会受到这四种私欲的影响。如今没有这些私欲，只不过是通过强行克制，暂时不会产生罢了。就像不除掉草根，草还会重新生长出来，火种不灭，火最终还会重新燃起一样。假如对自己的把持有一点儿松懈，这些私欲就会暗中滋长，自己也难以察觉。所以这不一定能算作仁德呀。原宪所说的只是限制私欲的发展，孔子的回答是想要从源头上杜绝私欲。只要能在源头上努力，就能保持天理的纯洁完整，私欲自然就会消退，追求仁德的人应该知道这些呀！

原文 子曰："士而怀居[2]，不足以为士矣。"

张居正讲评译释 孔子说："士立志于追求道，所以不会追求安逸的生活，因为他们志向远大，没有时间顾及生活上的情况。如果一个人过上了安逸的生活后就恋恋不舍，或者沉醉于房屋器物的美好，或者沉迷于音乐、女色、货物、财利等私欲。那么他的心志就会受到影响，在生活富裕时一定会放纵欲望，在生活贫困时一定会动摇心志，这样的人十分鄙陋呀，怎么能被称作士呢？"

原文 子曰："邦有道，危言危行；邦无道，危行言孙。"

张居正讲评译释 孔子说："君子的言行固然应该公正无私，不能降低自己的品格屈从他人，但也要看一下当时的形势怎么样。如果君主贤明，大臣忠诚，正道盛行，这是国家政治清明的时刻呀。这时候应该说话正直，明辨是非善恶，保持刚正严肃的言论；就应该行为正直，在取舍上小心谨慎，在去留时保持自身的高洁，始终维持挺拔特立的气概。因为政治清明，不用有所顾忌，所以言行正直也不会遇到危险。如果君主昏庸，大臣谄媚，正道不行，这是国家混乱的时候，在这种情况下，行为固然依旧要保持正直，不能有任何屈服，而说话时则要委婉谨慎，不能太过于刚直而引起灾祸。这是因为时势不符合正道，所以不得不这么委曲求全，躲避危害罢了。"由此可见，在行为上时刻正直高洁，这是君子应该保持的品节；说话时在有的情况下可以委婉谨慎，这是君子保全自身的明智做法。如果君主使人们谨慎说话才能够生存，这怎么是国家的福气呢！

原文 子曰："有德者必有言，有言者不必有德；仁者必有勇，勇者不必有仁。"

张居正讲评译释 孔子说："一个人的品德是根本，表现在外部的言行是枝叶。从一个人的内心，就可以知道他所表现出来的言行，根据一个人的言行，则不能知道他的内心。追求道时的收获就是道德。有道德的人虽然不喜欢说话，但是和善温顺的性格形成之后，美好的品格一定会表现出来，在说话的时候，一定会顺理成章，说的话就是品德的表现呀。那些说话正直的人就未必有道德，因为说出来的话有的正直，也有的看似正直，实则虚伪，如果只根据一个人说的话来判断他，那么怎么辨别他是不是伪君子呢？所以不能因为一个人的言论就认为他有品德呀。品德纯洁完备就可以被称作仁德，仁德的人虽然没有追求勇猛，但是他们心中没有私欲，正气长存，在遇到问题的时候，自然会见义勇为，这种勇敢是因为仁德而产生的。那些勇猛的人，就不一定仁德，因为他们的勇敢有的是见义勇为，而有的是好勇逞强，如果只是用勇敢来评价一个人，那怎么分辨他是见义勇为还是好勇逞强呢？所以不能认为勇敢的人有仁德呀。”由此可见，有道德可以表示一个人说话正直，说话正直却不表示有道德；仁德的人一定勇敢，勇敢的人则不一定仁德。自身修习的时候应该知道如何从根本上努力，观察别人的时候也不能只关注他的细枝末节呀！

原文 南宫适问于孔子曰："羿善射，奡[3]荡舟，俱不得其死。然禹、稷[4]躬稼而有天下。"夫子不答。南宫适出。子曰："君子哉若人！尚德哉若人！"

张居正讲评译释 南宫适问孔子说："后羿善于射箭，奡能在陆地上行舟，从力量上来看，天下没有人能超过他们。然而他们一个被大臣寒浞杀害，一个被夏后氏的少康杀掉，都没有好的结局。大禹治理洪水，后稷传播百谷，亲身参与农业生产，从权势上来看，非常微小呀。但是禹接受了舜的禅让拥有了天下，稷的后人周武王也取得了天下。后羿和奡这样强壮却不得好死，禹和后稷这样微弱却能变得如此强盛。这当中的得失究竟在于什么地方呢？"南宫适的询问，寓意深远，并且是有感而发。孔子也很难回答这个问题，所以才沉默不语。等南宫适出去了之后，孔子称赞他说："一般的俗人只崇尚力量而不追求道德，所以很难见到君子，有品德的人也很少。现在看到南宫适推崇禹稷而贬低羿奡，重视道德而轻视权力，就知道他品德高尚、为人正直呀。这个人真是君子啊！这个人真尊重道德！"孔子连着两句话称赞南宫适，这是深刻地认同他说的话，并且有感慨时世的意思呀。

原文 子曰："君子而不仁者有矣夫，未有小人而仁者也。"

张居正讲评译释 孔子说："仁，是人内心的品德。心中有道德，仁德就存在；内心放纵，就会失去仁德。保存仁德很难，失去仁德却很容易。君子完全遵循天理，无时无刻不保存仁德，如果稍微有所松懈，个人的私欲就会悄悄产生，从而难以遵循天理，就会做出不仁德的事来。所以君子也会做出不仁德的事。至于小人，他们肆意妄为、为非作歹，总是抱着侥幸心理冒险求利，纵然有时候想要追求仁德，也难以克服对物欲的求取，怎么会做出仁德的事来呢？"如果缺乏仁德，就不能算是一个人，人们应该警诫自己不要成为小人。君子偶尔也会做出不仁德的事，所以对自己品德的保持，对自己的反省审查，一刻也不能松懈呀！

原文　子曰："爱之，能勿劳乎？忠焉，能勿诲乎？"

张居正讲评译释　孔子说："如果感情过于深切，就会发生一些必然的事。有的父母把纵容子女当作爱，从而娇惯他们，纵容他们的恶行，从而引起灾祸，这是害他们而不是爱他们。慈爱的父母关爱自己的子女，就替他们长远考虑。或者让他们内心痛苦，或者使他筋骨劳累，禁止他们骄奢淫逸的行为，要求他们勤劳谨慎。这是因为父母真诚地希望子女成为圣人贤人，所以不愿意放纵耽误他们。使子女劳累，正是因为爱他们呀，爱他们，能不让他们操劳吗？有的臣子把顺从君主当作忠诚，从而奉承讨好君主。奉承君主就是使他犯错，导致国家的灭亡，这是杀害君主的行为，而不是忠诚的表现。忠臣侍奉君主时，无比恭敬，替君主考虑得十分周全。或者给君主论述古今，或者评论时事，不害怕违背其意愿受到怪罪，尽心尽力地进献善言，辅佐君主。因为忠诚的臣子希望自己的君主能够像尧舜一样贤明，所以不愿意在侍奉君主的时候取悦他。给他劝诫，是因为忠心呀，忠于他，能不给他劝告吗？"既然知道父母爱子女就要使他们劳累，那么作为子女就不能怕苦怕累，怕苦怕累就不是爱护自己呀。知道终于他就要给他劝诫，那么作为君主就不能拒绝别人的劝谏，拒绝别人的劝谏，就不是让别人忠于自己。君臣父子之间，可贵的地方在于各自尽到本分罢了。

原文　子曰："为命[5]，裨谌[6]草创之，世叔[7]讨论之，行人[8]子羽[9]修饰之，东里[10]子产润色之。"

张居正讲评译释　孔子说："郑作为小国，夹在晋和楚两个大国之间，形势非常危急。然而郑国对内能安抚百姓，对外和诸侯和睦相处，国家和睦，没有敌人敢入侵，这是因为贤才众多，又能任用得当呀。在这里试着举一个例子来说明，制定公文，这是一个国家很重要的事，更何况小国同大国的交流时，全依靠讲究信用和睦邻修好，来解决纷争，所以，对于小国来说制定公文就尤为重要。郑国制定公文的时候，因为裨谌擅长谋略，就让他起草稿，制定要点；但是不能因为一个人的看法就草率地做出决定，世叔通晓典故，让他选择合适的例子配合义理进行论证；虽然经得起论证，但是在语气的浅重上未必合适，所以要再经过负责外交的子羽进行删改、修饰；虽然经过了修改，却未必有文采，所以再让子产进行加工润色，让公文看起来文采华丽。一篇公文经过了四位贤臣才被完成，所以才能审查详细，在面对诸侯的时候也很少有失误呀。"通过制定公文这一件事就能知道别的事了呀。把贤能者齐聚起来，各自展示自己的特长，郑国能做到的其他国家应该也能做到。这四位贤者也有自己不擅长的方面。他们之间齐心协力，没有猜忌，既不炫耀自己的优点也不嘲讽别人的缺点，就像尧舜时期人们相互学习、礼让一样，如果没有体念国家的诚心和舍弃私欲的公心，谁能做到这些呢？这完全能作为臣子侍奉君主的方法呀。

原文 或问子产。子曰："惠人也。"

张居正讲评译释 子产是郑国的大夫，名叫公孙侨，在郑国执政了二十多年，被当时的人们称赞为贤臣，有人问孔子说："子产这个人怎么样？"孔子回答说："子产处理郑国的政事，恩泽普遍惠及到了百姓，他是个仁爱的人呀。"子产做宰相的时候，推崇政令威严，除掉了那些飞扬跋扈、为非作歹的人，又颁布重刑禁止百姓做坏事，他的行为接近于刻薄少恩。但是他真心爱护百姓，制定法度使百姓知道遵守法律，严格推行禁令使百姓不会犯错。几年之后，郑国人都歌颂、赞美他。在子产活着的时候，郑国局势安定，经济繁荣，强过那些大的诸侯国，这是因为他真心爱护百姓呀，所以孔子称赞他仁爱。子产死的时候，孔子为他痛哭流涕说："他是古代圣贤的继承人啊。"

原文 问子西[11]。曰："彼哉！彼哉！"

张居正讲评译释 子西是楚平王的庶长子，人称公子申。楚平王死了之后，令尹子常因为子西很贤明，想立他为国君。子西不答应，立嫡长子壬为国君，又整顿楚国的政治，使国家安定，当时人们都称赞他，所以有人又问孔子："子西这个人怎么样？"孔子既不称赞也不批评，只是回答说："他这个人呀！"孔子这是非常疏远的话。楚国原本是三等诸侯子爵，却僭称王的称呼，侵犯周天子的权威。孔子在编写《春秋》时，称赞齐桓公、晋文公的功业，贬低楚国的王号，称呼楚国国君为小子，用对待蛮夷的礼仪疏远楚国。子西虽然贤明，也不过是僭窃的臣子罢了，孔子说："他这个人呀！他这个人呀！"这是因为子西是否贤明不值得谈论啊。

原文 问管仲。曰："人也。夺伯氏[12]骈邑三百，饭疏食，没齿[13]无怨言。"

张居正讲评译释 有人又问："管仲这个人怎么样呢？"孔子回答说："这个人的功绩足以让人信服呀。齐国大夫伯氏犯了罪，齐桓公就剥夺了他三百户骈邑，封给了管仲。伯氏后来生活困苦，粗茶淡饭，直到老死也没有任何怨言。掠夺了别人的东西，别人肯定会难以接受；掠夺了别人之后导致别人一生贫困，更加让人难以接受呀。伯氏却安心地接受了，没有任何怨言，如果不是信服管仲，怎么能这样呢？看到这些就可以知道管仲的功绩和为人了呀！"子产、子西、管仲三人都是春秋时期的名臣，然而当时人们对他们的评价还不准确，人们因为子产的刑法严峻而看不到他的仁德宽爱，因为管仲的器量狭小就忽略了他的丰功伟业，因为子西推让了国君的位置，就认为他骗取名声，如果不是孔子对他们做出了评价，那么后世就很难对他们做出准确的评价呀。认清一个人如此困难，评价别人的时候一定要把圣人的话当作标准呀。

原文 子曰："贫而无怨难，富而无骄易。"

张居正讲评译释 孔子说："贫困的人大多会心生怨恨，富裕的人经常骄纵放肆，这是人之常情。如果一个人在生活贫困时能够安于天命，毫无怨言，这就是正确地对待贫困。在生活富裕时能收敛谦逊，不骄纵放肆，这是正确地对待富贵。生活贫困是处于逆境，如果不是内心没有愧疚、拥有坚定信念的人，一定难以忍受这种生活，所以贫穷而没有怨恨是人们很难做到的。富裕是处于顺境，这时候只要稍微知道些天理道义，安于本分，就能够节制自己，所以富贵而不骄傲是人们很容易做到的。知道在贫困时很难没有怨恨，那么人自然应该要勉励自己克服困难；知道在富裕时很容易做到不骄傲，那么人们又怎么能因此而疏忽呢？"

原文 子曰："孟公绰[14]为赵、魏老则优，不可以为滕、薛大夫。"

张居正讲评译释 孔子说："人的才能不同，适用的方面也不一样，用人的时候，应该因才施用。比如孟公绰为人品德高尚，性格平和，没有私欲，但是才能不足，适合一些简单的工作，不适合那些繁杂的工作。如果让他做家臣总管，即使是为赵、魏这样大家族效力，他在能力上也绰绰有余。为什么呢？家臣总管的职务，只用端正谨慎地给其他家臣做表率就行了，以孟公绰的为人，自然很轻易就能胜任这个职务。如果让他做大夫，即使是滕、薛这样小国的大夫，他也做不了。为什么呢？大夫要管理国家的政事，如果没有处理烦乱事务的能力，就很难处理复杂的政务，孟公绰才能不足，自然难以胜任这个职务。孟公绰做家臣总管的话，能胜任赵氏、魏氏这样的大家族的总管，更何况比赵氏、魏氏小的家族呢！做大夫的话，难以担任滕、薛这样的小国的大夫，更何况比滕、薛大的国家呢！"由此可见，人各有所能，也各有不足，根据他的才能进行任用，就能取得功效；违反他的能力进行使用，就会坏事。想要励精图治的君主，能不知人善任吗？

原文 子路问成人[15]。子曰："若臧武仲[16]之知，公绰之不欲，卞庄子[17]之勇，冉求之艺，文之以礼乐，亦可以为成人矣。"

张居正讲评译释 子路问孔子说："一个人拥有多种才能，怎样才能成为天地间最完美的人？”孔子说：“天性愚钝的人多，天资聪颖的人少，有的人虽然有很高的天分，却不知道学习，往往被自己性格上的缺陷所拖累，把自己局限在某一个方面，所以世上没有完美的人呀。如果一个人具有臧武仲的睿智、孟公绰的清心寡欲、卞庄子的勇敢、冉求的多才多艺，他的才能禀赋就超过了一般人呀。如果还能做到用礼节端正自己各方面的长处，除掉其中不符合中庸的地方；用乐曲使自己变得平和温顺，消除自己私心杂念。这样的话，聪明才智能帮他探明事理，而不会变得精明刻薄；清正廉洁能帮他涵养心志，而不会变得矫揉造作；勇猛果断能够帮他付诸实践，而不会血气之勇所蒙蔽；才艺能够帮他恰当地交际应酬，不让他受到欺骗，这就好像美玉经过仔细地加工，优质的金属经过细致地锤炼，这样的人就能变得完美呀。”可是没有人能全部做到这四个方面呀。子路为人忠厚诚信，勇敢果断，有过人的才能，他缺乏的只是在学问上的努力，所以孔子这样勉励他。

原文 曰：“今之成人者何必然？见利思义，见危授命，久要不忘平生之言，亦可以为成人矣。”

张居正讲评译释 孔子回答了子路的问题后接着说：“刚才说的完美的人，是古代圣贤说的呀。现今的人何必一定要这样呢？只要能做到见到财利便先想到义，不获取不当的钱财；遇到危难肯于献出生命，在困难面前不退缩；和人有约定，即使过了很长时间也不忘记自己的诺言。像这样为人忠厚诚信，即使在才智礼乐上有所不足，也不会影响做人的根本，就能够成为一个完美的人。”又因为子路能够做到这些，所以孔子这样教导勉励他。

原文 子问公叔文子[18]于公明贾[19]曰：“信乎？夫子不言，不笑，不取乎？”公明贾对曰：“以告者过也。夫子时然后言，人不厌其言；乐然后笑，人不厌其笑；义然后取，人不厌其取。”子曰：“其然？岂其然乎？”

张居正讲评译释 卫国大夫公叔文子为人简默廉洁，所以当时人们称他不说不笑。孔子听了之后感到困惑，就问卫人公明贾说：“人们都说公叔文子平时不说不笑，还不拿别人的钱财，这是真的吗？”公明贾回答说：“说、笑、取、给，都是很正常的行为，怎么能有人完全不说不笑不从别人那里获取物品呢？这是传话的人传错了呀！人们厌烦的是那些话多的人，先生不是不说话，只是在该说的时候才说，从不妄言，说出的话一定都有道理，人们不讨厌他说话，于是就说他平时不说话。人们讨厌那些经常乱笑的人，我们先生不是不笑，只是在恰当的时候才笑，他从不轻易对人笑，人们不讨厌他笑，就说他不笑。人们讨厌的是那些乱拿别人东西的人，我们先生不是不拿别人的东西，只是在合适的时候才拿，如果不符合道义，就不会接受别人的物品，人们不厌烦他拿东西，就说他不拿别人的东西。他怎么会真的不说不笑不从别人那里获取物品呢？”当时人们对公叔文子的评价固然不符合实情，而公明贾认为公叔文子立身行事完全恰当，这也是过于称赞他了。所以孔子追问道：“你所说的你们先生的情况都是真的吗？如果没有完全明白中庸的道理，不能采取合适的措施，是做不到这些的，你们先生真的能吗？”孔子没有直接说他说得不对，而只是这样表达了自己的疑问。圣人内心包容博厚，想的都是帮助别人变得优秀呀！

原文 子曰：“臧武仲[20]以防[21]求为后于鲁，虽曰不要[22]君，吾不信也。”

张居正讲评译释 臧武仲在鲁国获了罪，逃到了邾国，又从邾国回到了自己的封地——防邑，向鲁君提要求，立自己后人为卿大夫，这样自己才会离开防邑。孔子根据这种行为指责臧武仲的用心说：“臧武仲既然已经获罪逃走了，想请求立后，只用派使者向鲁君提出来，之后等待结果就行，不应该回到自己的封邑向鲁君提出要求。根据他的想法，如果要求没有得到满足，他就会在封邑叛乱呀，这是要挟鲁君一定得答应自己的条件，虽然有人说他不是要挟君主，但是我不相信。”作为臣子，没有比要挟君主更大的罪责，臧武仲之所以敢这么做，也是因为鲁君没有处理好政事啊。假使鲁国纲纪端正、法度严明，像臧武仲这种人怎么敢行为不轨呢？想要励精图治的君主，应该从这里得到借鉴呀。

原文 子曰：“晋文公谲而不正，齐桓公正而不谲。”

张居正讲评译释 孔子说：“齐桓公、晋文公相继做了诸侯的霸主。他们两个虽然都称霸了，但是晋文公比不上齐桓公呀。晋文公为人阴险奸诈，不正派，齐桓公则为人正派，不奸诈。就像讨伐楚国一事来说，晋文公想救被楚国保卫的宋国，就攻打曹国、卫国，把曹、卫的土地分给宋国，使楚国放弃宋国回救曹、卫，宋国的围困被解除了之后，晋文公又归还了曹、卫，和楚国重归于好，晋文公没有声明楚国的罪责，去讨伐楚国，只是用阴谋诡计取得了胜利罢了。齐桓公讨伐楚国的时候，是指责楚国没有供应周王祭祀的用品，又退兵到召陵并且答应和楚国结盟，这种做法光明正大，名正言顺，所以齐桓公要强于晋文公呀。”这两个人其他方面的事，也都和这件事类似，他们谁优谁劣一下就看出来了。然而孔子也只是按照事物本身的性质来评定这两个人的是非得失，从他们二人的想法上来看，都是假借仁义来实施阴谋诡计，怎么能和真正的王者之道相提并论呢！

原文　子路曰："桓公杀公子纠[23]，召忽[24]死之，管仲不死。"曰："未仁乎？"子曰："桓公九合诸侯，不以兵车，管仲之力也。如其仁，如其仁。"

张居正讲评译释　子路问："齐桓公让鲁国杀死公子纠，召忽自杀而死，很有情义啊。管仲同样是作为公子纠的臣子，却没有死，反而效忠了齐桓公，这是忘记君主，效忠仇敌，残忍无情，违背天理，怎么能称为仁人呢？"孔子说："考察古事时应该考虑到当时的情况，评价人物时不能苛求完美。齐桓公时期周王室衰弱，蛮夷入侵，齐国能联合各国诸侯，驱逐蛮夷，尊奉王室，又没有经过征战杀伐，只需要申明大义，就能号令诸侯，这些都是管仲辅佐的功劳呀。假如齐桓公没有管仲，那么周王室就会日渐衰微，蛮夷就会日渐强大，会产生很大的灾祸呀。仁德的人把救助别人，对世事有益当作自己的责任，管仲的功劳如此大，世上那些被认为仁德的人，谁能比得上管仲呢？谁能比得上管仲呢？不能因为管仲没有跟子纠一起死这件事来批评他呀。"在齐桓公家里，齐桓公是兄长，子纠是弟弟，弟弟争夺兄长的位置，本来就不符合道义。所以召忽为子纠自杀，符合道义，而管仲效忠齐桓公，也没什么不对的，更何况管仲取得了这么大的功劳。圣人能够权衡利弊，调和不同的意见，是因为对天理人情有很深刻的理解呀！

原文　子贡曰："管仲非仁者与？桓公杀公子纠，不能死，又相之。"子曰："管仲相桓公，霸诸侯，一匡天下，民到！于今受其赐。微管仲，吾其被发左衽[25]矣。岂若匹夫匹妇之为谅也，自经于沟渎[26]而莫之知也。"

张居正讲评译释　子贡问孔子说："管仲不算是仁者吧？齐桓公杀公子纠的时候，依据道义管仲应该以身殉主，他不仅没有死，反而事奉齐桓公做了宰相，背弃君主，事奉仇敌，违背天理，这怎么是仁者的行为呢？"孔子回答说："你只看到了管仲的过错，没有看到管仲的功劳。自从周的都城东迁以后，王室衰败，蛮夷强横，天下一天比一天混乱。幸好管仲辅佐齐桓公成为诸侯的盟主，驱逐蛮夷尊奉王室，天下得到了稳定。不只当时依靠管仲，到现在百姓生活安定，也是管仲的功劳。假如没有管仲，我们中原就会沦为夷狄，人们就要披散着头发，衣襟朝左面开了，怎么会有今天礼仪、制度的兴盛呢？管仲取得了这么大的功劳，当初没有选择死掉又有什么不可以呢？怎么能因为见识的短浅，拘泥于小事上的诚信，忘记了自己一生的远大抱负；因为自己任性、偏执的感激和报恩，就舍弃自己的生命，而不被后人了解呢！"由此可见，那些建功立业的英雄豪杰，不必拘泥于自身的小节。但是这些也不能用常理来评价、论断呀，管仲可以不舍弃生命，对一个贤者是表示推崇还是提出质疑，如果不是孔子这样的圣人，谁能做出准确的论断呢！

原文 公叔文子之臣大夫僎[27]与文子同升诸公。子闻之，曰："可以为'文'矣。"

张居正讲评译释 卫国的大夫僎先前是公叔文子的家臣，文子看到他很贤德，就把他举荐给了国君，和自己成为同僚。孔子听了这件事后就赞美公叔文子说："谥号中'文'是最美好的，如果一个人在生前没有美好的品德，就不能获得这个称号。如今看来，公叔文子死后可以给他'文'的谥号，我固然不知道他在其他事上怎么样，但是从这一件事看来，就能给他'文'的谥号呀。举荐贤才，很明智呀；提拔家臣入朝做官，很公正呀；只知道为国家举荐贤才，不害怕影响自己的名声，很忠心呀。从这一件事能看出他三个优点，给他'文'的谥号，有什么不应该呢？"臧文仲不举荐柳下惠，孔子讥讽他贪权恋位，公叔文子举荐家臣僎，孔子称赞他可以得到"文"的谥号。由此可见，为国家举荐贤才，是一个臣子美好的品德，侍奉君主的臣子应该明白这个道理呀。

原文 子言卫灵公之无道也。康子曰："夫如是，奚而不丧？"孔子曰："仲叔圉[28]治宾客，祝蛇治宗庙，王孙贾治军旅，夫如是，奚其丧！"

张居正讲评译释 孔子在鲁国时，曾经说过卫灵公昏庸无道。因为卫灵公不顾伦理次序，不端正国家纲纪，是当时诸侯中品德最低下的，所以孔子说他昏庸无道。季康子问道："君主贤明国家才会兴盛，君主昏庸国家就会灭亡。既然卫灵公如此昏庸，他为什么还能保持君位，没有亡国呢？"孔子回答说："卫灵公虽然昏庸无道，但是有知人善任的优点。比如仲叔圉擅长与人交流，就让他接待使臣，应对诸侯；祝蛇熟悉礼节仪式，就让他负责宗庙祭祀的事务；王孙贾擅长处理军队事务，就让他作为将帅管理军队。有合适的人接待使臣，朝见天子或应对诸侯的时候就不会失礼，自然不会引发嫌隙，挑起争端。有合适的人祭祀宗庙，祭祀的礼节就会准确恰当，神明和百姓都会感到高兴，自然就会得到民心。有合适的人管理军队，舒缓和急切的事情都能有所应对，敌国自然不敢窥视。这些是国家的三件大事，都应该选择合适的人才任用，才能够合理的处置国家内外的事务，保全国家。即使卫灵公昏庸无道，但做到了这三个方面，国家就不至于灭亡呀！"卫灵公昏庸无道，尚且能通过知人善任保全国家，更何况贤明的君主在政治清明时期，得到全天下的贤才去任用呢？所以说有贤德的君子在朝廷做官，天下一定能得到治理。关心江山社稷的君主，一定要知道把亲近贤臣当作自己的首要任务。

原文 子曰："其言之不怍[29]，则为之也难。"

张居正讲评译释 孔子说："人说大话容易，但是实践这些话却很难。所以言出必行的君子从不敢说大话。如果一个人自高自大，说起大话来一点也不感到羞愧，这样的人实践这些话一定非常困难，只不过是说大话欺骗别人罢了。实践起来，能不困难吗？"君子可贵的地方在于谨言慎行，言出必行。所以在听了一个人的言论之后还要看他的实际行动。

原文 陈成子[30]弑简公[31]。孔子沐浴而朝，告于哀公曰："陈恒弑其君，请讨之。"公曰："告夫三子[32]！"孔子曰："以吾从大夫之后，不敢不告也。君曰'告夫三子'者！"

张居正讲评译释 齐国大夫陈成子平时用丰厚的财物来收买人心，有篡权夺位的意图。齐简公很厌恶他，让大臣阚止除掉他，陈成子就杀了阚止和齐简公。这时候孔子虽然已经辞官在家，但仍然沐浴斋戒，朝见鲁哀公，告诉他说："陈成子大逆不道，弑杀君主，这是天理难容的大罪，所有的人都可以杀死他，请您派兵讨伐他。"当时鲁国的政务都由孟孙、叔孙、季孙三家把持，鲁哀公不能做决定，就告诉孔子说："你去和他们三个商量一下怎么办吧？"孔子退朝后说道："对于杀害君主的乱臣贼子，依照礼法一定要讨伐他。如今我虽然没有了官位，但是自从做过大夫之后，遇到这样的大事，我不敢不告诉君主，这是我作为臣子的义务罢了。但是君主却不能自己做决定，让我去禀告那三位大夫，这是为什么呢？"孔子这么说，是为君主感到悲伤呀。

原文 之三子告，不可。孔子曰："以吾从大夫之后，不敢不告也。"

张居正讲评译释 孔子接受国君的命令去季孙、叔孙、孟孙这三位大夫处禀告，请求派兵讨伐陈成子。这三个人心中一直没有君主，和陈成子遥相呼应，互为支援，所以拒绝孔子的提议。他们三个认为齐国强大，鲁国弱小，鲁国在力量上难以对抗齐国，再说别国的事和鲁国有什么关系？更何况他们三个和逆臣勾结，所以他们拒绝去讨伐陈成子。孔子就回应他们说："齐国发生了大臣弑杀君主这样重大的变故，讨伐逆贼是我们鲁国的正义之举。我之所以来禀告，是因为我之前做过大夫，不能不禀告这样重大的事件。你们三个不赞同去讨伐，有什么居心呢？"孔子这么说，是为这些大臣的行为感到难过呀。这一章记载的齐简公、鲁哀公都是昏庸的君主，不值得议论。但是也能够看出君主要自己掌握国家权力，从源头上防止灾祸的产生，不能损害自己的威信，让奸邪的乱臣贼子有僭越的倾向；不能放弃自己的权力，导致纲纪废弛的忧患，做到这些之后君臣之间才能和谐相处，国家也能永保太平。励精图治的君主应该把这些当作鉴戒呀。

原文 子路问事君。子曰："勿欺也，而犯之。"

张居正讲评译释 子路问："臣子应该怎样侍奉君主？"孔子回答说："臣子有匡正君主的责任。君主犯了错，臣子一定要尽言劝谏，即使冒犯君主使其恼怒，也不能放弃。但是臣子要诚心地忠君爱国，不能对君主有任何欺骗。直言规劝，即使触怒君主也不退缩，忠君爱国的诚心不是只局限在言语上，这样才能被称作忠纯笃实之臣。如果只为博得尽言直谏的名声，而不是真心想让君主改正错误；只是为了逃避不说话的责任，就说一些不切实际的空话，这是欺君而不是忠君。臣子欺骗君主，这样的罪行应该被诛杀啊！"子路刚直敢言，孔子不担心他不能尽言直谏，只担心他不是诚心地忠君爱国，所以才这样勉励他。然而不欺骗君主在于臣子，接受臣子谏言却在于君主。舜放弃自己的成见，服从大家的公论，听到别人好的谏言，从中获得的力量就像决了口的江河，汹涌澎湃，无人能挡。只要臣子的谏言对君主的德行有裨益，对国家有利，何必管他是不是诚心呢？这也是君主应该知道的。

原文 子曰："君子上达，小人下达。"

张居正讲评译释 孔子说：君子之所以成为君子，小人之所以是小人，刚开始不过是内心想法上的一点差异，最终两个人却变得迥然不同。为什么这么说呢？天理原本就非常高明，君子的所作所为都完全遵循天理，所以他们能心志清明、明辨义利，见识上逐渐高深精妙，办事时也逐渐精巧熟练，慢慢地就能成为圣贤，实现仁道。就好像登山时一样，一步一步地往高处走，慢慢就能到达高明的境地，这难道不是向上通达仁义吗？人的私欲原本就很鄙陋呀。小人的所作所为都源自自己的私欲，所以他们愚昧糊涂，被物欲所控制，品德日渐丧失，行为日渐放肆，渐渐变得愚蠢且品行不端，和禽兽差不多。就好像挖井时一样，一点一点地往低处挖，慢慢就会变得低下、鄙陋，这难道不是向下通达私欲吗？一个人想要脱离低俗鄙陋而变得高明，应该知道如何选择呀。

原文 子曰："古之学者为己，今之学者为人。"

张居正讲评译释 孔子说："古人和今人虽然都学习，但是他们的目的不一样。古人在求学和思考的时候，使自己的思想言行合礼制规范，这看起来和今人一样，但他们求学思考是因为知道自己知识不足，所以才努力求学来获取知识；规范自己的思想言行，是因为他们知道自己道德修养不足，努力提高自己的品德，他们知道的都是自己天性中原本就存在的知识，所做的也是自己应该做的职责，他们求学为的只是自身罢了，所以说古人求学是为了提高自身的学问修养。今人在求学和思考时，在规范自己的思想言行上看起来和古人相同。但是他们在求学思考时，不是因为想获得知识，而是努力让别人知道自己；在规范自己的思想言行时，不是为了提高品德，而是想要获取名声。他们不是通过炫耀自己获得名声，就是伪装自己来获得官位，唯恐别人不知道自己，所以说如今人们求学是为了给别人看。为自己求学的人虽然专注与提升自己，但是学到的知识一定会表现出来，最后也会取得成就。为了获得名声而求学的人虽然专注于外部事物，但虚假不实的名声越大，自身的品德就越有问题，最后一定会害了自己。所以求学的人不能不知道反省自己呀。”

原文 蘧伯玉[33]使人于孔子。孔子与之坐而问焉，曰：“夫子何为？”对曰：“夫子欲寡其过而未能也。”使者出。子曰：“使乎！使乎！”

张居正讲评译释 孔子在卫国的时候，住在卫国大夫蘧伯玉家里，回到鲁国之后，蘧伯玉派使者来问候孔子。孔子为蘧伯玉的招待和遣使问候表示感谢，特意让使者坐下，问道：“你们先生最近在家做些什么呢？”使者回答说：“人不会不犯错，可贵的地方在于少犯错。我们先生经常小心谨慎地反省自己，想要自己言行适当合理少犯错。但是人很难完全除尽自己的私欲，难以完全遵循天理，先生因为学问不够，难免会犯错。这就是我们先生最近做的事呀。”使者这么说虽然有些低估了蘧伯玉，但是也难以掩盖蘧伯玉勤奋学习、躬行实践的美德，这个使者善于辞令呀。所以在使者告辞后，孔子称赞他说：“这个人真是一位好使者呀！真是一位好使者呀！”孔子反复地赞美这位使者，也是来彰显蘧伯玉的贤德呀。天下义理无穷，人心不定，难以减少过错不是使者的谦辞，而是真实的情况呀！尧、舜、禹在传承天下时，用“人心居高思危，道心微妙居中”来谆谆嘱咐，代代相传，汤反省自身就像自己有很多不足一样，文王看到了道之后却仍然像没见到一样严格要求自己。古时候的圣贤没有不这么做还能成就品德的，想要好好求学的人应该注意这些呀！

原文 曾子曰：“君子思不出其位。”

张居正讲评译释 曾子曾经说：“人的职位，虽然有大小尊卑上的不同，但都应该尽到本分。如果舍弃自己的本职工作，为了不切实际的想法而逾越本分，对自己来说是旷废职守，对他人来说就是侵犯职权呀。君子处于一个职位上，就只思考自己职责范围内的事，每天关心的都只是尽到本分，做好自己应该做的事。如果在管理仓库的职位上，就想着监督财务，审查财物的支出和收入，尽到管理财务的职责；如果要管理军队，就勤加训练，整顿军纪，尽到整顿军务的职责，不能逾越自己的职责。像这样，所有人都尽到了本分，各种事务就都能有很好的处理呀！”

原文 子曰：“君子耻其言而过其行。”

张居正讲评译释 孔子说：“人可贵的地方在于言行一致。如果一个人喜欢高谈阔论，放肆妄言，却做不到，这就是说话多而实际做事少。经过仔细探查就会发现这不过是一个奸邪的小人罢了，所以君子为此感到羞耻。把这当作耻辱，就会勉励自己改正这些缺点，在说话时小心谨慎，自然不会言过其行。”

原文 子曰：“君子道者三，我无能焉：仁者不忧，知者不惑，勇者不惧。”子贡曰：“夫子自道也。”

张居正讲评译释 孔子拥有高尚的道德品质，仍然像没有见到道一样，说道：“君子之道有三个方面，我一个方面也没有达到。哪三个方面呢？仁、智、勇呀！仁德的人品德完备，没有私欲，贫穷和发达都不会使其焦虑，所以不会忧愁；聪明的人内心通透明澈，思虑周全，是非正邪都不能将其蒙蔽，所以不会犯迷糊；勇敢的人充满浩然正气，在决大疑、办大事的时候能勇往直前，不会动摇，所以无所畏惧。这三个方面，都是君子应该具备的品德，而我做不到呀。”孔子道德完备，他在这三个方面都已经达到了极致，怎么会有做不到的地方呢？所以子贡听了后感叹说：“这是老师自我谦虚的话，其实他已经是做到了呀。”孔子认为自己没有做到这些方面，根本没有把自己看作圣人。圣人明白义理无穷无尽，经常认为自己做得不够好，所以才会更加贤明。立志于成为圣人者，应该知道如何激励自己呀！

原文 子贡方人[34]。子曰：“赐也贤乎哉？夫我则不暇。”

张居正讲评译释 子贡平时喜欢议论、比较别人。这虽然是探究事理的一个方面，但如果过于专注，心思就会有所偏差，难以修养自身的德行，所以孔子警示他说：“你自己就那么贤德吗？只有贤德的人，自己在学问品德上达到了顶点，才能去评价别人。我知道义理无穷无尽，自己的学问还不足，每天只能在增进道德、建立功业、改过向善这些事上努力，没有时间去议论别人呀。”圣人况且没有时间去议论别人，更何况求学者呢？孔子这么说，是对子贡的警示呀。

原文 子曰：“不患人之不己知，患其不能也。”

张居正讲评译释　孔子说："人们在与人交往的时候总担心自己名声不大，别人不知道自己，但是这并不需要担心。学习的时候没有探明事理，办事的时候不能亲身实践，这是自己能力不足，心里为自己感到愧疚，这才是求学者应该担心的事。现在人们不担心这些，而只是担心别人不知道自己，这是为什么呢？"

原文　子曰："不逆诈[35]，不亿[36]不信，抑亦先觉者，是贤乎？"

张居正讲评译释　孔子说："别人对自己未必有欺诈的想法，自己却事先怀疑别人，这就是逆诈。别人对自己未必不诚信，自己却事先猜疑别人，这就是亿和不信。像这样存心提防别人，固然有幸能猜中，但也会冤枉别人，不是诚恳待人的方法。虽然不预先怀疑别人，却被别人欺骗，这又是太过于忠厚，甘心被人欺瞒，也不能算是贤者。只有不预先怀疑别人欺诈，不凭空想象别人不诚实，自己还能预先察觉到欺诈与不诚实，从而不被迷惑，这样就是内心能清楚地感受外部事物，能通晓、洞察细微的事物。就像明镜一样，虽然没有存心查看一个人的行迹，但是他的善恶美丑，自然无处隐藏，这样的人才能算是贤人呀！"多疑是由于不明智，聪明的人自然不会有疑问。预先怀疑别人欺诈，凭空猜测别人不诚信，这都是因为不明智呀。聪明的人在事情发生之后立刻就能探明事理，谁能够欺骗他呢？如果没有努力保持谨慎敬重的态度，探究事物的道理，没有学识和亲友、贤者的帮助，就难免会受到私欲的蒙蔽。想要探明天下事理，也不是一件容易的事呀。这也是用心待人者应该了解的道理。

原文　微生亩[37]谓孔子曰："丘何为是栖栖[38]者与？无乃为佞乎？"孔子曰："非敢为佞也，疾固也。"

张居正讲评译释　孔子周游列国，想要施展自己的抱负，但是没人重用他。鲁国有一个隐士叫作微生亩，嘲讽孔子说："孔丘，我看你今日到齐国，明天到鲁国，既然别人不待见你，你就可以放弃了呀。何必这样忙忙碌碌、依依不舍呢？世上那些巧言谄媚的人，只会通过口舌上的便利来哗众取宠。你现在的作为，不就是通过花言巧语来骗得重用吗？"孔子回答说："君子为人处世，自然会遵循一定法度，我怎么敢做那些巧言谄媚的事呢？只不过世道污浊，需要有人来挽回世道，而安民济世这样的大事，同样应该有人来托付。如果拘泥于成见，把归隐当作高明，而不知道变通，丝毫不顾当前的民生疾苦，这就是固执己见、不知变通呀，我非常厌恶这样的人。我之所以忙碌不安，不能忘却世情，就是这个原因，怎么敢巧言谄媚呢？"微生亩是年高德重的长者，但是他见识偏执、冥顽不灵，所以孔子在礼待他的同时又直言相劝。由此可见孔子对他的劝诫也很深切呀！

原文　子曰："骥[39]，不称其力，称其德也。"

张居正讲评译释　孔子说："君子之所以被世人称赞，不只是因为他们有才能，也是因为他们品德高尚呀。就好像良马一样，之所以被人们称赞，不只是因为它们有疾驰奔腾的能力，也是因为它们有温驯善良的品德呀。能负载沉重、行达远方的马匹虽然力量强大，但难免会伤害到人，很难被人控制、驾驭，这就也是普通的马匹罢了，怎么能成为宝马呢？一个人有很高的才能，但如果品德低下，那也只是小人罢了，怎么能成为君子呢？所以人不能因为自己才能出众就不培养自己的品德，考查一个人的时候，既要看他的才能，又要考查他的德行呀。"

原文　或曰："以德报怨，何如？"子曰："何以报德？以直报怨，以德报德。"

张居正讲评译释　有人问孔子说："由于人们对于恩惠和仇恨的界限分得过于清楚，所以忠厚的风气才逐渐浅薄。如果有人得罪了我，我忘记仇怨，用恩德去回报他，怎么样？"孔子说："回报别人对自己的恩德或仇怨，这是人之常情；根据物品的多少，做到施予均衡，也是理所应当。如果用恩德回报别人对自己的仇怨，那么用什么来回报别人的恩德呢？这在情理上很荒谬啊。如果别人对自己有仇怨，自己则不计前嫌，用正直来回报别人。假如这个人值得尊敬和赞扬，就不因为自己的私怨而忽视他的善良和公正；假如这个人应该被厌恶和抛弃，我也不会为了避嫌而不对其进行惩处，这就是以正直来回报仇怨。如果别人对自己有恩德，就一定用恩德来回报他，大恩就以命相报，一饭的小恩也要念念不忘。在回报恩德的过程中也会有迁就恩人而放宽刑罚的事情发生，如果因此违背了正道，通过天理人情来纠正错误，也就不算错了呀，这就是以恩德来回报恩德。用这种方法回报仇怨和恩德，差不多就符合情理了吧。"这个人说的话，并非不宽厚，而是不符合情理；圣人的话既符合情理又真诚宽厚，实在应该作君主权衡万事的准则啊！

原文　子曰："莫我知也夫！"子贡曰："何为其莫知子也？"子曰："不怨天，不尤人。下学而上达，知我者其天乎！"

张居正讲评译释　孔子学问深厚，品德高尚，从不追求名声，而当时也很少有人理解孔子，所以孔子感叹说："现在没人能理解我呀。"子贡问："您的品德如此高尚，为什么没人理解您呢？"孔子回答说："人的学问只有高超卓越、与众不同才能被人们知道，我的学问不是这样呀。人的贵贱得失都取决于上天，我虽然没有获得富贵，也从不抱怨上天；一个人能否被重用，取决于别人，我虽然没有被任用，也从不抱怨他人，只是反省自身，循序渐进地提升自己。学问有本有末，有深有浅，我只是从最浅显的地方开始用功进取，努力到一定程度的时候，就进入到更高的层次。就像登山和赶路一样，一定要由低到高，由近到远。这些不过是职分内应该做的很普通的事，和别人做的没有什么不同，有什么值得被人了解的呢？我只是专注于提高自己的品德，做到不愧对上天罢了，也许在冥冥之中上天能够理解我吧，也只有上天能够理解我呀！”孔子在这里多次提到了自己一定不被人理解。圣人的天性能够和上天保持和谐统一，确实难以被人们理解，而只有上天能够理解，但是孔子从下面一步步认真地学起，以求向上能够通达于天理的做法，是后世学者应该遵循的准则呀。人们在能知道、能做到的地方，一件一件地修习研究之后，自然也就能明白那些难知难办的地方。人固然不应该越级前进，但是也不能畏缩不前呀。立志学习孔子的人，应该潜心研究孔子的话。

原文 公伯寮[40]愬[41]子路于季孙。子服景伯[42]以告，曰：“夫子固有惑志于公伯寮，吾力犹能肆诸市朝。”

张居正讲评译释 子路在鲁国做季氏的家臣，有一个叫公伯寮的鲁人，在季孙面前诬告子路，而季孙相信了。子服景伯为子路感到不平，就把这件事告诉孔子说：“因为公伯寮的诬陷，季孙对子路已经有了疑心呀。诬陷忠良，是法理难容的事。凭我的力量，还能诛杀公伯寮，将他陈尸街头，来证明子路的冤屈，为子路报仇。老师您觉得怎么样呢？”

原文 子曰：“道之将行也与，命也；道之将废也与，命也。公伯寮其如命何？”

张居正讲评译释 因为子服景伯想要诛杀公伯寮，所以孔子开导他说：“君子并非不想施展自己的抱负和主张，只是自己确实决定不了抱负是被实行还是被荒废，假如自己的抱负能得到实施，主张被采用，每一件事都顺心如意，这是命运通顺，这些不是单凭人的努力就能做到的。假使自己的主张即将被废除，不再被采用，每一件事都不符合心意，这是命运坎坷，也不是人力能够改变的。大道的施行或者废除，都是命中注定，现在子路被任用或舍弃，自然也是命中注定呀，假如他命运通畅，即使被诬陷，又有什么值得畏惧的呢？假如他因为谗言而被舍弃，就是命运坎坷呀，跟公伯寮又有什么关系呢？你们不必怨恨公伯寮并且想要诛杀他呀。”圣人对待利害得失时，只依据道义，不需要考虑命运是否畅通，他之所以谈论命运，是为了开导子服景伯，安抚子路，警示公伯寮。

而由此也能够看出孔子不怨天尤人的人生态度呀。

原文 子曰："贤者辟世，其次辟地，其次辟色，其次辟言。"

张居正讲评译释 孔子说："没有不想要取得成就的贤才，但是如果难以施展抱负，就不得不隐居避世。所以贤者看到时势混乱，就辞官归隐，避开乱世；稍微次一点儿的贤者看到国家混乱，就逃到别的地方，避开乱地；次一点儿的贤者在看到君主态度傲慢之后离开，这是避开傲色；再次一点儿的贤者在看到君主言语恶劣之后离去，这就是避开恶言。这些都是志向坚定、品格高尚的人。而遇到这些人，也就说明世道混乱了呀。"

原文 子曰："作者[43]七人矣。"

张居正讲评译释 孔子说："君子不被重用，就隐居避世，有七个人已经这么做了呀。"如今已经不知道这七个人的姓名了。孔子的感慨，是为世道的混乱感到忧虑呀。

原文 子路宿于石门[44]。晨门[45]曰："奚自？"子路曰："自孔氏。"曰："是知其不可而为之者与？"

张居正讲评译释 子路跟着孔子周游列国，晚上在石门借宿。守城门的官员问他说："你是从哪里来的？"子路回答说："我从孔子那里来。"守城的官员说："我听说君子观察时机，针对具体情况采取行动，在国家稳定的时候出来做官，在国家混乱时辞官归隐。你所说的孔子，既然知道时势混乱，难以有所作为，辞退归隐就行了。他却辛苦地四处奔走，想要有所作为，这非常不理智呀。你跟随的莫非就是这个人？"守城官这么说，是讽刺孔子不隐退。他的话也是君子出仕做官或辞官归隐时的常理。只是孔子道德高尚，在他看来，任何时期都能有所作为，只是当时君主不能重用他罢了。这些道理不是守城官所能理解的啊！

原文 子击磬于卫，有荷[46]蒉[47]而过孔氏之门者，曰："有心哉，击磬乎！"

张居正讲评译释 孔子处在春秋时期的乱世中，一天也没有忘记安世济民的抱负。他在卫国的时候，有时通过击磬来抒发自己对时事的忧虑。恰好有一位挑着草筐的隐士，在孔子击磬的时候从孔子门前经过，听了磬声就明白了孔子的抱负，说道："这个击磬的人有心思哪。"这是因为人经常通过音乐来寄托自己内心的欢喜或哀伤。孔子把对时事的忧愁寄托在了磬声中，所以这个隐士能够在听到磬声后明白孔子的心思。

原文 既而曰："鄙哉，硁硁[48]乎！莫己知也，斯已而已矣。'深则厉，浅则揭。[49]'"

张居正讲评译释　这位隐士听了孔子击磬之后，既感叹孔子有心思，又讥讽说："这个人太鄙塞了，砼砼的磬声中透着他的固执，他处理问题不会因时制宜呀。君子会观察时机，针对具体情况采取行动；聪明的人发现一点苗头就立刻采取应对措施。如今既然没有人能了解自己，主张不被采用，那么你保持自身的高洁，远离乱世就行了，为什么要不停地四处流浪呢？《诗经·卫风》里有一句诗里说：'河深的话就穿着衣裳过，河浅的话就提起衣裳过。'"过河的时候，根据水的深浅选择穿衣过河还是提衣过河；君子立身处世，也应当根据国家的形势决定是出仕还是归隐。现在孔子这个人，不被人理解，还坚守自己的志向，这就是在水深的时候不知道穿衣过河，在水浅的时候不知道提衣过河，这不是固执鄙塞吗？隐士这样讥讽孔子，不是真的了解孔子呀。

原文　子曰："果哉！末之难矣。"

张居正讲评译释　孔子听了这个隐士的感叹之后说道："看这个人说的话，就知道他真的忘世归隐了呀。君子想要施展自己的抱负，不是为了个人利益，更是为了挽救这个世界呀。如果只想保持自己的高洁，而归隐离去，这又有什么困难呢？既然他能归隐，那我又有什么不能的呢，只是不忍心这么做呀。"因为圣人的内心像天地一样广阔博爱，天地不会因为时世的混乱就荒废生灵万物，圣人也不会因为时世的混乱就抛弃自己的抱负。因为孔子敬畏上天，为百姓的疾苦感到哀伤，所以他才在乱世中坚守自己的抱负，这都是迫不得已的事啊！像那些所谓的隐士，怎么能理解孔子呢！

原文　子张曰："《书》云：'高宗[50]谅阴[51]，三年不言。'何谓也？"子曰："何必高宗，古之人皆然。君薨，百官总己[52]以听于冢宰三年。"

张居正讲评译释　子张问孔子说："《尚书》里说，商王武丁为父亲小乙守丧的时候，三年不管理政事，不说话。作为君主，每天有很多政事需要处理，如果三年不说话，那么大臣们怎么接受命令呢？我不知道书里说的话是什么意思呀？"孔子回答说："父母去世对儿女来说最大的变故，哀伤思慕是儿女正常的感情展现。三年不说话的不只是武丁，古时候的君主都是这样。古时候的礼仪规定，君主去世后，新君需要守丧三年，在这期间不能处理政务和发布政令；朝廷的官员们则负责各自的职责，听从冢宰的命令。既然将政务托付给了冢宰，那么即使新君主三年不说话，国家又怎么会发生混乱呢？但是将新君托付出去是国家的大事，一定要托付给忠贞不贰的大臣，这样才能让百官听从命令处理好各自的职责。如果没有这样的大臣，就不如让新君亲自去处理政务，把守护先人的事业当作孝。古今的情形不一样，这个礼仪在现在已经不适合了。”

原文 子曰：“上好礼，则民易使也。”

张居正讲评译释 孔子说：“国家的君主经常担心百姓很难控制，而百姓之所以难以控制，是由于不知道礼仪呀。礼仪能用来分辨地位的高低贵贱，它的规章制度非常严格。如果居于上位的人真心喜好礼节，一言一行都严格地遵循礼仪，处理政事时也都依据礼仪。像这样使国家的法纪得到整顿，百姓自然就会安分守法，不敢违背朝廷的法令。不需要通过严刑峻法来役使，百姓们自然会争先恐后地为国家办事呀，这样役使他们不是很容易吗？如果居上位的人自己不遵循礼仪，为人放荡傲慢，下面的人自然会受到错误的影响，做出僭越违法的事，这些都是有原因的呀！怎么能怪百姓难以役使呢？”所以说礼仪得到实施了之后，身份的高低贵贱就能确定了，君主应该牢记这些呀！

原文 子路问君子。子曰：“修己以敬。”曰：“如斯而已乎？”曰：“修己以安人。”曰：“如斯而已乎？”曰：“修己以安百姓。修己以安百姓，尧舜其犹病诸！”

张居正讲评译释 子路问孔子：“怎么才能成为君子呢？”孔子告诉他说：“人做学问，不过就是修养自身罢了。如果能做到庄重恭敬，内心谨慎，就能日渐明智；内心只要有一点安乐放纵，就会日渐变得低下、鄙陋。一定要修身养性，反省自己，丝毫不放松心中的谨慎，这样就一定能提高自己的道德修养。君子之所以能成为君子，也都是这个原因。”子路又问:“君子之道博大精深呀，做到这些就够了吗？”子路认为做到这些还不够。孔子说：“自身的庄重恭敬不仅能安抚别人，更是天下的公理。如果能完全做到自身恭敬，就能通顺恰当地处理任何事情。安抚天下百姓的时候，也需要这样做。但百姓不是这么容易就能安抚的，即使是尧舜这样温和恭敬的圣人，将天下治理得太平和睦，也不能保证当时的百姓全都得到安抚，尧舜心中也会为此感到愧疚，难以安心。尧和舜都担心自己有缺点而做不到严肃恭敬，做到这些怎么会不能成为君子呢？”保持自身的恭敬是圣人们传承下来的要旨，尧和舜尚且担心自己有缺点，说明了圣人对自身品德的追求永无止境呀。君主如果能真心像尧舜一样保持自身的恭敬，像尧舜一样治理天下，又怎么需要担心品德比不上他们两个，又怎么需要担心国家不会强盛呢！

原文 原壤[53]夷俟[54]。子曰:“幼而不孙弟，长而无述焉，老而不死，是为贼！”以杖叩其胫[55]。

张居正讲评译释 原壤看到孔子过来，就叉开双腿坐着等待孔子，放肆到了这种地步。孔子责备他说："礼法是检点自身时最重要的依据，傲慢懒惰是最恶劣的品德。你在年轻的时候就任性傲慢，不知道兄弟间的礼节。长大了之后就浪费光阴，没有做好任何好事。现在年纪老了还不死，只知道伤风败俗，你不是危害别人的贼人还能是什么呢？"孔子责备了他之后又用拐杖轻轻敲了敲他的小腿，不让他叉开双腿坐在那儿。孔子对这些败坏礼仪教化的人，就是这样地深恶痛绝啊！

原文 阙党[56]童子将命[57]。或问之曰："益者与？"子曰："吾见其居于位也，见其与先生并行也；非求益者也，欲速成者也。"

张居正讲评译释 阙党这个地方有一个少年来孔子这里学习，孔子让他在宾主相见的礼节中替人传话。有人问孔子说："替人传话不是容易的事呀。这个少年一定很上进，所以你才会让他做这些事，来表示对他的宠爱吗？"孔子回答说："依据礼仪，年轻人应该坐在客人旁边，跟在客人后面。我却看到他没有遵守礼仪，而是坐在长辈的位置上，跟前辈并肩行走。我认为他没有安分守己，没有循序渐进地培养自己的品德，所以他不是追求上进的人，只是急于求成罢了。所以我让他替人传话，是想让他看一下长幼的次序，学习一下谦让的礼仪，折一下他年少轻狂的气焰，让他在日常生活中遵循礼仪法度，这怎么是宠爱他呢？"由此可以看出，孔子虽然很看重学生的聪明机敏，但也时刻警戒他们不要逾越等级。因为逾越等级，会因为性急求快反而不能达到目的；循序渐进，就能在不知不觉间提高自己，所以孔子说自己从浅显的地方开始学起，逐渐向上发展。求学者应该知道如何做呀！

注释：

[1] 宪，原宪，字子思，宋国（今河南省商丘市）人。孔子的弟子，孔门七十二贤之一。

[2] 怀居，留恋安逸；怀念故居。

[3] 奡，上古人名，相传力大，并能陆地行舟。

[4] 稷，后稷，姬姓，名弃，黄帝玄孙，帝喾嫡长子，母姜嫄，尧舜时期掌管农业之官，周朝始祖。

[5] 命，国家的政令。

[6] 裨谌，人名，郑国的大夫。

[7]世叔，即子太叔，名游吉，郑国的大夫。子产死后，继子产为郑国宰相。

[8]行人，官名，掌管朝觐聘问，即外交事务。

[9]子羽，郑国大夫公孙挥的字。

[10]东里，地名，郑国大夫子产居住的地方。

[11]子西，公子申，字子西，楚平王的庶长子，楚昭王的异母兄。

[12]夺伯氏，齐国大夫。

[13]没齿，老年，死后。

[14]孟公绰，鲁国大夫。

[15]成人，完美无缺的人。

[16]臧武仲，臧武仲，即臧孙纥（音 hé），又称臧孙、臧纥，谥“武”，臧文仲之孙，臧宣叔之子。鲁国大夫，封邑在防（今山东费县东北）。

[17]卞庄子，春秋时期鲁国大夫，著名勇士，食邑于卞，谥“庄”。

[18]公叔文子，名拔，或作发，谥“文”，故称公叔文子，乃卫献公之孙，又称公孙拔。

[19]公明贾，卫人，姓公明，名贾。贾音假，jiǎ。

[20]臧武仲，即臧孙纥（音 hé），又称臧孙、臧纥，谥“武”，臧文仲之孙，臧宣叔之子。鲁国大夫。

[21]防，春秋时期鲁国防邑，旧址在今山东费县费城镇东北方城镇驻地北两公里处。

[22]要，威胁。

[23]公子纠，春秋时齐国人。齐襄公之弟，齐桓公之兄，母为鲁女。

[24]召忽，春秋时齐国人，与管仲同事襄公子公子纠。

[25]被发左衽，头发披散不束，衣襟向左掩。古代指中原地区以外少数民族的装束。亦借指中原地区的人受少数民族统治。

[26]沟渎，比喻困厄之境。

[27]僎，卫国大夫，公叔文子的家臣。

[28]仲叔圉，圉，音 yǔ，即孔文子。他与后面提到的祝鮀、王孙贾都是卫国的大夫。

[29]怍，羞愧。

[30]陈成子，即陈恒，齐国大夫，又叫田成子。他以大斗借出，小斗收进的方法受到百姓拥护。公元前 481 年，他杀死齐简公，夺取了政权。

[31]简公，齐简公，姓姜名壬。公元前 484——前 481 年在位。

[32]三子，指季孙、孟孙、叔孙三家。

[33]蘧伯玉，蘧（qú）瑗（yuàn），字伯玉，谥成子。春秋时期卫国（现河南卫辉）大夫。

封“先贤”，奉祀于孔庙东庑第一位。

[34]方人，讥评他人。

[35]逆诈，事先即猜疑别人存心欺诈。

[36]亿，臆测，预料。

[37]微生亩，姓微生，名亩，春秋时鲁国的隐士。

[38]栖栖，忙碌不安。

[39]骥，骏马，良马。

[40]公伯寮，公伯氏，名寮（《史记·仲尼子弟列传》作“僚”，一作“缭”），字子周。春秋末年鲁国人，与子路同做季氏的家臣。

[41]愬，音 sù，同“诉”，告发，诽谤。

[42]子服景伯，即子服何，中国春秋时期鲁国的大夫。

[43]作者，这样做的人。

[44]石门，地名，鲁国都城的外门。

[45]晨门，早上看守城门的人。

[46]荷，背，扛，挑。

[47]蒉，草编的筐子。

[48]硁硁，击磬的声音。

[49]“深则厉，浅出揭”，这是《诗经·卫风·匏有苦叶》中的诗句。深则厉是穿着衣服涉水过河；浅则揭是提起衣襟涉水过河。

[50]高宗，是商王武丁。

[51]谅阴，居丧时所住的房子。

[52]总己，总摄己职。

[53]原壤，姓原，名壤，春秋时期鲁国人，是孔子的老相识。他是个在孔子看来不重礼仪，碌碌无为，不懂事的人。

[54]夷俟，伸两足箕踞而坐。古人视作倨傲无礼之态。

[55]胫，小腿。

[56]阙党，指“阙里”。地名。

[57]将命，传达命令。

论语卷七

卫灵公第十五

原文 卫灵公问陈[1]于孔子。孔子对曰："俎豆之事，则尝闻之矣；军旅之事，未之学也。"明日遂行。

张居正讲评译释 卫灵公好逞勇武并且昏庸无道，向孔子请教有关军队列阵作战的方法。孔子回答说："我从小学习礼仪，凡是祭祀礼仪上的事，我都听说过；用兵打仗的事，我没有学过，既然没有学过，怎么敢轻易回答呢？"以孔子这样的圣明，文治和军备都已达到了理想的要求，哪一件能不擅长呢？只是卫灵公问的是打仗杀敌的方法，这不过是武夫的事情罢了，怎么能完全展现圣人高深的才智呢？卫灵公舍弃重要的文德教化，而追求进攻杀人的方法，由此可以看出他难以取得作为呀。所以孔子没有回答他，第二天便离开了卫国。这就是所说的发现一点苗头就立刻采取措施，能尽快解决就尽快解决呀。

原文 在陈绝粮，从者病，莫能兴[2]。子路愠见曰："君子亦有穷乎？"子曰："君子固穷，小人穷斯滥矣。"

张居正讲评译释 孔子没有回答卫灵公的问题，离开卫国去了陈国。在陈国断了粮食，随从的人都饿病了，没有人能够从床上爬起来。子路在这种穷困的情况下很不高兴地问孔子："君子应该被上天保佑，受到人们的帮助，不应该生活贫困呀，君子也会像这样穷困吗？"孔子回答说："贫穷还是富贵，全在于自己的际遇。既然命中没有富贵，又怎么能去强求呢？君子也有穷困的时候，只是君子在穷困时期依然能够坚持下去，坚定地保持自己的品性；而小人在生活贫困时会放纵自己，无所不为呀。所以即使现在陷入穷困的境地，也应该坚守自己的品德，不能放纵作恶呀，为什么要怨天尤人呢？"孔子这样的圣贤竟然遭遇到了如此穷困的生活，春秋时期社会的混乱情况就可想而知了。

原文 子曰："赐也，女以予为多学而识之者与？"对曰："然，非与？"曰："非也，予一以贯之。"

张居正讲评译释 子贡学了很多，记住了很多知识，但是还不能领悟最根本的道，所以孔子喊着他的名字教导他说："子贡呀，你认为我对天下的事理无所不知，是因为我学得多了记得多吗？"子贡回答说："没有经过学习就不能明白事物的道理。您知识这么丰富，一定是由于学得多呀。"之后又有疑惑说："老师虽然勤奋好学，但是道理无穷无尽，你又怎么能一一弄明白呢？"子贡认为或许还有别的更简单的方法去学习义理，不需要经过广泛的学习呀！子贡的学问即将有收获，所以才会在刚刚明白一件道理之后就又产生疑惑。孔子教导他说："我不是因为学得多才懂得多呀。天下间的道理虽然分散在每一件具体的事中，而在我心中已经贯通起来了。我只需要修养自身，让自己不受物欲的蒙蔽，就能在遇到事情时明白背后的义理，依照天理行事，这样自然能够洞察一切道理，没有任何疑惑。就好像明镜一样，不管是丑是美，都能清晰地显现出来；就好像称量的器皿一样，不管是轻是重，都能准确地称量出来。这就是用一件基本的道理将所有的事理贯通起来呀。如果想通过多学来明白事物的道理，那么道理无穷无尽，而自己的见识有限，即使自己努力学习，也会越来越偏离道，这怎么会是我学习的方法呢？"用一个根本的道理将所有事理贯通起来，这是尧舜传承下来的学习方法，如果不是子贡的求学取得了收获，孔子也不会对他说这些。想要向圣人学习，应该潜下心来研究道啊！

原文 子曰："由，知德者鲜矣。"

张居正讲评译释 孔子喊着子路的名字告诉他说："心中明白义理叫作懂得德，如果不是真的懂德，就不能真的明白事物的道理呀。如果一个人懂得德，就会怡然自足，即使遭遇意外也不会受到影响。小到受到诽谤或称赞，大到被重用或舍弃，甚至是面临死生祸福，都不会动摇呀！现在有几个人懂得德呀！"孔子这么说，是因为看到子路在穷困时面色恼怒，所以才给他一些训诫，勉励他提高品德呀。

原文 子曰："无为而治者，其舜也与？夫何为哉？恭己正南面而已矣。"

张居正讲评译释 孔子说："自古以来有很多品德高尚的帝王将天下治理得很好。有的帝王是自己开创事业，难以避免经营事业的辛劳；有的君主非常贤明，而大臣们能力不足，君主就难以在任用好大臣后过上安逸的生活，这些情况下，君主都要有所作为呀！至于能够清静无为而使天下得到治理的人，大概只有舜了吧？因为舜前面的君主是尧，尧已经开创好了功业，舜只用遵守尧制定好的规章制度就行了。舜又有禹、稷、契、皋陶、伯益这些贤能的大臣来辅佐，有这些大臣替他去弘扬功业，舜只需要庄严端正地坐在朝廷的王位上，等待事情的解决就行了。”舜在位时，百业兴旺，国家安定，是后世一致赞扬的太平盛世，所以说只有舜能做到无为而治。舜治理国家时没有作为，但是他从不放纵自己。所以书上提到舜时，不是称赞他不怠慢松懈，就是称赞他在处理事务时小心谨慎。不放纵自己，所以才能做到无为而治呀，不然，无所顾忌地居于高位，不把百姓的疾苦放在心上，这怎么能治理好百姓呢？善于学习舜的人，应该学习他对品德的追求和对贤才的任用。

原文 子张问行。子曰:“言忠信，行笃敬，虽蛮貊之邦，行矣;言不忠信，行不笃敬，虽州里，行乎哉？”

张居正讲评译释 子张问孔子说：“人怎么做才能让自己到任何地方都能通达呢？”孔子说:“只有真诚才能让人感动，君子要先做到自己应该做的事，在说话时要忠诚守信，没有虚假夸张；行事时忠厚恭敬，不轻浮急躁。像这样忠厚诚信的人，自然会受到人们的敬爱和仰慕，即使到了蛮夷之地，也能畅通无阻，更何况在家乡周围呢！如果说话不忠诚守信，只是口头上答应别人却不付出行动；行事不忠厚恭敬，只在表面上做出一副恭敬的样貌。像这样虚伪狡诈的人，一定会办事时招致怨恨，说话时受到侮辱，即使是在本乡周围，也会受到阻碍，寸步难行呀，更何况到很远的地方呢！办事能不能通达，关键是看为人是否忠诚呀！”

原文 “立则见其参于前也,在舆则见其倚于衡也,夫然后行。”子张书诸绅[3]。

张居正讲评译释 孔子接着又告诉子张：“真诚待人，固然能让人感动。但是这种真诚不能有任何间断，一旦有间断，就会掺杂进虚伪，最后就会难以通达呀。必须时刻保持真诚，不能有片刻的间断。站着，就好像看到‘忠信笃敬’这几个字显现在面前，坐车，就好像看到这几个字刻在车辕前的横木上，这样才能使自己到处畅通无阻呀。”因为子张做学问时难以潜心研究，缺乏恒心，所以孔子这样勉励他。于是子张把孔子的话写在衣带上，想要牢记在心里，这也是对孔子的教诲感到信服呀。这一章所说的道理，不只求学者需要密切关注，君主也应该时刻铭记，君主说错了一句话，就会招致天下人的议论；做错了一件事，就会招致天下人的反对，甚至是怨恨责骂，这不是小事呀。如果完全做到了忠信笃敬，就能使自己和天地保持一致，更不用说和人相处时畅通无阻了，所以说治理天下的根本在于真诚。

原文 子曰:“直哉史鱼[4]！邦有道，如矢;邦无道，如矢。君子哉蘧伯玉！

邦有道，则仕；邦无道，则可卷而怀之。”

张居正讲评译释 孔子周游列国，在经过卫国时，认识了卫国大夫史鱼和蘧伯玉，知道他们很贤明，就称赞他们说：“史鱼真是刚直啊！人固然都知道要保持刚直，但是时势不同，有的人不得不委曲求全，流于世俗，不能算是刚直呀！只有史鱼，在国家政治清明时忠诚刚正，说话没有任何顾忌，言行像箭一样直，在政治黑暗时依然忠诚刚正，无所顾忌，言行也像箭一样直呀。时势不同，但是他刚正的坚守不会屈服，这就是至死不变的忠诚耿直，所以说史鱼真是刚直啊。”孔子接着称赞蘧伯玉说：“蘧伯玉真是一位君子呀。人的品德不完备，在进退取舍就不能做出正确合适的选择，就不能算是君子。在国家政治清明，君子能得到重用时，蘧伯玉就出来做官，施展自己的抱负；当政治黑暗，君子不被重用时，他就从容地离开，辞去官职。他根据时势的不同做出合适的决定，基本上符合圣贤的要求呀。所以说蘧伯玉真是一位君子呀。”卫作为小国，竟然能得到两位贤臣，可以说是人才济济呀。可惜卫灵公昏庸无道，不能重用他们。所以说只有圣明的君主才能容纳正直的大臣，只有政治清明的朝代才能重用君子。需要匡扶世道的君主，应该知道如何辨别刚直的大臣和贤明的君子呀！

原文 子曰：“可与言而不与之言，失人；不可与言而与之言，失言。知者不失人，亦不失言。”

张居正讲评译释 孔子说：“人的见识有深有浅，和朋友交往时要根据对方的情况合适地交谈。如果对方学问高深，通达事理，应该和他交谈，却不去交谈，这就是自己没有识人之明，错失掉了值得交往的朋友。如果对方昏庸无知、学问浅薄，这就是不能交谈的人，而自己却去说一些他理解不了的话，向他唠叨不止，这样就是说错了话。只有明智的人能够辨别对方学问的深浅，恰当地决定是否同他交谈。遇到能交谈的人，就同其交谈，而不至于失去朋友；遇到不能交谈的人，就不同其交谈，这样就不会说错话，人们应该向这样的人学习呀。”君子说话时，一句话能使人称他聪明，一句话也能使人称他不明智，明智与否，都只在于一句话啊，所以说话的时候不能不慎重呀。

原文 子曰：“志士仁人，无求生以害仁，有杀身以成仁。”

张居正讲评译释 孔子说：“贪生怕死是人之常情。但是有时候事关纲常伦理，在陷入了困境时就不能苟且偷生。所以志士仁人在面对纲常伦理时，只求符合天理，顺应人心，以此来成就自己的仁德。假如既可以保全生命，又不损害仁德，这自然不必轻易舍弃生命呀。假如自身能得以保存而在品德上有亏损，那么仁人志士绝对不会因为苟且偷生而损害仁德，他们宁愿舍弃生命也要成全仁德。”生命固然可贵，而仁德比生命更加可贵，所以仁人志士不会为了生命而舍弃仁德；死固然可恶，而不仁德比死更加可恶，所以不会为了躲避死亡而舍弃仁德。但是死和生也是大事，如果不是君主、父母遇到了危难，以及面对的事情关系到纲常伦理，怎么能草率地做出生死的抉择呢？想要成就仁德的人，也应该根据事情的不同做出合适的选择才行啊！

原文 子贡问为仁。子曰："工欲善其事，必先利其器。居是邦也，事其大夫之贤者，友其士之仁者。”

张居正讲评译释 子贡问孔子说："人在求学的时候怎么才能做到仁德呢？”孔子说："追求仁德，固然应该取决于自己的努力，也必然需要得到别人的帮助。就像工匠想要把活做好，就需要先使自己的工具锋利，工具锋利之后工作就能做好了呀。工匠工作时尚且需要工具的帮助，更何况追求仁德呢？住在一个国家，就应该恭敬地对待这个国家大夫的贤者，学习他们的言谈举止，弥补自己的狭隘鄙塞；观察他们的道德品行和行政方法，激励自己努力进取。自己有这些榜样来学习，自然能做到谨慎恭敬，不敢轻率任性啊！遇到仁德的士人，就应当和他们结交，成为朋友。在追求仁德时互相帮助，逐渐达到仁；产生过失时相互规劝，逐渐远离残暴不仁，这样和朋友相互帮助、相互促进，自然会奋发向上，不敢懒惰怠慢呀。有比这更好的追求仁德的方法吗？”求学者需要得到师长、友人的帮助才能成就仁德，君主需要得到贤臣的辅佐才能建立德业，这是同一个道理呀。所以古代帝王的周围都是正直的大臣，侍卫、仆人都能直言进谏，为的就是防止自己放纵逸乐。贤明的君主应该知道向别人学习啊！

原文 颜渊问为邦。子曰："行夏之时，乘殷之辂[5]，服周之冕，乐则《韶》舞，放郑声，远佞人。郑声淫，佞人殆。”

张居正讲评译释 颜渊立志要被重用，所以向孔子请教治理天下的方法。孔子回答他说："治理天下最好去学习古人，政治主张贵在符合中庸。古时候一个朝代兴起之后，一定会颁布新的历法。周历把夏历十一月当作岁首，取的是老鼠咬开天地的传说;商历把夏历十二月当作岁首，取的是牛耕种大地的说法;夏历的正月取的是人类出生在寅时的说法。制定历法，阐明天时的变化，原本就是为百姓服务的，夏历把寅月当作岁首，和人的关系最为密切呀！所以在颁布新历法时，应该以夏历为准。车舆制度由来已久了呀，后世用金玉装饰车马，非常奢侈腐败，只有殷商时期，马车只使用木头制作，朴素坚固，既耐用又能清楚地显示等级的差别，这就是最恰当的材质呀。所以要学习殷商的车舆制度。服饰制度起源于黄帝时期，当时的衣物不追求华贵艳丽。只有周朝的服饰，华丽却不靡滥，光洁却不奢靡，非常符合礼仪制度。所以要学习周朝的服饰制度。国家兴盛的时候，都有音乐、舞蹈来表现兴旺的气象。历朝历代有很多人创作音乐、舞蹈，而只有舜时的《韶》乐才能算是尽善尽美，所以在音乐上应该演奏《韶》乐。应该禁止演奏郑国的乐曲，远离奸佞的小人。为什么呢？因为郑国的音乐怪僻淫邪，听了之后会让人变得心神荡漾，所以不能不禁止；奸佞小人经常搬弄是非，离他们过近的话会危害到国家、家庭，所以不能不远离他们呀。”既能够适当地学习夏、商、周三代的礼仪、历法，又能严格地防范戒备那些对治理国家有妨害的因素，治理国家的方法大致上就是这些啊。颜渊有辅佐帝王的才能，所以孔子这么教导他。至于郑国的音乐和奸佞的小人，这是历朝历代都要戒备的。一个国家有太平盛世，就会有动乱衰败，国家的太平只是通过礼乐法度来维持是不够的，靡靡之音和奸佞小人完全能导致国家动乱，尧舜畏惧奸佞小人，成汤不接近淫声和女色，这是为了远离导致国家混乱的根源呀！《书经》上说：“不被耳朵和眼睛等感官欲望所役使，百事的处理就会适当。”治理国家的人应该留心注意呀！

原文　子曰：“人无远虑，必有近忧。”

张居正讲评译释　孔子说：“天下间的事情变化无常，人可贵的地方在于能深思熟虑。只有深谋远虑的智者能够在灾祸还没有发生时就将其消除。如果一个人只关注眼前的事，没有长远的打算，对以后要发生的事不做任何规划，这就是目光短浅。这样的人遇事考虑不周，防备不足，自认为没有什么事值得忧虑，却不知大祸将近，意外很快就会发生了呀。正因为这些，所以圣明的帝王虽然人在皇宫内，考虑的却是天下大事，使用的是普通的物品，做出的却是安定后世的决策。”

原文　子曰：“已矣乎！吾未见好德如好色者也。”

张居正讲评译释　孔子说：“执持常道、爱好美德是一个人非常优秀的品质。人固然都喜好美德，但必须像爱好美色一样爱好美德，才能算是诚心好德。如今的人看见美德却不一定喜欢，喜欢美德却不一定乐于追求，或者表面追求而内心疏远，或者表面仰慕而背地里憎恨，真希望有人能像爱好美色一样诚心爱好美德呀。完了，现在我见不到这样的人了呀。”孔子这么说，是为了激励人们，让他们像爱好美色一样去爱好美德。

原文　子曰："臧文仲其窃位者与？知柳下惠之贤而不与立也。"

张居正讲评译释　孔子说："作为臣子，应该做到无愧于心。鲁国大夫臧文仲是占据着官位不做事的人吧？为什么这么说他呢？因为朝廷的官位是为有才能、有品德的人准备的。君子处在官位上，不但自己尽心办事，尽到自己的职责，还举荐天下的贤才，让他们入朝做官，这样的人才能算是忠臣。臧文仲这个人明明知道柳下惠是一个贤才，就应该向君主举荐他，让他能被任用，但臧文仲却没有举荐柳下惠做官，导致他终生地位低下，生活窘迫。如果臧文仲不知道柳下惠有才能就算了，既然知道柳下惠贤能仍然不举荐他，而只是担心有才能的人获得重用后会夺了自己的官位，这就是妒忌贤能，把持官位，这不是占据官位不做事还能是什么呢？"作为大臣，不举荐贤人就是占着官位不办事，假如臣子举荐了贤人而君主没有任用，这不就辜负了臣子的举荐吗？

原文　子曰："躬自厚而薄责于人，则远怨矣。"

张居正讲评译释　孔子说："人通常看不到自己的错误，却能明白清楚地指出别人的缺点，会因此而招致别人的怨恨。人应该多反思自己，少责备别人，如果事情没做好，就多检查自己的错误，要多宽容别人，不强人所难；如果做事没有结果，就多反省自己，多包容别人的错误，少责罚别人。多责备自己，自己的品德就能逐渐提高；少责备别人，就不会遭到别人的抵触。做到这些，别人就会争先恐后地尊敬爱戴自己了呀，自己不就远离怨恨了吗？"这就是提高自己善待他人的方法。正由于这个道理，古时候的帝王在遇到问题后先反省自己，而不是去责备别人。

原文　子曰："不曰'如之何，如之何'者，吾末如之何也已矣。"

张居正讲评译释　孔子说："人遇到问题之后一定要深思熟虑，这样才能做出恰当地处置。如果一个人在办事的时候不反复思考应该如何去做，而只是任意妄为、轻率应对，完全不考虑是非对错，即使告诉了他应该怎么办，他也仍然不管不顾，让这种人去办事，一定会坏事的。我应该拿这种人怎么办才好呀？"由此可见，办事时经过仔细考虑之后再采取行动，这样就没有办不好的事，制定好计策之后再行动，就不会有不恰当的举动，这也是治理国家的人应该知道的呀！

原文　子曰："群居终日，言不及义，好行小慧，难矣哉！"

张居正讲评译释　孔子说："君子结交朋友，为的是相互促进，共同追求仁德。如果几个人整天聚集在一起，谈话却丝毫达不到道义的标准，只是闲谈戏谑，做的事说的话也和德行功业没有任何关系，只是喜欢卖弄小聪明，就会变得为非作歹、冒险求利，不仅不能相互学习，相互促进，反而会同流合污，变得品德低下。想让这种人提高品德，怎么会不难呢？”

原文 子曰：“君子义以为质，礼以行之，孙以出之，信以成之。君子哉！”

张居正讲评译释 孔子说：“人办事的时候，很难做到完美。只有君子能做到既符合义理，又使各方面都达到完美。君子知道事情没有固定的行迹，有的是确定的道理，所以在办事的时候，以道义为根本的准则，根据事理来决定事情的是非对错，能否可行，不因为威势或利益而动摇改变，心中有明确的见解，不凭主观意愿径直行事；用礼法来推行事情的解决，为人品行高洁，从不自以为是，自高自大；用谦逊的言辞去表达自己的想法，谦卑礼让，和善温顺，在处理问题时，自始至终态度诚恳，没有任何虚伪掩饰，用诚恳的态度去解决问题。”把道义作为解决问题的根本，本来就已经非常符合事理了，又使各方面都达到了完美，这样办事，有什么事做不好呢？如果不是品德完备的君子，怎么做轻易到这些呢。只有学问高深、涵养深厚的君子才能做到呀。治理国家的人，应该知道该怎么做。

原文 子曰：“君子病无能焉，不病人之不己知也。”

张居正讲评译释 孔子说：“如今人们学习是为了让别人知道自己，所以担心别人不了解自己。而君子学习是为了提升自己，担心的是自己的才能品德得不到提高，从而碌碌无为。如果有真才实学，即使别人不知道自己，对自己也没有什么损失，又有什么可担心的呢？所以君子不担心这些。”由此可见，人在修养自身时应该追求才能品德而不是追求虚名。

原文 子曰：“君子疾没世而名不称焉。”

张居正讲评译释 孔子说：“君子求学是为了提升自己，固然没有考虑去获得名声，但是一个人有了品德之后，自然会声名远扬，他的名声就是他的实际情况呀。如果一个人从年轻到年长，甚至在去世之后都没有被人称赞的好名声，就可以知道这个人没做过一件好事。这样的人，浪费了自己的一生，最后和草木一同腐烂消失，什么都没有留下，这难道不是君子厌恶的事吗？”君子厌恶的不是没有名声，而是没有实际的能力、品德。想要提高自身修养的人应该知道如何勉励自己呀。

原文 子曰：“君子求诸己，小人求诸人。”

张居正讲评译释 孔子说：“君子和小人的人品不同，内心的想法自然有很大的差异。君子心里想的是提高自己，所以在遇到问题后反过来追究自己，如果别人不亲近自己，就反省自己，让自己更加仁德，如果别人不回应自己，就反思自己，让自己更加恭敬。君子在遇到问题后反思自己，只恐怕错误在自己身上，对自己的反省不够细致，怎么会对别人要求过高呢？小人想的是要求别人，所以在遇到问题之后就责备他人，自己不仁义却去责备他人，让别人亲近自己，自己没有礼数，反而去责备别人，让别人尊敬自己。小人在遇到问题后责备别人，只能看到别人的过错，对别人提出很多要求，又怎么会反省自己呢？”从自身找原因的人，自己很少犯错，他的品德完全能使人信服；从别人身上找原因的人，别人不会服从，他的缺点完全会损害自己。从君子和小人的区别能够看出，一个人在培养心志时一定要慎重呀！

原文　子曰："君子矜而不争，群而不党。"

张居正讲评译释　孔子说："对自己要求严格的人，容易变得性情乖僻，只有君子的言行举止能完全符合礼仪法度，能称得上是庄重严谨。君子的庄重严谨是用义理来规范自己，而不是用气势来压迫别人，怎么会和别人发生争执呢？平易谦和的人容易结党营私，只有君子在与人相处时，心中想的是家国天下，能与人和睦相处。君子与人和睦相处，是依据道义来交往，而不是因为个人感情相互包庇，怎么会和别人同流合污、结党营私呢？"修养自身时最重要的是庄重严谨，不和别人争论是为了克制自己，不使自己过于严厉。和人交往时最重要的就是能和睦相处，不结党营私是为了制止自己和别人同流合污。古时候的帝王反省约束自己，从不对人求全责备；宽容地对待百姓，不废弃惩恶扬善的规章制度。他们在修养自身和与人相处时，也是这样呀。

原文　子曰："君子不以言举人，不以人废言。"

张居正讲评译释　孔子说："君子可贵的地方在于能仔细判断一个人话的真假，能够选择他好的方面。如果一个人说得很对，为人却不可信，那么君子就会只采纳他说的意见，至于他的为人到底如何，就很难弄明白呀。向君主举荐一个人的时候一定会根据他的能力和功绩，听了他的言论之后一定要观察他的行动，不能凭借一个人说的话就举荐他。因为人才很难辨别，如果因为说的话就举荐他，就会有很多人通过花言巧语来谋求获得重用，这不就是轻信吗？如果一个人不值得重用，但是他的意见却可以被采纳，君子就会只舍弃这个人，而不会因为这个人不好就不采纳他的意见。狂妄无知的人也会有可取的地方，割草打柴的人也能被请教。怎么能因为一个人不好就否定他的言论呢？每个人都有优点，如果因为人品不好就否定他的话，那么就会错过很多正确的意见呀，这不就是狭隘吗？”用人时仔细审查，就不会误用小人，大方地采纳别人的优点，就不会错过有道理的意见，由此可以看出君子内心的公正呀。正因为这些，尧舜才慎重仔细地判断他人的意见呀。

原文 子贡问曰：“有一言而可以终身行之者乎？”子曰：“其恕乎！己所不欲，勿施于人。”

张居正讲评译释 子贡问孔子说：“求学者应该追求重要的道理中，有没有一个字可以终身奉行呢？”孔子教导他说：“道虽然不能用一句话来概括，但实际上不过就是内心的一个品德罢了。想要寻求终身奉行的道理，大概只有‘恕’一个字吧？因为人们之间的差别虽然很大，但是内心对品德的追求却是一致的。假如强迫别人做自己不想做的事，这就不是恕。这里所说的恕，是替别人考虑，知道别人的想法和自己一样，就不把自己不想做的事强加给他人。如果不想上级对待自己无礼，自己就不能这么对待下属，如果不想下属对自己不忠心，自己就也不这样对待上级。像看待自己一样看待他人，就能清楚明白的看清他人；拿自己的心思来衡量别人，就能融洽地和别人相处。不论亲疏远近，贫富贵贱，用这种方法和他们相处，都能恰当合适呀。既然想要终身奉行，有比恕更好的吗？”这里的恕和《大学》里“审己度人，替人着想”的意思相近。治理天下的方法，不过就是和百姓的好恶保持一致罢了。真诚待人有这么重要的作用，不只是求学者应该追求的道理呀。

原文 子曰：“吾之于人也，谁毁谁誉？如有所誉者，其有所试矣。斯民也，三代之所以直道而行也。”

张居正讲评译释 孔子说：“是非对错原本自有公论，但是人们经常因为自己的好恶而徇私或诋毁。我固然不称赞恶人，作为对他们的警戒，但这只是针对他们做的恶事来说的。如果别人没有做坏事，自己去恶意诋毁别人，这就是不公正的批评。我诋毁过谁呢？我固然会赞扬好人，来勉励他们，但这也是根据他们做的好事来说的。如果他没有做好事，我夸大其词去赞赏他，这就不是公正地赞扬，我过分称赞过谁呢？诋毁和过分称赞别人都是不可取的，但是称赞别人也算是帮助别人做善事的公正之举。所以我对别人的赞扬有时候会稍微夸大了一些，但也一定是曾经考验过他，知道他志向远大，努力进取，即使现在的成就没有像我称赞的那样大，但未来一定不会辜负我对他的赞许，能够对得起我的赞誉。既然不能轻易赞扬一个人，更何况诋毁批评呢？我为什么能做到不诋毁、不赞誉别人呢？因为天理在于人心，不会因为古今时代的不同而有差别。如今虽然不是夏、商、周这三个朝代，但是如今百姓们喜欢善良，厌恶邪恶，没有私心杂念，仍然和夏、商、周时正直的百姓一样啊。百姓和古时候没有差别，我又怎么能不顾是非地去诋毁或者过分赞扬他人呢？”孔子的话，是深切地为当时的世道感到忧虑，想要挽回夏商周时的太平盛世呀。总而言之，公道在于人心，惩恶扬善时依据的都是这个方法。如果上位者用公理来赏善罚恶，那么百姓的善恶就能得到鼓励和惩罚，公道一定会得到兴盛；下位者用公理来判断是非，就能明白什么是光荣和耻辱，公道一定会得到宣扬，都做到了这些还怎么需要担心恢复不了古时候的社会风气呢？

原文 子曰：“吾犹及史之阙文[6]也。有马者借人乘之，今亡矣夫！”

张居正讲评译释 孔子说：“通过观察人心就能明白世道如何。在我刚出生的时候，虽然离古代也已经很远了，但是质朴真率的社会风气还存在。比如写史书的人，对一件事没有考察清楚，就将有疑问的地方空出来，让后人继续研究，而没有自以为是，坚持自己的看法。有马的人，能将马借给别人，互通有无，能够大方地将自己的东西借给别人，没有自私自利。这样的风俗在之前还有，现在就没有了呀。”现在的人自以为是，不顾是非，怎么能知道在写史书时应该将有疑问的地方空出来呢？如今的人吝啬自私，没有任何帮助别人的想法，怎么会有人能将马借给别人呢？现在人心不古、世风日下呀，关心世道的人怎么能不心生感慨呢！

原文 子曰：“巧言乱德。小不忍则乱大谋。”

张居正讲评译释 孔子说：“正直的人都崇尚真实，不喜欢空话。那些巧言善辩的人，搬弄是非，不辨善恶。他们说的话貌似有理，实际上不符合公论。一旦误听误信，就会被迷惑，从而颠倒是非，动摇心志，败坏德行。那些要做大事的人，一定要学会容忍才能办大事，假如在小事上不容忍，而任性妄为；在应该决断的时候不决断，像妇人那样无原则地宽容；在不能果断的地方果断，逞匹夫之勇。这样，要么会被自己的私心影响，优柔寡断，姑息养奸；要么会被小事激怒，急躁轻进，招致灾祸，从而影响到大事。”所以，人在听人说话和替人办事时，能不戒除自己的偏见，用公理正义来约束自己吗？

原文 子曰：“众恶之，必察焉；众好之，必察焉。”

张居正讲评译释 孔子说：“虽然人们都喜爱善良，厌恶邪恶，但是人们相同的看法，也有可能不符合事实。如果大家众口一词地说某一个人不好，人们的厌恶好像符合公理一样。但会不会是因为这个人特立独行，不和世俗同流合污呢？这还需要仔细考察，一定要真的发现这是个坏人才能厌恶他呀。如果大家众口一词地说一个人是好人，人们的喜好就像符合公理一样。但会不会是因为这个人和世俗同流合污，取悦大家呢？这也需要仔细考察，一定要真的发现这是个好人才能去喜欢他。”天下既有众论、又有公论，众论未必是公论，公论也未必是众论，如果能够仔细分辨公论和众论，就不会受到别人的迷惑，也能发现那些特立独行、品德高洁的人呀。用人的时候应该知道这些呀。

原文 子曰：“人能弘道，非道弘人。”

张居正讲评译释 孔子说：“有了人之后就有了道义。道固然不会离开人，但是人能逐渐变得透彻明白，而道自己不会发展变化，所以人将自身的道义发扬光大，来修身齐家治国平天下，甚至帮助天地培育生命，依据的都是这个道理，所以说人能使道发扬光大。道在形气之中，很难看到它的踪迹，如果没有人来推动发扬道，即使道有修身齐家治国平天下的能力和谋划治理的妙用，自己也难以显现出来，所以道怎么能使人发扬光大呢？”人能弘扬道义，所以人应该努力追求道；不是道义使人发扬光大，所以人不能推卸自己的责任。弘是宽广的意思，义理有一点不完备，教化有一点没有传达，就不能叫作弘，所以说人在修养自身时要达到极致，建立的功业要遍布天地，这才能完全表现“弘”字的意思呀！所以追求道义的人能不勉励自己吗？

原文 子曰：“过而不改，是谓过矣。”

张居正讲评译释 孔子说：“一个人的学问如果还没有达到高深精妙的境地，那么在日常生活中怎么能不犯任何错误？只要能认识到自己的错误并及时改正，就能变得没有缺点呀。如果掩饰自己的过失，害怕改错，那么无意间犯下的错误就变成真正的过失，一时的失误就会变成终身的错误，身上的错误就会积累下去，来不及改正呀，所以能不警惕戒备吗？”由此可见不犯错固然很困难，但是知错能改更加可贵呀。舜勉励大臣向自己进谏，汤知错就改，所以才能成为受到万世称颂的贤明君主呀！人在修养自身品德时应该向他们学习。

原文 子曰：“吾尝终日不食，终夜不寝，以思，无益，不如学也。”

张居正讲评译释 孔子说：“我认为不思考就不能明白天下间的道理。曾经整天不吃饭，彻夜不睡觉，去钻研事物的道理，探索性命的奥妙，以为能够通过思考来求得道呀。但只是浪费了精力，却 无所获，有什么收益呢？还不如努力学习知识，并且亲身去行动实践，来验证学到的知识，这样时间长了之后自然就能学问纯熟，将义理融会贯通呀，这不比没有任何收益的思考要好得多吗？所以说思考不如学习呀。”孔子这么说只是用来警示那些只思考不学习的人，其实学习和思考二者相互依附，缺一不可，善于学习的人应该知道做到思考和学习的统一啊。

原文 子曰："君子谋道不谋食。耕也，馁[7]在其中矣；学也，禄在其中矣。君子忧道不忧贫。"

张居正讲评译释 孔子说："那些整天忙忙碌碌的人，为的只是谋求衣食利禄罢了。君子每天考虑求取的只是道，没有时间去求取衣食呀，因为能不能得到食物和求不求取没有关系，就像农夫耕田本来是为了谋求食物免于饥饿，但是遇到灾荒，粮食没有收成，就也要忍饥挨饿。君子求学为的是谋求道，固然没有心思求取俸禄，但是在学有所成后，就能身居高位，自然会得到俸禄呀。求取的东西未必能得到，得到的东西未必需要求取，人为什么还要忙忙碌碌地去求取食物呢？所以君子只担心道得不到施行，难以提高自身修养，而不担心得不到俸禄，生活贫困，他们从来不想着假借学习来骗得俸禄达到富贵呀。”君子内心如此纯洁真诚，臣子侍奉君主时如果像这样先付出劳动，努力办事，然后再获得衣食俸禄，就能够成为忠纯笃实的大臣。

原文 子曰："知及之，仁不能守之；虽得之，必失之。知及之，仁能守之，不庄以莅之，则民不敬。知及之，仁能守之，庄以莅之，动之不以礼，未善也。"

张居正讲评译释 孔子说："天下间的道理无穷无尽，君子在求学的时候一定要达到尽善尽美。一个人原本就天资聪颖，学问高深，懂得了很多提高自己、治理百姓的道理，只要牢牢保持住不再丢失就行，却没有坚定地把持下去，以至于产生了私欲，这样的话，已经学到的道理最后一定会完全丧失掉，虽然聪明，但又有什么用呢？所以聪明的人也不能不用仁德来保持自己得到的道呀。如果能凭借聪明才智得到道，又能用仁德来保持住，这样在自身品德上就很完备了。如果不能用庄重严肃的态度对待百姓，自身不庄重，百姓就不会畏惧，这样治理百姓时就会很困难，所以还要保持庄重严肃。如果能凭借聪明才智得到道，能用仁德来保持，又能庄重严肃地治理百姓，这样内外兼修，应该没有什么过失了。但如果在教化百姓时，礼仪法令不能符合天理人情，那么在细节上不注意，一定会影响大节，即使能让百姓态度恭敬，也不能使他们受到感化，这怎么能算是尽善尽美呢？”所以说办大事的人，不能不在小节上小心谨慎呀。由此可见，在追求道时应该内外兼备，本末兼顾，任何一处都不能缺少，品德越完备，责任就越大，就越应该注意；有了一点进步之后，更应该想着继续进步。追求道时，怎么能自我满足呢！

原文　子曰："君子不可小知，而可大受也；小人不可大受，而可小知也。"

张居正讲评译释　孔子说："君子和普通人之间人品不同，才能上也有差异。君子追求的是大事，不屑于做那些琐碎的小事。如果只让他们做那些小事，他们有可能不擅长某一个技能，这就很难展示出他们的能力。他们在担当重任的时候，品德完备，遇到大的困难也不会担心害怕；才能高超，遇到繁杂的事务也不会混乱。安定国家，治理天下，这都是君子擅长做的事，通过这些事才能看出君子的能力。至于普通人，他们就好像杯子和勺子一样器量狭小，见识短浅，怎么能和鼎鼐相比呢？普通人才能平庸，难以担当重任，难以托付国家大事。如果让他们做一些小事，或许还能胜任，也不是没有任何长处，由此可见即使是普通人也有可取之处，不能完全将他们抛弃呀。"君子和普通人各有所长，不能不慎重仔细地分辨；他们也各有适用的地方，所以任用他们的时候也不能不慎重呀。是那些才能高超的人很难被发现，才能较低的人则很容易被发现，如果君主不能端正自己的认识，提高自身品德，有能力的大臣就会因为没有浅显易见的能力而被疏远，而平庸的小人则会因为低微的才能得到宠信，这样对国家就会有很大的危害呀。想要辨别人才，一定要先努力端正自己的心态，提高自己的修养呀。

原文　子曰："民之于仁也，甚于水火。水火，吾见蹈而死者矣，未见蹈仁而死者也。"

张居正讲评译释　孔子说："做人最重要的就是仁德，保养生命最重要的就是水火。但是水和火还只是外物，没有水火，不过就是饥渴困苦，对身体有损害罢了。如果没有了仁，就会丧失本心，即使活着，也没有办法做人了呀。对人来说，仁德不是比水火更重要吗？更何况水和火虽然能保养生命，但有时候也会杀害生命。我看到过有人被水淹死，有人被火烧死。仁德是上天最尊崇的东西，是人安家定国的根本，得到仁就能得到荣耀，保全仁德就能长寿无疆，什么时候见过有人因为仁德而死的？"仁德对人如此重要，又不会对人造成损害，人为什么不愿意追求仁德呢？孔子这么说，是为了勉励人们追求仁呀！

原文　子曰："当仁，不让于师。"

张居正讲评译释　孔子说："人在学习时，对于应该学习的道理和应该做的工作，必须坦然接受，勇往直前地前去追求，不能拖延后退，不能向别人谦让。

不要说不必向一般人谦让，即使是面对老师，别的事都能谦让，而追求仁德这件事，不能谦让。”因为仁是自己拥有自己追求的，又不是从别人那里夺取的，有什么可谦让的呢？所以颜回能约束自己，恢复古时候的礼仪；曾子有远大的抱负，能经历长期的奋斗，这才是真正的有担当的仁者呀。更何况君主实行仁爱之道，能够使百姓安心，能够为天地立心，为生民立命，为万世开太平，又为什么要谦让呢？

原文 子曰：“君子贞[8]而不谅[9]。”

张居正讲评译释 孔子说：“人可贵的地方在于能保持操守，在保持操守时能明白事理，坚定不移，就叫作固守正道。有的人固执己见，不知变通，这叫作拘于小信。那些不明事理、品德低下的人，经常把拘于小信当作固守正道。君子则能审时度势，固守正道。”不管是治理国家的大事，还是交际应酬上的小事，只要是根据道义应该做的，就勇往直前；根据道义应该停止的，就保持不变。君子办事就是这样精确果断，合适恰当呀，从来没有不顾是非、不知变通地盲目坚持，固执地拘泥于自己的小节。固守正道看似和拘泥小信一样，然而在义理上却大不相同，不能把它当作是拘泥小信呀。拘泥小信看起来和固守正道一样，而它固执己见不知变通，会损害对正道的固守。坚守正道而不拘于小信，这是君子和一般人不一样的地方。这二者如此相似，求学者能不仔细分辨吗？

原文 子曰：“事君，敬其事而后其食。”

张居正讲评译释 孔子说：“臣子侍奉君主，虽然职位不同，但都有各自的责任。如果臣子建立功业是为了获得俸禄，那么君主让他办事时，他想的就会是如何获得俸禄；或者在办事之后就想要获得俸禄，这都不是忠诚。臣子必须要恭敬谨慎地处理好自己分内的职责，如果有官职，就踏踏实实地完成自己的工作；如果有进谏的责任，就兢兢业业地规劝君主。臣子应该追求的是不辱使命，不辜负君主的托付，而不必匆匆忙忙地求取俸禄呀。臣子要尽到自己的责任，立志建立功业，报效君主，即使是生死的灾难，也无暇顾及，更何况领取俸禄这件事呢？”知道这个道理才能算是忠纯笃实的大臣呀！

原文 子曰：“有教无类。”

张居正讲评译释 孔子说：“人的天性虽然一样，但是资质会有差别。有聪明的人，有愚钝的人，有贤德的人，有不肖的人，各不相同。君子想的是让这些人都变得更好。”聪明的人，愚钝的人，贤德的人，不肖的人，都同样地教导他们，不要分别等类，有所选择。天地不放弃任何一个事物，圣人不会放弃任何人，所以尧舜时期每家都有可受封爵的德行；周文王、周武王时期的百姓都有高尚的品德，这些都是因为圣人能平等地教育每一位百姓呀！

原文 子曰："道不同，不相为谋。"

张居正讲评译释 孔子说："人只有主张相同了，内心才能保持一致，内心保持一致了才能够互相谋议。如果几个人的主张不同，志向兴趣都不一样，商量谋划的时候一定会互相反对阻挠，这怎么能一起谋议呢？"想要治理国家和研究学问的人，都不能不慎重呀！

原文 子曰："辞达而已矣。"

张居正讲评译释 孔子说："人们在应对问答的时候都需要依赖言辞，而古人使用言辞是因为人们交流时想法表达不出来，不能相互理解，所以不得不用语言说出来；文章没有文采，不能长远地流传，所以不得不用言辞来修饰。所以言辞只需要能表达意思就行了，何必用华丽不实的文采来修饰呢？"因为孔子所在的周朝末年，人们过于追求文采而忽视了真情实感，所以孔子说这些来挽救当时的社会弊病。

原文 师冕见，及阶，子曰："阶也。"及席，子曰："席也。"皆坐，子告之曰："某在斯，某在斯。"师冕出。子张问曰："与师言之道与？"子曰："然，固相师之道也。"

张居正讲评译释 有一个名叫冕的盲人乐师来见孔子，孔子出来迎接他。走到台阶边的时候，孔子说："这是台阶。"让他知道应该往上走。走到座席边的时候，告诉他说："这是座席。"让他知道坐在哪儿。等到众人都坐好后，就向他介绍大家说："某某坐在这里，某某坐在这里。"让他知道大家的姓名，方便交流。当时孔子的弟子对孔子的行为举动观察的非常仔细。所以乐师冕走了以后，子张问道："他就是一个盲人，您这么周全地对待他，和他说的话都是符合道的吗？"孔子回答说："对呀，古人一定会给盲人以帮助，遇到事情一定会详细地告知他们，让他们知道应该怎么做。我刚才的言行举止，就是同乐师相处的方法呀。"总之，圣人发自内心地同情身体有残疾的人，所以细心地帮助他们，这是品德高尚的圣人很自然的行为，不是特意作秀呀！由此也能够看出圣人参照天地变化规律，成就培育天下万物，让所有事物都能各得其所的远大抱负呀。

注释：

[1]陈，陈列，陈兵。

[2]兴，起身，起来。

[3]绅，古代士大夫束腰的大带子。

[4]史鱼，春秋时卫国（都于濮阳西南）的大夫。名佗，字子鱼，也称史鳅。卫灵公时任祝史，负责卫国对社稷神的祭祀，故称祝佗。

[5]辂，古代的一种大车。

[6]阙文，将有疑问的文字删去。

[7]馁，饥饿。

[8]贞，坚定，有操守。

[9]谅，诚信，此处指小信。

季氏第十六

原文 季氏将伐颛臾。冉有、季路见于孔子，曰："季氏将有事于颛臾。"孔子曰："求！无乃尔是过与？夫颛臾，昔者先王以为东蒙[1]主，且在邦域之中矣，是社稷之臣也。何以伐为？"

张居正讲评译释 春秋时期鲁国季孙氏、孟孙氏、叔孙氏三个家族势力强大，鲁国被他们三个瓜分，季孙氏占有了一半，孟孙、叔孙分别占有另外一半。只有附属国颛臾还依附于鲁国国君。季孙氏想举兵讨伐颛臾，将其占领。此时冉有和子路是季氏的家臣，来见孔子说："季氏快要攻打颛臾了。"这件事冉求和子路二人也参与了谋划，心中感到不安，所以来请教孔子，试探一下能否可行。因为他们两个都在为季氏做事，而冉求在帮助季氏聚敛财物上更加尽力，所以孔子单独喊着他的名字责备说："冉求啊，这难道不是你的过错吗？一定要在别人挑衅了之后才能出兵讨伐，行军打仗也不能师出无名，颛臾国从前是周天子分封在东蒙，让它的国君主持东蒙山的祭祀的。它的百姓是伏羲的后世子孙，他的国家是周天子分封的，所以不能去讨伐呀，更何况颛臾在我们鲁国的疆土之内，不是敌国外患，不必讨伐呀。况且颛臾依附于鲁国，它的国君是鲁国的大臣，不在季氏的管辖范围内，更加不能讨伐呀。不能讨伐却一定要去讨伐，这就是不仁；不必讨伐却一定要去讨伐，这就是不明智；不应该讨伐却一定要去讨伐，就违背了情理道义。既然这样，季氏为什么还要去讨伐呢？"孔子这么说，是深刻地责备季氏不守臣道，斥责冉有结党作恶呀。

原文 冉有曰："夫子欲之，吾二臣者皆不欲也。"孔子曰："求！周任[2]有言曰：'陈力就列，不能者止。'危而不持，颠而不扶，则将焉用彼相矣？且尔言过矣，虎兕[3]出于押，龟玉毁于椟中，是谁之过与？"

张居正讲评译释 冉求听到孔子责备，就自我辩解说："讨伐颛臾是季氏的意思，仲由我们两个不想这么做呀。"既然参与了这件事，又把责任推卸给别人，冉有这是在掩饰自己的过错，这样错误就更大了。所以孔子又直呼其名地责备说："这件事你怎能推卸责任呢？周任有一句话说：'作为臣子，能施展自己的力量，就要尽到自己的职责。如果遇到问题不能提供帮助，有过失不能规劝，像这样不能尽到自己的责任，就应该辞官离去，不应该继续留下做官。'比如盲人需要别人的帮助扶持才能避免摔倒，如果不能在他要摔倒时搀扶他，那还要这个助手做什么呢？如今你作为季氏的家臣，如果不想去讨伐颛臾，就应该直言劝谏，他不听劝谏，你就应该离开；现在你既没有劝谏，还没有离开，白白地霸占着官位，看着季氏犯了错却不帮他改正，你还有什么用呢？况且你推脱说这事跟你没有关系，这话非常不对呀。如果猛虎、犀牛原本就不在牢笼中，现在跑了；玉器、宝物不在箱子里，现在毁坏了，这自然跟看守者没关系。如果猛虎、犀牛已经被关在牢笼中，却逃了出来；玉器、宝物在箱子里毁坏了，这不是看守者的责任还能是谁的责任呢？现在你既然是季氏的家臣，为他出力办事，就好像看守宝物的人一样，却任由他胡作非为而不去劝阻，现在却推脱说不是你的责任，那么还能是谁的责任呢？"孔子想要冉求认识并改正自己的错误，所以这样严厉地责备了他。

原文 冉有曰："今夫颛臾，固而近于费。今不取，后世必为子孙忧。"孔子曰："求！君子疾夫舍曰欲之而必为之辞。丘也闻有国有家者，不患寡而患不均，不患贫而患不安。盖均无贫，和无寡，安无倾。"

张居正讲评译释 因为孔子的批评，冉有已经理屈词穷了，但还支支吾吾地推脱说："季氏想讨伐颛臾，没别的原因，只因为颛臾的城墙坚固，又离季氏的封地费邑很近，因为其城墙坚固，所以很难被攻克，又因为其离自己的封地很近，担心被他入侵。现在不攻占颛臾，自己的后世子孙一定会被他侵害，所以不得不去讨伐呀。"冉有这么说，不只是为自己辩解，还想为季氏掩饰。所以孔子再次直呼其名地批评他说："冉求呀，君子最讨厌那些嘴上说自己没有贪欲，实际上内心贪婪的人。现在季氏讨伐颛臾，明明是贪图其百姓和土地，你却替季氏掩饰，说是为子孙后世解忧，这难道不是君子所厌恶的人吗？我听说诸侯和大夫不担心自己的百姓少，只是担心分配得不均匀；不担心缺少财物，只担心上下不和，不能和谐相处。贫困是因为分配不均匀，如果分配均匀了，国君有国君的收入，大臣有大臣的收入，大家各自得到自己应该得到的财物，就都会满足了，怎么会有贫困呢？人口稀少是因为上下不和，如果上下和睦，那么诸侯在治理国家，大夫在管理家庭的时候，都做好自己应该做的事，就能相处融洽，又怎么会缺乏百姓呢？这样，君主就能安心，而不会怀疑大臣；大臣也能安心，而不会质疑君主。君臣之间相处和睦，就不会发生祸乱，自然不用担心国家灭亡。由此看来，对于君主诸侯来说，贫乏不值得忧虑，分配不均匀和相处不和睦才是应该担心的事呀。你为季氏做家臣，却不帮他做应该做的事，反而担心一些不该担心的事，这怎么合适呢？”

原文 “夫如是，故远人不服，则修文德以来之。既来之，则安之。今由与求也，相夫子，远人不服，而不能来也。邦分崩离析，而不能守也；而谋动干戈于邦内，吾恐季孙之忧，不在颛臾，而在萧墙之内也。”

张居正讲评译释 孔子接着说：“治理国家在于处理好国内的政治，平息外部的祸患。如果能均匀地分配财富，使百姓富裕；让百姓和睦相处，提高国家的人口；保持国家的安定而不遭受混乱，这样不但自己的百姓会高兴地接受管理，远方的百姓也会前来归附呀。如果远方的百姓没有前来归服，也不用出兵征伐，只用实施教化，明确法令，用礼乐教化去感化他们。当他们前来归附后，就顺应他们的风俗民情来进行管理，保证他们生活的安定。这就是使远方的百姓归服，让国家得到安定的方法。仲由冉求你们两个作为季氏的家臣，没有任何匡正辅佐他的忠心，既不能实施礼仪教化使远方的百姓归服，又不能使国家得到治理，让国家免于灾乱，反而导致国家内部发生祸乱，官员贪图远利，忽视防备眼前的灾祸，君臣上下互相猜忌。国家马上就要产生大的动乱了，我只怕季氏的忧患不在颛臾，而在自己朝廷的内部呀，所以你们能不谨慎戒备吗？”孔子这一章反复论辩，虽然表面是为了指正弟子的错误，实际上是批评季氏不守臣道，更有加强朝廷权力，遏制大夫势力的想法呀。

原文 孔子曰：“天下有道，则礼乐征伐自天子出；天下无道，则礼乐征伐自诸侯出。自诸侯出，盖十世希不失矣；自大夫出，五世希不失矣；陪臣执国命，三世希不失矣。”

张居正讲评译释 孔子说：“天下的治理与否全在于权势呀。权力在君主手中国家就能得到治理，在臣子手中国家就会动乱。礼乐征伐是君主治理天下最重要的手段。天下政治清明，君尊臣卑，体制不混乱，制作礼乐和出兵打仗都由天子做主决定。诸侯犯了罪，天子下命令去讨伐，臣子只能奉命行事，有谁敢私自制定礼乐、出兵打仗呢？只有政治黑暗的时候，君弱臣强，在下者凌驾于上，在上者废弛无所作为，于是礼乐征伐就由大臣决定，而不再取决于天子了呀。君臣上下等级分明，百姓才能保持安定，而不敢逾越等级。如果诸侯可以僭越天子，那么大夫也可以僭越诸侯。如果政令由诸侯制定，那么大夫一定会起身争夺，十代之内，诸侯就会失去权柄。大夫既然能够僭越诸侯，那么家臣就也能僭越大夫。如果政令由大夫制定，那么家臣一定会起身争夺，五代之内，大夫就会失去权柄。家臣势力微弱，在制定政令时会有很多人反抗，不超过三代，就会失去权柄。”春秋时期，五个霸主接连出现，交替主持天下的盟会，这就是政令出自诸侯呀；范氏、中行氏、知氏、韩氏、赵氏、魏氏六卿在晋国专政，季孙氏、孟孙氏、叔孙氏瓜分鲁国，这是政令出自大夫呀；阳虎作乱，囚禁少主季孙斯，这是家臣执掌国家政令呀。周天子有名无实，政教号令有很长时间不被人奉行了。孔子这么说，是为此感到伤心呀。所以说君主能不时刻掌握国家权力吗？

原文 “天下有道，则政不在大夫。天下有道，则庶人不议。”

张居正讲评译释 孔子在这里接着上一章说：“天下昏乱，战争兴起，这只是因为国家的权力没有掌握在君主手中。如果政治清明，局势稳定，国家的权力都掌握在君主手中，大夫虽然辅佐君主治理天下，但要依据君主的命令，不能私自做主，君臣之间相处融洽，等级秩序没有混乱，这就是政治清明之世。在政治清明，君主掌握国家权力的时候，君主对待臣下也不能以势压人，一定要通过情理让人信服。所以在政治清明的时候，国家的管理措施都符合天理，顺应民心，百姓们都会遵守政令，接受教化，不会对国家的政治提出议论，又怎么会反抗作乱呢？”但是议论有公开的议论和私下的议论，公开的议论应该注意反思，私下的议论却不能顺从。在上位的人，要反省自己，如果真的有违反天理、违背民意的行为，即使是一般人的批评议论，也要注意改正呀。如果上位者的行为公正无私，而下面的人依然批评阻挠，这就是违法乱纪的小人，一定要用刑罚去惩罚他们，这样的人就不必包容了。这也是上位者应该明白的道理。

原文 孔子曰：“禄[4]之去公室五世矣，政逮于大夫四世矣，故夫三桓之子孙微矣。”

张居正讲评译释 孔子说：“天下的形势，有兴盛就有衰败。在国家权力上，在上者无所作为，在下者就会凌驾于上。从鲁国的情况来看，自从鲁文公去世之后，公子遂杀了子赤，立宣公为君，从此鲁君失去了国家权力，而国家的赋税就没有交给朝廷了。经历了宣公、成公、襄公、昭公、定公五世之后，国家的权力就到了大夫的手里。自从在季武子专政以来，一共经历了武子、悼子、平子、桓子四世。国家权力在大夫手中，没有超过五世的。如今鲁国已经由大夫专政四世了，算起来也到衰败的时候了。如今孟氏、叔孙氏和季氏的后代子孙都微弱不振，这也是理所应该呀。”不久之后，季恒子果然被家臣阳虎囚禁，孔子的话应验了呀。权力既然落到了大夫手中，大夫的权势就应该更加强大呀，但是仲孙、叔孙、季孙却衰落了。由此可见，作为臣子，不能逾越等级名分，不能僭越国家权力，那些通过僭越谋逆获得权势的人，也必将因为僭越谋逆而失去权势。《尚书》里说：大臣窃取滥用国家权力，既危害自己的家庭，又会导致国家的覆灭。这真的值得历朝历代的臣子鉴戒呀！

原文 孔子曰：“益者三友，损者三友。友直，友谅，友多闻，益矣。友便辟[5]，友善柔，友便佞，损矣。”

张居正讲评译释 孔子说：“人在修养品德的时候，一定需要朋友的帮助，而结交朋友时贵在知道如何选择。有益的交友有三种，有害的交友也有三种。对自己有益的朋友有三种：一种是心直口快、正直无私的人；一种是诚实不欺、表里如一的人；一种是博古通今、见多识广的人。同正直的人交朋友，能改正自己的错误，逐渐变得完善；和诚实的人交朋友，就能消除自己邪妄，逐渐变得诚实；和见多识广的人做朋友，就能增长自己的见识，逐渐变得明智，这不就是对自己有帮助吗？所以说这是三种对自己有益的朋友。对自己有害的朋友有三种：一种是两面三刀、虚伪狡诈的人；一种是谄媚逢迎、阿谀奉承的人；一种是花言巧语、巧舌善辩的人。和谄媚奉承的人做朋友，就难以发现自己的过错，时间长了就会变得轻浮放荡；和两面三刀的人交朋友，就难以完善自己，时间久了就会变得低俗卑下；和花言巧语的人做朋友，就难以听闻有益的知识，时间长了就会变得孤陋寡闻，这不是对自己有损害吗？所以说这三种是有害的朋友。”如果一个人能知道如何选择朋友，亲近那些对自己有益的朋友，远离那些有害的朋友，怎么需要担心难以培养品德呢？结交朋友关系到自己品德的高低，况且君主的德行，关系到天下的治理与怠息，更加不能不谨慎呀。所以每天和正直的人生活在一起，听正直的话，看正直的事，这就是有益的朋友；和不正直的人生活在一起，纵欲淫乐，阿谀奉承，这就是有害的朋友。想要修养自身的人能不仔细辨别吗？

原文 孔子曰：“益者三乐，损者三乐。乐节礼乐，乐道人之善，乐多贤友，益矣。乐骄乐，乐失游，乐宴乐，损矣。”

张居正讲评译释 孔子说：“人都会有所喜好，喜好不同，对自己的损害和益处也有差异。总的来说，对自己有益的喜好有三种，对自己有害的喜好也有三种。对自己有益的喜好有三种：一种是用礼乐来调节自己，让自己达到中正平和；一种是赞扬别人的优点；一种是结交正直善良、见多识广的朋友。喜欢礼仪音乐，就能修养自己的身心，达到中正平和；喜欢称赞别人的优点，自己就能和别人一起取得进步；喜欢结交贤才，就能知道如何成为正直优秀的人，自己也会得到别人的规劝帮助，这不是对自己有益吗？所以说这三件是对自己有益的喜好。对自己有害的喜好有三种：一种是喜欢骄纵傲慢、任性妄为；一种是游荡无度，只知道嬉戏玩乐；一种是喜欢宴饮享受，沉迷于酒色之中。骄纵傲慢，就会肆意妄为，不知礼节，逐渐变得轻率放荡；游荡无度，就会懒惰傲慢，不思进取，逐渐变得行为放荡；宴饮纵乐，就会变得和俗人一样沉迷于酒色，这难道不是对自己有害吗？所以说这三件是对自己有害的事。"求学者有了这三种有益的喜好，就能成为正人君子；君主有了这三种有益的喜好，就能成为圣主明君，能不勉励自己吗？求学者有了这三种有害的喜好，就会损害自己的品德；君主有了这三种有害的喜好，就会导致国家灭亡，能不戒备吗？孔子这么说，是深切地警戒世人呀。

原文 孔子曰："侍于君子有三愆[6]：言未及之而言谓之躁，言及之而不言谓之隐，未见颜色而言谓之瞽。"

张居正讲评译释 孔子说："身份卑微的人在尊长面前，同尊长交谈时，应该注意避免三种过失。说话还是沉默，贵在根据情况做出恰当选择，问到你的时候回答，没问的时候沉默就行了。如果没有问到你，你却轻率应对，而不知道谦逊谨慎，这叫作轻浮急躁，是一种过失呀；如果问到了你，你却沉默不语，不如实应答，这就是心机深重，叫作隐瞒实情，是第二种过失；有时候在说话时先要察言观色，然后再做出应答，如果不看脸色而贸然应答，就像没长眼睛一样，这就叫作不长眼睛，是第三种过失。"这些都是品德修养不足，所以说话不恰当，并且因此而招致羞辱。求学者能不努力修养自己的品德，并且谨言慎行吗？

原文 孔子曰："君子有三戒：少之时，血气未定，戒之在色；及其壮也，血气方刚，戒之在斗；及其老也，血气既衰，戒之在得。"

张居正讲评译释 孔子说："君子能约束自己，在做任何事时都能谨慎戒备，但是最应该戒备的事有三件。年少时，血气还没有稳定，精神还不充足，应该禁戒的是女色。因为男女的情爱容易让人沉溺，而且年轻人又容易动情，一不小心，就会因为纵欲过度而危害到性命。有人因为女色而产生疾病并失去生命，有人因为女色而败坏品德并危害国家，所以这是年少时应当禁戒的一件事。

到壮年的时候，血气方刚，应该禁戒的是争斗。因为争强好胜是一个人最大的恶行，而人到壮年容易动怒，一不小心，就会发生好勇斗狠的事，小的会因为一时的愤恨而失去生命，大的会因为穷兵黩武而使国家灭亡，所以这是壮年时应该禁戒的一件事。年老的时候，血气变得衰弱，精神也会疲倦，应该禁戒的就是贪得无厌，因为年轻和壮年时期，能为了名誉而抑制自己的贪欲，当年老之后，没有了未来的希望，就会更加重视自己和家庭。一不小心，就会发生唯利是图的事。朝廷的官员因为贪心而晚节不保，毁了自己的一生；国家的君主因为贪得无厌而耗尽国家的钱财，导致百姓的背弃，所以这是年老之后应该禁戒的一件事。”因为人的嗜好和欲望会因为年龄的变化而产生盛衰，只要能用义理来修养自己，那么就能意志坚定，不会受到个人情欲的影响，所以孔子像这样随时保持警戒。从天子到普通百姓，从小到老，都应该戒备这三种情况呀。修养自身时能不警惕戒备吗？

原文　孔子曰：“君子有三畏：畏天命，畏大人，畏圣人之言。小人不知天命而不畏也，狎大人，侮圣人之言。”

张居正讲评译释　孔子说：“君子和小人的不同只在于是否心存敬畏。君子有三件保持敬畏的事。哪三件呢？上天托付给人的人伦物理就是天命。君子修身养性，只担心不能穷尽天理，辜负了上天的托付，所以一言一行都小心谨慎，就像天帝在附近一样，这是第一种敬畏；那些品德高尚的人能完全穷尽天理人伦，君子对他们表示尊崇礼敬，不敢有任何怠慢，这是第二件敬畏；圣人的话被记录在书简上，句句都是修身齐家治国平天下的大道理，君子佩服敬仰圣人的教诲，不敢有任何违背，这是第三种敬畏。这三件都是为人处世最重要的事，所以君子一直保持着敬畏之心而不敢有任何忽视怠慢。那些小人冥顽无知，不知道什么是道义物理，肆意妄为，无恶不作，怎么知道敬畏天命呢？因为他们不敬畏天命，所以不知道尊敬品德高尚的圣人，反而轻视怠慢他们。他们不知道学习圣人的教诲，反而戏耍讥笑。”因为小人不修养自身，甘心自暴自弃，所以才会这样无所顾忌，这就是他们被天地、圣贤怪罪，最终陷入万恶之地的原因呀。这三种敬畏分开是三件事，总的来说只有敬畏上天这一件罢了。人之所以勉励自己行善去恶，只是因为心中有天理，所以做事谨慎，不敢轻易妄为，如果心中没有天理，就会骄淫放荡，无所不为。尧舜兢兢业业，周文王小心谨慎，只是因为他们敬畏上天啊。立志用心求学的人，不能不知道这些。

原文　孔子曰：“生而知之者，上也；学而知之者，次也；困而学之，又其次也；困而不学，民斯为下矣。”

张居正讲评译释 孔子说：“人的资质各不相同，有人天资聪颖，没有经过学习，就能明白事理。这是内心清净，气如神明的圣人，是上等的资质。有的人需要经过学习之后才能明白事物的道理，这样的人，虽然承受了很多天地正气，却难免有杂质，是次一等的资质。还有人刚开始不知道学习，在遇到了困惑之后开始发愤学习，这样的人气质上的污浊多于纯粹，必须经过努力学习才能变得开明，这是又次一等的人。如果一个人到了穷困潦倒的时候，仍然安于现状，不知道学习变通，这样的人即使和圣贤住在一起也不能开化，最后依然是平凡普通罢了，所以说这种人是最下等的人。”

原文 孔子曰：“君子有九思：视思明，听思聪，色思温，貌思恭，言思忠，事思敬，疑思问，忿思难，见得思义。”

张居正讲评译释 孔子说：“人从视听言动到待人接物，都有各自一定的道理，但是一般人粗心鲁莽，不知道思考其中的道理，所以行动时总会有差错，不能成就自身的品德。只有君子能详细地反思自己，处处留心，大约来说，君子思考的有九件事：看的时候，要考虑是否看清楚了，不能被乱象迷惑；听的时候，要考虑是否听明白了，不能被奸邪的声音蒙蔽；与人相处时脸色要温和而不暴戾；容貌要谦恭而不傲慢；说话要诚实不欺；办事要思虑周全，小心谨慎；遇到困惑，要考虑请教师长亲友；和人争论时要考虑到如果不忍耐，就会危害到自己和亲人；看到财利时，要考虑是否符合道义，如果不符合，不管财物有多少都不能接受啊。”君子能够像这样随时思考这九件事，所以他们在待人接物时能恰当合理，这不是一般人能比得上呀。而这九种思考的根本还在于自己的内心，如果能保持内心的清澈明亮，那么在待人接物时自然会符合事理。不然的话，内心杂念丛生，即使有思考，又怎么能战胜私欲呢？所以说正心诚意才是修养自身的根本呀。

原文 孔子曰：“见善如不及，见不善如探汤。吾见其人矣，吾闻其语矣。”

张居正讲评译释 孔子说：“古人说过：看到别人善良的行为，就仰慕喜爱，好像自己达不到一样，唯恐自己的善良比不上别人。看见别人又不好的行为，就深恶痛绝，好像把手伸进开水中一样赶快避开，唯恐别人不好的行为影响到自己。我见到过像这样好善恶恶、诚实无私的君子，也听说过古人说过这样的话。”因为当时像颜回、曾子、冉有、闵子骞等人，都能做到这些，所以孔子听说过又见过这样的人。

原文 “隐居以求其志，行义以达其道。吾闻其语矣，未见其人也。”

张居正讲评译释 孔子说："古人还说：士在还没有获得重用的时候，就树立了远大的志向，把将来要完成的事业，提前做了规划准备，提前准备好治世方法；在获得重用、施展抱负的时候，不肯将自己的能力用在小事情上，而是在大事上施展自己的才能抱负，不辜负自己的学识。像这样能恰当地选择闲居还是做官，并且品德完备的圣人，我只听古人说过，却没有见过呀。"因为只有伊尹、太公才能算是这样的人，所以孔子才因没有见到这样的人而感叹，他这是感触很深呀。

原文 "齐景公有马千驷，死之日，民无德而称焉。伯夷、叔齐饿于首阳之下，民到于今称之。其斯之谓与？"

张居正讲评译释 孔子说："世人都羡慕富贵而羞于贫贱，却不知道富贵不值得羡慕，贫贱不值得羞愧呀，关键在于人们如何自处罢了。齐景公作为一国诸侯，享受一个国家的供奉，身份尊贵，养的马有四千匹之多，可以说是极其富裕呀。但是他没有取得功业，没有给百姓实施恩泽，死后没有百姓怀念他。他一生没有一件可以称赞的好事，白活了一生，死的也没任何意义，这样的人即使富裕显贵又有什么用呢？伯夷、叔齐兄弟两人很普通呀，他们认为武王伐纣不符合道义，为周朝感到羞耻，就逃到了首阳山下，采薇充饥，最后被饿死了，可以说是十分贫困呀。但是他们的风格气节在当时非常有名，并且传到了后世，直到今天，人们还称赞他们，他们虽然已经死了，但是他们的名声永垂不朽呀，贫困对他们的品节又有什么损害呢？"由此可见，富裕却没有品德，即使是国王诸侯也难以获得称赞；贫困却能保持自己品行的高洁，即使是普通人也会被后世称颂，岂止齐景公、伯夷、叔齐是这样呢？自古以来，天子有很多呀，而史书里记载的二帝三王和汉、唐、宋各朝的英明帝王，也不过几个人罢了，其他的都籍籍无名。而孔子、颜回虽然是普通人，却能成为万世师表，其他的道德高尚，而声名卓著的普通人就更多了呀。所以人们能只依靠权势却不修养品德吗？

原文 陈亢[7]问于伯鱼曰："子亦有异闻乎？"对曰："未也。尝独立，鲤趋而过庭，曰：'学《诗》乎？'对曰：'未也。''不学《诗》，无以言。'鲤退而学《诗》。"

张居正讲评译释 陈亢在孔子门下求学，不知道圣人教育学生公正无私，而私自去揣测孔子，认为孔子对自己儿子有私心，就问孔鲤说："没有比父子更亲密的关系，没有比家人更关切的教育，你是老师的儿子，有过什么不同于其他弟子的特殊教育吗？”孔鲤回答说：“我没有听过别的教诲呀。有一次夫子独自站在那里，我从他身边快速走过，这时没有别人，假如有特殊的教导，应该就是在这个时候传授。夫子只是问：你学过《诗经》了吗？我回答说：没有学过。他告诉我说：《诗经》里的教诲，温柔笃厚，学了之后能够心气平和，通达事理，一定对说话有帮助。如果不学《诗经》，就不能修养身心，通达事理，怎么能学会如何说话呢？我于是就回去学习《诗经》。并且对《诗经》里的所有诗篇都做了仔细地探究呀。”

原文 “他日，又独立，鲤趋而过庭，曰：‘学《礼》乎？’对曰：‘未也。’‘不学《礼》，无以立。’鲤退而学礼。闻斯二者。”陈亢退而喜曰：“问一得三，闻《诗》、闻《礼》，又闻君子之远其子也。”

张居正讲评译释 孔鲤又告诉陈亢说：“又有一天，夫子又独自一人站在那里，我又快步从他身边走过。这时也没有别人，假如有特殊的教导，应该就在这个时候传授。但夫子却又只是问我：‘你学过《仪礼》吗？’我回答说：‘没有学过。’夫子就教导我说：‘《仪礼》的教导恭敬庄重，学了之后就能明白礼仪品节，并且让你心志坚定，品行高洁；如果不学习《仪礼》就无法学习礼仪制度，不能修养自己的品德，甚至想自己重新树立一个规矩，这怎么能行呢？’于是我就回去学习《仪礼》。对其中的礼仪制度，无一不细致地学习呀。我从夫子那里听到的，一是学习《诗经》，一是学习《仪礼》，只有这两件罢了。关于《诗经》《仪礼》的教诲，这是夫子经常说的，我听到的，也是所有弟子都能听到的，怎么会有特殊的教诲呢？”陈亢听了之后离开了，回去后很高兴地说：“正常情况下问一件事能够明白一件事。今天我只问了孔子是是否对孔鲤有特别的教导这一件事，却得到了三点收益。听说了学习《诗经》能提高语言能力，这是其一；听说了学习《仪礼》能够立身处世，这是其二；又知道了君子像教育别的弟子一样教育自己的儿子，没有任何偏私，这是其三。一个提问得到了三点收益，这难道不应该高兴吗？”圣人公正无私，在教育自己儿子的时候，既不因为偏私而单独传授，又不因为避嫌而和其他人一样教导，只是根据他的能力进行培养，能给他讲《诗经》时就让他学习《诗经》，能给他讲《仪礼》时就让他学习《仪礼》，这当中怎么会有私心呢？陈亢刚开始时怀疑孔子有私心，最终因为孔子不偏爱自己的儿子而高兴，这不只是不明白圣人对待自己儿子的想法，还是不明白圣人教育弟子的方法，陈亢这个人也非常浅陋啊！

原文 邦君之妻，君称之曰夫人，夫人自称曰小童；邦人称之曰君夫人；称诸异邦曰寡小君；异邦人称之亦曰君夫人。

张居正讲评译释 孔子曾经引用古礼说:“一个家庭里，男主外，女主内，自然都有确定好的名分，况且国君的妻子，更不是一般人能比的，对她的称呼怎么能随便呢？所以国君称她夫人，表示二人地位相同。夫人在国君面前自称小童，谦虚地表示自己年幼无知，不敢和国君地位相同。国人称呼她为君夫人，意思是他帮助国君管理家庭。她对邻国人自称为寡小君，意思是品德不足，只能勉强作为小君治理家庭。邻国人也称呼她为君夫人，因为她作为一个国家的王后，要像称呼本国王后一样称呼她。”对国君妻子的称呼就要这样有条有理，所以在名声和实际之间能不小心谨慎吗？

注释：

[1] 东蒙，山东省蒙山的别称。因在鲁东，故名。

[2] 周任，周时大夫。一说为古之良吏。其人正直无私，疾恶务去。

[3] 兕，古书上所说的雌犀牛。

[4] 禄，国家的赋税。

[5] 便辟，指谄媚逢迎之人。

[6] 愆，过失，过错。

[7] 陈亢，字子元，一字子禽，又名原亢，孔子的弟子。

阳货第十七

原文 阳货[1]欲见孔子，孔子不见，归孔子豚[2]。孔子时其亡也，而往拜之，遇诸途。

张居正讲评译释 阳虎是季氏的家臣，曾经囚禁了季桓子把持鲁国的国政。因为孔子在鲁国很有名望，阳虎想见孔子，孔子则认为阳虎是乱臣贼子，不愿意见他。阳虎就赠送了孔子一只蒸熟的小猪。因为阳虎赠送了礼物给自己，孔子不得不前去拜访致谢，但心里实在不愿意见阳虎，就趁阳虎不在家的时候去拜访。这样既不违背致谢的礼仪，也不违背不和恶人相见的道义。但是两人在半路上相遇了。

原文 谓孔子曰："来！予与尔言。"曰："怀其宝而迷其邦，可谓仁乎？"曰："不可。""好从事而亟[3]失时，可谓知乎？"曰："不可。""日月逝矣，岁不我与。"孔子曰："诺；我将仕矣。"

张居正讲评译释 阳虎遇见孔子之后，对孔子说："来，我有话跟你说。有品德的人就应该施展自己的抱负，拯救艰难的时势。就应该像宝物一样被卖给别人，而不能自己私藏起来。把自己的治国本领隐藏起来而听任自己国家的衰败和混乱，却不去拯救，这可以叫作仁吗？"孔子说："仁德的人心里想的是拯救世道，拥有才能却坐视国家的衰败，不能叫作仁。"阳虎又问："喜欢做官，就要把握机会出来治理国家。如果喜好做官，却多次错过做官的机会，这能叫作明智吗？"孔子说："明智的人能够把握好机会，喜欢做官却错失良机，不能说是明智呀。"阳虎又说："时间就像流水，过去了就不会回来了，人的年龄也不会停留。现在不做官，要等到什么时候呢？"孔子回答说："及时施展自己的抱负，这是君子应该做的事，我打算去做官了。"阳虎的话，都是对孔子的嘲讽。他不知道孔子怀有拯救天下的抱负，既没有坐视国家的衰败，也不是不想做官，他只是不愿意给阳虎做官罢了。所以孔子根据义理回复阳虎，不和他争论。圣人面对阳虎这样的恶人，也能这样做到既不生气反对也不随意附和。

原文　子曰："性相近也，习相远也。"

张居正讲评译释　孔子说："人出生的时候，本性是相近的。虽然气质上有清纯和混浊的不同，但在刚出生时，都汇集了天地间的精华和阴阳五行间的灵气。那些清明纯洁的人，自然能成为好人；那些污浊不纯的人，未必就会变成坏人。他们彼此之间的差别没有那么大，在本性上是相近的呀。等到身体和心理发育之后，品性、德行会根据情欲的变化而变化，个性品格也会受到周围环境的感染而变化。向好人学习，就能成为圣贤；向坏人学习，就会变得愚钝不成器。这样好人和坏人的品性之间就会有很大的差别了呀。"人的善良或邪恶，关键在于后天的学习而不是天性。所以人应该勉励自己通过努力学习改善自己，怎么能把责任推脱给天性呢？

原文　子曰："唯上知与下愚不移。"

张居正讲评译释　孔子接着上面说："人刚出生时，在本性上固然相似，但是有一种是气质清明、品质纯洁的上等智者；有一种是气质混浊、品质驳杂的下等愚人。只有这两种人的善恶是一经注定的，不是通过学习能改变的。那些上等的智者，是天生的好人，即使不和好人生活在一起，也不会受到误导做坏事。那些下等的愚者，是天生的恶人，即使和好人生活在一起，也不能受到感化成为好人。只有这两种人的善良或邪恶取决于天性而不是后天学习。"世界上极其聪明的智者固然不常有，极其愚钝的人也不多见，最多的是半清半浊、可善可恶的人。通过学习提高自己的品行，这对于中等资质的人来说是永远不能停止的呀。尧舜这样的圣人依然小心谨慎，商汤周武王这样的明主尚且不忘反思自己，即使是圣人也不敢因为上等的资质而任意妄为。夏桀商纣依仗着自己的才智，荒淫暴虐，不听劝谏，掩饰过错，最后的结局和下等的愚人一样，这难道不昏庸愚钝吗？所以有人说："天性的作用很小，后天学习的作用很大。"

原文　子之武城[4]，闻弦歌之声。夫子莞尔而笑，曰："割鸡焉用牛刀？"子游对曰："昔者偃也闻诸夫子曰：'君子学道则爱人，小人学道则易使也。'"子曰："二三子，偃之言是也，前言戏之耳。"

张居正讲评译释　孔子到武城县，听到各处都有弹奏弦乐、诵唱歌诗的声音。当时子游是武城宰，重视礼乐教化，所以武城的百姓都弹奏弦乐、诵唱歌诗。当时人们都不能用礼乐治理国家，只有子游能这么做，所以孔子见了之后很高兴，就微笑着说："你治理的是一个小县城，何必用礼乐这么重要的方法来治理呢？杀鸡何必用宰牛的刀呢？”子游不明白孔子的意思，回答说：“我曾经听夫子说过，礼乐之道关系到人的品德，人学了之后，都会有收益。在上位治理百姓的君子学了之后，就能培养自己兼爱的品格，关爱百姓，所以君子不能不学习礼乐之道呀！在下位的普通人，要接受治理，他们学习礼乐之道之后，就能明白尊卑贵贱的分别，从而方便上位者的治理，所以普通百姓不能不学习礼乐之道呀。夫子的这些话，我牢记并遵循很久了。现在武城虽然是一个小地方，我怎么敢轻视这里的百姓，而不教导他们礼乐呢？”因为子游不明白自己的意思，孔子招呼其他弟子告诉他们说：“你们听好了，子游的话是对的，我刚才说的那句杀鸡何必用牛刀只是开玩笑罢了。怎么会真的认为小县城不能用礼乐之道来治理呢？”孔子既赞扬了子游，又解答了弟子们的疑惑呀！

原文 公山弗扰[5]以费畔，召，子欲往。子路不说，曰：“末之也已，何必公山氏之之也？”子曰：“夫召我者，而岂徒哉！如有用我者，吾其为东周乎？”

张居正讲评译释 自鲁文公以来，季氏世代把持鲁国国政，朝廷衰弱，君主反而受到大臣控制，像这样持续了四世。到了季桓子的时候，公山弗扰和阳虎一起控制了季桓子，占据了费邑进行谋反。公山弗扰派人召见孔子。孔子为鲁国的衰败感到愤慨，为季氏不守臣道感到气愤，想要改变这个状况很久了。现在有幸季氏的家臣叛乱，假如能够把握好这个时机，施展自己的主张，这或许是振兴鲁国、振兴周室的一个机会，所以公山弗扰派人召见之后，孔子就打算前去。而子路不明白孔子的意思，为此感到不高兴，说道：“夫子在齐国、鲁国都没能施展自己的抱负，既然没人重用，那就这样算了吧。为什么接受公山弗扰的召见，去自取其辱呢？”子路这么说是不明白公山弗扰反叛的是季氏而不是鲁国，不知道孔子接受召见，为的不是公山弗扰，而是鲁国呀。所以孔子告诉他说：“如今世上没有人了解我，也没有人能重用我。现在公山弗扰特意来召我前去，怎么会白白召见呢？一定是要重用我呀。如果他能重用我，让我处理国家的政事，我一定能整顿纲纪，端正名分，让现在的鲁国恢复到文王、武王、周公时的太平盛世，使现在的社会恢复西周时的礼仪风俗，这样东周不就能在鲁国重新振兴吗？”孔子这是表明自己治理天下的抱负，来教导子路呀。但是他使混乱恢复正常的计谋，使国家恢复礼治的作用，就难以被人们轻易发现。通过考察春秋时期的历史就能知道，公山弗扰在和季氏的战争中失败了，逃到了齐国，孔子最后也没能得到召见和任用。孔子的主张没能施展，鲁国最终也难以振兴呀！真让人感慨呀！

原文　子张问仁于孔子。孔子曰:“能行五者于天下为仁矣。”“请问之。”曰:“恭、宽、信、敏、惠。恭则不侮，宽则得众，信则人任焉，敏则有功，惠则足以使人。”

张居正讲评译释　子张问孔子如何做到仁，孔子教导他说:“仁的道理虽然很大，但不过就在人的心中罢了。人有五种重要的品德，如果能保持这五种品德，处处实行，那么就能做到公正无私，明辨事理，品德完备，就能成为仁人了。”子张就问是哪五种品德，孔子说:“这五种品德就是庄重、宽厚、诚实、勤敏、慈惠。它们的叫法不同，但都是内心品德的一部分，缺一不可。并且这五种品德也是所有人都具备，都能感受到的。如果能保持庄重，自然能够得到别人的敬仰而不会招致侮辱。宽容别人，就能得到别人的信服和拥护。讲求诚信，就能得到别人的信任。办事勤快，就能提高效率，取得成就。体恤怜悯别人的困苦，给别人实施恩惠，别人就会心存感激，尽心尽力地为自己办事，又怎么会使用不了别人呢？”这五种品德能够取得这样显著的效果，要是能身体力行地做到这五个方面，就能够使自己品德完备，达到天人合一境界，就能够做到仁了呀。所以能不勉励自己向这方面努力吗？

原文　佛肸[6]召，子欲往。子路曰:“昔者由也闻诸夫子曰:‘亲于其身为不善者，君子不入也。’佛肸以中牟[7]畔，子之往也，如之何？”子曰:“然，有是言也，不曰坚乎，磨而不磷[8];不曰白乎，涅[9]而不缁[10]。吾岂匏瓜[11]也哉？焉能系而不食？”

张居正讲评译释　春秋时期晋国国君的权势微弱，朝政被六位大臣把持。赵简子与范中行互相争斗，他的家臣佛肸盘踞中牟反叛。一天，佛肸派人来召见孔子，孔子准备接受他的召见。子路不明白孔子的想法，阻止孔子说:“昔日我听夫子说过:‘一个人做了违背天理的坏事后，君子就不和他结交，唯恐失去自己的美德呀。’现在佛肸占据着中牟叛乱，正是做坏事的人，君子应该远离他们，夫子你却想要接受他的召见，这是辱没自己，同恶人结党呀。为什么自己背弃自己说过的话呢？”孔子告诉他说:“你说君子不结交做坏事的人，这很正确，我是说过这样的话。但是有人会被玷污，有人不会被玷污。就像那些能够磨薄的物品，一定是因为自身不坚固呀。怎么不想想那些最坚固的物品能被磨薄吗？能够被染黑的，一定不是最洁白的东西。怎么不想想那些最洁白的东西能被染黑吗？物品的品质尚且不会被改变，我的志向是多么的纯洁坚固呀，虽然佛肸没有做好事，但我怎么会被他污染呢？况且君子的学问，贵在能被使用，我怎么能像匏瓜一样呢？只是被悬挂着，却不让人食用，这就是被抛弃的东西呀。”之前孔子在面对公山弗扰召见时，认为自己能够使鲁国恢复到周朝的盛世，这里面对佛肸的召见时，认为自己高洁坚定，这是因为圣人品德高尚，学问高深，所以能够感化外物而不受外物影响。如果一个人没有足够的坚定、洁白，就尝试接受磨炼，自己尚且难以避免屈辱，又如何能拯救时世呢？君子为人处世，在行动之前要看清楚自己才行啊！

原文 子曰：“由也，汝闻六言六蔽矣乎？”对曰：“未也。”“居！吾语女。好仁不好学，其蔽也愚；好知不好学，其蔽也荡；好信不好学，其蔽也贼；好直不好学，其蔽也绞；好勇不好学，其蔽也乱；好刚不好学，其蔽也狂。”

张居正讲评译释 子路自认为自己刚直勇敢，就不通过学习知识来提升自己。所以孔子直呼其名地问他说：“人过于侧重某一方面的话，会有一个优点，又会有一个弊端。总之，有六种品德就会有六种弊端，你听说过这话吗？”子路回答说：“没有听过。”孔子说：“你坐下，我一件一件告诉你。天下间的事都有各自的道理，人只有勤奋好学，明辨事理，才能不犯错误。不然的话，即使材质优秀、品行高洁，也会受到蒙蔽，难以提高品德呀。如果十分喜爱仁德，并且这种喜爱符合义理，那么这就是美德呀。如果只是喜爱仁德，却不通过努力学习来使自己明辨事理，就会被这种喜爱所蒙蔽，陷入迷茫困惑，既损害了别人又伤害了自己，这不是很愚钝吗？喜爱聪明才智，并且是依据义理的喜爱，就是一种美德呀。如果只是喜爱聪明才智，却不通过学习使自己明辨事理，就会受到这种聪明的蒙蔽，好高骛远，变得放荡而无所依靠。根据义理讲求诚信，这也是一种美德。如果只知道讲求诚信，却不通过学习来明辨事理，就会被这种诚信所禁锢，变得固执己见，从而被别人利用，伤害自己。符合义理的正直无私也是一种美德，如果只知道正直无私，却不通过学习使自己明辨事理，就会被这种直率所影响，从而变得性情急躁、缺乏包容、尖酸刻薄呀。符合道义的见义勇为也是一种美德，但如果只崇尚勇敢，而不通过学习使自己明辨事理，就会被这种勇敢所连累，变得好勇逞强，横行无忌，就会捣乱闯祸呀。坚持义理的刚正不屈也是一种美德，如果只是追求刚正，却不通过学习使自己明辨事理，就会受到这种刚正的影响，变得自高自大、胆大妄为呀！”仁爱、聪明、诚信、正直、勇敢、刚毅是六种美德；愚笨、不守诚信、伤害别人、尖酸刻薄、捣乱闯祸、胆大妄为是六种恶行。人自己不学习，不明理，就会使美德变成恶行，更何况那些天生品德就不美好的人呢？由此可见天性的作用很小，后天学习的作用很大。

所以古代圣明的帝王从不依仗自己的天性，而是把追求学问、明辨事理当作最急迫的任务，唯恐不能发现到自己不当的行为。

原文 子曰："小子何莫学夫《诗》？《诗》，可以兴，可以观，可以群，可以怨。迩之事父，远之事君；多识于鸟兽草木之名。"

张居正讲评译释 孔子招呼弟子们教导说："学习《诗经》对人有很大的益处。你们为什么不学诗呢？《诗经》里面讲的有善有恶，学了之后，诗里好的地方能给人劝勉，坏的地方能给人惩戒。而自己受到这些惩戒和劝勉的影响，就能扬善去恶，所以说学习了《诗经》之后能够激励自己。《诗经》里有赞美有讽刺，学了之后，可以从被赞美的地方发现别人的优点在哪儿，可以从被讽刺的地方看到别人过失在哪儿，自己在办事的时候，就会在这些地方谨慎小心，所以说通过学习《诗经》可以观察兴衰得失。《诗经》的叙述语言中正平和、庄重恭敬。人们学了之后，与人交往时既能同别人和谐相处，又能不和俗人同流合污，在责备别人时，依然能保持着忠诚宽厚。人们在学习了《诗经》之后，就能够消除怨恨，即使引起了怨恨，也不至于动怒。近到家庭内部侍奉父母的道理，远到在朝廷侍奉君主的道理，《诗经》里都包含的有，人们学了之后，就能成为忠臣孝子，尽到天理人伦。况且《诗经》里有的是借鸟兽来借物比喻，有的是通过草木来表达自己的想法，其中提到的鸟兽草木名称不一，种类繁多。学了之后，就能够认识很多鸟兽草木，能够辨察细微的事物。《诗经》对人有这么大的好处，你们怎么能不学呢？"不只是求学的人需要学习《诗经》，《关雎》《麟趾》是实施风俗教化的开始，《凫鹭》《既醉》表达的是太平盛世神灵的赐福；《天保》以上的内容可以治理国内事务，《采薇》以下的部分，可以处理同别国的关系。治理天下的道理都包含在《诗经》里面了，作为君主，也不能不用心研究啊。

原文 子谓伯鱼曰："女为《周南》《召南》矣乎？人而不为《周南》《召南》，其犹正墙面而立也与？"

张居正讲评译释 周文王和他的后妃都有贤明的品德，能够修身、齐家，治理国内的百姓，又让周公治理陕地以西，让召公治理陕地以东。于是周的风俗教化从北传到了南，远到长江、汉水这些地方，所以当时的诗人就歌颂他们的功绩。《周南》里《关雎》以后，讲的就都是文王后妃们在宫廷的教化传播到南方的情况。《召南》里《鹊巢》之后，讲的是南方的诸侯大夫的夫人受到文王后妃的感化而养成美德的情况。孔子教导儿子孔鲤说："你学过《周南》《召南》吗？《周南》《召南》里讲的都是修身、齐家的事，对日常的人伦关系非常重要。

求学的人应该仔细学习、体会这两篇诗集，并且亲身实践，这样才能有所收益。如果不学习《周南》《召南》，就难以端正性情、明辨伦理。一个人不知道修身齐家，又怎么指望他能治理国家、教化百姓呢？就像正对着墙壁站立一样，受到墙壁的阻碍遮蔽后，咫尺外的物品也都看不见，一步路也难以前行，更何况往远处看，向远处走呢？”这话说得对呀，《周南》《召南》对人很重要，不能不学习呀。但是《大学》里也说了：“从天子到普通百姓，都应该把修身当作做人的根本。”君主是天下人效仿的对象，没有人不修身齐家，就能治国平天下。所以《周南》《召南》岂止是读书人应该学习的呢？

原文　子曰：“礼云礼云，玉帛云乎哉？乐云乐云，钟鼓云乎哉？”

张居正讲评译释　孔子看到世人在实施礼仪时，只追求细枝末节，而不探求礼的根本，所以议论说：“先王制定礼仪来帮助神灵和人的交流，协调上司和下属之间的关系，固然没有不需要玉帛的地方，但是一定要先内心恭敬诚恳，然后再用玉帛表现出来。如果内心不恭敬诚恳，即便使用了大量精美的玉帛，也不过是没有意义的形式罢了。所以，礼怎么能只是说玉帛等礼器呢？先王制作乐曲是用来培养百姓的品德，让百姓们和谐相处，固然没有不用钟鼓的地方，但是一定要在心中感到欢喜快乐之后，再用钟鼓来表达。如果内心没有感到平和欢快，即使钟鼓声铿锵有力，也不过是没有意义的器物罢了。所以，礼怎么能只是钟鼓等乐器呢？”先王通过礼乐教化天下，内心首先达到平和恭敬，然后才通过仪式乐器表达出来。而后世只知道追求仪式，从不探求礼的根本，所以孔子才发出了这样的感慨。

原文　子曰：“色厉而内荏，譬诸小人，其犹穿窬之盗也与？”

张居正讲评译释　孔子说：“只有表里如一的人才能被称作君子。如今有的人，外表严厉，看起来像是意志坚定、奋发有为，而实际上内心怯弱，只有看到了利益才会行动，看到对自己有害就退缩，没有任何刚毅果断的气概。这样的人心中充满了私欲，却在外表上装饰自己，能把他们比作盗窃财物的小人，晚上偷了别人家的财物，却伪装成善良的模样，唯恐别人知道自己的恶行，这不是非常可耻吗？”孔子非常厌恶那些虚伪的人，所以这样批评他们。

原文　子曰：“乡原[12]，德之贼也。”

张居正讲评译释　孔子说：“品德高尚的人是君子，品德低下的人是小人，这不难分辨。只有不分是非、人云亦云的好好先生最难分辨，这种人看似忠信、廉洁，实际上既不忠信又不廉洁，他们在与人相处时善于巧言谄媚，不肯提出不同的看法，只想着取悦别人，所以所有人都称赞他好。这样的人看似有德而实际无德，是败坏道德的小人呀。”行为处事符合事理才能叫作有品德，而这种好好先生不顾是非，只想着迎合取悦别人。别人看到他这样收获民心、名誉，以为这么做是有道德修养，就都仰慕效仿他，而不再追求公正无私了。这不是严重地蛊惑人心、破坏风俗吗？所以说一味取悦别人的好好先生就是败坏道德的小人。

原文　子曰："道听而途说，德之弃也。"

张居正讲评译释　孔子说："真心求学的人，对于天下间的道理，或者是老师朋友传授的，或者是史书典籍里记载的，都牢记在心里，并且亲身践行，来追求切实的德行，这才是有收获。如果不仔细体会听到的道理，只谈论而没有付诸实践，这就是没有实用的学问。就好像在路上听到一句传言，就立刻告诉别人。这样的话，即使听到了正确的道理，也只是随口说说罢了，怎么会对自己有用呢？所以说这是被有品德的人抛弃的行为。"

原文　子曰："鄙夫可与事君也与哉？其未得之也，患得之。既得之，患失之。苟患失之，无所不至矣。"

张居正讲评译释　孔子说："作为臣子，一定要保持内心的真诚，然后才能侍奉君主。有一种卑鄙陋劣的人，品行低下，没有任何忠义之心，还缺乏刚正的气节，像这样的人，怎么能让他来到朝廷做官和他一起共事呢？为什么这么说呢？因为臣子侍奉君主的可贵之处在于一切为君主着想，忘记自己的利益。但是鄙陋的人心里只想着权力富贵，在没有得到权力地位的时候，就千方百计、想方设法地谋取，唯恐得不到。得到了权位之后，就千方百计地保守，战战兢兢的，唯恐丢失。臣子侍奉君主时一旦对权位患失患得，就会奉承谄媚、结党营私。小到一些卑鄙肮脏、丧尽天良的事；大到一些欺凌他人、谋权篡位的事，都是产生于对权位的贪求。这种人去侍奉君主，会产生很大的危害呀！"得到君主的信任原本就符合君臣之义，忠君爱国的臣子都想得到信任，但是忠臣的目的在于获得重用，而小人的目的在于获得权力、俸禄。忠臣获得信任的目的在于办实事，而小人获得信任的目的在于窃取权势。在心术上很小的公私差别，在人品上就有很明显的忠奸差异了。作为圣贤的君主，不能不仔细探查呀！

原文　子曰："古者，民有三疾。今也，或是之亡也。古之狂也肆，今之狂也荡；古之矜也廉，今之矜也忿戾；古之愚也直，今之愚也诈而已矣。"

张居正讲评译释　孔子感叹说："性情平和的人少，性格偏执的人多。一旦为人偏颇，行为就会出现过失。古时候民风淳厚，人们虽然有三种因为偏颇而产生的毛病，但都质朴自然，天性没有受到影响。如今这些淳厚的品质日渐稀薄，不只见不到性格中正平和的人，即使这三种毛病也都不是原来的样子了。古时有的人志向高远、锐意进取，有时候会太过于狂妄。但是他们的狂妄不过是因为志向远大、言辞夸张、不拘小节、肆意直言罢了。而如今狂妄的人，不顾礼仪道义，放荡不羁。古时候有的人性格孤傲，品性高洁，过于矜持。但是他们的矜持不过是过于自负，锋芒太盛，让人难以接近罢了。现在矜持的人刚愎自用，一味地对人动怒，无理取闹。古时候有的人资质愚钝、不明事理，过于愚笨。但是他们的愚笨不过是因为性格直率罢了。如今愚笨的人反而心机深重、心怀私念，只知道欺诈妄为。”狂妄而肆意直言，矜持而难以接近，愚笨而直率，这些性格虽然有些偏激，但没有失去本性的纯真。经过学习磨炼，这些缺点就能得到改善。至于狂妄而放荡不羁，矜持而不可理喻，直率而欺诈妄为，这是长期自然养成的习惯，本身的天性已经丧失了，想要恢复善良，能不困难吗？所以说，古人的三种毛病，现在都已经不是原来的样子了。孔子这么说，是为当时民风的衰退而感慨，希望人们通过学习改善自己的性格呀。

原文 子曰：“恶紫之夺朱也，恶郑声之乱雅乐也，恶利口之覆邦家者。”

张居正讲评译释 孔子说：“天下的道理有正有邪，邪恶经常影响到正义。红色是最纯正的颜色，紫色出现了之后就凭借着色彩的艳丽吸引了别人的注意，于是人们都看重紫色而不看重红色，红色的美好从而就被紫色掠夺了，所以我厌恶紫色取代了红色。典雅的音乐最为纯正，但是郑国的音乐出现了之后，其淫邪的乐舞就会吸引人们的耳目，于是人们就都舍弃了典雅的音乐，美好的典雅的音乐就这样被郑国的音乐扰乱了，所以我厌恶郑国的乐曲扰乱了典雅的乐曲。道理上的是非和人品上的善恶，本来就有确定的结论，然而有一种巧言善辩的人，搬弄是非善恶，使别人产生困惑，如果君主不小心听信了这样的人，一定会做出错误的决定，导致正直的君子离开，而奸佞的小人得到重用，国家很快就会灭亡。所以，那些让人厌恶的奸佞小人会使国家灭亡呀！”孔子这么说，是用紫色和郑国的音乐来比喻巧言善辩的小人啊。从古到今，陷害忠良、颠覆国家的奸佞小人不可胜数，像费无忌、江充这样的人，即使是父子兄弟也受到了他们的陷害，更何况臣子下属呢？所以舜非常厌恶臣子的谗言恶行。《大学》里说：“有仁德的人，会放逐嫉贤妒能的人，把他们驱逐到四夷之地，不与他们同在一个国家。”这是因为奸佞小人对国家有很大的祸害，所以仁德的人才会对他们深恶痛绝。既然这样，君主在接受劝谏的时候，能不小心谨慎、心存敬畏吗？

原文　子曰："予欲无言。"子贡曰："子如不言，则小子何述焉？"子曰："天何言哉？四时行焉，百物生焉，天何言哉？"

张居正讲评译释　昔日在孔子门下求学的人大多从孔子的言语间学习圣人之道，却不知道体察孔子的内心想法和实际行为。所以孔子警告他们说："天下间的道理，有的因为说得多而变得清晰明白，也有的会因为说得多而更加迷惑。我从今以后要沉默不语了呀。"子贡也是通过言语观察孔子的，于是就询问说："天下的道理都依靠老师你讲清楚，然后我们弟子们才能够学习传承。如果你不说，那我们这些学生还学习传述什么呢？"孔子告诉他说："你说道理在我讲了之后你们才能传述，你们怎么不看看老天呢？老天空寂无形，何曾说过什么？春、夏、秋、冬四时正常的更替从来没有停止过，百物正常的生长从来没有受到过影响。天虽然什么也不说，但是它的运行变化遵循一定的规则。天地间创造孕育的道理已经通过这些清晰地显现出来了呀，怎么需要说出来呢？上天要告诉人们的道理不需要说就能展现出来，那么我教导弟子，自然也不需要说出来呀。"圣人的任何行为都包含了精深微妙的义理，这和上天什么都不说就进行了教化是一样的，求学者经过仔细的观察，自然能心领神会，怎么需要经过言语的讲述呢？所以孔子既告诉弟子们自己将不再给他们讲述道理，又用上天不说话的妙处来开导子贡，孔子对弟子们的教导真是恰当准确啊。

原文　孺悲[13]欲见孔子，孔子辞以疾。将命者出户，取瑟而歌，使之闻之。

张居正讲评译释　孺悲是鲁国人，曾经跟着孔子学习士丧礼。有一天孺悲想求见孔子，但是因为他曾经得罪过孔子，孔子不想见他，就以有病为由推脱不见。孔了还担心孺悲不明白自己的意思，就在传话的人刚出门后取来瑟边弹边唱，故意让孺悲知道自己没有生病。孔子不和孺悲见面，原本就不是因为疾病，只是以有病为由推辞。既然以有病为由推辞，又让他知道自己没有生病，这是对他的警示呀。假如孺悲能反省自己改过向善，圣人怎么会一直不理他呢？这就是所说的不屑于教诲一个人，本身也是对他的一种教诲。

原文　宰我问："三年之丧，期已久矣。君子三年不为礼，礼必坏；三年不为乐，乐必崩。旧谷既没，新谷既升，钻燧改火，期已可矣。"子曰："食夫稻，衣夫锦，于女安乎？"曰："安。""女安则为之！夫君子之居丧，食旨不甘，闻乐不乐，居处不安，故不为也。今女安，则为之。"宰我出。子曰："予之不仁也！子生三年，然后免于父母之怀。夫三年之丧，天下之通丧也。予也有三年之爱于其父母乎？”

张居正讲评译释 宰我问孔子说：“古礼规定，父母去世后子女要守丧三年。但是在我看来，礼仪可贵的地方在于能适时变通，守丧一年就已经很久了，为什么要三年呢？君子在三年守丧期间，不去学习礼仪，礼仪就会败坏；三年不去练习音乐，音乐就会荒废。因为这些虚文褥节就妨碍了真实的学问，有什么好处呢？在一年中，陈谷既然已经吃完，新谷又已经登场，这是物候正常的变化；钻木取火，木头和火在一年中也经历了轮回变化，子女的哀痛在一年之后也已经消失了，难道不能停止守丧吗？”宰我的本意并不是要缩短守丧的时间，只是对古礼在现在难以实行有疑问，所以才这么提了出来。孔子诘问他说：“守丧三年，吃蔬菜，穿麻衣，这是礼。你说守丧一年就行了，那么一年之后你就吃起了珍贵的白米饭，穿起了高级的花缎衣，你心安吗？”宰我没有思考就直接回答说：“我心安。”他这是违背天性的回答呀！孔子就责备他说：“人们不做某些事，只是因为做了之后内心不安呀。你既然能安心地吃白米饭，穿花缎衣，那么你就可以只守丧一年呀！”孔子这么说，是对宰我感到非常的失望呀。等到宰我出门之后，孔子又担心他真的这么做，就严厉地斥责说：“没有不爱父母的人，宰我为什么不爱自己的父母呢？真是不仁呀。父母去世之后一定要守丧三年，因为子女出生三年之后才能离开父母的怀抱，所以守丧的期限是三年，来稍微报答一下父母的恩情。从天子到普通人，没有一个人的生命不是来自父母，没有一个人不这么为父母守丧，所以守丧三年，是天下人共同的做法。宰我也是儿子，他对父母就没有三年之爱吗？现在他说守丧的时间可以缩短，他对父母的情义是多么的稀薄呀！”孔子这么说，是想要宰我听到之后能明白自己的意思。子女对父母都是终身仰慕，守丧三年怎么能完全表达自己的心意呢？先王根据天理人情制定了这样的礼仪，使贤德的人能轻易做到，平庸的人经过努力也能够做到。宰我不理解先王制定礼仪的本意，只是把恣意任性当作礼仪，所以孔子才这么责备他，孔子这也是为了教育后世呀！

原文 子曰：“饱食终日，无所用心，难矣哉！不如博[14]奕[15]者乎？为之，犹贤乎已。”

张居正讲评译释 孔子说：“人们在日常生活中都有要做的事，这些事要用心才能做好。如果一个人整天游手好闲，吃饱后什么事都不做，不用心去探求义理，提高职业修养。这样的人昏庸懒惰，虚度光阴，最后什么事也做不好，想成为德才兼备的君子，很难呀！不是还有玩耍和下棋的游戏吗？玩耍嬉戏的人虽然没有做正事，但是他们没有闲下来，比着那些悠悠荡荡，什么事也不想的人，不是要好很多吗？”孔子这么说，不是鼓励人们嬉戏玩耍，只是说人们不能什么事也不想，什么事也不做。人们只有多想多做才能保持聪明智慧，所以尧舜兢兢业业，禹孜孜不倦，文王在太阳下山后还没有时间吃饭。古时候的圣人并不是喜欢劳累忙碌，实在是因为人心易于放纵，而难于收摄，稍微有一点不谨慎，就会荒废职责，这关系到社会的稳定和动乱，不是小事呀。圣明的君主应该深刻地反省自己啊！

原文 子路曰："君子尚勇乎？"子曰："君子义以为上。君子有勇而无义为乱，小人有勇而无义为盗。"

张居正讲评译释 子路崇尚勇猛，所以问孔子："君子崇尚勇敢吗？"孔子回答说："君子把道义当作最高的品德。因为义能权衡事物的利弊，保持一个人的操守，所以君子崇尚它。根据道义应该做的事一定要做，根据道义不能做的事坚决不做。即使遇到高官厚禄，也不会受到诱惑；即使遇到残酷的刑罚，也不会躲避，这才是君子崇尚的天下间最大的勇敢。至于感情冲动产生的勇气，怎么会是君子崇尚的勇敢呢？因为感情冲动而产生的勇气，不是真正的勇敢，假如位高权重的君子只知道勇猛，而没有根据道义来规范自己的行为，就会凭借着自己的强横，违背事理道义，或者无缘无故挑起事端，或者狂妄任性、横行无忌，这样一定会引起祸乱啊！假如地位低下的小人只知道勇敢，而不通过道义来规范自己，就一定会凭借自己的凶狠，惹是生非，小到偷盗诈骗，大到杀戮掠夺，一定会变成无恶不作的盗贼。虽然人的尊卑贵贱不同，但是都不能有不符合道义的勇猛，既然这样，勇猛又有什么好崇尚的呢？”因为子路崇尚勇猛而且不知道用义约束自己，所以孔了这样挽救他的过失。

原文 子贡曰："君子亦有恶乎？"子曰："有恶。恶称人之恶者，恶居下流而讪上者，恶勇而无礼者，恶果敢而窒者。"曰："赐也亦有恶乎？""恶徼以为知者，恶不孙以为勇者，恶讦[16]以为直者。"

张居正讲评译释 子贡问孔子："君子关爱所有人，他们也会有憎恶的人吗？"孔子教导他说："喜好和憎恶，是人们共同的感情，君子怎么会没有憎恨的事呢？君子憎恶四种人：一种是那种刻薄的人，这种人喜欢宣扬别人的过错，没有任何宽容的品德。一种是那种蛮横无理的人，这种人喜欢诽谤上司、污蔑尊长，没有任何忠诚恭敬的品质。一种是那些强横的人，这种人刚愎自用、任意妄为，只知道依仗自己的勇猛而不知道谦虚礼让，甚至会做出犯上作乱的事。

还有一种是那些固执的人，这种人办事果断，但率意任性，做事经常不符合事理。这些是人们共同厌恶的人，所以君子也憎恶他们。”孔子接着问子贡：“你有憎恶的人吗？”子贡回答说：“我厌恶三种人：一种是那种苛刻的人，这种人本没有什么知识，窃取了别人的成绩，反而认为自己很聪明。一种是那种刚愎自用的人，这种人本来就没有勇气，反而心高气傲，欺压别人，以为自己很勇猛。一种是那些偏私的人，这样的人原本就不正直，喜欢揭发别人的隐私，却认为自己为人正直。这就是我厌恶的人。”由此看来，圣贤们厌恶的人虽然有所不同，但他们希望天下人忠厚谦逊的想法是一致的。天下间的祸患经常产生于轻薄放荡者的恣意议论、猖獗狂妄，国家的纲常法纪、社会民俗也因此而遭到破坏。圣明的君主明白这个道理，所以推崇忠诚宽厚来抑制排斥诋毁，收揽朝政大权来消除大臣的狂悖懒惰，让邪恶奸佞之人无处容身，使凶狠的小人也得到惩罚。想要提高自身品德的人应该注意这些呀！

原文 子曰：“唯女子与小人为难养也，近之则不孙，远之则怨。”

张居正讲评译释 孔子说：“天下只有妇女和小人最难相处。为什么这么说呢？通常情况下，对于这两种人，要么是给他们的恩惠过多，过于亲近他们，要么是对他们过于严厉，疏远他们。如果亲近他们，他们就凭借着宠爱，不知道谦逊恭敬，所以不能亲近他们；如果疏远他们，他们就会感到失望，心生怨恨，所以不能疏远他们，这就是和他们难以相处的原因。如果能庄重慈爱地对待他们，和他们相处，就能消除他们的恃宠而骄，又能消除他们的失望怨恨，又怎么用担心他们怨恨和无礼呢？”

原文 子曰：“年四十而见恶焉，其终也已。”

张居正讲评译释 孔子说：“四十岁，是一个人品德完备的时候。四十之前，年富力强，正好能勉励自己，四十岁之后，神志就会衰退，很难取得进步了。如果在四十岁的时候还被人们所憎恶，就来不及完善自己，改正自己的错误了，他的一生也就这样了，能不可惜吗？”孔子这是在勉励人们及时提高自己的修养。人们如果能这样警示自己，就不会想着在当前放松自己，而把修养自身放在以后了。

注释：

[1]阳货，阳虎，姬姓，阳氏，名虎，一名货。春秋后期鲁国人，季孙氏家臣。他

以季孙家臣之身，毫无雄厚家底与政治背景，却能够跻身鲁国卿大夫行列，从而指挥三桓，执政鲁国，开鲁国“陪臣执国政”的先河。他是不折不扣的治国之奇才、丧国之诡才，春秋历史上的大反派。

[2]豚，小猪。

[3]亟，屡次，多次。

[4]武城，鲁国的一个小城，当时子游是武城宰。

[5]公山弗扰，公山不狃，是春秋时期鲁国人。他复姓公山，名不狃（也作弗扰、不扰），字子泄。公山不狃和阳虎同时，都是鲁国当政者季桓子的家臣。季桓子非常器重公山不狃，派他担任季氏的私邑——费邑（费县）的邑宰。

[6]佛肸，人名。春秋末年晋大夫范氏、中行氏的家臣，为中牟的县宰。

[7]中牟，地名，在晋国，约在今河北邢台与邯郸之间。

[8]磷，音 lín，薄；损伤。

[9]涅，音 niè，矿物名，古人用来作为黑色染料。

[10]淄，音 zī，通“缁”，黑色。

[11]匏瓜，葫芦的变种，俗称“瓢葫芦”。古时有甜、苦两种，苦的不能吃，但晾干后，可以用作浮水工具，或剖开制成瓢。

[12]乡原，亦作乡愿。不分是非、人云亦云的好好先生。

[13]孺悲，鲁国人，鲁哀公曾派他向孔子学礼。

[14]博，玩耍，嬉戏。

[15]奕，围棋。

[16]讦，攻击或揭发别人的短处。

微子第十八

原文 微子[1]去之，箕子[2]为之奴，比干[3]谏而死。孔子曰："殷有三仁焉。"

张居正讲评译释 纣王昏庸无道，国家马上就要灭亡了。微子进谏，纣王没有听从，微子担心国家灭亡后殷商的宗祀断绝，就离开了。箕子劝谏纣王，披发装疯，被纣王降为奴隶，受到侮辱。比干直言劝谏，惹怒了纣王，被纣王杀害，剖心而死。这三个人都是纣王的亲人、大臣，或者离开，或者留下，或者被杀害，结果各不相同。孔子根据他们的事迹果断地说："殷朝有三位仁人呀！"评论别人不能拘泥于他们的行为，而应当探查他们的想法、目的。虽然这三个人的行为不同，但是他们忧君爱国的忠心是一致的。离开的人是为了保全宗祀，不是抛弃君主；成为奴隶的人是为了待机而动，不是畏惧灾祸；死的人是为了让君主醒悟，不是为了骗取名誉。所以说，殷朝有三位仁人。自从孔子做出了定论后，这三个人的做法才被天下人理解。通常臣子们都希望世事太平、君主圣明，都想得到君主的信任，获得荣耀。微子、箕子、比干不得已而逃走、受到囚禁、被杀害，这是非常不幸的事。假如纣王有接纳谏言的美德，微子、箕子、比干三人的劝谏能取得效果，君臣一起救亡图存，商朝就不会那么快灭亡。纣王却拒绝接受劝谏，掩饰自己的过错，滥用威严去残害忠良。失去了这三位仁人的殷商很快就灭亡了，这难道不值得后世鉴戒吗？

原文 柳下惠[4]为士师[5]，三黜。人曰："子未可以去乎？"曰："直道而事人，焉往而不三黜？枉道而事人，何必去父母之邦？"

张居正讲评译释 柳下惠在鲁国当典狱官的时候，多次被降职或罢免。有人讥讽他说："像你这样别多次罢免，难道不能离开鲁国去其他国家吗？"这个人的意思是主张不被采纳就应该离开。柳下惠回答说："我之所以多次遭到罢免，是因为我按正道侍奉君主，不肯迎合他人。如今谁不喜欢奸佞厌恶正直？如果我按正道侍奉君主，到哪里都会被厌恶的，到哪儿不会屡遭罢斥呢？如果我迎合取悦别人，到哪里都会被人们喜欢的，在我们鲁国也能保持官位的稳固，何必离开呢？”柳下惠这么回答别人，是因为他坚持直道而行，不把多次遭到罢黜当作耻辱。总之，世道混乱，正直的人才会被厌恶，只有清明盛世，君子才能施展自己的抱负。所以君主一定要嘉奖保护那些正直公正的君子，远离防范那些阴险谄媚的小人，这样才能广开正道，杜绝奸邪。

原文 齐景公待孔子曰：“若季氏，则吾不能；以季、孟之间待之。”曰：“吾老矣，不能用也。”孔子行。

张居正讲评译释 孔子去了齐国。齐景公知道孔子的贤德，和大臣们商量接待孔子的礼节，说道：“鲁国有三位大臣，季氏地位最尊贵，鲁君对他的礼仪很隆重。如果用鲁君对待季氏的礼仪对待孔子，似乎太过隆重了，我做不到。如果用鲁君对待孟氏的礼仪对待孔子，又太简单了，不能这样做。从中斟酌一下，用介于季氏和孟氏之间的待遇来对待他，固然没有对待季氏那样隆重，也不像对待孟氏那样简单，这样差不多行了吧？可惜我已经老了，不能重用他了呀！”孔子去齐国，为的是施展抱负，齐景公不能采用孔子的主张，只是拘泥于虚文缛节，只知道用礼仪笼络别人。不符合自己的主张就离开，孔子看重的是道义啊！

原文 齐人归女乐，季桓子受之，三日不朝，孔子行。

张居正讲评译释 鲁定公时，孔子是鲁国的司寇，三个月时间鲁国就得到很好的治理。齐国害怕鲁国因此而强大，就选了八十个衣着华丽、能歌善舞的女子送给鲁君，想要迷惑鲁君，破坏鲁国的朝政。鲁君果然中了齐国的奸计，高兴地接受了，经常和季桓子一起观看游玩。于是沉迷于声色，怠慢朝政，连着三天不上朝。由此可以看出鲁定公怠慢贤才，荒废礼仪，难以有所作为，所以孔子离开了。看到鲁定公的礼貌衰减就离开，孔子这是以小观大，十分明智的行为啊。和上一章一起来看，齐景公喜好贤才，却懒惰松懈，只是喜好却不能重用；鲁定公能任用贤者，却因为淫欲而怠慢朝政，难以坚持重用，难怪这两个国家不能兴盛啊！

原文 楚狂接舆[6]歌而过孔子曰：“凤兮凤兮！何德之衰？往者不可谏，来者犹可追。已而已而！今之从政者殆而！”孔子下，欲与之言。趋而辟之，不得与之言。

张居正讲评译释 孔子游历到楚国，楚国的狂人唱着歌从孔子的车旁走过，他唱道：“凤凰呀，凤凰呀，为什么你的德运这么衰弱呢？都说是凤凰是灵鸟，能审时度势，社会兴盛就出现，社会衰败就归隐，所以成了很稀有的祥瑞。现在是什么时候，凤凰现世，德运是多么衰弱而不知道自重啊！过去已经发生的事已经难以挽回，没有发生的事还能够挽救，趁现在赶紧离开隐去吧。我看现在出仕做官的人，不但不能建功立业，反而会招致祸端、难以自保啊，现在不离开，怎么能算是明智呢？”接舆把孔子比作凤凰，讥讽孔子不能保全自己远离祸患，但是接舆只把避世归隐当作高明，没有挽救时世的责任感，这个人十分偏私啊。孔子在车里听到接舆唱歌，知道他是个贤德的人，所以下车想和他谈谈，想和他讲明君臣之间的大义和自己没有选择归隐的原因。但是接舆自以为是，不肯和孔子交谈，跑着离开了，孔子没能和他进行交谈。孔子有解救危难的抱负，敬畏天命，怜悯世人，所以才周游列国，虽然一直没有受到重视，但没有一天忘记挽救时世的责任。像接舆这种人，不管世事的艰难，选择远去归隐，一去不回，根本不值得和他谈论这些啊！

原文 长沮、桀溺[7]耦[8]而耕。孔子过之，使子路问津[9]焉。长沮曰：“夫执舆者为谁？”子路曰：“为孔丘。”曰：“是鲁孔丘与？”曰：“是也。”曰：“是知津矣。”

张居正讲评译释 孔子离开楚国前往蔡国，子路为孔子驾车。路上遇到两位隐士，一个叫作长沮，一个叫作桀溺，这两人在一起耕田。孔子从他们旁边经过，想要过河却不知道渡口在哪儿，就让子路下车向长沮询问。长沮问子路：“坐在车上拿着缰绳的人是谁？”子路回答：“是孔丘。”长沮知道孔子，就问：“是鲁国的孔丘吗？”子路回答说：“是的。”长沮就拒绝指路，说道：“问的人肯定不知道，知道的人肯定不会询问。既然是鲁国的孔丘，他周游天下，什么地方都去过，肯定知道渡口在哪儿呀，又何必来问我呢？”长沮这是在讥讽孔子不停地在列国周游。

原文 问于桀溺。桀溺曰：“子为谁？”曰：“为仲由。”曰：“是鲁孔丘之徒与？”对曰：“然。”曰：“滔滔者天下皆是也，而谁以易之？且而与其从辟人之士也，岂若从辟世之士哉？”耰[10]而不辍。

张居正讲评译释 子路向长沮问路，长沮不肯说，就又去问桀溺，桀溺问他说：“你是谁？”子路说：“我是仲由。”桀溺知道孔子有一个弟子叫作仲由，就问道：“是鲁国孔丘的弟子仲由吗？”子路回答说：“是的。”桀溺就斥责说：“人贵在识时务，我看现在的世道日渐衰败，就像滔滔流水一样难以回到从前了。整个世道十分混乱啊，想要使混乱的世道变得太平安定，你们同谁一起去改变呢？你们老师孔子今日到齐国，明天到楚国，在这里不被重用，就想去别的地方获得重用，也是逃避他人。你与其跟着孔丘逃避他人，来回奔波而难以取得成效，为什么不跟着我们这些逃避社会的人，远离世俗，过悠然自得的生活呢？”桀溺说完，就自己不停地在田里耕作，不告诉子路渡口在哪儿。桀溺也拒绝给孔子指路啊！

原文 子路行以告。夫子怃然[11]曰：“鸟兽不可与同群，吾非斯人之徒与而谁与？天下有道，丘不与易也。”

张居正讲评译释 子路向长沮、桀溺询问渡口的位置却没有得到回答，反而被他们讥讽，就把他们两人的话告诉了孔子。因为长沮、桀溺不明白自己的抱负，孔子失望地说：“他们说逃避人不如逃避社会，那么逃避社会就一定要远离人间才行啊。他们不知道人和鸟兽不是同类，不能合群共处。世人和我一起出生，一起长大，我不和世人相处同谁相处呢？既然要和世人相处，就不能把逃避社会当作高洁啊。他们说天下混乱，没人一起来挽救时世。却不知道我之所以一直周游列国，正是因为天下混乱，我想要改变这个混乱的局面啊。假如天下太平，时世安定，百姓安康，就不需要我来改变了，我怎么会没事找事来回奔波呢？他们两人不理解我的良苦用心啊！”圣贤为的是时世太平，所以古时候的圣人把百姓的疾苦当作自己的疾苦，认为有一个人没有过上安定的生活，就是自己的责任。他们忧时悯世，不但严格要求自己，也把这些当作自己难以推辞的责任，如果像长沮、桀溺说的那样，对时世的安危视而不见，那么要把百姓托付给谁呢？有责任挽救世道的人，更加应该注意这些啊！

原文 子路从而后，遇丈人，以杖荷蓧[12]。子路问曰：“子见夫子乎？”丈人曰：“四体不勤，五谷不分，孰为夫子？”植其杖而芸[13]。子路拱而立。止子路宿，杀鸡为黍而食之，见其二子焉。

张居正讲评译释 子路跟随孔子周游列国，落在后面走丢了，在田间碰到了一个用拄杖挑着竹器老人。子路问道：“你看到我的老师了吗？”老人不回答，斥责子路说：“你不勤劳地耕作，不知道自食其力；不认识五谷，不知道什么是稻子，什么是黍稷，什么是麦菽。你舍弃农业耕作跟着你的老师远游，现在来问我你老师去哪儿了，我怎么知道谁是你的老师？”说完就扶着拐杖在田里除草，也不回答子路的问题。子路听了老人的话后，知道这是一位贤人，就拱着手恭敬地站在一边。老人见子路这样礼待自己，非常感动，就留子路在家中住宿，杀鸡做饭款待他，又叫两个儿子出来与子路见面，表达长幼尊卑的礼仪。春秋时期，天下混乱，贤人归隐，只有孔子和弟子在列国周游，想要施展抱负，挽救时世，但他们的行动却不被人们理解。由此也能看出春秋时期社会的动乱啊！

原文 明日，子路行以告。子曰："隐者也。"使子路反见之。至，则行矣。子路曰："不仕无义，长幼之节，不可废也；君臣之义，如之何其废之？欲洁其身，而乱大伦。君子之仕也，行其义也。道之不行，已知之矣。"

张居正讲评译释 子路在遇到老人后的第二天，赶上了孔子，把老人责备自己的话和对自己的款待，都告诉了孔子。孔子说："看这个人说话做事，像是一个归隐起来的贤人。可惜他不明白要根据大义来决定出仕还是归隐。"孔子让子路回去再看看他，想要用君臣之义开导他。子路到了那里之后，老人已经走了，就没能见到他。子路根据孔子的意思自己说道："人活在天地之间，就难以躲避君臣之义。臣子侍奉君主，这是理所应当的事。如果不做官，就不符合君臣之义。君臣、长幼同属于五种人伦关系，其中最重要的是君臣关系。老人昨天让两个儿子和我相见，符合长幼有序的礼仪，他既然知道礼仪不能被荒废，为什么要单独抛弃君臣之间的大义呢？现在这个老人把归隐当作高明的行为，不过是想要保持自身的高洁罢了。他不知道这么做虽然能保全了自己高洁的品质，却荒废了君臣之义，破坏的是伦常大道呀，怎么能这样舍大取小呢？君子出仕做官，侍奉君主，怎么是为了荣华富贵呢？为的是君臣之义啊！如今时世衰败，难以遇到贤明的君主，不能施展自己的抱负，我也知道这些呀。只是担心违背了君臣大义，破坏了伦常大道，所以不忍心漠然归隐。这个老人的看法太片面了。接舆、长沮、桀溺这些人，只知道明哲保身，而不知道遵守道义，所以总是固执己见，不认可圣人的做法。却不知道自己过于偏颇，已经危害到道义和妨碍到教化了呀！"因此，孔子每次遇到这样的人都深切地开导他们，想让他们能明白事理。所以说只有孔子在努力地扶正教化、端正人心呀！

原文 逸民：伯夷、叔齐、虞仲、夷逸、朱张、柳下惠、少连。子曰："不降其志，不辱其身，伯夷、叔齐与？"谓柳下惠、少连，"降志辱身矣，言中伦，行中虑，其斯而已矣。"谓虞仲、夷逸，"隐居放言，身中清，废中权。""我则异于是，无可无不可。"

张居正讲评译释 有人记录说：古时候隐逸高尚的人有七位，分别是伯夷、叔齐、虞仲、夷逸、朱张、柳下惠、少连。这七个人的志向品节一样，而行为不同。孔子分别点评他们说："志向高远，不动摇自己的心志；持身高洁，不辱没自己的身份，大概就是伯夷、叔齐吧！他们两个人，不是自己的君主就不侍奉，不是自己的百姓就不使用，不和恶人同朝做官，不和恶人说话交谈，他们两个高风亮节、正气凛然。柳下惠、少连两人则是和别人保持一致，不触犯别人。即使委屈辱没自己，也不在乎，他们两人说话一定是符合伦理，做事一定会顺应人心，在为人处世时毫不清高孤傲。虞仲、夷逸则不考虑行为是否合适，直接选择了归隐；说话也不再依据伦理，而是放言议论。但是他们虽然隐居独处，也依然保持自身高洁的品行，不辱没自己，使自己的行为符合正道；虽然放纵自己的言论，但也知道收敛自己，让自己的言语符合常理。这和那些故意标新立异，违反伦理教化的人不一样啊。这七个人虽然品行高洁、志向高远，但未免过于偏执啊。伯夷、叔齐、虞仲、夷逸认为应该远离世俗，不能和俗人相处；柳下惠、少连则认为应该同人们和谐相处，不能归隐离开。他们都认为自己正确，别人错误，看法都非常偏颇！我则和他们不一样，能出仕做官就做官，不能做官就离开，用我的时候我就施展自己的抱负，不用我的时候我就隐藏自己。根据时机的不同，我会采取不同的措施，没有什么事一定要做，也没有什么事一定不能做，这就是我和这些隐士不同的地方。”总之，这七位隐士心里有所依仗，所以才只能在某一方面取得成就，而圣人心里不必有任何依仗，所以能根据时机的不同选择合适的措施。通过观察圣人，就能明白如何做一个贤人，人们在为人处世时应该知道向谁去学习呀！

原文　大师挚[14]适齐，亚饭干[15]适楚，三饭缭适蔡，四饭缺适秦，鼓方叔[16]入于河，播鼗武[17]入于汉，少师[18]阳、击磬襄[19]入于海。

张居正讲评译释　孟氏、叔孙氏和季氏三家把持了鲁国的朝政之后，私人的舞乐变得非常兴盛，而王室的舞乐反而衰败，礼乐制度被荒废了。国家在宗庙祭祀的时候甚至不能提供八佾舞，于是乐官们都失去了官职，纷纷离开了。乐官之长太师挚到齐国去了，亚饭干到楚国去了，三饭缭到蔡国去了，四饭缺到秦国去了，打鼓的方叔到了黄河边，摇小鼓的武到了汉水边，少师阳和击磬的襄到了一个海岛上。礼乐制度是一个国家的根本，鲁国政治混乱，君主无能，臣子谋逆，礼乐荒废，导致这些乐官们失去了官位，四处分散离开了，还能算是一个国家吗？记录这些，是为鲁国的衰败感到哀伤呀！

原文　周公谓鲁公曰：“君子不施其亲，不使大臣怨乎不以。故旧无大故，则不弃也。无求备于一人。”

张居正讲评译释　伯禽代周公受封鲁国时，周公告诫他说：“忠厚是立国的根本。忠厚在于亲近自己的亲族，具体来说就是任用贤人、关心旧友、容忍别人这些。族人和自己是从同一个家庭里分散出去的，如果恩义不纯，就会疏远自己的亲人。亲近他们就一定要使他们尊贵，关爱他们就一定要使他们富裕，你不能疏远自己的亲属啊！大臣关系到国家的安危，如果臣子心里有怨言，就说明君主对他们的礼遇不够，一定要推心置腹地厚待他们，让他们能够施展自己的才能，心中没有怨言才行啊！旧友老臣的先世对百姓都有很大的功德，如果抛弃了他们的子孙，就是不念旧情啊！一定要让他们当中有贤德的人出来做官，让那些没有贤德的人也能得到养护，只要没有严重的过失，就不要抛弃他们。人的才能有高有低，重要的在于能根据才能去使用他们，如果对别人求全责备，就难以获得人才呀。一定要因材施用，不勉强让别人做能力之外的事，不对别人求全责备才行啊！这四个方面都是君子应该做到的忠诚宽厚的行为啊。如今你接受分封，怎么能不努力地去稳固国家的根本呢？”周朝用忠厚来建立国家，所以周公也这么教导儿子。周朝延续了八百年，鲁国也得到长时间的传承，这难道不是因为他们的恩德普遍惠及百姓吗？这是治理国家的人应该学习的地方啊！

原文　周有八士：伯达、伯适、仲突、仲忽、叔夜、叔夏、季随、季騧。

张居正讲评译释　有人记录说：贤才关系到国家的气运。周朝兴盛时，在文治和武功上都有很高的成就，蓄积了很深厚的天地灵气，于是山川秀美，贤才辈出，最为奇特的是有一位母亲生了八个儿子，并且每胎都生两个。第一胎的两个儿子叫作伯达、伯适；第二胎的两个儿子叫作仲突、仲忽；第三胎的两个儿子叫作叔夜、叔夏；第四胎的两个儿子叫作季随、季蜗。这八个人出生自同一个母亲，在同一个家庭，又都有过人的才能和出众的品德。兄弟众多并且都很贤德，这真的是盛世的征兆，国家的光荣。能出现这样的事跟国家的气运有很大的关系，并不是偶然现象的呀！尧舜时期有八元八恺共十六位贤能人士；周朝有八位德才兼备的贤人，这是因为上天要把太平盛世赐给当时的帝王，所以一定会出现很多贤才，这是自然的气运啊。如果上天降生了许多贤才，这些贤才却没有得到重用，这就是君主的责任。所以，尧舜任用了八元八恺这十六位贤人，天下得到了治理。《诗经》里说：“朝中充满优秀卓越的人才，这是文王能治理百姓，使天下安宁的原因。”意思就是文王能重用贤才啊！

注释：

[1]微子，名启，是殷纣王的同母兄弟，见纣王无道，劝他不听，遂离开纣王。

[2]箕子，殷纣王的叔父。他去劝纣王，见纣王不听，便披发装疯，被降为奴隶。

[3]比干，殷纣王的叔父，屡次强谏，激怒纣王而被杀。

[4]柳下惠，原名展获，字子禽（一字季），谥号惠，后人尊称其为“柳下惠”或“和圣柳下惠”。周朝诸侯国鲁国柳下邑（今山东平阴孝直镇展洼村）人，曾担任鲁国大夫，后隐遁，鲁孝公之子公子展的后裔。

[5]士师，亦作“士史”。古代执掌禁令刑狱的官名。

[6]接舆，春秋时代楚国著名隐士。

[7]长沮、桀溺，指两个在水洼里劳动的高大魁梧的人。长、桀，都形容高大；桀通“杰”。沮，低湿的洼地。溺，指浸在水洼中。

[8]耦，两人并肩耕作。

[9]津，渡口。

[10]耰，农具名。形如大木榔头，用来捣碎土块，平整土地。

[11]怃然，怅然失意。

[12]筱，竹器。

[13]芸，古同“耘”，除草。

[14]大师挚，大同“太”。太师是鲁国乐官之长，挚是人名。

[15]亚饭干，古代天子和诸侯吃饭要奏乐。亚饭是第二次吃饭时奏乐的乐师。“三饭”、“四饭”依此类推：“干”、“缭”、“缺”是乐师的名字。

[16]鼓方叔，击鼓的乐师，名方叔。

[17]播鼗（táo），播是摇的意思。鼗，即拨浪鼓，长柄，两旁系有小槌。

[18]少师，乐官名，副乐师。

[19]击磬襄，击磬的乐师，名襄。

子张第十九

原文 子张曰："士见危致命，见得思义，祭思敬，丧思哀，其可已矣。"

张居正讲评译释 子张说："判断一个人要看他的品节。如果品节上有问题，那么其余的就没必要看了。假如现在的读书人在国家有危险时能够献出自己的生命，不躲避危难；看见有利可得时能够考虑是否符合义的要求，不贪图不应当得到的财利；祭祀时能够想到是否严肃恭敬；居丧时能够考虑到自己是否哀伤悲痛，如果能做到这些，就能够看出他们行为光明磊落，内心仁孝恭敬，在品节上没有问题，就能算是读书人呀！"这些既是自身修行的规范，也是评价别人的方法。君主如果能够得到这样的读书人，并且重用他们，就会有很大的收益啊！有了这些品节之后，再要求他们提高才艺、智慧就行了。

原文 子张曰："执德不弘，信道不笃，焉能为有？焉能为亡？"

张居正讲评译释 子张说："内心明理就是有品德。人贵在能保持品德，保持品德又贵在能将其发扬光大。如果一个人器量狭小、见识短浅，稍微有所收获就自我满足，不再继续提高自己，这就是不能使品德发扬光大。确切的道理就是道，道贵在被人信服，而信仰道贵在忠实坚定。如果意志不坚定，遇到诱惑之后就茫然无措，不能坚持自己的看法，这就是信仰不坚定。实行德而不能发扬光大，时间长了之后就会失去原本的美德；信仰道而不忠实坚定，时间长了就会失去原本的信仰。"这样的人即使终生学习也难以取得成就，世上有他们不多，没他们不少，是可有可无的俗人罢了，没有任何值得珍惜的地方。所以说不值得注意这种人的有无多少。

原文 子夏之门人问交于子张。子张曰："子夏云何？"对曰："子夏曰：'可者与之，其不可者拒之。'"子张曰："异乎吾所闻：君子尊贤而容众，嘉善而矜不能。我之大贤与，于人何所不容？我之不贤与，人将拒我，如之何其拒人也？"

张居正讲评译释 子夏和子张都是孔子门下学问高深的弟子，但是两个人的气概性格不同。子夏为人谨慎、信仰笃厚，子张才学高深、志向远大，所以他们对同一件事的看法不同。有一天子夏的学生向子张请教怎样结交朋友。子张问：“你们老师子夏是怎么说的？”那个学生回答说：“我们老师说：如果是正直信实、学识广博的人，对自己有帮助，就能和他结交。如果是奸佞邪恶的小人，对自己没有帮助，就不能同他结交。”这是子夏对交友的看法。子张说：“子夏和我的看法不一样。我听说君子为人公正、态度随和，不会抵触别人。他们既尊重贤人，又能接纳普通人；能够赞美善人，又能同情能力不够的人。遇到可以结交的人固然要同其结交，遇到那些不能结交的人也不会拒绝他们，君子应该这样交朋友啊。况且反过来看，自己就是贤人吗？有什么不能容纳别人的呢？不应该去拒绝别人啊。如果自己不贤，那么别人就会拒绝自己，自己又怎么能拒绝别人呢？”在别人看来，子夏的心胸过于狭隘呀！总之，子夏所说的交友方法过于严厉，缺乏宽容之心，子张待人宽宏大量，却不符合交友之道。只有把善良当作标准去判断别人是否贤德，用包容博厚的气魄去对待他人，就自然不会有心胸狭窄或交友泛滥的弊端呀！不只是结交朋友，任用别人的时候也应该知道这些啊。

原文 子夏曰：“虽小道，必有可观者焉，致远恐泥[1]，是以君子不为也。”

张居正讲评译释 子夏说：“理无处不在，所以日常的小事和百工的小技艺里都包含有义理，根据这些义理来解决生活中的小事，也有一定可取的地方。但是它们包含的道理很短浅，能取得的作用很小，在小事上或许有作用，如果把它们用在来治理国家的大事上，就一定行不通。所以立志修身齐家治国平天下的君子是不屑于采用这些小技巧的，求学者应该明白要向什么方向努力呀！”这些小事中虽然也包含有道，但是在求学时应该知道如何努力，孔子不把多才多艺当作圣明，尧舜不为田地上的小事忧虑。他们在大事上用心，自然没有时间顾及这些小事呀。想要学习帝王治理天下的人，应该仔细考虑这些。

原文 子夏曰：“日知其所亡，月无忘其所能，可谓好学也已矣。”

张居正讲评译释 子夏说：“人们在没有学到知识的时候过于拖拉，不知道应该如何学习；学到知识后又经常将其遗忘，不知道如何牢记。虽说一直在学习，不过是边学边忘，荒废时日罢了。怎么才能算是好学呢？必须每天学到一些过去不知道的知识，让学到的知识与日俱增。这样还要担心时间长了知识被遗忘，一定要每月温习已经学到的知识，时刻牢记，不遗忘它们，像这样努力学习，才能算是真正的好学。”能学到新知识，知道新知识的益处，不遗忘已经掌握的知识，又时常温习，日积月累，从不间断。如果不是真的明白知识的美好，并且志向远大的人，谁能做到这些？所以说，这样可以称得上是好学了。如果能做到这些，知识就会日渐丰富，行为就会日渐端正，想要成为圣人贤人也就不难了呀！所以说求学者能不这样勉励自己吗？

原文 子夏曰："博学而笃志，切问而近思，仁在其中矣。"

张居正讲评译释 子夏说："求学要先求仁，但是仁不是向外求得的。要通过广泛地学习，增长自己的见识，使自己明白事理；要树立坚定的志向，并为之不懈努力；要多问多思考，不说废话；要专注地思考切身相关的事，不胡思乱想。这四点都是和学问思辨有关的事，如果做到了，即使没有刻意去追求，就已经具备仁德了呀。一个人在追求学问时能做到广泛学习、踏实努力，那么就能收敛自己，遵循天理，驱除杂念，怎么会产生私欲呢？不用追求就已经具备仁德了呀。"由此可见，追求仁德的方法不过就是用心求取，用心追求不过就是努力学习，努力学习之后，就知道用心求取，用心求取了之后，自然就具备仁德了呀。立志追求仁德的人能不这么勉励自己吗？

原文 子夏曰："百工居肆[2]以成其事，君子学以致其道。"

张居正讲评译释 子夏说："人们办事时一定有自己固定的处所，这样才能专注于自己的工作；一定要形成自己固定的工作方法，这样才能取得好的效果。各行各业的工匠要完成自己的工作，就一定要住在作坊里，没有别的事务影响他们，这样他们才能尽心尽力地专注于自己的工作，提高自己的技艺。比如木工专注于建造房屋的工作，造车的工人专注于造车的工作，所以说各行各业的工匠要在作坊里完成他们的工作。君子追求真理就像工匠学习技艺一样，一定要终日学习知识才行，志向不能有任何动摇，功夫不能有任何间断，对未知的知识要努力求取，对没有做到的事要努力达到，一定要弄明白所有道理，完整彻底地去追求真理，这才是君子在追求真理时应该付出的努力。"如果求学的人只是追求名声，就会受到外界的影响和诱惑，一会儿努力一会儿放弃，不能坚持下去。这样的人纵然从事学问，也难以取得成就，反而不如那些专心致志的工匠们。

原文 子夏曰："小人之过也，必文。"

张居正讲评译释 子夏说："谁做事能尽善尽美呢？都会因为一时的不谨慎，不知不觉就犯了过错。只要能认识到自己的过错，马上改正，这就是行善积德的君子呀！小人犯错之后就不是这样，明明做了错事，反而尽力维护，掩盖自己的错误。"小人受到私欲的蒙蔽，自以为是，不肯承认自己的错误，反而使无意间的过失变成了故意犯下的错误，这就是人们所说的用错误掩饰错误，即使费尽心机也没任何作用。小人之所以受到私欲的蒙蔽难以改正错误，最后毁了自己，也都是这个原因。人们能不以此为戒吗？

原文 子夏曰："君子有三变：望之俨然，即之也温，听其言也厉。"

张居正讲评译释 子夏说："君子能通过容貌仪态展现自己高深的品德。在别人眼中，他有三种变化，而他高深的品德不能从某一个方面完全展现出来。远看他的时候，就能看到他衣帽端正，容貌庄严可畏，好像让人难以接近一样。当接近他的时候，就能看出他温和可亲，就像可以亲近一样。当听他说话的时候，就是义正严辞，说话严厉不苟，让人听了之后肃然起敬。"刚开始时容貌庄严可畏，中间又温和可亲，然后又严厉不苟，在接近他的过程中容貌仪态就发生了这样的变化，所以说君子有三种变化。但君子并不是有意做出这些变化的呀！庄严的容貌和严厉的言辞都是品德高尚的表现，所以人们才能看君子在容貌仪态变化上的自然不拘，这怎么会是有意做出的呢？

原文 子夏曰："君子信而后劳其民；未信，则以为厉[3]己也，信而后谏；未信，则以为谤己也。"

张居正讲评译释 子夏说："君子在侍奉君主和管理百姓时，都要诚心诚意。百姓本来就不喜欢劳民动众的事，一定要在平时真诚地关爱他们，得到他们的信任，然后在役使百姓的时候，才会得到百姓的体谅，他们才会踊跃参与。如果没有得到百姓的信任就去役使他们，即使有正当的理由也不会得到理解，百姓会认为这是在浪费财力，折磨他们，事情怎么会成功呢？君主本来就不喜欢臣子们违逆谏诤，一定要在平时就诚恳地忠于君主，得到君主的信任，然后在谏诤的时候才会被接受。臣子忠于君主，君主才会虚心接受谏言，如果没有得到君主的信任就直言劝谏，即使自己是一片忠心，也会导致君主的不悦，君主就会认为这是在通过讥讽自己骗取名声，怎么会听从谏言呢？"由此可见，如果态度不诚恳，就得不到别人的信任，就难以有所作为呀！但是这只是根据侍奉君主和役使百姓这两件事来说的。如果是下属对待上级，原本就应该尽心尽力，如果君主能接纳臣子的谏言，就是十分贤明，他们各自尽到本分就行了。

原文 子夏曰："大德不逾闲，小德出入可也。"

张居正讲评译释 子夏说："人在追求学问时贵在能明白事情的大小轻重，如果能在君臣父子关系和进退取舍这些人节上遵守常理，不逾越规矩，就是树立了根本的品节。至于那些动静语默上的小节，可以稍微有些出入，即使有一些不合理的地方也没有什么坏处。如果没有立下大节，而只是拘泥于小事上的廉洁谨慎，这就没有什么值得重视的地方呀！”但是在小事上不严谨，最终也会影响到一个人根本的品德，在大节上固然应该小心谨慎，而在小事上也不能放松警惕！子夏的话可以用来要求别人，不能用来规范自己呀！

原文　子游曰：“子夏之门人小子，当洒扫应对进退，则可矣，抑末也。本之则无，如之何？”子夏闻之，曰：“噫！言游过矣！君子之道，孰先传焉？孰后倦焉？譬诸草木，区以别矣。君子之道，焉可诬也？有始有卒者，其惟圣人乎？”

张居正讲评译释　子夏把忠厚朴实当作学问，所以教育学生时先让他们在小事上用功学习。子游不明白子夏的用意就讥讽他说：“道理有根本也有细枝末节，人们在求道时不能只学习那些细枝末节而丢弃根本。我看子夏的学生在打扫卫生、接待客人时细致周到，做得非常好。但是这些都是细枝末节的小事罢了，如果用《大学》里诚意、正心这些最根本的学问去考查他们，就会发现他们什么知识都没有，这怎么行呢！”子夏听了子游的话后叹息说：“子游认为我的学生舍本逐末，就好像我没有把最好的知识传授给他们一样，这话不对呀。君子大公无私，对别人的教导帮助没有任何遗漏，什么时候说过某个道理过于短浅，应该先教；某个道理过于深奥，需要后教？如果一定要有次序，就应该根据求学者资质的高低，像草木一样给他们区分一下大小的次序，然后根据他们的才能进行相应的教导。如果不根据其学问的深浅和能力的大小，一概把高深的知识教导给他们，告诉他们一些暂时难以明白的道理，让他们做一些暂时难以完成的任务，这就是在歪曲君子的本意呀，君子的学问怎么能这样随意去歪曲呢？从打扫卫生、接待客人的小事，到诚意、正心这样的大学问，全部都不按次序去学习，大概只有天生睿智的圣人能这样吧！我门下的弟子怎么能有圣人这样的资质呢？怎么能不先从细微的学问上教导他们呢？子游讥讽我教学有问题，这话不对呀！”道有固定的体式，教学有一定的方法，古人八岁接受初级教育，十五岁之后接受高级教育，求学的顺序就应该是这样。宋代大儒程颐说，从打扫卫生、接待客人这样的小事开始学起，就能够达到圣人的境地。如果不是对义理的理解非常深刻，怎么知道圣人也是从打扫卫生、接待客人这样的小事做起呢？立志终身求学的人，不能不努力地深入钻研呀！

原文　子夏曰：“仕而优则学，学而优则仕。”

张居正讲评译释　子夏说：“人们在求学时，就应该把努力学习当作最主要的任务；出来做官时，就应该尽职尽责，专注于自己的职责。但是学习是为了明理，如果不做官学得的义理就不能发挥作用；做官是为了施展自己的抱负，如果不学习，那么就没有抱负可以去施展，这两者需要相互促进呀。所以有官职的人应该努力做好自己职责内的事，在有余力的时候，也不能虚度光阴，仍然要多读书学习，来探明义理。这样就能变得越来越明智，做事就能越来越周全了，不是对做官也有很大的帮助吗？没有做官的求学者，应该时刻勉励自己多读书学习，在知识完备、学有余力的时候，不能辜负自己的学问，一定要出仕做官，侍奉君主，服务百姓，拯救时世，施行仁道。这就就能提高自己的胸襟抱负，不也能验证自己的学问抱负吗？”重要的是做官和求学之间不能有偏废，而学习更能使自己终身受益，因为义理无穷无尽，如果不时刻学习，那么在办事的时候难免会出现差错。所以古代贤德的大臣经常告诫君主要时刻不忘学习。

原文　子游曰："丧致乎哀而止。"

张居正讲评译释　子游说："如今文饰繁盛，而质朴衰败。守丧的人只是追求礼仪形式这些细枝末节，而缺少哀伤的真情实感。在我看来，儿女为父母守丧，只需要充分的哀伤就够了，何必要那些礼仪形式呢？因为只要竭尽真情地表达自己的哀痛，即使在礼仪上有缺陷，又有什么影响呢？”从《礼记》上能看出，子游平时潜心研究丧礼，并不是不遵守礼仪。他这只是为了挽救当时社会的弊病而发出的感慨，也和孔子所说的礼仪与其隆重，不如节俭，丧事与其和易，不如悲戚是一个意思呀！

原文　子游曰："吾友张也为难能也，然而未仁。"

张居正讲评译释　子游说："我的朋友子张才能高超、志向远大，能够做到别人做不到的事，这是很难能可贵的事呀。但是他缺乏诚恳谨慎的态度，难免会受到外部事物的影响，从而对天理的追求有所不足，还没有做到仁。”仁是内心的品德，只要具备真实的品德，不必假借外物就能实现仁。人们只要内心诚恳谨慎，遇事多反思自己，向自身探求，就能达到仁，这怎么是难以做到的事呢？所以孔子教育学生时把追求仁德当作根本，训诫他们不可向外索求。

原文　曾子曰："堂堂乎张也，难与并为仁矣。"

张居正讲评译释　曾子说："朋友应该能帮助自己实现仁，所以结交的朋友一定要诚恳笃实，能用心提高自己，和这样的人相互切磋学习，才能互相帮助，一起进步。像我仪表堂堂的朋友子张，他的威仪只体现在外表罢了，却自高自大，心驰于外，对自己难以保持操守、提高品德；对他人难以相互规劝、互相促进，别人固然没办法帮助他实现仁，他也难以帮助别人做到仁，所以说很难同他一起达到仁呀！”曾子这么说，是为了挽救子张的过失，想要他努力反省自身呀！

原文 曾子曰：“吾闻诸夫子：人未有自致者也，必也亲丧乎？”

张居正讲评译释 曾子说：“我听老师说过，平时人们在接人处事时，真情实感少，大都在敷衍应付，很难充分表现自己真挚的情感。如果有的话，一定是在其父母去世的时候吧！”父母原本就是子女最亲近的人，更何况对子女来说，父母去世是最重大的变故，只有这个时候，子女才会发自真心的悲痛欲绝，内心流露的情感真挚自然，没有任何虚假勉强的地方，做出的行为完全符合礼仪的规范，没有任何欠缺不足的地方。假如一个人在这种情况下还没有发挥自己的真实情感，就一定是个恶人。由此可见，人性的善随时都能表现出来，而最真切的就是父母去世的时候了。如果能把这种真情实感推广到其他事上，就能发自真心地遵守礼仪规范，遵循天理人伦，就能做到仁了呀。这些都是曾子从孔子的教诲中得到的感悟。

原文 曾子曰：“吾闻诸夫子：孟庄子[4]之孝也，其他可能也；其不改父之臣与父之政，是难能也。”

张居正讲评译释 曾子说：“我听老师说：孟庄子在父母活着时竭尽礼仪，在父母去世时竭尽哀思，虽然能算是孝，但别人也都可以做到这些。但是他继续信任父亲的僚属，保持父亲的政治措施不变，就不是一般人能做到的。”因为孟庄子的父亲孟献子非常贤德，是鲁国的宰相，任用的大臣都是贤臣，实行的政令都是善政，这些固然不必更改。但是孟献子去世之后，孟庄子可以自己重新制定政令，如果他不是真心想要继承父亲的善政，那么他怎么不会更改父亲的僚属和政治措施呢？孟庄子把父亲的意志当作自己的意志，没有任何适己自便的想法。父亲任用的僚属，他也能接着任用；父亲的政治措施，他也能接着实施，并终身遵守，没有任何更改。这是因为他志在通过施展父亲的抱负和继承父亲的美德，来宣扬父亲的名声，这是大孝。而不只是像普通人那样不忍心看到父母去世罢了。这怎么是一般人能轻易做到呢？所以说人们很难做到这些啊！

原文 孟氏使阳肤[5]为士师，问于曾子。曾子曰：“上失其道，民散久矣。如得其情，则哀矜而勿喜。”

张居正讲评译释 鲁国大夫孟氏任命阳肤做典狱官，让他管理刑狱，阳肤就向曾子请教管理刑狱的方法。曾子告诉他说：“设立刑狱是为了防范那些奸诈的小人，如果他们不听从教化、政令，就用法律去规范他们，这也是不得已的事。如今在上位的人德行不够，不能给百姓做表率；制定的政令不规范，不能引导百姓，将作为官员应该具备的品质都丢失了，以至于百姓离心离德，成为乱民。如果根据这些去管理刑狱，百姓就会受到残酷的惩罚。这种状况持续很长时间了，你作为典狱官，应该知道违反法律虽然是百姓的过错，但却是上位者导致他们犯错的。管理刑狱的时候，如果发现他们真的做出了违法乱纪的事，确实有罪，也要同情、可怜他们，就像对待无辜者一样，去怜悯它们，不能有虚情假意，也不要因为发现了他们隐瞒的罪责，就自鸣得意、沾沾自喜。只有这样才能够公平执法，才不会冤枉百姓，辜负自己的职责。”

原文　子贡曰："纣之不善，不如是之甚也。是以君子恶居下流，天下之恶皆归焉。”

张居正讲评译释　子贡说："古往今来，人们谈论到荒淫暴虐等坏事时，都以纣王为首，其实纣王的荒淫无道并没有传说中那么厉害。只是因为他是一个臭名昭著的无道昏君，所以人们谈论他时把坏事都归到了他身上，就像流水都会汇集在地势低下的地方一样，这是他自己造成的结果呀。所以君子经常反省自己，不愿意把自己置于下流的境地。”因为人一旦居于下流，别人就会指名道姓地批评他，把所有的坏事都汇集到他的身上，不是他做的坏事，也会被说成他做的。所以纣王因为一时的品德败坏，就背负了千载骂名，遗臭万年，最终也难以洗脱，这难道不值得人们万世警戒吗？古人说过：学习好的就像攀登高山一样困难，学习坏的就像山崩一样容易。说的就是学好很难，变坏很容易啊。如果一个人整天勤奋谨慎，没有任何疏忽懈怠，能做到不以善小而不为，不以恶小而不改，就能越来越聪明睿智，最后差不多也能达到尧舜这些圣人的境地。

原文　子贡曰："君子之过也，如日月之食焉；过也，人皆见之；更也，人皆仰之。”

张居正讲评译释　子贡说："人都会犯错，即使是君子，稍微疏于防范，也会犯下过错。普通人犯错后害怕别人知道而进行遮掩，就变成了更大的过错。君子犯了错后会明白地向别人承认错误，没有任何隐瞒，就像日蚀月蚀一样，马上就被人们看到知道了。君子知道了自己的过错后，会立刻改正，就像日月重新变圆一样，光明皎洁，受到的是人们的仰望而不是批评议论呀。”日月能固守其运行规律，所以即使暂时亏损也不会影响自身的光明，君子知道改过向善，所以即使犯了过错也能重新提高自身品德。如果像小人那样掩饰错误，就只能逐渐变得低下鄙陋，怎能改过自新呢？犯了错之后能让人知道，改正了错误之后让人敬仰，这是君子修行品德时的光明磊落呀！在独处能够遏制自己的妄念，培养自己的善言善行，这就是君子谨慎不苟地在别人看不到的地方修养自身呀！想要保持自身不犯错误，应该在这些地方上小心谨慎呀！

原文 卫公孙朝[6]问于子贡曰："仲尼焉学？"子贡曰："文武之道未坠于地，在人。贤者识其大者，不贤者识其小者。莫不有文武之道焉。夫子焉不学？而亦何常师之有？"

张居正讲评译释 卫国大夫公孙朝问子贡说："你们老师孔子对天下的道理，不管是大是小，都知道得很清楚，他是从什么地方学到这些呢？"子贡回答说："最辉煌的文化是在周文王、周武王时期。虽然离现在很长时间了，但当时的谋略训诲、礼乐文章并没有失传，还散落在人间。世上有才能出众的贤人，他们见识远大，能够了解到其中的大部分；有才能平庸的常人，他们见识短浅，但也能了解到其中一些微小的细节。人们的才能高低不同，见识不同，但都了解一些文武之道。文武之道既然无处不在，我老师的学问怎么会不完备呢，他跟着贤德的人学习其中大的方面，跟着才能平庸的人学习其中的细节，他随时随地、时时刻刻都在学习，任何人都能当作老师，又怎么需要一个专门的老师呢？怎么需要像别人一样向固定的老师学习固定的知识呢？"孔子作为天生睿智的圣人，依然像这样把所有有学问、长处的人当作老师，实在是因为义理无穷无尽，要多方面学习别人的长处呀！更何况君主肩负治理天下的重任，更应该把追求学问当作最急迫的任务，所以商王武丁时刻策励自己要谦虚好学，周成王每天都通过学习获得进步，被称作商朝、周朝圣明的君王呀。

原文 叔孙武叔[7]语大夫于朝曰："子贡贤于仲尼。"子服景伯以告子贡。子贡曰："譬之宫墙，赐之墙也及肩，窥见室家之好。夫子之墙数仞，不得其门而入，不见宗庙之美，百官之富。得其门者或寡矣。夫子之云，不亦宜乎？"

张居正讲评译释 有一天，叔孙武叔在朝廷上对官员们说："人们都称赞孔子是圣人，在我看来，子贡的聪明才智胜过孔子，孔子比不上子贡呀！"子服景伯听到这话后，告诉了子贡。子贡说："人们只有在见到道后才能谈论道。叔孙武叔说我比老师贤德，是因为他见识短浅呀。我的学问和老师比起来，高低的差别就像是宫墙一样。我知识不足、见识短浅，就像是与肩同高的围墙一样，人们不必进入屋门，从外面就能完全看到院内的景物，我的学问就这么浅显易见。而老师的道德高深，地位尊贵，就像是几丈高的宫墙一样，人们不走进去，怎么能看到宗庙内的富丽堂皇，以及屋内的多姿多彩呢？老师的学问，就是这么高深难测啊。如今人们只不过是在宫墙外面观看罢了，有几个人能够找到大门进入宫墙内呢！叔孙武叔就是找不到门的人呀。他根本看不到圣人学问的高深美妙，就说我比夫子贤德，这有什么值得奇怪的呢？这是因为他见识短浅，所以说的话不妥当啊！”子贡这么给子服景伯解释，对孔子的尊崇和对叔孙武叔的批评都十分到位呀！

原文　叔孙武叔毁仲尼。子贡曰：“无以为也！仲尼不可毁也。他人之贤者，丘陵也，犹可瑜也；仲尼，日月也，无得而踰焉。人虽欲自绝，其何伤于日月乎？多见其不知量也。”

张居正讲评译释　叔孙武叔说孔子比不上子贡，是在毁谤孔子，这是诽谤圣人的大罪。子贡对他说道：“你不用这么诽谤他。因为他的贤德不是别人能比的，也没人能毁谤他。为什么呢？别的贤者，虽然和一般人不一样，但是学识未到，就像丘陵一样，从低处看着虽然很高，但终究能够超越过去。夫子的贤德，天下无双，千古卓绝，就像日月一样光明常在，天地间没有任何事物不在他的临照下，谁能超越他呢？纵然有人想要抛弃圣人的教化，诽谤圣人，但是圣人高深的品德怎么受到这些浮言妄议的影响呢？万古常新的日月，是不会受到人的毁伤的，你如今想要毁谤夫子，就像要毁伤日月一样，不自量力。你就是一个狂妄无知的人罢了，有什么值得向你解释的呢！”子贡之前用宫墙来比喻孔子的学问，现在又用日月来比喻孔子，是为了尊崇孔子和教导叔孙武叔，子贡的话越严厉，越说明他尊敬孔子呀！

原文　陈子禽谓子贡曰：“子为恭也，仲尼岂贤于子乎？”子贡曰：“君子一言以为知，一言以为不知，言不可不慎也。夫子之不可及也，犹天之不可阶而升也。”

张居正讲评译释　陈子禽虽然在孔子门下学习，但是没能发现孔子学问中高深的地方。有一天他对子贡说：“老师不一定就比弟子贤明，你对仲尼非常谦恭，难道他真的比你更贤良吗？”因为陈子禽轻视孔子，所以子贡斥责他说：“说话不能不谨慎，说对一句话，人们就会认为他很明智；说错一句话，人们就会认为他愚蠢。明智还是愚蠢，只取决于一句话。所以说话时能不谨慎吗？你说老师没有我贤德，就非常不对呀。明智的人怎么会这么说呢？有的人能赶得上，而有的人赶不上，我们老师是天生睿智、独一无二的圣人，别人虽然很想追赶他，但却做不到，这不是想做就能做到的事。就像高高在上的青天，只能够仰望罢了，怎么会有阶梯能攀爬上去呢？知道登天难，就知道赶上圣人也不容易呀。你认为老师没有我贤德，真是看到了天上的太阳却不知道太阳的高远，真是愚蠢啊！”

原文 “夫子之得邦家者，所谓立之斯立，道之斯行，绥之斯来，动之斯和。其生也荣，其死也哀，如之何其可及也？”

张居正讲评译释 子贡接着说：“之所以难赶得上老师，是因为他有远超常人的高贵品德，自然也有远超常人的事业和功绩，只是因为他身份卑微，没有得到重用，所以难以施展自己的抱负。假如让他去治理国家，他在教化百姓、感化万物上一定会取得很大的成就。就像人们说的那样，百姓在生活上有困难，就给他们分配田地，改善他们的生活状况，迅速让百姓安居乐业，能够生活下去；百姓的行为不规范，就给他们建立学校，倡导他们改过向善，迅速使百姓接受教化，遵循礼仪规范；百姓的生活不安定，就安抚他们，让他们生活安定，使百姓迅速地成群结队前来归附；百姓的习俗没有改善，就引导他们消除恶习，立刻在百姓中兴起仁德礼让、和睦相处的社会风气。老师在世的时候，人们都爱戴他，像尊敬父母一样尊敬他。他去世之后，人们都真诚地感到悲伤哀痛，就像失去了父母了一样。他的品德教化能迅速深刻地使人受到感化，就像上天培育万物，促进万物的生长一样，一般人难以发现其背后的本质呀。别人怎么能赶得上他呢？”陈子禽不知道这些就狂妄地评论孔子，十分无知啊。古今帝王在治理天下上都比不上尧舜，尧舜治理天下时天下太平、百姓响应。而孔子施展教化时，把百姓归服、社会和睦当作成功，由此可见，圣人在治理天下上的感悟是一致的呀。所以史官们称赞说尧的品德像天一样高深，舜的品德像尧一样高深。而子贡推崇孔子说他高不可及，就像青天一样不能顺着阶梯爬上去，这就能看出孔子和尧舜在道的成就上是相同的呀！治理天下、实施教化的君主，不能不深入探究圣人治理天下的根本方法啊！

注释：

[1]泥，不通达，行不通，留滞，拘泥。

[2]肆，作坊，店铺，市集。

[3]厉，虐害，欺压。

[4]孟庄子，即鲁国大夫仲孙速。

[5]阳肤，曾子的弟子。

[6]公孙朝，卫国的大夫。

[7]叔孙武叔，鲁国的大夫。

尧曰第二十

原文 尧曰："咨[1]！尔舜！天之历数在尔躬，允执其中。四海困穷，天禄永终。"舜亦以命禹。

张居正讲评译释 记录者记载的这些都是帝王之道，孔子平时教授学生的就是这些，首先记录的是尧让位给舜时说的话，尧告诫说："舜啊，自古以来的帝王，都来自天命。如今天命已经落在你的身上了，帝王之位也应该托付给你了。上天既然把天下交给了你，你一定能够治理好天下的百姓，顺应上天的意志。虽然不同的事有不同的道理，但是顺应天命的方法没有别的，只是保持中庸之道罢了。你一定要做到公正无私，在事情发生的时候，遵循最根本的道理，顺应它们各自的情况去解决它们。你要小心翼翼地保持自己的公正无私，不让自己有所偏颇，不使自己过分或者不足，这样才能使百姓高兴，才能够长久地保持帝王之位呀！如果不能保持中庸之道，就会导致政治混乱，使百姓陷入艰苦困难的境地，从而心生怨恨，这样君主就会永远失去帝王之位，所以说能不戒备吗？"之后舜在将帝位禅让给禹的时候，也把这几句话告诉了禹，其中关于保持中庸的训诫，更是一字没改。尧、舜、禹在相互传承时，都是只强调了中庸之道，这就是《洪范》里说的君王处理政事要保持中道啊！如果不能放下了自身的好恶、偏私，很少有人能够做到中庸。尧舜禹时政治清明，都是来自中庸之道啊。这难道不应该成为万世尊奉的标准吗？

原文 曰："予小子履[2]，敢用玄牡[3]，敢昭告于皇皇后帝：有罪不敢赦。帝臣不蔽，简在帝心。朕躬有罪，无以万方；万方有罪，罪在朕躬。"

张居正讲评译释 这一节记录的是成汤接受天命的事。汤放逐桀之后，告诉诸侯们自己最初向上天请命时的情形，说道："我小心谨慎地用黑色公牛当祭品，向伟大的大帝祈祷：现在夏王昏庸无道，得罪了上天，上天一定会讨伐他，我应该明确地指出他的罪责，不敢擅自赦免他。贤人君子都是天帝的臣仆，我不敢掩蔽他们，应该让他们入朝为官。对那些有罪或者有德的人，天帝知道应该惩罚他们还是应该奖励他们，我只是遵命上天的意志罢了，怎么敢有私心呢？假如我受到上天的托付，行为却不公平公正，不能替天行道，这就是我的罪责，跟天下百姓有什么关系呢？我甘愿接受上天的惩罚。如果天下百姓有罪，这就是我治理无方，没有做好表率，是我一个人的罪责，不能逃避啊。”君主应该把供奉上天、教化百姓当作自己的职责，所以商汤听从上天的命令讨伐昏君，把百姓的罪责归在自己身上，这是因为他知道作为君主的难处。尧舜禹的言行举止不偏不倚，遵循中正之道，商汤和他们的朝代不同，但是行为是一致的呀！

原文　周有大赉[4]，善人是富。“虽有周亲，不如仁人。百姓有过，在予一人。”

张居正讲评译释　这里记载的是周武王承受天命的事。武王讨伐纣王，取得了天下后，没有做别的事，先散发钱财，赈济贫困的百姓，广施恩泽，又奖励善良的人，使他们都富裕了起来。他对好人好事的奖励就是这么公允。武王在最开始誓师时说：“纣王虽然有很多亲人，但是忠臣很少，不如我的大臣们，他们都是仁德宽厚，值得依靠的贤人呀。我既然得到仁德之人的帮助，如果不端正自己、改正错误，就会引起百姓的怨恨，这就是我的罪责呀！”武王对自己的要求就是这么严格。他把财利分给天下人，把罪责归结到自己身上，而他讨伐纣王的行为不过是为了铲除暴君、安定百姓罢了，哪里有一丝一毫自私自利的想法呢？

原文　谨权量，审法度，修废官，四方之政行焉。兴灭国，继绝世，举逸民，天下之民归心焉。所重：民、食、丧、祭。

张居正讲评译释　武王平定天下之后，商朝的政治制度都完全败坏了，武王就扫除积弊，重新整顿了政务。认真检验并审定度量衡器，使轻重大小不再有差错；重新整治礼仪法度，使礼乐政治不再混乱；修复荒废的官制，使官府衙门不再有空缺闲逸。于是政令颁布之后，人人遵守，在全国畅通无阻。扶持前代帝王的后人，恢复他们的国家；承续已经断绝的家族，恢复他们的祭祀；提拔任用被遗忘的贤人，使他们不会被遗漏。于是使得百姓敬仰爱戴，并且心悦诚服地前来归附。周武王知道治理百姓应该重视三件事：食物、丧礼、祭祀。因为食物用来保持生存，丧礼用来送别死者，祭祀用来追忆先人，这些都是最重要的人伦之道。所以他给百姓分配田地，使百姓能生活富裕；制定丧葬祭祀的礼仪，教导百姓孝敬父母长辈，通过这些来稳固国家的基业和增强对百姓的教化。从武王对天下的治理来看，恩泽惠及百姓，就能够使百姓团结一致，国家政治清明，就能使国家繁荣昌盛。武王能顺应上天的意志，公允地对待百姓，也都是这些原因。能说他没有得到尧、舜、禹、汤的传承吗？

原文 宽则得众，信则民任焉。敏则有功，公则说。

张居正讲评译释 记录者详细地记载了尧、舜、禹、汤、武的事迹，总结说：帝王治理天下，虽然时代不同，制定的政令也各不相同，但是安民治世的方法，大体来说只有宽厚、诚实、勤敏、公平四种。君主应该有包容天下的气度，如果过于严苛急躁，难以宽容别人，就会使下属心生怨恨。如果能宽容地对待别人，心胸像天地一样宽阔，能包容别人的缺点，就会获得人们的敬仰爱戴。为君之道要以诚为本，如果君主为人不诚实，别人就无所适从，臣下也会心生猜忌。如果君主能始终诚实地发布政令，用切实的政令来展现自己的真心实意，百姓就能有所依靠，就会前来归附。君主日理万机，一旦有所懈怠，就会旷废职务，只有励精图治，日夜勤勉，才能整顿纲纪法度，取得成就。君主治理天下，一旦有所偏私，就难以使人信服，只有大公无私，消除自身的好恶，才能在赏善罚恶上合适恰当，使人心悦诚服。这四件都是君主治理天下最重要的方法。从尧舜禹到商汤、文王、武王，用的都是这四种方法，所以才形成了太平盛世呀。但是治理天下最根本的方法还是中庸之道，中庸之道在处理具体政务时就是宽厚、诚实、勤敏、公平。就像《洪范》中说的那样君主要把大中至正之道作为立国的根本，把正直、刚毅、柔克当作治理天下的具体方法。所以做到了正直、刚毅、柔克和宽厚、诚实、勤敏、公平也就能实现中庸之道，它们之间是统一的呀。想要实现太平盛世的帝王应该深入研究这些呀！

原文 子张问孔子曰："何如斯可以从政矣？"子曰："尊五美，屏四恶，斯可以从政矣。"子张曰："何谓五美？"子曰："君子惠而不费，劳而不怨，欲而不贪，泰而不骄，威而不猛。"

张居正讲评译释 子张问孔子说："君子出仕做官，怎么做才能处理好政事呢？"孔子告诉他说："处理政事不止是一种方法，只在于如何判断取舍罢了。有五种美德对处理政事有帮助，你一定要恭敬地遵守它们；有四种恶政会危害到治理，你一定要警戒、杜绝它们。实行善政百姓就能获得福祉，远离恶政百姓就能远离祸患。取舍得当就能处理好政事，这有什么难的呢？"子张听了后问道："五种美德是什么？"孔子详细地给他解释说："通常给别人好处自己就会有所耗费，而君子不必耗费自己的物品就能使别人获益无穷。别人获得了好处，而自己也没什么损失，这是第一种美德；通常动用民力会招致百姓的怨恨，而君子虽然动用了民力，百姓却乐于听从驱使，不会心生怨恨。既动用了民力又获得了民心，这是第二种美德；通常人们容易心生贪欲，而君子虽然也有所求，但是他们只追求提高自身的品德，不贪图别人的财物，追求仁德而没有贪欲，这是第三种美德；通常人们容易志得意满、骄傲自大，而君子虽然在生活中安适自得，却不会骄矜放纵，态度安详舒泰却不骄傲，这是第四种美德；通常人们对待别人容易过于严苛，而君子虽然严厉，却不会使人难堪，威严而不暴戾，这是第五种美德。”

原文 子张曰：“何谓惠而不费？”子曰：“因民之所利而利之，斯不亦惠而不费乎？择可劳而劳之，又谁怨？欲仁而得仁，又焉贪？君子无众寡，无小大，无敢慢，斯不亦泰而不骄乎？君子正其衣冠，尊其瞻视，俨然人望而畏之，斯不亦威而不猛乎？”

张居正讲评译释 子张听了五种美德之后，不明白具体的做法，就问道：“给别人恩惠自己一定会有耗费，怎么才能做到给百姓好处，自己却没有耗费？”孔子就列举出实际情况回答说：“通过捐献自己的财物给别人恩惠，这样一定有所耗费。君子则是用天下间的财物给天下的百姓以恩惠，比如田地、树木、牲畜等，君子只是根据百姓的生活状况把这些东西合理地分配给他们罢了，把这些不属于自己的物品分配给百姓，难道不是给百姓好处，而自己却无所耗费吗？不根据百姓的能力役使他们，就会使他们心生怨恨。君子使用民力时，不会影响他们的农业生产，如果要兴建土木，只是选择一些比较紧要的工程，间隔着使用百姓罢了，不肯广泛地兴建土木去劳累百姓，这样百姓怎么会心生怨恨呢？追求不应该追求的东西，就是贪心。君子心里追求的只是仁德，而仁德是一个人原本就具备的品质，追求之后就能得到，是完全符合天理、顺应人心的行为，谁会说这种只求仁德、不慕财利的人贪心呢？安逸舒适的人，大都意志松散，容易放纵自己，所以有骄纵的过失。君子办事时，不论人多人少、事大事小，都兢兢业业、小心谨慎，不敢有任何怠慢，这就是在安适时也能约束自己，不让自己变得狂妄傲慢。这难道不是庄重而不骄傲吗？严苛的人，大都粗暴严厉，所以会过于凶狠。君子则衣冠整洁、仪态端庄、恭敬严肃，别人看到之后都会心生敬畏。这是治理国家者应该具备的仪容体态，是自然而然的表现，不是有意要树立威严，这难道不是威严而不暴戾吗？”用这五种美德对待百姓，就是美好的政治；用来提高自己，就是高尚的品德，这就是应该被重视的五种美德呀！

原文 子张曰：“何谓四恶？”子曰：“不教而杀谓之虐；不戒视成谓之暴；慢

令致期谓之贼；犹之与人也，出纳之吝谓之有司[5]。”

张居正讲评译释 子张又问说：“什么是四种恶政呢？”孔子解释说：“上位者想要百姓改过向善，就要经常教导他们，不听从教导，才能够对他们动用刑罚。如果平时没有教导他们，让他们知道行善去恶，犯了错就要将他们处死，像这样刑罚残酷，没有怜悯之心，就叫作残暴；想要百姓有作为，就要劝解他们，让他们知道警悟自省，这样才能使他们取得成就。如果平时不劝诫他们，不逐渐引导他们，使他们知道遵守指挥，就要求他们立刻取得成就，像这样过于急躁，缺乏宽容，就叫作急暴；想要对百姓有所要求，一定要先发出指令，限定完成日期，这样百姓才知道抓紧时间完成任务。如果故意延迟怠慢，不做出指示，却严格限制任务时间，导致事情没有如期完成，使他们受到严厉的惩罚。像这样去残害百姓，不是祸害百姓是什么呢；如果别人取得了功绩，就要果断地奖赏他，这样他才会承受恩惠，心怀感激。如果吝惜财物，不舍得给别人重赏，即使勉强赏赐了别人，也不会得到感激，这是为人守财的小官小吏的行为，上位者怎么能这样做呢？这四点是处理政事时应该远离的地方，你也应该警戒呀！”《论语》一书中，孔子多次回答别人如何处理政事，但是都没有这一章的回答清楚明确，美恶并陈，法戒具备。所以记录者在帝王之治后面将这次的问答记录了下来，由此可见，圣人们修养自身、处理政事的方法是一致的呀！

原文 子曰：“不知命，无以为君子也；不知礼，无以立也；不知言，无以知人也。”

张居正讲评译释 孔子说：“君子修身处世的方法固然不止一种，但是重要的地方只在于能够清楚地明白大理人伦罢了。人的吉凶祸福都有定数，只有懂得天命，才能成为安分循理的君子。如果不懂得命运，就会趋利避害，冒险求利，成为无恶不作的小人，怎么能成为君子呢？所以不能不懂命运。礼仪是立身之本，只有懂礼才能规范自己的仪容举止。如果不懂得礼仪，就会在行动时茫然无知、惊慌失措，很难保持自己的品德，从而难以在社会上立足呀！所以不能不懂礼仪。人心的动摇是从语言开始的，知道一个人言语的是非，就大概能知道他人品的高低。如果不知道分辨言语的是非，受到语言的迷惑，就难以分辨别人的是非善恶，就不能真正了解他人，所以不能不懂得分辨言语的是非。知道这三点，就能清楚细致地明白天理人伦，就能具备君子的修身之道了。”《大学》里首先讲的是致知，《中庸》里重点讲的是明善，《论语》里则用知名、知礼、知言来做结尾。因为只有清楚地知道了天理人伦，才能恰当地处理好每一件事，尧、舜、禹互相传授的要旨也不过是用功精深、用心专一罢了。立志于追求圣人之道的人，能不把讲学明理当作自己最迫切的任务吗？

注释：

[1]咨，嗟叹声。

[2]履，商汤的名字。

[3]玄牡，黑色的牛。

[4]赉，恩惠，赏赐。

[5]有司，古管事者之称，职务卑微。这里指小气。